아동생활지도와 상담

박희숙

창지사

머리말

바쁘게 살아가는 현대의 일상 속에서 어느덧 우리 아동들도 성인과 마찬가지로 마음의 여유 없이 살아가고 있다.

아침 일찍부터 거의 모든 가정의 엄마, 아빠는 하루를 준비하느라 바쁘다. 아이를 입히고 먹이고 차에 태우거나 유모차에 태워 기관이나 학교로 간다. 현대를 살고 있는 아동과 부모에게는 아침 일찍부터 스트레스가 많다. 세상은 빠르게 변하고 있고 여전히 아이들은 보호받고 사랑과 지도를 필요로 한다. 보호와 음식, 사랑, 지도를 요한다. 아동생활지도는 모든 부모에게 도전적인 과업이며, 특히 직장에 다니는 부모들이 아동행동을 관리하기에는 더욱 복잡해져 아이들의 사회적·정서적 발달을 지원해 줄 아동 전문가에게 많이 의존할 수밖에 없는 현실이다.

취업모 증가, 출산율 감소, 이혼율 증가와 같은 가족 변동 및 다양한 변화, 그리고 경쟁적 분위기를 조장하는 현대사회의 상황은 아동들에게 부담으로 다가오고, 이로 인하여 좌절과 통제 경험이 이전보다 증가하면서 아동의 문제행동을 유발하고 심각한 발달상의 문제를 일으킨다. 문제행동은 아동 개인은 물론 아동 가정의 일상생활을 어렵게 하고, 장기적으로는 사회·경제적, 교육, 보건의료, 정신건강, 사법체계 분야에 많은 비용을 지불하게 하고, 이 과정에서 생산성이 감소되며 나아가 지역사회가 다양한 고통을 겪게 된다.

이러한 까닭에 문제행동 지도를 위해 아동의 문제행동 및 부적응의 원인과 행동특성을 파악하는 등 전반적인 이해와 이를 지도하고 상담하기 위한 구체적인 지도방법을 학습하고 연습하는 것이 필요하다.

아동을 돌보고 보살피는 성인도 아동을 위해 어떠한 방법으로 문제행동을 지도하고 안내해야 할지 막막할 때가 종종 있다. 과연 성인은 어떻게 아동을 지도하고 아동에게 어떠한 모습을 보여야 하며, 어떠한 어른이 되어야 하는지 어렵기만 하다.

이 책은 아동과 성인이 서로 협력하며 존중하는 공동체를 만들기 위해 필요한 실제적이며 실용적인 내용을 담으려 하였다. 일상에서 아동을 돌보고 보살피는 성인으로서 아동의 적합한 발달을 이해하며 아동이 편안한 일상 속에서 성장할 수 있도록 하기 위해 이 책에서는 개인의 권리를 일관되게 지키며 상호 협력하여 만들어진 규칙을 존중하여 단호히 지키는 것을 제시하였다.

공격성, 수동성 조작은 긍정적인 아동생활지도의 장애물이 될 수 있다. 이것은 아동에게 부정성, 심지어 반항심을 부추기고 민주주의에 기반한 성공적인 공동체 생활 참여에 장애를 줄 수 있다. 성인의 역할은 아동을 통제하는 것이 아니라, 문제에 적절히 대처할 수 있도록 돕고 의사소통을 하며 효과적으로 지도하는 것이다.

이러한 생각에서 성인은 아동의 안전과 개별 권리를 지키며 아동과 성인이 함께하는 민주적 공동체가 그 기능을 다하도록 아동의 내적 통제 발달을 촉진하는 것이다. 긍정적인 아동생활지도는 아동에게 요구되는 발달에 적합한 행동을 단호하면서 부드럽게 항상 존중하며 지도하는 것이다.

발달에 적합한 긍정적인 생활지도를 실천하고 아동상담을 지원하기 위해서 본서는 다음의 내용을 총 5부, 총 13장에 담았다. 1부는 긍정적 생활지도와 아동상담을 위한 준비로, 1장 아동생활지도와 상담의 기초, 2장 아동생활지도와 아동상담의 배경을 알아보았다. 2부는 개별 아동 이해하기로, 3장 아동행동 이해, 4장 아동관찰, 5장 아동능력의 차이 이해하기로 구성하였다. 3부는 행동문제 예방하기로, 6장 발달적으로 적절한 환경의 설계, 7장 긍정적 의사소통을 통한 관계 형성, 8장은 긍정적 행동과 부정적 행동에 대해 살펴본다. 4부는 긍정적으로 개입하기로, 9장 효율적인 행동을 위한 개입, 10장 부정적 행동을 위한 개입을 담았다. 5부는 아동상담 이해하기로, 11장 아동상담의 기초, 12장 아동상담의 과정, 13장 아동상담의 실제를 알아보고자 하였다. 그리고 각 장의 끝에는 '정리해봅시다' 코너를 마련해 장별 내용을 정리해 볼 수 있도록 하였다.

이 한 권에 아동생활지도와 상담을 위한 다소 많은 내용을 다루고 있으나 이 내용을 모두 잘 공부한다면 귀한 아동을 위해 조금 더 현명하고 지혜로운 어른의 역할을 할 수 있으리라 기대한다. 부족한 부분이 많지만 아동의 돌봄과 교육을 위해 조금이나마 도움을 드릴 수 있기를 바라며, 창지사 출판사 임직원 여러분께도 항상 감사를 드린다.

2021년 9월

저자 올림

차 례

PART II 개별 아동 이해하기 • 49

PART III 행동문제 예방하기 • 133

PART V 아동상담 이해하기 • 253

PART I

긍정적 생활지도와 상담을 위한 준비

아동생활지도는 아동이 사회의 건강한 구성원이 될 수 있도록 기본 생활습관의 형성을 돕고 부적응 행동을 지도하는 방법을 찾아 이를 실천하는 것이며, 아동상담은 영유아교사가 영유아의 부적응 문제를 이해하고 돕기 위해 필요한 상담의 이론과 실제 접근방법을 익혀 영유아와 부모를 위한 상담에 적용하도록 하는 것이다.

문제행동 지도를 위해 아동의 문제행동 및 부적응의 원인과 행동특성을 파악하는 등 전반적인 이해와 이를 지도하고 상담하기 위한 구체적인 지도방법을 학습하고 연습하는 것이 필요하다. 1부에서는 긍정적인 아동생활지도와 상담을 준비하기 위해 아동생활지도와 아동상담의 개념을 각각 알아보고 생활지도와 상담의 연관성을 탐색하여 본다. 또한 이론적 배경을 통해 보다 깊이 있게 이해한다.

CHAPTER 1

아동생활지도와 아동상담의 기초

다음 세대를 위한 생활지도의 일상적 책임은 이제 부모뿐 아니라 공동체, 아동 전문인력에게 옮겨졌다. 오늘날에는 집에서만 양육하는 아동이 줄어들고 있고, 또한 맞벌이 부모, 한 부모, 혹은 조부모님의 양육이 늘고 있다. 가족 구조도 변화하는 가운데 많은 연구들은 아동의 초기 경험이 장기적으로 아동의 인성, 가치관, 뇌 발달에 영향을 미친다고 한다.

1. 아동생활지도의 개념, 필요성, 목적

1) 아동생활지도의 개념

대부분의 부모나 교사들은 "스스로 아이들이 물건을 치우도록 하는 방법을 잘 모르겠어요." "어떻게 해야 아이들이 서로 물거나 때리지 않을까요?" "아이들이 서로 놀리지 않게 하려면 어떻게 할까요?" "제가 너무 엄한가요?" "제가 너무 관대한가요?" "어떻게 하면 아이가 성질을 부리지 않고 화내거나 좌절하지 않을까요?"라고 많이 물어본다.

자기훈련과 자기통제는 난데없이 갑자기 자동적으로 생기지 않는다. 유능하고 잘 행동하는 아동은 갑자기 그렇게 된 것이 아니다. 부모와 교사의 헌신과 기술은 아동이 잠재력에 도달할 수 있도록 도움을 준다. 효율적인 생활지도는 아동의 행동 문제를 예방하며 아동을 안전하게 하고 부정적 감정을 편안하게 돌리며, 미래 사회인으로서 아동이 튼튼한 기초를 쌓아나가도록 도와준다.

아동지도(Child Guidance)는 아동이 책임감 있고 생산적이며 협동적인 행동을 달성하도록 하는 도전적 과정이다. 부모와 교사는 아동이 사려 깊게 배려하고 자기 훈련이 잘된 사회의 구성원이 되도록 시간과 노력, 인내를 쏟아야 한다. 아동발달에 관한 지식은 이러한 성숙의 과정을 거치며 아동을 지도하기 위한 가장 영향력 있는 도구가 된다. 따라서 아동생활지도는 영유아가 기본생활습관을 형성하고 사회의 일원으로서 타인과 긍정적인 상호작용을 할 수 있는 실제적인 능력을 갖출 수 있도록 지원하는 것이다.

2) 아동생활지도의 목적

가정이든, 기관에서든, 영유아기 환경은 영유아들이 장차 학교를 포함해 더 크고 넓은 세상으로 나아가 적응하기 위한 기본 기술을 발달시키고 연습해야 할 작은 공동체이다. 아동생활지도는 타인과의 사회적 상호작용, 학습, 정서 발달을 포함하는 아동 삶의 모든 기초를 형성시켜 준다. 선천적으로 아기들은 무력하고 자기중심적으로 이 세상에 왔다. 아동생활지도는 이러한 아기들이 완전히 발달하여 사회의 구성원으로서 기능하는 존재로 변화하기 위해 반드시 필요하다.

모든 연령의 인간은 무한하게 복잡하므로 한 아동을 칭찬하고 상을 주는 것은 다른 사람들을 당황스럽게 하거나 지루하게 하거나 소외시킬 수 있다. 특권과 상을 주는 것은 성인을 민주적인 안내자나 모델이 아닌, 인색하게 선물을 주는 사람으로 만들고 아동을 협동하게 만들지 않고 경쟁심을 자극한다. 강화로서 칭찬을 하는 것은 칭찬이 애정을 위한 조건이 되어 단지 '착한' 아동만이 가치 있다는 것을 암시할 위험이 있다. 따라서 아동에게는 긍정적인 생활지도(positive child guidance)가 필요하다.

긍정적으로 아동을 지도하는 것의 의미는 다음과 같다(Miller, 2014).

① 아동의 자기 통제를 중시한다.

긍정적으로 아동지도를 하기 위한 계획은 단지 외부적 통제의 전략이 아니다. 아동이 자연스럽게 자기 통제를 하기 위한 동기를 부여해야 한다. 아동이 자신의 행동을 관리하기 위해 타인에게 의존하지 않고 스스로 방향을 잡을 수 있도록 도와주어 청소년이나 성인이 되어 감에 따라 무엇을 하고 어떻게 행동해야 할지 중요한 결정을 하도록 한다.

② 올바른 성인의 모습을 모방할 수 있도록 한다.

성인 모델을 모방하는 것은 어린 아동이 학습하는 데 중요한 방법이므로 성인이 어떻게 스트레스와 좌절에 대처하는지는 매우 중요하다. 그 이유는 아동은 성인이 하라고 말하는 것을 듣고 하기보다는 성인이 하는 것을 보고 따라하기 때문이다. 아동생활지도의 목적은 아동의 효과적인 생활기술의 성장을 지원하는 것이지, 어른의 입장에서 화가 나는 행동을 통제하는 것을 목적으로 하지 않는다.

③ 긍정적이고 일관된 태도를 가지며 인내한다.

긍정적이지만 단호하게 메시지를 전하는 태도는 아동에게 야단치고 소리지르고 엉덩이를 때리는 것으로 협박하는 대신에 의도적으로 인내하는 것이다. 이것은 분명하게 아동이 '제멋대로 굴도록' 놔두는 것이 아니라 사려깊게 노력하는 것이다. 아동을 제대로 지도하는 것은 아동이 학교뿐 아니라 그들의 미래 생활을 성공적으로 하는 데 필요한 기술을 가르쳐주는 것이다.

④ 민주주의 사회에서 필요한 인간의 권리와 존중, 그리고 책임감을 발달시킨다.

영유아기 프로그램은 어린 아동이 일상생활에서 요구되는 기술을 효과적으로 훈련할 수 있도록 하는 훈련의 장이어야 한다. 독재나 무정부 상태에서 생존하기 위해 필요한 개인적 특성과 능력은 민주주의에서 필요한 것과는 다르다. 초기 아동기 지도는 자기 존중과 타인의 권리를 인식하고 고려하는 것, 모든 연령, 인종, 신념이 다양한 사람을 존중하며 인식하는 것의 발달에서 출발해야 한다.

아동생활지도의 궁극적인 목적은 아동의 내면적 책임감, 자기 신뢰, 자기 통제의 발달이다. 협력적 공동체의 일원이 되기 위한 욕구를 기초로 한 이러한 원칙은 민주주의 사회에서 성인으로 살아가는 데 매우 유용하다. 민주주의는 시민들이 단순히 보상을 바라고 처벌을 피하려 행동한다면 잘 기능하지 않는다. 물론, 민주주의는 방종을 위해 타인의 권리를 무분별하게 침해하는 자유방임적 무정부주의에 의해서는 결코 이루어질 수 없다.

성인은 아동의 안전과 개별 권리를 지키며 아동과 성인이 함께하는 민주적 공동체가 그 기능을 다하도록 아동의 내적 통제 발달을 촉진해야 한다. 긍정적인 아동생활지도는 아동을 단호하면서 부드럽게 항상 존중하며 지도하는 것이다.

(1) 발달에 적합한 아동생활지도

아동이 자연스러운 발달단계를 통해 성숙하면서 사회적, 신체적, 정서적, 인지적 욕구와 흥미는 극적으로 변화한다. 아동생활지도를 위해서는 활동, 자료, 상황이 개별화되어 아동의 욕구에 '딱 맞게' 맞춰져야 한다. 발달에 적합한 아동생활지도는 교사가 지도방법을 아동의 연령과 단계 및 성격과 흥미의 개인차에 맞춰 변화시키는 것이다. 예를 들어, 한 아동은 공룡에 대해 엄청난 관심과 호기심이 있을 수 있으나 다른 아동은 공룡을 무서운 것으로 생각하며 씨앗과 식물을 탐색하고 어떻게 자라는지 매료되어 있을 수 있다.

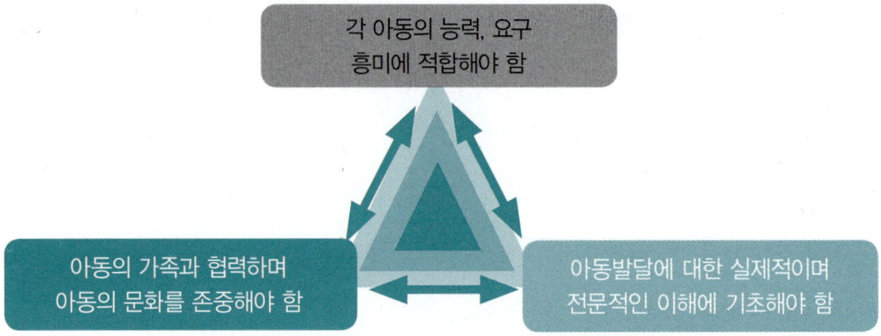

그림 1-1 발달에 적합한 아동생활지도의 개념

(2) 아동생활지도의 단기적 목표

아동생활지도의 단기적 목표는 기본 규칙의 습득이다. 기본 규칙은 궁극적으로 아동의 권리를 보장해 준다.

■ 기본 규칙의 개념

아동생활지도의 단기적 목표는 간단하다. 아동이 민주주의 사회에서 살아가는 데 필요한 책임 있는 행동을 위해 기본 규칙을 지키도록 도와주는 것이다(Miller, 2014). 이것을 위해 아동에게 적합한 일상생활 기준을 따르도록 하고 행동의 옳고 그름을 배울 수 있게 도와주는 것이다.

> **긍정적인 아동지도를 위한 기본 규칙(ground rule)**
>
> - 안전하기(Be safe): 나와 다른 사람에게 해를 줄 수 있는 명백하게 위험한 행동은 하지 말아야 한다.
> - 존중하기(Be respectful): 다른 사람의 권리를 침해하지 말아야 한다.
> - 책임감 가지기(Be responsible): 생명과 사물에 해를 주는 불합리한 행동을 하지 말아야 한다.

이러한 규칙은 아동의 수준에 맞춰 아동이 잘 이해하여 효과적으로 소통하기 위해서는 매우 단순해야 한다. 그래야 그 범주 내의 작은 규칙을 이해할 수 있게 된다. 어린 아동이 행동에 대한 기본 지침을 기억하고 이해할 수 있도록 규칙을 기본적인 세 개의 범주-안전하고, 존중하고, 책임감 있는-로 묶어 이러한 기본 규칙(ground rule)을 가지고 아동과 함께 시작한다. 이를 기반으로 항상 동일한 규칙에 근거하여 지도한다.

■ 기본 규칙의 중요성

아동에게 기본 규칙을 제시함으로써 "내 행동이 안전한가? 내 행동이 다른 사람의 권리를 침해하지 않고 존중하는가? 내 행동이 다른 사람에게 피해를 주지 않는 책임감 있는 것인가?"를 생각하는 데 도움을 줄 수 있다. 우리는 일상에서 아동의 부적절한 상황을 다룰 수 있는 작은 규칙을 모두 다 생각할 만한 여유가 없다. 그 많은 규칙을 생각할 수 있다 해도 아동이 그 모든 것을 다 기억할 수 없을 것이다. 그러나 이 기본 규칙은 아동이 행동하기 전에 생각해 보도록 가르칠 수 있을 것이다.

- 안전해야 해! 미끄럼틀에서 발을 먼저 대고 내리자.
- 존중해야 돼! 차례를 기다리자.
- 책임감 있어야 해! 캔을 휴지통에 넣자, 그냥 바닥에 버리지 말구.
- 안전해야 해! 정글짐에 조심해서 올라가자.
- 존중해야 해! 미끄럼틀에서 네 순서를 기다리자.
- 책임감 있어야 해! 종이 휴지를 가져와서 네가 흘린 것을 닦자.

아동은 만 5~6세가 되면 규칙의 의미를 이해할 수 있고 다른 사람들이 이해할 수 있는 규칙을 결정할 수 있다. 이 나이가 되면 기본 규칙을 쓰거나 붙일 수 있고 그러한 세 가지 기본 규칙에 관련된 하위규칙을 만들 수 있게 된다(Miller, 2014).

■ 아동의 권리와 생활지도

아동도 민주주의에서 살아가는 모든 인간과 마찬가지로 권리를 가진다. 아동도 자신의 권리가 침해될 때 어떻게 대항하여 방어할지에 대해 알 기회를 가져야 한다. 모든 성인은 아동의 권리에 관심을 가져야 하며 아동은 명백한 폭력으로부터 강한 사람에 의해 보호받고 자신의 권리를 스스로 적절하게 방어하는 것을 직접적으로 배워야 한다.

① 아동은 안전해야 할 권리를 가진다.

성인은 모든 아동이 맞지 않고 발로 차이지 않고 물리지 않고 밀쳐지지 않도록 할 권리를 보호하기 위해 강한 마음을 가져야 한다. 만일 한 아동이 먼저 발로 찼더라도 "너도 똑같이 벌을 받도록 한다."라며 아동이 발로 차는 것을 절대 허락하지 말아야 하며 '물리는 것의 느낌이 어떤지 알려주기 위해' 성인이 영아를 물지 않도록 한다. 복수하는 일은 결국 해로운 행동을 불러오는 것이다. 성인은 아동을 조심스럽고 일관적으로 들여다보며 아동의 공격성을 방지하고 공격 행동이 일어나더라도 초기에 즉시 제지해야 한다.

② 아동은 불편함을 피할 권리를 가진다.

아동은 주위의 아동이 소리지르고 고함을 지르는 등의 소음이 없는 곳에서 평화롭게 점심을 먹을 권리를 가진다. 아동은 서로 보기 위해 싸우는 아동에 의해 짓눌리지 않고 이야기를 들을 권리를 가진다. 또한 아동은 누군가 재미로 뿌린 모래가 눈에 들어가지 않고 모래성을 만들 권리를 가진다. 모든 아동은 세상에 대한 자기중심적 시각의 한계를 가지기는 하나, 성인은 다른 아동도 감정이 있음을 인식하도록 도와주어 다른 사람이 어떻게 느끼는지에 대한 감각을 가지도록 해야 한다.

③ 아동은 자신의 소유물에 대한 권리를 가진다.

성인의 세상에서 국가는 소유와 주인의식과 관련한 매우 섬세한 법을 제공한다. 법은 허락 없이 다른 사람의 소유물에 손대는 것을 금하며 사회적 관습도 이러한 규칙을 따른다. 그러나 성인은 때때로 아동이 나눠가지는 데 있어 매우 이상한 관점을 부여한다. 성인은 다른 아동이 자전거를 가지고 가거나 쓰고 있던 크레용을 다른 아동이 가져가서 아동이 불평을 하면 도움을 주지 않고, 오히려 "고자질을 해서" 혹은 "나누지 않아서" 혼을 낸다.

한 아동의 개인적 소유물은 그의 것이며, 어느 누구(부모님이나 교사)도 아동에게 물어보기 전에는 손대지 않아야 하며 적어도 "난 지금 너의 블록을 저쪽으로 옮기려 해." 정도로 아동에게 알려줘야 한다. 교실에서 나누어 쓰는 물건은 언제든 사용할 수 있는 모든 사람에게 소유된 것이며 먼저 쓰고 있는 아동의 것을 사용하는 것도 다른 사람의 권리를 침해하는 것이다.

④ 아동은 공평할 권리가 있다.

공평하다는 개념은 유아기부터 초기 아동기 동안 천천히 발달한다. 그러나 이러한 개념이 잘 발달하기 전에도 아동은 공평한 대접을 받아야 하고 공평하게 행동하는 역할 모델을 관찰해야 한다. 만일 한 아동은 낮잠 시간에 그림책을 보도록 허락을 받았으나, 다른 아동은 논리적 이유나 설명도 없이 안 된다고 거부되었다면 불공평한 것이다.

아동도 때로는 큰 소리로 "야! 그건 불공평해."라고 말한다. 비록 논리에는 한계가 있고 실제 생각하는 공평함의 개념은 정확하지 않을 수 있어도 다른 성인이나 아동이 불공평하게 행동하거나 규칙을 지키지 않으면 불평할 수 있다.

■ 합리적인 안전 규칙의 필요성

아동은 약간의 위험이 포함된 어려운 도전에 성공할 때 자부심과 존엄을 느낀다. 아기는 누구나 넘어지지 않고는 걷는 것을 배울 수 없고, 넘어지고 멍들지 않고서는 걸음을 걷거나 나무에 오르거나 롤러스케이트를 타거나 자전거를 탈 수 없다. 위험 가능성은 그 결과의 심각성과는 별개로 중요하게 판단해야 한다. 따라서 성인은 아동 안전에 매우 세심하게 주의를 기울여야 한다. 아동이 놀이하는 환경에 유해한 설비, 독성 있는 물질, 아동을 유혹하는 위험 사항이 있는지 등을 점검하고 또 점검해야 한다.

(3) 아동생활지도의 장기적 목적

아동생활지도의 장기 목적은 아동이 행복하고 책임감 있고 생산적인 성인의 삶을 살기 위해 필요한 기술과 태도를 갖도록 하는 것이다. 즉, 아동생활지도의 장기적 목적은 아동의 장기적 발달을 위한 양육환경, 아동을 위한 환경의 유지와 보호,

미래를 위해 투자하는 데 있다.

■ 장기적 발달을 위한 양육환경

양질의 아동기 환경은 단순하기 때문에 과소평가되기 쉽다. 어린 아동을 위한 적절한 환경은 편안하고 놀이로 가득해야 한다. 아동은 자유롭지만 환경 내 사물과 놀잇감을 탐색하는 과정에서 호기심을 추구한다. 아동은 움직이고 재잘대며 웃고 가끔은 싸우며 인간의 사회적 상호작용을 탐색하고 그 안에 있는 합리적인 제한을 학습한다.

긍정적인 역할 모델로서 성인의 모습

- 모든 사람에게 언제나 존경심을 가지고 대하기
- 힘이 아닌 인내심을 가지고 일관성 있게 의사소통하기
- 잘못된 행동에 대해 단호하지만 부드럽게 반응하기
- 잘못된 행동의 이유를 알기 위한 문제-해결 전략을 사용하기
- 적절한 활동과 자료, 일과의 계획을 준비하기
- 조건 없이 애정과 긍정을 보여주기
- 솔직하고 공손하며 직접적인 태도로 의사소통하기
- 모든 아동의 개인적 권리를 보호하기
- 차이를 강조하기
- 경청하기

아동의 건강한 발달은 사회적, 정서적, 신체적 발달이 몸 전체를 쓰는 탐색과 놀이, 손을 쓰는 유익한 감각 학습 경험을 통해 이루어져야 한다. 초기 학습의 기초는 탐색, 연습, 구성, 가장(pretending), 문제해결이다. 진정한 경험은 어린 아동에게 가장 최선의 교사이다. 완전한 잠재력에 도달하기 위해서는 아동의 초기 환경이 반드시 발달적으로 적절한 경험을 지원해야 한다.

■ 아동을 위한 환경의 유지와 보호

아주 어린 아동일지라도 자신의 옷, 놀잇감, 음식, 그 외 사물을 올바르게 다루는 법을 배워야 한다. 이것들은 아동의 작은 세계이며 아동이 되도록 독립적으로 다룰

수 있어야 한다.

유아도 놀잇감을 선반에 가져다 둘 수 있고 옷과 신발을 제자리에 가져다 둘 수 있고 컵과 냅킨을 둘 수 있다. 이 과정에서 책임감을 습득한다. 이러한 것들을 배우는 과정에서 실수할 자유가 있어야 하며 떨어뜨리고 흘리고 묻히고 더럽혀도 실수를 통해 복구하고 바꿀 수 있다. 아동기의 독립적인 수행은 소중하고 독립성의 경험은 이후의 삶을 위해 이루어져야 한다.

■ 아동의 미래를 위한 투자

스트레스가 많고 처우가 낮으며 훈련이 부적절하며 직원들이 끝없이 이직하는 기관은 효율적으로 기능할 수 없다. 부모와 영유아 교사, 기관 책임자, 정책 수립자는 아동의 장기적 발달 측면에서 초기 경험의 중요성을 인지해야 한다. 과거의 아동 양육은 친절하고 양육권이 있는 사람들이 아이를 마치 보관하는 것과 같은 의미를 가졌다. 인간 발달에 대한 많은 연구들은 적어도 생애 첫 1년은 아동의 정서, 신체, 인지적 성장에 가장 중요하고 가장 결정적인 시기임을 밝혔다.

어린이집, 유치원, 시간제 보육 프로그램, 기타 다른 초기 영유아 환경은 아동의 더 좋은 미래, 더 나아가 더 나은 사회를 만들기 위해 부모를 돕는 잠재력을 갖는다. 공동체로부터 자원과 지지와 높은 기대를 받으며 아동 전문인력은 교육적 체계의 통합적 부분이 될 수 있다. 모든 아동에게 가정의 수입에 상관없이 동일하게 초기 양육과 교육을 받을 기회가 주어지는 것은 사치가 아니며 우리의 미래를 만드는 필수적 단계이다.

2. 아동상담의 기초

아동상담은 상담자와 아동 간의 존중과 소통을 바탕으로 하여 아동의 심리 성장을 도와주는 과정이다. 아동의 성별, 연령 등 아동 변인과 부모를 포함, 가족 및 형제자매 관계, 보육, 교육기관과 학교와 친구 관계 등의 환경을 고려하여 아동의 성장과 발달을 촉진한다.

최근 아동의 문제가 새로운 시각으로 인식되면서 적절한 상담을 조기에 실시해야 한다는 요구와 그 중요성이 대두되고 있다. 아동은 법적으로는 만 18세까지를 의미하고 일반적으로 청소년까지 포함한다.

1) 아동상담의 개념

현대사회의 아동은 가정과 기관, 학교에서 예전에 비해 많은 욕구의 억압을 받고 또한 많은 기대와 경쟁을 강요받아 다양한 스트레스를 받고 있다 해도 과언이 아니다. 사회정서적으로는 공동생활에서의 부적응, 또래 관계의 어려움, 이상 행동, 발달지연 등의 문제와 일상생활의 처리 문제, 인지·언어적 발달문제 등은 단기적으로는 학습과 양육의 어려움을 끼치나 장기적으로는 발달의 역기능으로 작용하므로 상담이 필요하다.

상담(counselling)의 어원은 라틴어의 counsulere에서 유래된 것으로 '고려하다, 반성하다, 조언을 구하다' 등의 의미를 지닌다(박순길, 권순황, 심현진, 선애순, 한재금, 2017, 재인용). 한자어의 상담(相談)은 내담자와 상담자 간의 상호작용을 통하여 내담자의 성장·발전을 도모하는 심리적 조력 과정이라고 하였다. 상담은 일정한 훈련을 받고 자격을 갖춘 상담자가 대면 관계에서 내담자가 당면한 생활과제, 행동 및 감정적인 문제를 해결하기 위한 역할이자 과제이다(박순길, 권순황, 김현진, 선애순, 한재금, 2017).

로저스(Rogers, 1951)는 "상담이란 자아의 구조가 상담자와의 안전한 관계 속에서 부정적인 경험이 편안해지며 달라진 자아 속으로 통합되는 것이다."라고 하였다.

한국상담심리학회에서 상담은 현재 우리가 겪고 있는 문제, 심리적 어려움과 고통을 함께 대화로 해결해 나가는 과정으로, 당면한 문제해결과 자기이해를 돕고, 앞으로 삶에서 자신이 나아갈 방향을 결정하도록 협력하는 작업이라고 하였다(김영숙, 2019).

또한 아동상담은 일반 성인 상담과는 달라야 하는데, 구별되는 점은 다음과 같다(박순길 외, 2017).

- 아동상담은 부모나 교사의 요구에 의해 시작된다.
- 아동상담은 발달단계에서 일시적으로 나타나는 심리적 문제이다.
- 아동상담은 비언어적인 매체 활용으로 갈등을 표현하는 방법을 활용한다.
- 아동상담은 발달 수준에 따라 해결방법을 다르게 한다.

아동상담의 기본원리는 상담자와 아동 간의 상호 존중과 소통을 기반으로 아동의 문제해결과 자기 이해를 위해 심리적 성장을 도와주는 과정이라는 차원에서 일반 상담과 동일하다고 볼 수 있다. 그러나 아동은 위의 내용과 같이 성인 상담과는 다른 점에 유의해야 한다. 아동의 성별과 연령 등 아동의 개인적 요인과 부모를 포함한 가족과 형제자매 관계, 기관, 학교와 또래 관계 등의 중요한 환경을 고려하며 아동의 성장과 발달을 참조해 아울러야 한다.

아동의 문제행동을 바로 인식하고 발견하여 조기에 적절한 상담의 개입을 해 주어야 한다.

2) 아동상담의 필요성과 목적

어떤 아동은 교사가 최선의 노력을 하여도 자신의 행동에 대한 통제력을 갖지 못하는 경우가 있다. 교사는 이럴 때 부모와 의논하여 아동상담이나 치료전문가의 도움을 구하여 검사와 진단, 치료적 도움을 받도록 지원하여야 한다.

예를 들어, 영유아의 행동이 너무 격렬하고 과도하여 다른 영유아를 심하게 해할 수 있거나, 영유아가 결국 다른 또래들로부터 배척당하고 고립될 위험이 있으며 많은 범위의 환경에서 부적응하여 이러한 상황이 더욱 강화되고 지속될 가능성이 있을 경우이다.

영유아가 자신을 포함하여 다른 영유아 및 성인에게 해를 입힐 가능성이 크다고 인식되고 이런 영유아가 기관의 일상적인 생활지도 활동을 통해 행동 수정을 배우기는 어렵다고 판단될 때이다.

영유아의 행동으로 인해 교사의 시간과 에너지가 너무 많이 소모되고 그 결과 부모에게 의논하여 영유아를 일과에서 배제하도록 도움을 구해야 할 때이다.

따라서 아동상담의 목적은 일반적인 성인 상담의 목적 외에 다음과 같은 추가적인 목적을 가진다(박순길 외, 2017; 이소은, 이완정, 2019).

- 아동이 일상에 적응하여 좀더 즐겁게 보내기 위한 중요한 정보를 제공한다.
- 아동이 자신의 문제행동을 스스로 인식하고 문제를 해결하도록 도움을 준다.
- 부모와 아동 간 서로를 더욱 잘 이해할 수 있도록 돕는다.
- 아동이 심하게 산만하거나 집중하지 못하고, 눈맞춤이 없거나 고립된 행동을 하는 등 두드러진 행동상의 문제가 있을 때 이에 대한 변화를 시작하고 지원한다.
- 아동의 연령에 비해 심하게 발달이 지연된 부분의 양상을 탐색하고 진단한다.
- 아동이 자신의 흥미와 잠재 능력, 적성, 사회적으로 적절한 태도가 무엇인지 스스로 알 수 있도록 해준다.
- 아동의 발달에 맞는 기회를 제공한다.
- 동기를 부여하기 위해 노력하여 무언가를 이룰 수 있다는 것과 그것을 수행하여 성취감을 가질 수 있도록 한다.
- 자신의 진로를 포함하여 어떠한 일에 대해 알아보고 계획을 세우며 선택 과정에 참여하여 그 과정을 경험하도록 한다.

아동상담은 아동으로 하여금 자신의 존재와 삶에 대해 긍정적인 태도를 가지고 자신의 정서를 표현하거나 이를 다루는 데 있어 자신의 의지와 역량을 인식하도록 지원한다. 아동상담의 목표는 아동이 자신과 주위 환경에 성공적으로 적응할 수 있는 잠재 능력을 키우는 데 있다. 아동을 위해 의사결정을 대신해 주는 것이 아니라 아동 스스로 자신의 행동을 바꿀 수 있다는 것을 확신하도록 하고 이를 수행할 수 있도록 도와주어야 한다. 아동상담은 가족상담의 일부로, 가끔 아동상담을 하다가 가족상담으로 이어지는 경우도 있다. 일반적으로 아동상담에서 주로 다루어지는 주제는 가족 관계, 재구성 가족 관계, 또래 괴롭힘, 정서문제,

행동문제, 과몰입이나 중독문제, 학교문제, 학습문제 등이다.

3. 아동생활지도와 아동상담의 범위

아동상담의 대상은 현재 문제를 겪고 있는 아동과 문제가 아직은 눈에 보이지 않지만 잠재되어 있는 환경의 아동, 아동과 가족 및 기관, 학교 등 아동에게 영향을 미칠 수 있는 주변 환경을 아우른다.

1) 아동생활지도와 아동상담의 범위

생활지도는 성인인 아동 전문가나 교사 등 아동 전문인력, 그리고 부모에 의해 이루어지는 일련의 과정으로, 생활지도를 통해 사람들은 보편적인 기준에 맞추어 자신의 역할수행을 다루는 능력을 개발하게 된다. 이와 비교하여 상담이란 성인인 임상 전문가(상담자, 임상가, 치료사)가 문제를 겪고 있는 개인(내담자)에게 일련의 전문적인 상담 과정을 통해 전문적인 지원을 하는 과정이라고 하였다(박순길 외; 이소은, 이완정, 2019).

상담은 20세기 들어서 더욱 발전하게 된 전문직 중 하나이며, 내담자가 자신감을 가지고 긍정적인 생각을 할 수 있도록 돕는 치료적이고 역동적인 과정이다.

2) 아동생활지도와 아동상담, 아동치료의 개념 이해

아동상담이 아동이 현실적으로 맞닿은 의식적인 수준의 문제를 주로 다룬다면, 심리치료는 성격적인 문제나 무의식적인 문제까지 포괄하여, 아동이 도움을 필요로 하는 단순한 정보를 제공하는 것에서 행동을 통제하는 기술적인 부분, 태도상의 문제, 나아가 심리적 갈등의 문제 해결과 정신질환의 문제까지 다룬다. 아동상담은 성장을 지향하고 예방을 전제하기에 태도상의 문제나 심리적 갈등의 문제 등에 관한 새로운 관점이나 이해 등을 제시하고 도와주어 심리치료와는 차별화될 수 있다. 즉 아동상담은 정상적인 개인 아동을 일반 상담에서 다루고, 비정상적인 개인 아동은 심리치료에서 다루어야 한다(박순길 외, 2017). 따라서 아동의 심리치료는 의학에 근거를 두고, 상담은 여러 분야의 학문이 통합되어 독자적인 학문의 형태로 발전한 분야이다. 아동 심리치료의 목적이 정신건강의 회복이라면 아동상담은 아동 개인의 부적응 행동을 이해하고 잠재적 능력을 최대화하기 위한 것이 될 수 있다. 아동 심리치료는 질병 제거에 초점을 두어 심층적인 원인을 파악하여 제거하고 의학적인 모형에 입각하여 심리적인 문제를 살펴보고 이를 질병의 차원에서 다룬다. 아동상담은 관계 형성과 의사소통을 통해 아동의 힘을 강화하는 방법을 주로 사용하고 인간의 병리적인 면보다는 건설적인 면과 건강한 측면을 강조하면서 인간의 삶과 행동, 사회에 대한 교육적인 기반, 철학적인 이론을 원리로 삼는다.

생활지도는 일반적인 교육 장면에서 주로 전형적으로 발달하는 아동을 대상으로 하는 교육 활동의 일환이고, 상담은 문제를 가진 소수 아동의 구체적인 생활 과제의 해결과 적응을 돕는 활동이며, 심리치료는 신경증이나 정신장애 같은 문제를 다루는 활동이라고 볼 수 있다(이장호, 정남운, 조성호, 2005). 상담과 심리치료는 정보 및 의사결정을 요구하는 문제, 행동양식 및 태도의 변화를 요구하는 문제, 심리적 갈등의 문제, 성격 기능의 장애로 구분했을 때 다소의 차이가 있으나 중복된 부분이 있고 구분도 가능하다. 아동상담의 범위는 아동을 어떤 존재로 보고, 어떠한 방법과 기법으로, 무엇을 목표로 하느냐에 따라 구분이 가능하기에 상담과 심리치료의 범위에 있어 전문가들의 견해는 다양할 수 있고, 따라서 상담과 심리치료를 뚜렷하게 구별하지 않을 수도 있다고 한다(박순길 외, 2017).

표 1-1 아동생활지도, 아동상담, 아동 심리치료의 비교

	아동생활지도	아동상담	아동 심리치료
적용 장면, 장소	일반적인 교육 장면, 돌봄 및 일상생활	일반적인 교육 장면, 일상생활, 임상 장면	개인 클리닉, 정신건강센터, 병원 등 임상적 장면
내담 아동 특성	전형적으로 발달하는 아동	적응이나 행동의 문제를 가진 소수 아동	신경증이나 정신장애 같은 문제를 가진 아동
적용자	교사, 아동 전문인력, 부모	전문가(상담자, 임상가, 치료사)	전문가(상담자, 임상가, 임상의사, 치료사)
목표	보편적인 기준에 맞추어 자신의 역할수행을 다루는 능력, 자기 통제력을 개발	문제를 가진 소수 아동의 구체적인 생활 과제의 해결과 적응을 돕는 활동. 즉각적인 관심사의 해결과 같은 단기간의 목표	단기 목표와 장기 목표. 신경증이나 특정한 정신장애 같은 문제를 다루는 활동
방법	모델링, 행동 수정, 시연 등을 포함한 경험적 방법 사용	내담자의 관심사를 돕기 위해 다양한 상담 전략들과 예방적 접근 등 사용	복합적인 심리치료적 접근법. 의식적인 과정뿐만 아니라 무의식적인 과정과 관련된 여러 가지 전략 사용

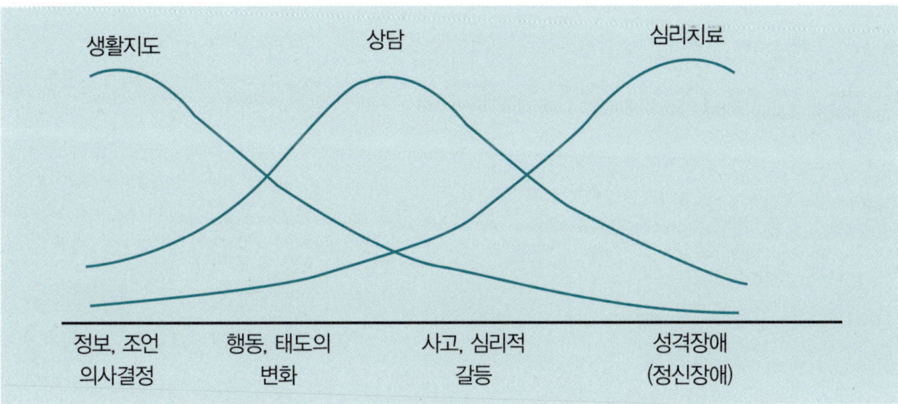

그림 1-2 상담과 생활지도, 심리치료 영역의 비교

출처: 박순길 외(2017). 아동상담. 서울: 양서원. p. 26.

정리해봅시다.

- 아동생활지도의 현대적 주제에 대해 정리해봅시다.
- 아동생활지도의 개념과 필요성에 대해 이해해봅시다.
- 발달적으로 적합한 아동생활지도는 어떠한 내용을 담고 있는지 이해해봅시다.
- 아동생활지도에 왜 부모와 전문가 훈련이 중요할까요?
- 아동생활지도의 목적은 무엇인가요?
- 아동생활지도의 장단기 목적은 무엇인가요?
- 아동생활지도와 상담과 치료의 차이를 구별해봅시다.

CHAPTER 2

아동생활지도와 아동상담의 배경

1. 역사적 관점

아동 양육과 생활지도는 시간이 지나면서 극적으로 변하여 왔다. 과거의 전통 적인 아동 양육은 현대 부모들에게는 이상하거나 심지어 잔인하게 생각될 수도 있다.

18세기 초 유럽에서는 영아를 인간이 아닌 것처럼 취급하고 소모품처럼 여겼다. 자신의 신생아를 키워줄 유모를 고용하였고, 유모는 자신의 아기들 대신 이들을 길렀다. 영아 사망률이 어느 지역에서는 80%에 이르렀는데 유모의 아이들이 대부분이었다. 유모는 생계를 위해 아기를 낳아 젖이 나오게 한 후 그들 아기는 집에 놔두어 버리는 것이었다.

18세기 후반 루소는 『아동기의 변화』를 저술하였는데, "모든 선한 것은 자연이라는 작가의 손에서 나온다."고 주장하였다. 아동은 원죄를 가진 악한 존재가 아닌 착하고 순수하게 태어난다고 하였다. 그 당시의 엄격한 훈육 기술은 원죄로부터 아동을 구원하기 위함이었는데 루소는 이러한 훈육이 건강하고 정상적인 성장을 돕는 대신 아동을 오염시킨다고 주장하였다. 아동 양육에 대한 루소의 관점은 생물학적 엄마가 젖을 먹이는 것, 신선한 공기, 느슨한 옷, 성인의 최소한의 간섭을 포함한다.

1900년대 아메리카 원주민의 어느 부족은 아이들의 신체적 강인함에 특별히 가치를 두었다. 아동에게 인내심을 길러주기 위해 신생아 때 계절에 상관없이 찬물 속에 몇 번을 담그기도 하고, 그들의 포대기 역할을 한 특별한 판(cradleboard) 위에 아기를 올려 안전하게 묶어서 편의상 나무 위나 집 위 등 가족이 모이는 곳에 매달았다. 아기들이 걸을 수 있기 전까지는 그러한 형태의 포대기에서 풀어주지 않았다고 한다.

유럽 혈통의 미국 엄마는 영아 자녀를 이웃 미망인이나 미혼의 혼자 사는 여성에게 보내 양육, 교육을 하였다. 이러한 '사숙(dame school)'에서 나이 든 아동은 신약 성격을 읽게 하고 아기들은 구석에서 낮잠을 자게 했다. 농장의 노예 아동은 자유로운 노동의 자원으로 가치를 매겼다. 아직 걷지 못하는 영아도 가사의 잡일을 하고 주어진 많은 임무를 수행했다. 1900년대에 이르러 아동 발달에 대한 과학적 연구의 시대가 열리면서 부모를 위한 관련 정보들이 보급되었다.

1) 아동생활지도와 상담에 영향을 준 학자들

아동에 대한 관점은 20세기 세계대전에 의해 영향을 받았다. 경제적 공황과 번영을 반복하면서 아동발달 연구에 대한 과학적 관심이 성장하였다.

1940년대 후반과 1950년대 초, 연구자들은 초기 학습의 미스터리를 풀었다. 그 당시 생후 첫해의 경험이 이후 발달에 그다지 중요하지 않다는 생각은 지능과 성격의 발달을 설명하는 더 복잡한 이론에 의해 밀려났다. 이러한 새로운 이론은 환경에 대한 신체적 탐색과 초기 사회적 상호작용을 더욱 강조하였다. 1960년대에는 출생에서 학령기까지 아동의 학습 과정 연구들이 붐을 이루었고 1970년대에는 아동 양육에 대한 책들이 많이 팔리게 되었다(Miller, 2014). 이때 아동의 성장과 발달에 대한 부모의 관심과 과학적 관심이 급성장하게 되었다.

(1) 듀이

듀이(John Dewey, 1859~1952)의 교육 접근은 교수-기반의 수업, 지루한 암기, 암기한 자료의 암송 등 그 시대의 표준 훈련과정 대신 일하면서 배운다(learning by doing)는 것에 기반하였다.

듀이의 교육에 대한 중요성은 몇 가지 중요 영역에 기반한다. 그는 사고와 반영(reflection)에 대한 혁신적인 탐구를 하여 지속적인 발달을 이루며 로저스의 연구에 영감을 주었다. '교육이 의미를 가지기 위해서는 경험에 참여하고 경험을 확장하여야 한다'는 듀이의 신념은 오늘날 교육의 관점에 커다란 영향을 주었다.

더욱이 학생들이 학습자료와 적극적으로 상호작용하고 지속적으로 학습 개념을 훈련하며 구체적인 틀을 찾을 수 있도록 학습 환경을 중시하였다. 특히 민주주의에 대한 열정적인 신념을 가지고 아동이 좋은 시민이 되어 민주주의가 번창할 수 있도록 학교를 만드는 것을 옹호하고 추진하였다.

(2) 아들러

아들러(Alfred Adler, 1870~1937)는 가치지향적인 심리학에 기반하여 인간 행동의 사회적 구성주의 관점을 발달시켰다. 그는 인간이 협동적으로 일할 수 있고 평화롭게 함께 살며, 자기-향상과 자기-실현(self-fulfillment)을 위해 갈망하며 공동체의 복지에 기여한다고 믿었다. 인간은 수동적으로 유전이나 환경에 영향받지 않고 사회적 상호작용, 경험, 세상에 대한 지각의 발달을 통해 자신의 존재를 적극적으로 구성해 간다고 하였다. 궁극적으로 인간은 자신의 열등감을 보상해가는 것을 끊임없이 추구한다고 하였다.

아들러의 생각은 아브라함 매슬로우와 유사한데, 개인은 그의 잠재력의 완전한 실현을 향해 자기-실현을 추구한다고 하였다. 프로이트와 같이 아들러는 인간의 성격은 인생의 첫 5년 안에 발달한다고 믿었다. 아들러의 아동지도 개념은 다음과 같다.

- 상호 존중은 모든 인간의 권리가 양도할 수 없이 동등하다는 신념에 기반한다.
- 강화와 벌은 구시대적이며 논리적 결과보다 덜 효과적이다.
- 격렬한 갈등 상황에서는 말보다 행동이 논쟁을 줄이고 문제를 빨리 해결한다.
- 분노에는 물러나는 것이 적절하나 자녀에게 감정적으로 물러나는 것은 부적절하다.
- 학습과 훈련은 시간과 인내를 요한다.
- 성인은 아동이 스스로 할 수 있는 것을 대신 해 주어서는 안 된다.
- 아동의 목적을 방해하는 것에 대해 인식하고 이해하는 것이 중요하다.

(3) 로저스

로저스(Carl Rogers, 1902~1987)의 성격 이론은 그의 임상 심리학적 작업에서 발전하였고 모든 인간의 존엄을 깊게 존중하는 것에서 비롯되었다. 그가 발달시킨 임상적 방법은 인간에 초점을 두어 사람을 윤리적으로 대하는 것을 중시하였다. 로저스는 "인간은 자신의 잠재력을 성취하려는 동기를 갖는 '자아실현에의 경향'을 갖는다."고 하였다.

자기(self)에 대한 것은 그의 이론의 중심이다. 자기는 타인과의 상호작용을 통해 구성된다. 아동의 자기-개념은 주변을 지각하는 것에서 강하게 영향을 받는다. 따라서 아동을 높게 평가하고 존엄과 존경을 가지고 대하면 아동은 강하고 긍정적인 자기-개념을 구성하게 된다. 반면, 존중하지 않고, 모욕하고, 인간성을 말살하여 대하는 것은 아동의 자기-존중감 발달을 해롭게 한다. 로저스는 자신의 완전한 잠재력에 도달하기 위해서는 반드시 타인으로부터 긍정적인 관심을 받아야 하며 이것은 결국 긍정적인 자존감(self-regard) 발달을 이끈다고 하였다.

(4) 카후프

카후프(Robert R. Carkhuff, 1939~)는 칼 로저스의 이론을 가져와 효과적인 대인관계 기술을 위한 체계적 기준을 세웠다. 그의 작업은 극적인 효과를 가지며 적절한 대인관계 기술을 가르치는 수많은 기존 프로그램들은 이러한 자원을 토대로 만들어졌다.

(5) 가즈다

가즈다(George Gazda, 1931~)는 카후프의 작업을 가져와 학급관리 문제를 해결하고 학생들의 부적절한 행동을 변화시키기 위해 동기를 부여하는 효과적인 체계를 만들었다. 그의 연구는 비효과적인 의사소통 유형, 비언어적 행동, 대결, 분노를 지각하고 반응하는 효과적 전략에 초점을 두었다. 가즈다는 아동의 자기-개념과 자기-존중감을 강화하면서 문제행동을 교정하는 교사의 전략에 관심을 두었다.

(6) 피아제

피아제(Jean Piaget, 1896~1980)는 아동의 지능 발달을 연구하였고 4단계를 기반으로 인지발달 이론을 제안하였다. 그의 이론은 심리학과 교육학 분야에 주된 영향을 가진다.

피아제는 삶의 대부분을 연구자로서 아동을 보고 그들의 말을 들으며, 다른 인지심리학자들의 연구 논문을 공부하였다. 그는 아동의 학습은 환경과의 상호작용을 통해 점진적으로 구성해 간다고 하였고, 아동의 사고와 문제해결의 초기 논리는 단계를 거쳐 가면서 매우 달라진다고 하였다. 아동은 바로 성인처럼 사고하지 않는다.

피아제는 아동은 작은 과학자이며, 지속적으로 세상에 대한 이론을 만들고 실험해간다고 하였다. 아동은 지식을 채우는 빈 그릇이 아니라 자신의 지식을 적극적으로 만들어가는 사람이다. 듀이와 몬테소리처럼 피아제는 아동의 학습을 매우 진지하게 여겼다. 몬테소리와 듀이는 교육을 개선하기 시작했으나, 피아제는 단지 아동이 어떻게 사고하고 배우는지 이해하고 설명하기 위해 노력했다. 그럼에도 불구하고 피아제는 전 세계적으로 교육에 심오한 영향을 주었다.

(7) 비고츠키

비고츠키(Lev Vygotsky, 1896~1934)는 그가 말한 "교육적 발달의 근접 영역"(때로는 ZPD, ZoPED, 혹은 단순히 "영역"이라고 한다)으로 주로 떠올려진다. 그는 아동은 기술, 단어, 개념 그리고 가능한 성취의 "영역" 안에 있으나 그들 능력으로 하는 것보다 약간 어려운 과제에 노출됨으로써 발달한다고 믿었다. 성인은 이러한 배움의 순간에 아동이 새로운 지식이나 능력을 얻을 수 있도록 돕는 중요한 지도 역할을 한다고 생각했다.

비고츠키는 아동은 성인 및 다른 아동들과의 상호작용으로 발달한다고 하였다. 그는 아동 학습은 인간의 역사, 문화와 뗄 수 없고 심리학적 발달은 언어, 숫자 개념, 음악, 미술 등과 같은 것의 역사를 통해 전달된 생각과 도구를 사용하는 과정이라고 믿었다. 언어는 세기를 걸쳐 전달된 인지적 도구 중 가장 중요한 것이라고 강조하여, 언어가 없다면 아동은 완전하게 자기-인식을 발달시킬 수 없다. 자기-인식이 없으면 자신의 행동을 생각하고 평가하고 예측하고 조절할 수 없다. 언어는 그것을 통해 우리가 사고하고 지각하고 경험하고 행동하는 틀이 된다.

비고츠키는 무엇보다 중요한 교육의 목적은 발달을 생성하고 이끄는 것이라고 믿었다. 그는 발달은 사회적 학습, 사회적 상호작용, 그리고 문화의 내면화 과정을 통해 이뤄진다고 하였다. 비고츠키는 새로운 경험과 상황을 이해하기 위한 사전 지식의 결정적 중요성을 강조하였다. 모든 것은 아동이 이미 알고 있는 것의 맥락에서 가르쳐야 한다. 아동의 문화, 가족 배경 그리고 현재의 기술 수준은 아동의 교육과정을 결정한다.

(8) 몬테소리

세계 대전의 끔찍한 기간 동안 몬테소리(Maria Montessori, 1870~1952)는 다음과 같이 말했다.

> "…인류는 이 문제를 해결할 희망을 가질 수 있어요… 단지 아동을 발견하는 것에 주의와 에너지를 돌리면 됩니다(Montessori, 1986)."

마리아 몬테소리는 자신의 발달과 관심에 맞는 활동을 되풀이하는 아동의 능력을 관찰하였다. 즉, 아동은 주의깊게 계획된 환경에서 직접 해보려는 학습의 욕구를 가진다는 것을 알았다. 그녀는 작은, 아동-크기의 가구와 단순한, 매력적인, 감각적 학습 교구들을 제작하여 아동이 인지적, 신체적, 실제 생활에서 사회적 기술 발달을 위해 독립적으로 사용하게 하였다. 그녀의 초점은 아동의 독립성과 존중에 두었다.

몬테소리가 주장한 아동의 흡수 정신, 내적 동기, 교사의 존중하는 역할, 학습을 위한 감각적 시기의 중요성은 초기 아동기 교육의 주류가 되는 심오한 영향력을 만들었다.

(9) 프뢰벨

프뢰벨(Friedrich Froebel, 1782~1852)은 초기 아동기 교육에 대한 생각을 변화시켰다. 프뢰벨은 놀이는 어린 아동의 학습을 자연스럽게 이끄는 엔진이라고 인식했다. 그는 아동이 놀이에 대해 자연스러운 욕구를 가질 수 있도록 안내하고 놀이의 의미를 발견하도록 돕는 방법을 만들었다. 아동을 위한 학습 교구를 만들었는데, "은물(선물)"이라고 하였고 이는 작은 공, 막대기, 고리, 나무 블록, 삼각형 조각 등으로 구성되었다. 그는 아동이 이것들을 이용하여 새로운 개념을 이해하도록 도와주었다.

프뢰벨의 이러한 놀잇감을 이용하여 상호작용하며 아동의 학습을 자극하는 것은 혁신적인 것이었다. 그의 의도는 아동의 지능, 창의성, 놀이의 정신을 고취하는 것이었다. 이후 전 세계 교육자들은 프뢰벨의 은물, 가베를 채용하였고 큰 성공을 이루었다.

오늘날 나무로 만든 블록은 발달적으로 적절한 아동기 프로그램에 활용되고 있고 많은 학습 교구들은 프뢰벨의 은물에서 직·간접적으로 영향을 받아 고안되었다.

(10) 브론펜브레너

브론펜브레너(Uri Bronfenbrenner, 1917~2005)는 현대 가정생활의 비예측성과 불안정성이 아동 웰빙을 손상시킬 수 있음을 우려하였다. 그는 아동의 학교 실패와 행동적, 사회적, 정서적 문제에 관한 확장된 영향을 설명할 수 있는 생물생태학적 모형을 만들었다. 생물생태학적 이론에 따르면 밀접한 가족 내 관계성의 붕괴는 아동의 성장 욕구를 발달시키지 못하게 하고 이어 공동체의 다른 부분인 영유아 기관, 학교, 종교 집단, 사회적 조직 등으로 이동하는 데 실패하도록 한다. 브론펜브레너는 기술과학이 우리 사회를 변화시켰으나 우리의 가족 세계에 미치는 부정적 효과를 보상해주지는 않는다고 하였다.

그는 아동이 잘 발달하려면, 주의깊게 보살피는 성인과의 지속적, 안정적, 상호적인 관계를 요한다고 강조하였다. 아동이 이러한 높은 질의 양육을 받지 못하면 궁극적으로는 부적절한 장소에 주의를 빼앗긴다고 하였고 아동기 결함은 청소년기의 반사회적 행동, 자기-훈육의 부족, 반항, 주도성의 결핍 등을 보이게 된다.

이러한 문제를 해결하기 위해서 브론펜브레너는 헤드스타트(Head Start)를 설립하여 시작부터 아동뿐 아니라 가족과 공동체를 포함하는 것이 효과가 있다고 역설하였다. 부모와 공동체의 포함은 초기엔 어려웠지만 헤드스타트의 토대가 되었고 이러한 사업 성공에 중요한 조건이 되었다.

2. 사회 속의 아동

아동은 우리 사회에서 매우 중요하고 특별한 위치를 차지한다. 예쁜 옷을 입고 사진을 찍고 아동만을 위해 특별히 만들어진 알록달록한 놀잇감이 주어지며 작은 그릇에다 특별 음식을 먹고, 정교하게 고안된 가구에 앉고, 그네를 타고, 돌아다니고, 먹고, 기어다닌다. 이전의 시기와 비교해보면 오늘날 아동은 응석을 부리고 제멋대로이다.

1) 민주주의에 참여하기 위한 준비

가정이나 보육기관 등 아동이 살고 일하고 노는 환경은 그곳이 어디든지 작은 사회이다. 가정, 학교, 보육 공동체는 아동이 자라서 성인 공동체에 잘 참여하도록 가르쳐야 한다. 아동생활지도는 아동이 한 집단의 구성원으로 기능하는 적절한 방법을 배우도록 성인이 돕는 것이다. 독재사회에서 사람들은 적절히 기능하기 위해 무조건적으로 복종하는 것을 배워야 한다. 독재자는 사람들을 지배하는 명령을 사람들에게 내릴 뿐이다. 무정부 사회에서는 모든 사람들이 자신의 욕구와 관심을 따를 뿐이다. 아무도 지배하고 운영하지 않기에 혼란이 비일비재하다. 그러나 민주주의 사회에서는 교육을 받고 책임감이 있는 시민들이 적극적으로 참여하기 위해 효율적인 자기-통제를 하도록 요구받는다.

성인에 의한 생활지도는 아동이 필요한 기술을 발달시켜서 민주주의 사회에 참여하도록 가르치는 것이다.

좋은 시민이 되기 위한 중요한 기술

- 시민 개념: 협력하고 공정한 경쟁하기, 다른 사람의 권리를 존중하기
- 주도성과 자기-신뢰: 솔선수범하기, 평생 교육자, 창의적 문제해결자
- 적절한 작업 습관: 과제를 완수하는 습관 가지기, 완수함에 자부심 가지기, 결과에 책임지기
- 팀워크 안에서 협력하는 능력: 팀의 이익을 위해 자신의 즉각적인 관심이나 이익을 기꺼이 조금 미루어 두기

2) 전통적 훈육의 변화 필요성

이전 세대에 받아들여지던 지도방법은 오늘날 아동의 미래를 위해서는 적절하지 않다. 과거에는 다른 사람에게 맞추는 것, 권위자에 순종하는 것이 성공을 위해 중요하였다. 이제 아동의 미래는 동조나 순종이 아니라 협력, 창의성, 혁신, 열린 마음이 중요하며, 오늘날 아동생활지도의 방법 역시 아동이 스스로 생각하도록 하는 것이지, 순종하도록 하는 것이 아니다.

세계는 놀라울 정도 빠르게 변화하고 있다. 따라서 아동의 미래를 준비하기 위해 다양한 종류의 경험을 요한다. 100년 전에는 정해진 일과를 따르는 것이 중요했고, 적응력과 융통성이 중요한 기술적 세계를 준비하지 않아도 되었다. 소수자와 여성들은 사업을 위해 야망을 가지고 경쟁하도록 기대되지 않았다. 단지 가사나 생계를 위해 일하도록 되었다.

아동지도와 학습을 위한 최신 전략을 수행하기 위해 예전 습관을 변화시키기는 것은 쉽지 않다. 성인이 지적이며 논리적이고 권리를 가지고 아동을 대하기에는 우리가 아동기에 경험했던 방법과 맞지 않아 혼란과 스트레스를 경험할 수 있다. 신념은 불을 켜고 끄는 것처럼 쉽게 바뀌는 것이 아니다. 신념이 바뀌는 데에는 몇 년에 걸친 연구와 연습이 필요하다.

성인은 아동과 마찬가지로 생활의 경험에 영향을 많이 받는다. 인간으로서 선택 능력이 있고 우리 삶을 통제할 수 있으며 물 위에 떠다니는 나뭇잎이 아니다. 우리는 물고기처럼 강한 물살에 영향을 받을 수 있으나 힘과 동기를 가지고 자유롭게

물살을 헤엄칠 수 있다. 예전 습관을 버리고 새로운 습관을 선택하여 정열과 시간을 가지고 고집스럽게 연습하여야 한다.

3. 아동생활지도와 아동상담의 철학

문화는 아동과 아동 양육에 대한 부모와 교사의 양육 철학을 만드는 데 중요한 역할을 한다. 한 사람의 철학은 아동을 지각하는 것, 즉 아동 행동의 동기, 어떻게 가르칠지에 영향을 준다. 논리적이고 적절한, 반대로 맞지 않는 아동지도의 생각은 그 사람의 철학을 구성하는 믿음과 가정을 거쳐 투과된 것이다.

부모와 양육자, 교사가 특별한 철학이 없다고 해도 다른 사람의 것과 진지하게 비교하여 분석될 기회가 없었던 것이지, 없는 것은 아니다. 적절한 행동을 습득하는 과정은 읽고 쓰며 학습하는 과정을 통해 배울 수 있다. 따라서 다양한 철학을 탐색하며 학습하는 것이 중요하다. 양육 대 천성, 행동주의, 성숙주의, 구성주의 철학에 대해 알아본다.

1) 양육 대 천성

아동에 대한 가장 오래된 논쟁은 양육(nurture, 환경) 대 천성(nature, 유전) 관점이다. 천성은 아동의 유전, 타고난 특성, 내적 동기이다. 양육은 부모의 지도, 교사의 효율성, TV, 미디어 등 외부 영향력을 강조한다.

예를 들어, 어떤 사람은 아동이 고집이 세면 키우기 어렵다고 생각한다. "승희는 너무 힘들어. 아빠를 닮아서 한순간도 가만히 있지 않아." 혹은 "재현이는 의심할 여지없이 음악에 소질이 있어. 가족들에게서 물려받았어."라고 할 때, 이 경우 아동은 유전이나 타고난 특성을 가지기에 이것이 그들 능력과 성격 특성에 영향을 미쳤다고 생각한다.

다른 사람들은 동의하지 않는다. "민주는 어릴 때부터 훈련을 잘 받았어. 교사가 경력이 많거든, 아이들을 다루는 법을 잘 알아." 혹은 "만일 그 아이가 내 아이라면 난 그렇게 막 울거나 손을 빨지 않도록 할 거야. 그 아이 부모는 너무 오냐오냐하고 받아줬어. 그렇게 하면 안 되는데." 이 경우는 아동발달에 외부적인 영향을 강조한다. 아동은 태어날 때는 비슷하나 그 차이는 아이들이 받는 대우와 학습에 달려 있다고 생각한다.

인지적 자극은 마치 신체 발달을 위한 음식처럼 정신 발달에 중요하다. 너무 많은 음식이 적절하지 않듯이 너무 많은 인지적 자극은 발달에 부적절하다. 억지로 많은 음식을 먹이는 것도 아동에게 좋지 않다. 발달에 적합한, 적절한 양의 경험이 아동의 학습 준비에 바람직하다. 너무 많거나 너무 적거나 너무 빠르거나 너무 단순하거나 하면 안 된다. 언제나 아동의 발달 수준에 맞게, 아동의 문화적 배경과 개인적 관심에 맞아야 한다.

2) 지능과 성격의 근원

만일 깔끔하게 나뉠 수 있다면 다음과 같이 세 개의 기초적 입장으로 정리해 볼 수 있을 것이다.

① 행동주의(경험주의): 행동과 학습은 강화와 같은 외부적 힘에 의한 것이라고 믿는다. 아동 지도를 위해 외부적 전략에 초점을 둔다.

② 성숙주의: 행동과 학습은 성숙과 동기 등과 같은 내적인 과정에 달려 있다고 가정한다. 자기-통제의 자연스러운 발달을 지원하기 위해서는 강요하지 않는 것에 초점을 둔다.

③ 구성주의: 행동과 학습은 내적인 발달과 외적인 발달의 상호작용의 결과라고 믿는다. 아동발달을 연구하고 아동을 관찰하고 발달적으로 적절한 환경을 준비한다. 긍정적이며 적극적으로 아동의 내적 자기-통제와 타인 존중의 발달을 지도한다.

(1) 행동주의 접근

행동주의자들은 신생아의 마음은 백지(tabula rasa), 즉 빈 서판(blank slate)이라고 본 존 로크의 17세기 전통을 받아들인다. 이러한 이론(행동주의자, 실증주의자, 경험주의자)은 인간 학습은 외부로부터 이루어지며 환경은 한 인간이 그렇게 되는데 거의 모든 영향을 끼친다고 보았다.

왓슨(Watson, 1930), 스키너(Skinner, 1974) 등 행동주의 학자는 인간은 환경의 산물이라고 하였다. 사람은 학자나 혹은 도둑이 될 수 있는데, 이것은 유전적 인자나 유전적 선택에 의해서가 아니라 그들의 환경이 그렇게 되도록 조건화하여 그렇다고 하였다. 이러한 관점은 부모와 교육자에게 강력한 의미를 가진다. 인간은 환경적 경험을 통제하여 만들어진다는 것을 의미하며 인간의 의지나 성향에 대한 초점을 전환시킨다.

행동주의적 관점은 적절한 행동의 발달이 성인의 책임이라고 본다. 성인은 아동의 특별한 행동 목적을 인식하고 선별하는 데 책임이 있다. 성인은 아동의 행동을 관찰하고 자발적 행동을 추적하여 그 행동이 기대되는 목적에 한 걸음 가까이 가면 칭찬, 대우, 토큰으로 강화를 준다. 성인은 아동의 주변 환경을 수정하여 특별한 행동을 위해 조작해 준다.

행동주의자에겐 우연이란 없다. 그들은 목표 행동을 선택하고 강화인을 선별하고 언제, 얼마나 자주 강화가 주어져야 할지 정확한 그 시점 등을 포함하여 강화 계획을 짠다. 행동주의자의 관점은 학습이 외부적 과정이며 학습은 아동 환경의 결과라고 하며, 아동지도는 성인이 이끄는 과정이다.

(2) 성숙주의 접근

행동주의 관점과 반대로, 성숙주의자들은 플라톤의 전통을 가져왔다. 이러한 이론(성숙주의, 천성주의, 보호주의자)은 학습은 내부에 달려 있다고 믿는다. 이러한 교육자와 철학자는 인간은 그들이 어떻게 될 것인지를 타고났고 영아는 봉우리 같아서 건강하게 보호만 되면 이미 정해진 꽃을 자연스럽게 피우게 된다고 한다. 1920~1930년대 게젤(Gesell)은 예일 대학교의 연구자로서 아동의 외적 환경은 아동의 발달 결과를 통제하지 못한다고 하였다. 아동만의 유전적 생물학적 특성은 그들의 지능과 성격을 결정한다고 하였다.

성숙주의 관점은 적절한 행동 발달을 자연스러운 과정으로 보았다. 기본적 욕구가 충족되면 아동은 자동적으로 적절히 행동하는 데 필요한 사회적 기술, 지능, 신체적 통제를 발달시킨다고 하였다. 성인의 역할은 촉진자라고 하였다. 아동 행동에 문제가 있으면 성인은 아동에게 그러한 특수한 상황에서 무슨 문제가 일어났는지 이해하고 되도록 독립적으로 문제를 해결할 수 있도록 돕는 것이다.

성숙주의자들은 학습은 아동의 내부에서 시작되며 학습 과정을 서두르지 않는다. 성인은 그들 자신을 역할 모델로 보고 안내자, 컨설턴트로 본다. 아동은 궁극적으로 자신의 행동에 책임을 가진다고 한다. 성격과 성장 특성은 유전적으로 타고 나고 아동 자신의 의지력이 적절하게 행동하기 위한 학습에 중요한 역할을 한다고 한다. 성숙주의자들에게 올바른 행동 발달은 아동이 이끄는 과정이다.

(3) 구성주의적 접근

앞에서 언급된 두 가지 인간 학습의 논쟁(천성과 양육)은 20세기 끝 무렵 학습자와 그 환경 간 상호작용으로 인간 학습이 이루어진다고 믿는 구성주의자에 의해 연구들이 축적되었다.

예를 들어 피아제(Piaget, 1952)는 자신을 구성주의자라고 칭하였고 영아들은 태어날 때 어떤 종류의 사고와 행동의 성향을 가진다고 하였다. 그러나 자신의 지식을 환경과의 상호작용 단계를 통해 만들어간다고 하였다. 놀이는 이러한 초기 환경과의 탐색적 상호작용을 말하는 개념이다.

비고츠키의 사회문화적 발달 이론에서 아동은 그들 문화와 사회적 상호작용을 통해 학습한다고 하였다. 그러한 접근은 아동이 학습을 위해 그들 환경에서 영향을 받는다는 이론과 많이 다르다. 비고츠키는 아동은 '대화(dialogue)'를 통해, 이러한 사회적이고 문화적 상호작용을 하며 사회의 가치를 배운다고 하였다.

아동은 잠재력을 가지고 세상에 나오지만 그러한 잠재력은 어떠한 수준에서도 성취의 보증서는 아니다. 아동은 태어나면서 배울 수 있지만 환경에서의 적절한 지원이 없으면 어떠한 배움도 일어나지 않는다. 어린 아동에 대한 이러한 사고방식은 부모 및 양육자에게 양질의 초기 경험을 제공하도록 하여 적절한 경험이 만들어지도록 알려준다.

구성주의적 접근은 내적 혹은 외적 발달과정을 통합한다. 구성주의 접근은 아동지도를 성인이나 아동이 이끄는 과정으로 보지 않고 이끌거나 따르는 것이 아닌 상호작용으로 본다. 이것은 주고 받는, 이끌고 따르는 왈츠와 같은 것이다. 성인은 아동의 관심과 능력을 존중하고 필요한 경우 통제를 한다. 아동은 자신을 표현하는 데 자유로우나 명확하게 제시된 제한을 알고 이것을 존중해야 한다. 구성주의적 관점은 발달적으로 적합한 프로그램을 사용하며 가장 폭넓고 유용한 교수 학습 접근으로 제시되고 있다.

3) 철학적 가정

발달에 적합한 생활지도에서는 초기 발달은 아동의 내적 능력인 동기와 외적 환경과의 상호작용의 결과라고 한다.

두 가지 기본 가정은 이 책 전반에 걸쳐 기초 가정을 이룬다.

① 아동은 발달적으로 적합한 환경과의 상호작용에 의해 가장 최선으로 발달한다.
② 아동이 환경에서 상호작용하는 방식은 특정 발달단계 및 그들 자신의 흥미와 동기에 의해 촉발된다.

다시 말해, 전형적으로 잘 발달하는 아동은 학습할 준비가 되어 세상에 온다. 감각을 발달시키고 인간과의 사회적 접촉을 추구하고, 듣는 언어를 재빨리 흡수하면서 주위의 환경을 탐색할 동기를 부여받는다. 이러한 환경 요소들에 쉽게 접근 가능하다면 상호작용은 건강하고 자연스러운 방식으로 발달을 촉진한다.

오감각을 바로 쓸 수 없게 태어난 아동, 발달의 지연이 있는 아동 혹은 운동이나 감각 능력에 손상이 있는 아동은 특수 장치, 보충 자극, 기술적 교육으로 발달의 완전한 잠재력에 도달하도록 도와야 한다.

대단한 잠재력을 가진 건강한 영아도 무시되거나 비양육적인 환경에서는 끔찍한 고통을 받을 수 있다. 이러한 것은 잠재적으로 정상적인, 건강한 아동도 괴롭힐 수 있다. 즉, 인간과의 접촉을 통해 얻을 수 있는 적절한 환경의 중요 요소, 수용되고자 하는 감각, 타인과 사고와 감정을 공유하는 기회, 보고 만지고 맛보고 느끼고 웃고 돌아다니며 재미있는 것에 노출되는 것이 박탈되는 경우이다.

지능적이며 책임감 있는 인간의 발달은 환경적 요소들이 어떠하든 저절로 일어나는 내적 과정이 아니며, 유연한 아동을 부모나 교사가 사전에 결정한 틀에 맞춰 외부적으로 성형하는 과정도 아니다. 아동이 스스로 그들 주위의 반경과 제한을 탐색하여 주고 받는 생생한 과정이다. 때로는 아동은 성인 기대에 동화되고 때로는 자연스럽게 그것에 저항한다.

아동은 개인적인 성격, 좋은 것, 싫은 것, 관심, 동기를 가진다. 성인의 역할은 지도, 안내하는 것이며, 단호하면서도 존중하며 아주 어린 아동도 사람이 소유하는 모든 권리를 가진 진정한 사람이라는 것을 잊어서는 안 된다. 아동은 경우에 따라서 부정하거나 저항할 수 있는 권리도 가진다. 구성주의적 관점에서 아동지도는 아동에게 그들 현실 세계에 관한 피드백을 주고 합리적인 한계 내에서 선택을 허락하고 그들 행동의 논리적인 결과에 다다를 수 있도록 도와주는 것이다.

정리해봅시다.

- 아동과 관련된 역사적 사건을 정리해봅시다.
- 우리 사회에서 아동의 역할을 정리해봅시다.
- 아동생활지도와 상담에 있어 주요 철학적 접근은 어떠한 의미를 가질 수 있는지 생각해 봅시다.

PART II

개별 아동 이해하기

아동생활지도를 위해서는 먼저 개별 아동에 대해 이해할 필요가 있다. 이를 위해 아동 연령과 단계별 전형적인 행동을 알아보고 발달의 이정표를 정립한 후, 개별 아동을 더욱 자세히 들여다보기 위해 아동을 관찰하는 것과 아동 능력의 차이에 대해 깊이 알아본다.

CHAPTER

3 아동행동의 이해

1. 아동 연령과 단계의 이해

아동기의 전형적인 연령과 단계를 고려해야 하지만 어떠한 아동도 완전히 전형적인 아동은 없다. 모든 아동은 독특하다. 전형적인 혹은 평균적인 패턴이 확인된다 하더라도 표준 속도와 발달 속도를 비교하는 이유는 일관적인 차이가 보여 전문적 판별과 이에 어떠한 종류의 개입이 필요함을 제안하기 위해서이다.

때로는 한 아동의 개별 행동을 전형적인 행동과 비교함으로써 아동을 더 잘 이해하고 정상 단계를 잘 가고 있고 그 아동이 곧 진입할 단계를 예상할 수 있다. 성인은 지금 다루는 아동이 같은 연령의 많은 아동이 하는 행동과 같은 방식으로 행동한다는 것을 알면 편안해진다. 아기들은 낯선 이를 보면 부끄러워하고 영아들은 완강하게 고집을 부리고 유아들은 어떠한 순간에 누가 친구이고 아닌지 걱정하고, 학령기 아동은 또래들로부터 맛없다고 여겨지는 것을 다 거부할 수 있다.

만일, 예를 들어 영아가 포크를 전기제품 콘센트에 넣으려고 한다면 성인은 놀라며 "안 돼 이건 위험해. 놀잇감 가지고 놀자."라고 할 수 있으나 기본 지도의 전략은 아동 환경을 변화시켜 효과적으로 보호하도록 해야 한다. 특별하게 고안된 안전장치가 전자장치 콘센트로의 접근을 막고 더 안전하고 감독을 잘 받을 수 있는 영역으로 안내하는 것이다.

전자제품 콘센트에 무언가를 넣으려 하는 5세 아동은 영아와는 다르게 다루어져야 한다. 이 아동이 호기심이 있는지, 오해가 있는지, 반항심이 있는지 등을 살펴봐야 한다. 성인이 이 아동 행동의 원인을 알았다면 단호하게 이러한 것을 가지고 노는 것의 위험과 그 결과를 논의해 보고 아동의 호기심을 바꿔 전기에 대해 탐색해보도록 한다. 즉 안전한 전지나 전선, 전구 등을 사용해 보고 전기에 관한 책을 읽어 아동의 호기심을 완전히 다른 새로운 영역으로 바꿔줄 수 있고 밖으로 나가 전력선을 보고 위험한 전기선을 고칠 때 어떻게 보호하는지, 인형의 집에 가짜 전기선을 어떻게 연결해서 만들지 등을 해 볼 수 있다.

아동생활지도는 어떤 아동이 발달적으로 얼마나 가능할지 이해할 때 효과적일 수 있고, 그런 후에 부적절한 아동의 행동이 왜 일어나는지 생각해볼 수 있다. 개별 아동의 기질, 아동의 기분, 다양한 환경이 아동 행동에 영향을 미칠 수 있다. 모든 아동은 각각 독특한 인간이라는 것을 기억해야 한다.

다음 연령 범위의 아동 행동과 그에 적절한 생활지도를 살펴본다.

- 영아기(출생~12개월) 행동특성과 생활지도
- 걸음마기(12개월~만 3세) 행동특성과 생활지도
- 유아기(만 3~5세) 행동특성과 생활지도
- 초기 학령기 아동(만 5~8세) 행동특성과 생활지도
- 후기 학령기 아동(만 9~12세) 행동특성과 생활지도

2. 영아기(출생~12개월) 행동특성과 생활지도

부모가 처음으로 자신의 아기를 만날 때 아기의 강력한 감정에 대비하는 부모는

거의 없다. 부모가 된다는 것은 거의 대부분 준비되지 않은 채 맡게 되는 인간의 가장 중요하면서 도전적인 일이다. 더욱이 부모는 다른 성인에게 양육을 맡기면서 스트레스를 경감할 수 있게 되나 또 다른 복잡한 감정과 긴장을 가지게 된다. 많은 부모들은 최초의 보육기관을 선택한 후 여러 일들을 겪게 된다.

표 3-1 피아제(Piaget)의 인지발달 단계와 적절한 지도

피아제의 단계	적절한 생활지도
감각운동기(출생~만 2세) • 발달이 대부분 비언어적 • 운동 통제는 감각과 통합된다. • 아동은 대상영속성 개념과 정신적 표상을 형성하는 능력을 발달시킨다.	• 반응적이고 애정어린 양육을 제공한다. • 일관적이고 예측가능한 일과를 제공한다. • 아기의 욕구에 즉시 반응함으로 신뢰감 발달을 키워준다.
전조작기(만 2~7세) • 아동의 사고는 자기중심적이다. 다른 사람의 관점을 쉽게 취하지 못한다. • 아동은 점차 정교한 원인-결과에 대해 이해한다. • 상징적인 사고 능력, 기술적으로 언어를 사용하는 것을 발달시킨다.	• 민감하고 일관되게 스스로 먹고, 배변을 하고 옷을 입는 것과 같은 자조 기술을 가르친다. • 합리적인 제한하에 선택의 기회를 준다. • 아동이 기술을 탐색하고 도전하도록 발달에 적절한 환경을 제공한다. • 아동이 자라면서 그들 능력에 맞게 책임감을 증가시킨다.
구체적 조작기(만 7~11세) • 상호적 의사소통 개념을 배운다. • 추상적으로 추론하거나 체계적으로 가설을 검증하지는 못하지만 논리적으로 생각하고 명백히 잘못된 사고를 가릴 수 있다.	• 창의적인 활동을 제공한다. • 능력과 자기존중감 발달을 돕기 위해 격려와 인정을 해준다. • 문제해결을 위해 학급 회의를 활용한다. • 갈등해결 기술을 가르친다. • 그들 자신의 특별한 재능과 능력을 발견하도록 고취한다.
형식적 조작기(만 11~12세 시작) • 아동은 추상적으로 추론하기 시작한다. • 사고는 주제-중심이 되고 탈중심화된다. • 가설적인 가능성을 고려하게 된다. • 연역적 추론을 교육적 기회와 아동의 의지에 기반해 발달시킬 수 있다.	• 신체가 변화하고 빠른 속도로 성숙되기에 긍정적인 자기-정체성을 발달시키도록 돕는다. • 강력한 또래 관계와 우정이 발달하도록 지원한다. • 가족, 학급, 공동체에 책임감을 가지고 기여할 수 있는 과제를 부여한다. • 어떠한 폭력도 금지하고 갈등을 해결해갈 수 있는 일상을 보장한다.

표 3-2 에릭슨(Erikson)의 인간 발달의 심리사회적 단계

단계 1: 영아기(출생~만 1세)

- 위기: **신뢰감 대 불신감**
- 특징: 인생의 초기 영아들은 음식, 양육, 애정을 위해 타인에게 의존하고 무조건적으로 이러한 욕구를 충족시키기 위해 양육자를 신뢰한다.
- 긍정적인 결과: **희망**–그러한 욕구가 일관성 있고 책임감 있게 충족되면 영아는 안정된 애착을 발달시키고 그들 환경을 신뢰하도록 학습한다.
- 부정적인 결과: 영아의 욕구가 충족되지 않으면 그들 환경 안의 사람이나 사물을 신뢰하지 않을 것이다.

단계 2: 걸음마기(만 1~2세)

- 위기: **독립성 대 의심, 수치심**
- 특징: 걸음마 아기들은 자조 기술과 스스로 먹는 기술, 배변훈련, 옷 입기 등을 배우기 시작한다. 이러한 자기–신뢰감은 새롭고 어려운 영역에서 양육자와 어떻게 협상해 나가느냐에 달려 있다.
- 긍정적인 결과: **강한 의지** – 양육자가 아동의 주도권을 격려하고, 실패할 때 용기를 준다면 신뢰감을 발달시킬 수 있다.
- 부정적 결과: 양육자가 과잉보호하고 부정적이며 새롭게 얻어진 아동의 독립성을 승인하지 않는다면 아동은 자신의 능력을 의심하고 수치심을 느끼게 된다.

단계 3: 유아기(만 2~6세)

- 위기: **주도성 대 죄책감**
- 특징: 아동은 운동 기술과 언어 기술을 발달시키면서 환경 및 주위 사람들과의 사회적 상호작용에 완전히 참여할 수 있는 새로운 힘과 자유를 발견한다. 힘과 자유를 가지기에, 성인은 아동이 미성숙한 충동을 통제하고 규칙을 따르기를 원한다.
- 긍정적 결과: **목표 감각** – 부모님이 긍정적이며 일관되게 생활지도를 하고 격려하면 아동들은 죄책감 없이 규칙을 받아들이는 것을 학습한다.
- 부정적 결과: 그렇지 않으면 아동은 죄책감을 발달시켜 매달리고 의존하거나 반항하고 저항하게 된다.

단계 4: 학령기(만 6~12세)

- 위기: **근면성 대 열등감**
- 특징: 학교는 이 단계의 중요한 요인이다. 아동은 가정의 세계에서 공동체, 학교, 또래의 세계로 변환된다. 가정은 여전히 중요하나 가정 밖에서의 성공은 새로운 중요성을 가진다.
- 긍정적 결과: **유능감** – 아동이 성공할 수 있다는 것을 학습하고, 다른 사람들이 그들의 작업을 가치 있게 여겨주면 유능감을 발달시킨다.
- 부정적 결과: 그렇지 않으면, 열등감을 발달시키고 또래에 대한 지위를 얻기 위해 부정적인 방식을 찾게 된다.

1) 아기의 울음에 의도가 있는가

양육자는 처음 영아를 돌볼 때 마치 발작과도 같은 울음에 당황한다. 아기가 울면 그 의도를 어림잡으려고 한다. "이 아이는 내가 뭔가 만만해서 그러는 거 같아." "이 아이는 내가 음식을 만들려면 우는데 그 이유는 아이한테만 관심을 집중해주기 원해서 그래." "이 아이는 나에게 화나서 우는 거야. 그냥 화내는 성향을 타고 났어." 이러한 합리화는 아기에게 소리 지르거나 화내며 대처하는 것을 옹호하는 감정일 뿐이며 그러한 추측은 정확한 것이 아니다. 아기는 의도적으로 그러한 많은 것을 하지 않고 그저 처한 환경에 대해 무의식적으로 자발적 반응을 할 뿐이다.

2) 아기는 고의적으로 잘못된 행동을 할 수 있는가

생후 몇 개월 동안 아기들은 의식적인 의도적 행동 능력을 가지지 않는다. 원하는 결과를 얻기 위해 생각하거나 계획하는 것이 불가능하다. 대상 영속성(사람, 사물이 시야에 없을 때에도 그것을 생각할 수 있는 정신적 능력)이 생기기 전까지는 어떠한 행동이 원하는 결과를 가져올 수 있다는 것을 '생각'하거나 '알지' 못한다(Piaget, 1968). 그들은 고통, 배고픔과 같은 내적인 감정과 보고 느끼고 듣고 맛보고 냄새를 맡는 외부적 자극에 무의식적으로 반응할 수 있다.

3) 아기의 반사 반응은 의식적인가

신생아의 거의 모든 행동은 통제를 하지 못하는 단순한 반사행동이다. 눈을 깜박이고 놀라고 손바닥에 사물을 올리면 잡고 젖꼭지를 향해 찾는 이러한 행동은 선택하는 것이 아니다. 단순히 뇌가 그러한 행동을 자동적으로 하도록 고안됐기 때문이다. 그러나 출생의 순간부터 아기들은 처음으로 쳐다보고 그들의 감각을 사용하여 환경을 주의깊게 학습한다. 이후 아기들은 점차 반사적 행동을 넘어선다.

보고 느끼고 듣고 맛보고 냄새 맡은 물건을 인식하고 의미 있는 다른 감각과 사건들과 결합한다. 엄마 젖을 먹는 배고픈 영아는 엄마의 가슴 근처에 있으면 흥분될 것이다. 엄마 가슴의 느낌과 냄새, 모습은 젖의 달콤한 맛의 기억과 밀접히 연합된 것이다. 이것을 무의식적 조건형성이라고 한다.

4) 고전적 조건형성과 영아 행동지도

경험을 통해 아기는 현관에 유모차를 보면 나가게 될 것이라는 것, 포장지의 부스럭거림을 들으면 과자를 먹게 될 것이라는 것 등을 알게 된다. 이러한 종류의 학습을 일반적으로 고전적 조건형성이라고 한다. 풍선을 보는 것 그 자체가 아이에게 울음을 일으키지는 않는다(풍선은 중립 자극). 그러나 큰 소리는 갑자기 아기를 울게 한다(큰 소리는 무조건 자극, 울음은 무조건 반응, 즉 큰 소리에의 반응으로써 울음은 자연스럽게 발생한 자극과 반응의 연결). 만일 한 아기가 몇 번 풍선이 터져서 놀라고 울었다면 이후 풍선을 볼 때마다 울 것이다. 이것은 연합된 학습이다.

연구자들은 신생아에게 고전적 조건형성이 된다고 보고한다(자연스럽게 일어난 자극과 반응의 연결). 신생아는 자발적 행동이 어렵다. 출생하면서부터 고전적 조건형성은 아동의 일상 학습의 한 부분으로 작용하게 된다.

5) 조작적 조건형성과 영아 행동지도

조작적 조건형성은 고전적 조건형성과는 다르다. 아동의 자발적인 행동이 긍정적인 자극에 의해(즐거운 보상, 음식, 성취감, 흥미로운 감각 등) 강화를 받아서 일어난다. 조작적 조건형성에서의 초점은 아동의 매우 특별한 행동에 긍정적 강화를 주는 것이다.

긍정적인 아동생활지도는 아동에게 부적 자극(벌)을 사용하는 것과는 반대이다. 초기 행동주의 실험자들도 부정적인 조건형성이 결과적으로 쥐들을 긴장시킨다는 것을 인정하였다. 긍정적인 강화는 행동지도에 더욱 효과적으로 작용한다.

교사나 부모는 아동 행동을 강화하는 유일한 사람이 아니며 환경 속 자극도 어린 아동을 조건형성시킨다. 예를 들어, 9개월 아기는 기어다니면서 강아지 귀를 잡아당겼을 때 짖는다는 것을 학습하고, 리모콘을 누르면 TV가 켜진다는 것, 탁자 밑을 기면 머리를 부딪힌다는 것을 안다. 조작적 조건형성에 의해 학습된 행동은 긍정적, 부정적 강화를 받는 한 오래 가며 강화를 받지 않으면 흔히 사라진다.

고전적 조건형성에서는 아기는 무의식적으로 수유 시 느낌에 의해 흥분한다고 하였다. 그러나 조작적 조건형성에서는 배고픈 아기는 과거 어떠한 행동이 반복되면 젖을 먹는다는 것을 학습하게 된다. 예를 들어, 엄마의 블라우스를 잡아당겨 젖을 먹게 된다면 그 잡아당기는 행동은 아기가 배고플 때마다 반복하게 되는 학습된 행동이 된다.

아기는 무의식적인 찾기 반사에 반응하여 젖꼭지 쪽으로 고개를 돌린다. 그리고 시간이 지나면서 따뜻한 젖의 즐거운 보상은 더욱 적극적이고 목표지향적인 찾기를 자극하며 다른 감각적 단서(젖의 냄새나 엄마 목소리)는 찾기와 빨기를 유발한다.

6) 아기의 의도적인 행동은 언제 발달하는가

어린 영아들이 낯선 감각, 행동, 사건들을 연합하기 위해서는 반복해야 한다. 첫돌 무렵, 조건형성을 통해 많은 감각에 수반되는 다양한 반응을 기대하게 된다. 이러한 종류의 학습은 무의식적 조건형성 과정이다. 비록 무의식적이나, 조건형성된 학습은 평생 지속된다.

아동은 점점 발달하면서 자신의 사고 과정을 살피고 행동을 관리하는 전략을 발달시킨다. 3~6세 정도가 되어야 상위인지를 발달시키기 시작한다. 4살인 제니가 장갑을 잃어버릴까 봐 걱정하여 벙어리 장갑을 끼기 전에 접착제를 발라 달라고 한다면 상위인지를 이용하게 되는 것이다. 학령기 아동은 전략을 계획하는 더욱 발달된 능력을 가진다. 아기와 영아들은 그러한 기술을 갖지 못한다. 자신들 세계의 긍정적이고 부정적인 감각에 단지 자발적으로 반응할 뿐이다.

7) 아기는 어떻게 신뢰감을 발달시키는가

에릭슨(Eric Erikson)에 따르면 영아기의 신뢰감은 인생 전반에 걸쳐 필요한 건강한 정서적 태도를 위한 가장 중요한 기초라고 하였다. 기본적인 양육 패턴은 신뢰감(trustwothiness) 형성의 가장 첫 번째 기회를 제공한다. 영아들은 내적 스트레스를 경험할 때마다 자동적 울음으로 반응한다. 이때, 조작적, 고전적 조건형성으로 양육자로부터 의지할 수 있는 반응을 기대한다. 이러한 주 양육자의 반응에 대한 신뢰와 예측성은 자신이 가치 있다고 느끼고 주변 환경에 정을 붙이고 긍정적인 자존감의 첫 단계 발달을 돕는다. 아기들은 자신이 대우받는 방식에 근거해 자신이 가치 있다는 것을 알게 된다.

적당한 촉감은 아기와 어린 아동을 안심시키고 유대감을 가지도록 하는 강력한 효과를 가진다. 영아들은 잡아주고, 움직여주고, 놀아주고, 안아주고, 흔들어주는 등 상당한 신체적 접촉을 요한다. 신체적인 접촉은 안정감과 통합을 주는 것만이 아니라 성장과 발달에도 필수적이다.

8) 아기에게 학습된 무기력은 어떠한 것인가

아기들은 학습된 무기력이(learned helpelessness)라고 하는 불행한 반응을 발달시킬 수 있는데, 이것은 예측할 수 없는, 통제할 수 없는 일련의 사건을 경험한 후 만들어진다. 1950년대 프랑스 간호사에 의해 운영되었던 루마니아 크레체의 고아원 연구에서 학습된 무기력의 끔찍한 영향을 이해할 수 있다(Zeanah, Fox & Nelson, 2012). 이 고아원의 아기들은 적절히 먹고 옷을 입고 따뜻하게 돌보아 졌으나 아주 단순한 하얀 요람에서만 머물렀고 하얀 천장만 볼 수 있었다. 놀잇감이 거의 없었고 구조화된 활동도 없었다. 양육자들은 아기들과 직접 말을 하지 않았고 상호작용하는 것도 허락되지 않았다.

아기들이 규칙적으로 먹고 기저귀도 갈아졌기에 아기들의 울음에 반응해야 할 동기가 없었고 그래서 아기도 더 이상 울어도 소용이 없음을 학습했다. 따라서 아기들은 그들 환경에 아무 영향을 줄 수 없었다. 어떤 것에 따라야 할 일이 없었고 그래서 자발적이거나 학습된 행동을 할 수 없었다. 어떠한 일을 해도 보상이 없고 그저 수동적 환경이었기에 마치 식물과도 같았다. 이 아기들은 생후 1년이 되어도 앉는 것을 배우지 못했고 4~5세가 되어야 걷는 것이 가능했다. 6세가 되어 IQ가 50 정도였는데 이는 심각한 지적장애 범위였다.

아기를 양육하는 성인은 바닥에 앉아 아기와 함께 웃고 말하고 노래하고 놀고 상호작용해야 하며, 아기를 아기 의자에 앉혀 놓고 다른 성인과 말하면서 아기를 지루하게 혼자 있게 하면 안 된다. 때로는 성인은 이러한 부적절한 행동을 합리화하면서 "아기와 모든 시간 함께 보낼 필요가 없어. 그러면 버릇없는 애가 되는 거야! 그냥 혼자 놀도록 가르쳐야 해."라고 한다.

명백히 사회성, 정서, 지능, 신체적 성장의 발달을 촉진하는 영아의 기본적인 욕구는 성인의 편함보다 우선순위이어야 한다. 아동 양육의 질은 많은 노력과 작업을 포함한다.

9) 아기들의 수면 문제는 어떻게 받아들여야 하는가

신생아들이 밤에 깨는 것은 부모에게는 당황스러우나 수면 연구자들은 영아들이 성인보다 '더 영리하게' 잔다고 한다. 아기들의 얕은 잠과 자주 깨는 잠은 아기들이 자는 동안 뇌를 더 활동적으로 유지시켜 뇌 발달을 돕는다고 한다(Sears, Sears & Sears, 2011). 사실, 아기 뇌의 혈류는 빠른 안구운동(Rapid Eye Movement: REM) 수면 시 2배가 된다. 이 단계의 수면에서 안구는 실제로 뇌가 운동하기에 눈꺼풀 아래 눈이 빠르게 움직이는 것이다.

렘(REM) 수면 동안 아기의 몸은 뇌를 구성하는 벽돌인 신경 단백질의 생산을 늘린다. 학습은 또한 이 활동적인 수면 단계에서 일어난다고 알려져 있다. 이 시간에 아기의 뇌는 깨어 있는 동안 습득한 정보 중 유용한 것은 저장하고 그렇지 않은 것은 버리는 처리를 한다. 몇몇 수면 연구자들은 영아들의 렘(REM) 수면은 뇌 발달을 자극하고 정신 발달을 촉진한다고 주장한다.

10) 아기 일과는 유연함 대 규칙성, 무엇이 더 최선인가

영아에게 있어 "규칙성 있는 일과를 제공하는 것이 좋을까요? 아니면 유연한 것인 좋을까요?"와 관련된 한 가지는 외부적인 환경(영아의 신체적 주변 환경, 매일의 일과, 타인과의 상호작용 패턴)의 중요성인데, 영아는 일상적인 학습을 통해 미래에 대한 기대를 만들기 때문이다. 다른 하나는 영아의 내적인 감각과 욕구이다. 이것은 성인의 반응에 기초하고, 이 과정은 아동이 자기-지향적인 행동을 시작하게 하며 어떤 일이 일어나도록 하는 것을 자극하므로 중요하다. 이 두 가지 극단적인 욕구의 균형은 의미 있고 각각은 개별적 교육 철학을 담고 있다.

구성주의적 관점에서 이것은 외부적 힘과 아동 내적 과정의 상호작용이다. 아동생활지도에서 이러한 과정은 긍정적인 지도이며, 부드럽고 자연스럽게 유도하여(외부적 힘) 선택하게(아동 내적 과정) 하는 개입 방법이다. 점진적으로 아동을 유도하면서 아동의 흥미나 욕구에 민감하게 반응하며 존중해 줄 수 있다.

11) 아기는 왜 양육자에게 매달리나

양육자는 애착을 피할 수 있는 불편함이 아니라 아동 초기의 가치 있는 발달 과정으로 인식해야 한다. 에인스워드(Ainsworth)는 이것을 안정 애착이라고 하였다(Ainsworth, 1989). 아기는 양육자가 시야에 보이면 양육자의 움직임을 시각적으로 따르고 관심을 받기 위해 미소 짓고 발성을 하며 안아달라고 하면서 팔을 잡고 매달리는데, 이것은 건강한 애착의 전형적인 신호이다.

긍정적인 아동생활지도는 아기의 애착과 친밀함을 향한 욕구를 인정하고 지원함으로써 건강한 사회정서 발달을 돕고, 준비되면 점진적으로 아동을 유도하여 환경 탐색을 위해 움직이도록 한다. 신생아나 새로운 보육 환경에서 적응해야 하는 아기는 처음에는 많은 시간이 필요하다. 그러나 점차 흥미로운 모빌 놀잇감이나 주변 환경을 보며 시간을 보내게 된다. 아기와 놀기 위해 양육자는 바닥에 앉아 '안전 기지'가 될 수 있다. 안전 기지가 되는 것은 아기가 뒤집거나 기어다니는 것을 배우기 위해 환경을 자유롭게 탐색하도록 안심을 준다.

12) 격리불안과 낯가림을 어떻게 다루어야 하나

연약한 영아는 자신의 안전이 양육자 근처에 있어야 지켜지기에 양육자에게 애착을 맺는 것은 생존 기제이다. 영아는 안락함과 안전을 주는 양육자로부터 격리되지 않기를 바란다. 영아는 애착 대상을 인식하고 구분하면서 생후 6개월~1년 사이 격리불안과 낯가림을 보인다.

아기가 긍정적인 방식으로 새로운 사람을 만나는 경험을 많이 할수록 부모에게 격리되거나 낯선이를 만날 때 불편함이 덜할 것이다. 이때 아기는 낯선이는 잠시 돌봐줄 거라 기대하고 잠시 후 부모와 재회할 것이라는 구체적인 이해를 발달시킨다. 아기를 무서운 상황에 내모는 것은 도움이 되지 않으나 무조건 낯선이를 막는 것도 비생산적이다. 부모 외의 다른 성인들과 아기가 즐겁고 신뢰하는 관계를 맺을 수 있도록 부드럽게 유도하는 것은 신뢰감 및 세상에 개방하는 긍정적인 태도를 발달시키도록 도와줄 것이다.

13) 아기들은 어떻게 자신과 주변을 지각하는가

생후 한 달 즈음에 아기들은 자신이 타인과 분리된 개인이라는 개념을 갖지 못한다. 자기 존재에 대한 지각은 보고 느끼고 맛보고 냄새 맡고 듣는 것에 제한된다. 무의식적으로 자신은 마치 우주의 중심이고 주변 사람과 사물은 나의 확장으로 지각한다.

양육자들은 이 맥락에서 중요한 역할을 담당한다. 아기를 돌본다는 것은 아기 삶의 한 부분이 된다는 것이다. 생후 1년 된 영아는 많은 관심과 에너지를 성인 양육자와 상호작용하는 것에 쏟으며 신체적 양육과 안전, 오락과 애정을 위해 의존한다. 또래에 대한 관심은 순전히 자기중심적이지만, 점차 적절한 방식의 행동을 내면화하게 된다. 예를 들어, 7개월 된 아기는 자신보다 더 어린 아기에게 기어가서 이 아기가 또 다른 아기에게 머리카락을 잡혀 갑자기 큰 소리로 날카롭게 소리지르는 것을 보고 있다. 교사가 달려와 어린 아기를 구하는 것을 보며 7개월 된 아기는 먼저 공격한 아기에게 "조심 조심 조심하자."라고 이야기하면서 공격받은 아기의 머리를 조심스럽게 쓰다듬었다. 아기는 결국 더욱 적절한 방식의 행동을 내면화하게 된다. 이러한 행동은 성인 양육자를 인식하여 자동적으로 그의 평소 행동을 흉내 낸 것이다. 반면 거칠거나 공격적으로 반응하는 양육자의 소리지르거나 거친 상호작용은 아기의 부적절한 행동을 강화한다.

2. 걸음마기(12개월~만 3세) 행동특성과 생활지도

걸음마기 영아들은 생애 처음으로 직립보행을 하게 된다. 성인에게 의존하지 않고 재미를 위해 딸랑이나 소리나는 놀잇감을 잡을 수 있다. 그들은 걷고 호기심을 끄는 장애물을 오를 수 있으며 한순간은 작은 토끼처럼 담요를 잡고 손을 빨고 숨으나 순간적으로 매우 짜증을 부리며 뛰어오르고 바닥에 쓰러진다.

1) 영아들은 감정과 행동을 통제할 수 있는가

어린 영아들은 전적으로 감정에 투명하다. 애정을 표현하고 토라졌다가도 쉽게 주의를 빼앗겨 기뻐하고 주변 환경을 경이로워한다. 혼란스럽고 좌절하다가도 새로 발견한 것에 압도되기도 한다. 한순간은 세계를 떠맡을 것 같다가도 그 다음은 무기력하게 매달리며 후퇴한다. 영아의 음식, 위안, 애정, 인정 등의 욕구는 단순하고, 주위의 크고 시끄럽고 넓은 세계 모든 부분을 탐험하기 원한다. 아기로서 욕구에 반응하고 걸음마기 아동으로서 원하는 것을 얻기 위해 환경으로 나서기 시작한다.

영아는 감각(촉감, 시각, 후각, 미각, 청각)을 사용하여 환경의 물리적 속성을 탐색하고 신체 기술을 연습하기 위해 작고 큰 근육을 사용하기 시작한다. 여전히 의식적으로 행동을 계획하지 못하고 그냥 행동한다. 배가 고프면 마트 진열장 위의 과자 박스를 집어서 열려고 하다가 부모가 보고 놀라면 상처받는다. 영아들은 많은 것을 배울 능력을 가지지만, 학습은 많은 반복과 연습을 필요로 한다.

2) 원인과 결과의 인식은 어떻게 발달하는가

인지적으로 영아들은 사물을 기억하고 정신적으로 아이디어를 조작하는 능력에서 커다란 도약을 하게 된다. 인과 관계는 영아기 학습의 초점이 된다. 전기 스위치에 황홀해하며 허락되는 한도에서 많은 시간 불을 끄고 켜본다. 스위치와 조명을 보고 정신적으로 두 가지의 인과 관계를 연결한다.

영아들은 또한 사회적 상호작용에서도 인과 관계를 탐색한다. 영아는 검지로 전기제품(물론 안전 마개로 덮인)을 만지고 아빠를 쳐다보면 아빠는 여러 번 "안 돼 그만, 만지면 안 돼."라고 한다. 그래도 만지면 아빠는 "지지(그만)" 하며 머리를 흔들며 반복한다. 영아는 자신의 행동과 아빠의 단어 사이 인과 관계에 몰두하며 정작 전기제품을 만지지 말기를 바란다는 점을 간과하게 된다.

3) 영아들은 주변 환경을 탐색하길 바란다

건강하게 잘 발달하는 영아들의 호기심에는 한계가 없다. 탐색 욕구로 인해 다른 욕구가 가려질 수도 있다. 영아들은 걷고자 하는 욕구가 떨어지거나 다치는 데서 오는 두려움보다 중요하기에 걷는 것을 배운다. 발견하고자 하는 욕구가 더 크기에 양육자의 안전한 품에서 벗어나 움직인다. 아기들은 엄마의 포근한 팔에 오래 머물기를 원하나 영아들은 무섭지만 재미있는 세계로 가보고자 하는 호기심으로 움직인다.

4) 안전은 걸음마기 영아 양육에 가장 중요한 이슈인가

영아기 운동 발달은 이해하고 기억하고 규칙을 지키기 위한 능력을 훨씬 넘어선다. 아직 상위인지를 발달시키지 못했기에 상황을 보고 자신이 하는 행동의 결과에 관한 생각과 그 다음 계획을 세우지 못한다. 영아들은 아직 걷기 달리기 오르기 등이 불안정하지만, 맛보고 느끼고 냄새 맡고 그들이 만나는 재미있는 사물마다 조작해보려 한다. 이 모든 것은 영아들이 안전사고에 취약하게 만든다.

성인이 영아들을 지속적으로 부지런히 감시하지 않으면 어쩔 수 없이 작은 물건이나 독이 있는 물질을 삼키고 떨어지거나 부딪히고 만지지 말아야 할 것을 만진다. 울음에 반응하는 것이 양육자에게 첫 번째 큰 걱정이라면 영아를 안전하게 지키는 것은 두 번째 큰 스트레스 영역이 된다.

영아들을 해로운 영향력에서 보호하면서 발달을 자극하는 멋진 환경을 만들기 위해서 성인은 영아가 활동하는 모든 영역을 안전한 영역으로 만들어야 한다.

초기 영아기는 사회적, 지적, 운동적 기술 발달에 특별한 시기이다. 신체적으로 감각적으로 환경을 직접 탐색하는 것은 적합한 발달을 위한 중요한 요건이다. 영아들을 제한된 환경에 두는 것은 깔끔하거나 안전한 것이 아니라, 초기 학습의 가장 가치로운 기회를 빼앗는 완전히 지루한 위험환경에 두는 것이다.

5) 음성 의사소통은 어떻게 시작되는가

영아기에는 언어가 폭발한다. 첫돌 즈음에 "마마" "빠빠", 그리고 젖병을 "맘마"라고 하며 단어를 말한다. 이 단어들을 말하기 전 많은 단어들을 이해한다.

첫돌이 되면 입술과 혀의 근육을 제대로 통제하지 못하며 언어를 이해하지도, 중요성을 알지도 못한다. 만 3세가 되어야 입술과 혀, 성대를 이용해 많은 소리를 어떻게 구분하여 내는지 알게 된다. 몇 백 개의 어휘를 축적하고 모국어의 기본 구조를 습득한다. 아동의 언어 이해는 복잡하지만 아직 의식적인 수준은 아니다. 무의식적으로 듣고 연습하고 지지적인 환경 속에서 자유롭게 상호작용하면서 단순하나 자연스럽게 배운다.

6) 어떠한 종류의 언어 경험이 영아에게 좋은가

영아를 포함하여 모든 연령의 아동은 성인 대화 속의 풍부하고 시적인 단어, 노래, 말놀이(반복되는 말) 속 음악적 단어 패턴을 필요로 한다. 이러한 것을 잘 이해하기 위해서는 발달 수준에 적합한 언어를 들어야 하고 이것은 아동 수준에서 약간 앞선 것이어야 한다.

만일 아기의 언어발달이 아직 쿠잉과 옹알이 단계에 한정된다면 성인은 효과적으로 얼굴표정, 소리의 톤, 신체 언어, 아기 소리 모방, 단순한 단어로 의사소통을 해야 한다. 아동이 한 단어를 사용한다면 성인은 두 단어 구문('모두 갔다' '우유 더?' 등)을 사용한다.

영아는 문장 속 몇 개의 단어를 듣고 이해한다. 흔히 성인 발화의 앞이나 뒤에 강조된, 혹은 익숙한 몇 개의 단어를 알아듣는다. 성인이 발화한 "넌 그 커다란 사탕을 입에 넣을 수 없어."라는 복잡한 문장에 영아들은 단순하게 "너는… 사탕… 입"으로 반응한다. "작게 잘라서 먹자."라고 말하면 좋았을 것이다. 영아가 중요한 의사소통의 이해를 극대화할 수 있도록 성인은 중요 단어를 골라서, 느리고 명확하게 말하고, 얼굴표정을 사용하고, 의미를 강조하기 위해 몸짓을 사용하자.

7) 수줍은 영아는 어떻게 친구를 사귈 수 있는가

수줍은 영아와 관계를 맺기 위해서는 아동의 불편함을 존중해야 한다. 곧바로 웃으며 접근하거나 즉시 만지거나 말하려 하지 말고 처음엔 눈 맞춤을 피하라.

조용히 즐겁게 아기 주변 사람들과 말하고 천천히 가까이 가라. 아동이 바닥에서 있거나 앉아 있으면 아기의 눈높이에서 가까이 앉는다. 가끔씩 아기 방향에서 잠깐 쳐다보고 아기가 호기심을 보이는지, 혹은 스트레스를 보이는지 본다. 아기가 나의 존재를 편안하게 느낄 때까지 아기의 눈을 직접 보지 말고 미소를 보인다.

아기가 나를 많이 쳐다보면, 미소로 아기를 바라보며 한순간 태연하게 아기의 손을 만져라. 아기는 드디어 기꺼이 친구로서 눈맞춤을 허락하게 된다. 이 시점에서 놀잇감을 가지고 놀이를 시도해 본다면 싹트고 있는 관계를 굳히는 완벽한 방법일 수 있다. 이용할 수 있는 장난감이 없다면 노래를 부르거나 리듬을 만들고 혹은 아동의 옷에 대해 "와! 이 파란 신발을 봐. 이걸 신으면 빨리 뛸 수 있겠다."라고 말할 수 있다. 그러나 이러한 주의 환기는 아동의 관심을 끌 수는 있으나 아동으로부터 더 많은 지속적인 눈 접촉이나 적극적인 반응을 요구하지는 않으므로 조심해야 한다.

8) 영아들의 소유욕은 어떻게 지도해야 하는가

어린 영아들은 갖고 싶은 것을 갖기 위해 걸음을 떼고 다른 아이들의 놀잇감을 빼앗거나 음식을 집기 위해 돌진한다. 때때로 2세는 아침에 어린이집에 오면서 아빠 손을 꼭 잡고 당당하게 외친다. "우리 아빠야!" 영아들의 행동은 정신적으로 아직 다른 사람의 입장에서 자신을 보는 능력이 없기에 공손하지 못하다. 영아들은 공감을 보여주나, 관심을 표현하는 방식에서는 매우 자기중심적이다. 예를 들어, 영아는 성인이 슬퍼할 때 공갈 젖꼭지나, 곰돌이 인형을 건넨다.

아동은 언젠가는 다른 사람들이 감정과 권리가 있다고 인식하고 자신이 어떤 방식으로 대하면 다른 사람들이 어떻게 느낄지를 상상하는 능력을 발달시킨다. 이즈음 예의범절을 가르칠 수 있다. 그때까지 아동에게 빈틈없게 좋은 예를 보여줄 수 있으나 아동의 권리를 보호해야 할 때는 단호해야 한다.

9) 영아들의 담요, 젖꼭지 등에 대한 애착은 어떻게 지도해야 하는가

영아들은 크고, 빠르고, 무서운 세계에 작고 힘없는 자신을 대처하고자 다양한 물건을 사용한다. 예를 들어, 닳은 담요, 낡은 동물 인형, 젖꼭지, 그 외 아동이 껴안는 것이다. 아동심리학자들은 이러한 물건을 '주기적인 자기-자극제'라고 부르는데, 양육자는 때때로 골칫거리라고 부르기도 한다. 뭐라고 부르든지, 이것을 잃어버리면 영아들에게는 정서적 세계가 무너지는 원인으로 작용한다. 그러나 일반적으로 만 세 살이 될 때쯤엔 이것들에 흥미를 잃기 시작한다. 어떤 유아는 오랜 시간 매달리다 보니 정서적 필요보다는 습관이 된다.

대부분의 원시적 문화에서는 아동은 3세까지도 엄마의 몸에 접촉하여 많은 시간을 보냈다. 산업화된 현대 사회에서 아동은 출생부터 병원, 어린이집 등으로 분리되고 따로 침대나 방에서 떨어져 자며 의례 의자에 앉혀지고 유모차, 카시트에 태워진다. 많은 아기들에게 '양육자의 대체물'이 필요한 것은 사실이다. 젖꼭지 모양의 빠는 물건, 부드럽고 따뜻한 예쁜 물건은 영아에게 위안을 준다. 이런 물건들의 정서적 필요성은 존중되어야 하며 습관이 되지 않도록 점진적으로 잘 유도하여 이것 없이 생활할 수 있도록 해야 한다.

10) 영아들은 왜 순간적으로 고집부리면서 또 다음엔 매달리는가

에릭슨은 사회적 성장과 정서적 성장의 8단계에서 두 번째 단계를 자율성 발달에 초점을 두었다(Erikson, 1963). 신뢰감이 영아기에 형성되고 나면, 걸음마 영아들은 자율성 대 수치심, 의심 간의 갈등에 빠진다. 성인들이 버릇없는 장난꾸러기 혹은 파괴적인 것으로 생각하는 많은 것을 하게 되며 이때 성인은 아동의 충동을 통제하기 위해 아동을 제재하기 시작한다. 영아들은 고집스럽게 양육자에게 저항하고 그러면서 양육자로부터 사랑받고 보호받기 원한다. 새로운 힘으로 주위를 탐험하고 긁고 어지럽히고 그러면서 성인의 도움과 안심, 위안을 구한다.

성인은 아기 때와 다르게 행동하고자 하는 아동의 욕구를 지지하면서 이 걸음마 영아를 도울 수 있다. 이때 자율성을 촉진하기 위해 영아들이 할 수 있는 것은 대신해주지 말아야 한다. 영아들은 스스로 바나나 껍질 까는 것을 배워야 하고 양말 신는 법, 깨지지 않는 접시를 씻는 것들을 배워야 한다(위생을 위해 누군가가 비록 나시 씻는나 하더라도). 영아들은 낮은 창문을 닦을 수 있는 스프레이와 천, 탁자를 닦을 수 있는 작은 스폰지, 작은 빗자루 등을 받아 교실을 청결하게 할 수 있다.

영아들은 결과가 아닌 과정에 흥미를 가진다. 특별한 결과를 성취하는 데 관심이 있지 않기에, 성인이 기대하는 결과에 의해 혼란스러워하고 낙담하게 된다.

사려 깊은 성인은 아동이 과정에 참여하기를 격려하면서 아동이 나이 들어 언젠가 결과에 초점을 둘 때까지 기다린다.

3. 유아기(만 3~5세) 행동특성과 생활지도

1) 유아들은 계획과 결정이 가능한가

아기들은 사물을 실제 느끼고 보고 맛보고 냄새 맡고 소리 들리는 방식대로 생각한다. 걸음마 영아들은 사물을 지각하는 것, 그리고 머릿속에서 그 사물을 대표하여 상징적으로 나타내는 것, 두 가지 측면으로 생각할 수 있다. 아기는 블록을 깨물고 때리고 던지고 쌓는 것으로 본다. 걸음마 영아들은 블록을 단지 쌓기 위한 놀잇감으로 본다. 유아가 되면 블록을 물리적 사물뿐 아니라, 인형을 목욕시킬 때 쓰는 비누나 바닥을 달리는 자동차로 가장(pretend)한다. 블록은 유아의 상상력 안에서 뭔가 다른 추상적인 상징으로 쉽게 나타날 수 있다.

유아들은 또한 자신의 흥미와 의도를 의식적으로 인식하고 자신의 의견을 검토하고 의도적으로 표현한다. 걸음마기 영아들은 주로 충동적으로 그 순간 눈에 띄는 놀잇감을 가지고 놀지만, 유아들은 매우 주의를 기울여 활동을 선택하고 오랫동안 활동을 유지하며 심지어 다음 날에도 같은 게임을 찾아서 질릴 때까지 지속한다.

조금 더 나이가 들면서 유아들은 무슨 놀이를 어떻게 원하는지 말할 수 있다. 예를 들어 "이게 우리 집인 것처럼 놀자. 그리고 너는 아빠, 너는 아기, 그리고 이 상자는 아기 침대로 하자."라고 말한다. 만일 일이 기대대로 되지 않으면 좌절하거나 화를 낸다. 유아들은 흔히 어떻게 놀이가 진행되어야 하는지 논쟁하며 티격태격한다. "난 아기가 되기 싫어, 난 트럭 운전사가 될 거야!"

성인은 유아가 생각할 수 있는 행동 결과에 초점을 맞춰주면서 이 단계 유아들을 돕는다. 질문은 친절하게 해야 한다. "사람들이 차를 보지 않고 도로에 뛰어들면 어떻게 될까?" "음, 작업복을 입지 않고 그림을 그리면 나의 옷이 어떻게 될까?" "만일 네가 엄마 역할을 바꿔주지 않는다면 친구의 기분이 어떨까?" 등으로 질문을 하면서 부드럽게 원인-결과 사고를 유도한다. 유아들은 이제 막 자신의 머릿속에서 생각을 조작할 수 있다. 행동을 하기 전에 결과를 가늠하여 비교하고 적절한 결정을 내리는 것을 학습할 수 있다.

2) 민감한 문제에 대해 유아들과 이야기할 수 있는가

유아들은 언어를 더 잘 사용할 수 있기 때문에, 이미 일어난 일이나 일어날 일에 관해 이야기를 나눔으로써 도움을 얻는다. 사건의 전과 후, 부모와 교사와 그 사건에 대한 이야기를 나눌 수 있다. 매일의 일상에서 매우 단순하고 구체적으로 대화할 수 있다.

양육자는 때로는 유아에게 문제가 되는 주제를 회피함으로써 유아를 지키려 한다. 그러나 아동은 주위의 단서에 민감하고, 생각하는 것보다 많은 것을 알고 있다. 아동은 세상을 더 자세히 이해하고자 어른들에게 도움받으려 한다.

'우리 귀여운 아기'라고 불리는 3세 유아는 이모가 "너희 집에 새로운 아기가 온다는 이야기를 들었단다."라는 소리를 듣고 신경질적으로 울었다. 새 아기가 온다는 사실을 유아가 알지 못하도록 하는 게 좋겠다는 말을 엿들었다는 것이다. 유아는 새 차를 산다는 것은 예전 차가 낡았다는 것이고, 새 신발을 산다는 것은 이전 신발이 쓰레기통에 들어간다는 것을 안다. 이 유아는 자신이 너무 개구쟁이라서 부모님들이 '새로운 아기'를 원하는 것이라고 추측할 수 있다.

성인은 아동의 수준에 맞춰 단순하고 솔직하고 직접적으로 적절한 정보를 주어야 한다. 도움을 줄 수 있는 많은 아동 도서들을 활용해 죽음, 이혼, 동생의 탄생 등 아동의 삶에 자주 영향을 비치는 고통스러운 주제에 내해 설명을 해줄 수 있다.

3) 유아들과의 의사소통은 어떻게 해야 성공할 수 있는가

유아들과 단순하고 솔직한 용어로 대화하며 사건을 이해하고 대처할 수 있게 도와준다. 성인에게 당연한 것을 유아도 당연하게 생각할 수는 없다. 우리가 아는 이 세상의 많은 것들 중에는 유아들은 아직 알지 못하는 것이 많다.

극 놀이를 통해 모방해보는 것은 아동이 기대하는 사건을 시각화하는 데 도움을 준다. 손 인형을 가지고 이야기해보는 것은 위협이 덜하고 적절한 말과 행동의 모델이 되어 준다. 유아들이 손 인형을 보고 웃게 하는 것은 부모가 늦게 오는 것, 침대 밑의 괴물, 무서운 소리를 내는 빛 등과 같은 불안들을 쫓아준다. '괴물 되어 보기' 손 인형으로 공격성을 표출하면 유아들이 무기력하거나 취약해지지 않도록 해준다. 유아들을 위해 예측하고 계획해보도록 함으로써 문제를 방지할 수 있다. 특히 부정적인 기대를 가지지 않도록 해주기 위해 다음과 같이 말할 수 있다. 예를 들어,

> "수민아, 네 친구 서진이가 곧 올 거야. 때로는 서진이가 네 놀잇감을 만지는 것 때문에 기분 나쁠 수 있고 그게 또 서진이를 슬프게 할 수도 있어. 그러니까 너희 둘이서 함께 놀 수 있는 놀잇감을 골라줘. 네가 고른 놀잇감을 여기 상자 안에 넣을게. 이것들을 함께 가지고 놀아. 서진이는 이 상자 안의 모든 것을 가지고 놀 수 있지? 맞지?"

문제가 일어나기 전에, 그것에 대해 긍정적으로 생각해볼 수 있도록 미리 도와주면 아동은 문제가 발생하기 전에 의식적으로 갈등을 피하는 방식으로 행동할 것이다. 아동이 일단 화가 나고 당황하면 논리를 듣기에 너무 늦는다.

4) 유아들에게 감정표현의 단어를 가르칠 수 있는가

유아들이 발로 차거나 할퀴거나 머리카락을 잡아당기는 것에 의존하지 않고 말로 요점을 파악할 수 있도록 확실하게 지도해 줄 수 있다. 적절한 말을 연습하도록

도움을 줄 수 있고, 심지어 분노일지라도 강한 정서를 욕이 아닌 말로 표현하도록 도와준다. 유아들이 다른 아동의 행동을 부모나 교사에게 와서 이야기할 때, 고자질이나 잔소리가 되기보다는, 유아에게 "채연이에게 가서 '내가 그네를 탈 차례야'라고 이야기 할 수 있니? 괜찮으면 나랑 같이 가서 채연이에게 이야기할 수 있겠지?"라고 독려한다.

성인은 때로는 아동의 부정적 감정을 꼼짝 못하게 한다. "입 다물어." "울지마." "뚝 그쳐." "소란 좀 피우지 마."라고 말하는 대신, "그 애는 널 때리려 한 건 아니야."라고 조용히 말해 줄 수 있다. 더 나아가 아동에게 누구나 자신의 기분을 솔직히 표현할 자격이 있으나 상대방을 존중받는 방법으로 표현해야 한다는 것을 알려준다. "난 네가 날 밀어서 화가 났어. 난 그네에서 날 밀어주는 걸 좋아하지 않아."라고 말할 수도 있다. 유아들은 특히 자신의 감정을 표현하도록 허락받기 바란다. 화가 나는 것은 괜찮고 그런 것에 대해 이야기하는 것도 괜찮다는 것을 배워야 한다. 단, 다른 사람을 아프게 하는 방식으로 말이나 몸으로 공격하는 것은 괜찮지 않다는 것을 배워야 한다.

유아는 또한 성인이 반영해 줌으로써 감정을 언어화하는 것에 도움받을 수 있다.

이러한 감정의 반영(mirroring)은 적극적 경청(active listening)이라고 한다. 성인은 설교나 지시, 명령 등 일방적인 이야기를 자제해야 한다. 대신, 듣고 진지하게 진심으로 아동이 그 당시 느끼는 감정을 반영하고 다시 이야기해준다. 모든 연령에서 유용한 의사소통의 도구인 적극적 경청에서 성인은 "네가 친구에게 정말 화가 난 것 같아." "다시 말하면, 네가 함께 놀지 못해서 속상하고 슬펐다는 거지?" "다른 아이가 괴물 흉내를 내서 네가 정말 깜짝 놀랐겠다." 등 적극적으로 경청하는 것은 아동의 문제를 해결해줄 뿐 아니라 들어주고 이야기하고 생각하고 감정을 위안받을 수 있는 기회를 주는 것이다.

5) 유아들은 우정을 가질 수 있는가

아기들과 걸음마 영아들은 다른 아동들에게 매우 호기심이 있으나 사실 일상에서 성인에 대해 가장 큰 관심을 가진다. 반면, 유아들은 다른 아동과의 관계에 관심을 갖기 시작한다. 아동기의 나머지 기간 동안 더욱 많은 또래들과의 우정이 생기고 점차 성인과의 애착이 덜해진다. 3~5세 사이 아동들은 삶에서 장기적으로 사회적 정서적 적응을 위해 중요한 학습인, 어떻게 친구가 되고 친구를 사귀는지 배워야 한다.

이것은 성인에게 매우 노력을 요하는 단계이다. 아동은 또래에 의해 좋은 느낌을 받으면 의기양양해지고, 반면 이 세상에서 나와 함께 놀아줄 아동이 없다고 상상하면 정서적으로 무너진다. 어떤 아동은 빠르게 친구를 찾고 어울릴 친구 집단을 찾는 반면, 어떤 아동은 "네 초컬릿 과자를 나에게 주면 친구 해줄게."라면서 또래와 흥정하며 정서적으로 롤러코스터를 경험할 수도 있다.

6) 유아들은 어떻게 책임감을 받아들일 수 있는가

에릭슨(Erikson, 1963)은 만 4~5세 아동이 가지는 주도성 대 죄책감의 정서적 갈등 해결에 초점을 두었다. 유아들은 성인 양육자에게 독립하고 그들 자신의 한계를 찾기 원한다. 여전히 아동은 성인을 기쁘게 하기 원하고, 만일 부모와 교사를 실망하게 하고 화나게 하면 죄책감을 느낀다. 과도한 양의 죄책감은 불편함을 야기한다. 어떤 아동은 실패의 위험이 있는 상황에서 벗어나려 함으로써, 또 어떤 아동은 거칠게 반항함으로써 불안을 경감한다.

주도성을 발달시키고 죄책감을 피하기 위해 아동은 성인으로부터 독립성을 성취하도록 해야 한다. 유아들을 위해 해주는 것 대신, 성인은 그들이 스스로 해보도록 허락한다. 성인은 과제를 단순화하여 천천히 단순한 기술들을 아동에게 모델링하는데, 예를 들어 손을 씻을 때 어떻게 수돗물을 틀고 잠그는지, 물병을 어떻게 다시 채우는지, 핀으로 이젤에 종이를 어떻게 고정시키는지, 웃옷의 지퍼를 어떻게 끼우는지 등을 보여줄 수 있다.

7) 유아들의 독립심은 어떻게 길러줄 수 있는가

유아들은 그들의 환경을 책임지는 기회를 즐기지만, 많은 실수를 하고 약속했던 과제의 수행을 종종 잊어버린다. 성인은 아동 노력의 결과보다 학습 과정이 훨씬 더 중요하다는 것을 기억하면 잘 반응할 수 있다. 어떤 성인은 과제에 완벽주의자가 되어, "그것을 하라고 아이들과 싸우느니 내가 대신하는 게 더 쉬워."라고 한다. 사실 이것이 더 쉬울 수 있다. 그러나 이것은 아동에게는 명백히 좋지 않다. 아동에게는 스스로를 위해 해보는 기회가 필요하다.

많은 연습과 격려, 인내심 있게 한 번에 아주 작은 단계를 배우는 것을 통해 유아들은 많은 과제들을 책임감 있게 잘 수행하도록 배운다. 매 순간마다 재촉을 받아서 죄책감에 시달리는 아동이 되지 않고 새로운 과제를 놓고 열정적이며 주도성을 발휘해 자신의 성취에 자부심을 갖도록 한다.

8) 유아들이 어떻게 규칙을 따르도록 하는가

유아들은 간단한 지침을 이해할 수 있다(예, "조심해! 일단 멈추고, 어른과 함께 길을 건너야 해." "친절해야 해! 친구가 그네를 다 탈 때까지 기다리자." 책임감을 가지자! 스폰지로 물감 흘린 것을 닦자!"). 유아들은 전조작기이다(피아제의 용어로). 그래서 규칙을 피상적으로 지각한다. 그들은 흔히 성인을 기쁘게 하기 위해 규칙을 따르지, 행동과 가능한 결과 간의 장기적인 관련성을 완전히 이해한 것은 아니다.

유아들은 여전히 일관성 있게 지속적으로 규칙을 따르지 못하므로 밀착해서 감독을 받아야 한다. 학급 규칙에 대해 전략적으로 많이 환기해줘야 한다. 놀이에서 일시적인 기분으로 규칙을 만들고 나서 그렇게 마음에 들어 만들어 놓은 규칙을 또 기분 좋게 어긴다.

만일 성인이 처벌적이고 비판적이며 잘못 행동한 것을 잡아주기 위해 열의를 보인다면, 아동은 그것을 모방할 것이다. 만일 성인이 단호하게 보살피는 태도로 지키기를 요청하고 잘했는지 추적하면 다른 아동도 그러한 부드러운 단호함을 모방할 것이다.

성인은 기초적인 기본 규칙을 고수하고 아동이 그것을 알고 따르는지 확인하면서 규칙에 대한 관심을 유지해줄 수 있다. 유아들이 까다로운 규칙에 사로잡히게 되면 오히려 규칙을 따르는 것에 대해 거리를 두고 하찮게 여기게 된다. 규칙은 그것을 어길 때 지켜야 하는 이유를 아동이 적극적인 역할을 하며 이해할 때 더욱 의미가 있는 것이다.

유아들의 규칙에 대한 가치 인식도 생활지도의 과정 속에서 증가한다.

9) 어떻게 유아들이 긍정적인 자기 감각을 발달시키는가

아동의 자존감(혹은 이것의 부족)이 출생부터 무의식적으로 발달해왔다 하더라도 유아기에 자신이 누구인지에 대한 명확하고 의식적인 생각이 발달하기 시작한다. 자기 개념과 자기 존중감은 두 개의 관련된 개념이다. 자기 개념은 자기 자신에 대한 생각이나 이미지이다. 자기 존중감은 자기가 가치 있는 존재라는 감각을 포함하는 자기에 대한 이미지이다. 자신에 대한 아동의 생각은 주변 사람들, 특히 양육자로부터 온다. 유아들의 언어가 발달하면서 교사, 또래, 가정 외의 다른 사람들에게서 더 영향을 받게 된다.

유아기 아동은 점점 사회 안의 더 큰 집단의 측면에서 자신의 정체성을 인식한다. 아동은 최초로 자신의 민족을 인식하게 된다. 자기 존중감은 자신의 민족, 인종, 종교적 유산을 자랑스러워하면서 성장한다. 반대로, 편견에의 노출은 자존감에 영향을 끼쳐 편견과 낮은 자존감의 고리를 만든다. 낮은 자존감은 자신을 존중하지 않도록 하면서 동시에 다른 사람도 존중하지 않도록 한다. 모든 아동은 존중받아야 하고 그들 가족과 공동체의 성원으로 가치 있다는 것을 학습해야 한다.

10) 아동들에게 경쟁을 격려해야 하는가

유아기 자기 개념과 자존감 발달에 영향을 주는 다른 요인은 경쟁심이다.

유아들은 다른 사람과의 비교를 통해 자신을 인식하며, 이때 경쟁심이 처음 생긴다. 성인은 "낮잠 시간에 가장 조용한 사람은 특별 대우를 받을 수 있어요." "가장 빨리 놀잇감을 정리한 사람은 바깥놀이 줄을 제일 앞에 설 수 있어요." "동생보다 네가 더 빨리 옷을 입을 수 있는지 봐야지." 등으로 말하며 경쟁심을 이용하려는 유혹에 빠진다.

이러한 도전은 아동으로 하여금 성인이 바라는 대로 행동하도록 동기를 부여할 수는 있으나 경쟁은 아동의 협력보다는 불화를 조장한다. 더욱이 승자가 있을 때 반드시 패자도 있다. 승자는 계속 이기기 위한 충동으로 스트레스를 받고 패자는 자신을 부적절하게 느낄 것이다.

바람직한 행동을 동기화시키는 가장 적절한 전략은 과제를 수행하기 위해 함께 일하도록 격려하는 것이다. 이상적인 학급은 생각을 나누고 문제해결을 함께 하며 서로 돕고 다음 날의 활동을 위해 모든 사람이 한팀이 되어 청소하도록 협력하는 등 학습자 공동체이다. 진정한 학습자 공동체에서 아동은 자신을 팀의 한 일원으로서 가치 있는 구성원이라 여긴다.

유아 수준에서의 경쟁심은 단지 아동 자신을 위한 개인적 도전으로, 예를 들어 "나는 이 퍼즐 전체를 내 스스로 완성할 거야."와 같이 또래들을 물리치거나 '이기는 것'이 아니다.

4. 초기 학령기 아동(만 5~8세) 행동특성과 생활지도

만 5~8세 아동은 어린 아동과는 매우 다르며, 이가 빠져 웃는 모습과 키가 큰 모습, 그리고 사고와 언어 기술이 매우 달라진다.

1) 초기 학령기 아동은 왜 많은 질문을 하는가

학령기 아동은 주위 세계를 더 잘 알기에, 모든 궁금한 사건의 간단한 답을 알기 원한다. 유아기 아동은 여전히 궁금한 것을 실험한다. 예를 들어, "바위는 언제나 물에 가라앉아요?" "내 장난감 차 안에는 뭐가 있어요?" "그네는 얼마나 높이 올라갈 수 있어요?" "이건 뭐예요?" "저건 뭐예요" 하며 그들은 질문한다. 초기 학령기 아동은 흔히 대답하기 어려운 것을 질문한다. "왜 아침엔 피자를 먹으면 안 돼요?" "중력이 없어지면 모든 것이 흘러넘치나요?" "우리가 멀리 가면 왜 작아 보여요?" "왜 할아버지는 돌아가셨어요?" "차는 어떻게 움직이는 거예요?"

유아들은 우리가 말한 모든 것을 믿는데, 이 초기 학령기 아동은 더 분석적으로 모든 것에 질문한다. 예를 들어. 만일 당신이 "사탕은 이에 안 좋으니 먹으면 안 돼."라고 했다면, 유아들은 저항하며 달라고 하지만, 학령기 아동은 그러한 설명을 논리적으로 생각하여 논리를 다지고 대답한다. "그래요, 그러면 사탕을 먹고 난 후 양치질을 할게요."

초기 학령기 아동이 지속적으로 논리적인 '왜?' '왜-안 돼요?'라는 일련의 질문을 한 후에는 부모와 교사들은 흔히 분개하며 소리를 지르게 된다. "왜냐하면 내가 그렇게 이야기했잖아!" 물론 이것은 아동으로서 듣기 싫은 말이고 나는 크면 저렇게 말하지 않을 것이라고 다짐했을 것이다.

2) 아동은 이기지 못했을 때 왜 그렇게 화를 내는가

초기 학령기 아동은 주위 모든 것을 관찰하고 그것을 판단한다. 그러나 아직은 미숙하기에, 판단은 단순하게 세상이 좋고-나쁘고, 이기고-지고의 관점이다. 자연스럽게 그들은 자신을 다른 사람과 비교한다. 성인은 때로는 경쟁을 부추기며 이러한 불같은 상황에 기름을 끼얹는다. 예를 들어, 교사는 "가장 글을 잘 쓴 사람에게 금메달을 줄 건데, 공개수업 때 부모님이 볼 수 있도록 게시판에 붙여 놓을 거야." 이러한 전략은 유혹적인데, 초기 학령기 아동은 모든 것에 최선이 되기 위해 서로 짓밟는 경향이 있다. 그러나 협동하는 것을 학습하도록 돕는 방법을 찾아야 한다. 협력적인 팀의 일원이 되도록 학습하는 것은 중요한 친사회적 기술이다.

3) 왜 아동은 나쁜 말을 하는가

초기 학령기 아동은 말로 자신을 표현하는 기술을 습득한다. 자신의 분노, 좌절, 혹은 질투를 큰 소리도 표현한다. 유아들은 흔히 그들을 화나게 하거나 거칠게 하는 사람을 밀거나 때린다. “이 똥개야! 난 네가 싫어.” 초기 학령기 아동은 더 자세하게 말로 표현한다. “넌 왜 그렇게 대장처럼 행동하니? 넌 우리 엄마가 아니야!”

초기 학령기 아동이 쏟아붓는 분노의 말은 깊은 상처를 줄 수 있기에, 다른 사람에 대한 그런 말의 효과에 대해 생각해보도록 한다. 자신의 부정적인 감정을 적절한 단어로 효과적으로 표현하는 것은 사회성 기술의 학습에 중요한 부분이다. 마음을 상하게 하는 혹은 비웃는 악담, 욕설, 별명 등은 초기 학령기 아동의 프로그램 안에서는 절대 허락되어서는 안 된다. 어떤 환경에서는 괜찮은 것들이 학교에서는 절대 안 되는 것이 있음을 비판적이지 않은 방식으로 가르쳐야 한다.

4) 성인은 어떻게 학령기 아동의 존중을 얻을 수 있는가

초기 학령기 아동은 성인을 무서워할 수 있다. 문제행동을 한 어린 아동은 발로 차고 소리 지르며 끌려 나와 문제 상황으로부터 분리된다. 초기 학령기 아동은 이제 너무 커서 신체적 제지로 더 이상 통제가 잘 안 된다. 따라서 아동의 내적 통제에 의존해야 한다.

어린 아동을 통제하기 위해 엉덩이를 때렸던 부모는 초기 학령기가 되면 아동은 맞는 것에 대해 정서적으로 면역이 되어 이제 단지 무관심으로 반응한다는 것을 발견하게 된다. 혹은 엉덩이를 때리며 ‘아기’로 취급하는 것에 화가 나서 더욱 노골적인 반항을 하게 되는 것이다. 교사와 양육자는 종종 대단히 거친 취급을 받아온 공격적이고, 거칠고, 냉소적이고, 대단히 통제가 어려운 초기 학령기 아동을 만나게 된다.

이러한 거친 외부 껍질을 돌파하는 가장 최선의 희망은 무조건적인 애정과 개방적이고 존중하는 의사소통이 조화를 이루는 단호한 규칙의 실행이다. 그리고 성인에게 수용되고 존중받는다는 것을 증명해 주는 방법을 찾아 그러한 악순환의 고리를 끊는 것이다. 그런 후에야, 성인은 아동의 존경과 충성을 얻을 수 있다. 내적 통제는 아동이 협력적인 집단의 성원이 되고 싶어 하는가에 완전히 달려 있다. 만일 초기 학령기 아동이 성인을 절대적으로 공평한 사람으로, 합리적인, 아동의 요구와 감정을 진정으로 살피는 사람, 그리고 유머 감각을 가진 사람으로 본다면, 기꺼이 성인의 바람을 따를 것이다.

5) 초기 학령기 아동은 왜 불공평함에 기분 나빠하는가

초기 학령기 아동은 성인 행동에서 흠을 발견할 수 있다. "그렇지만 그건 공평하지 않아요."라고 자주 말한다. 틈틈이 그들 자신이 규칙을 어기면서도 규칙이 비일관적으로 강요되는 상황에 분노할 수 있다. "그렇지만 선생님은 상민이가 이 책을 던졌을 때, 놀지 못하도록 들어가게 하지 않았어요."

이 연령 아동의 구체적 조작기 관점은 성인 의사결정자들이 중요하게 참작할 만한 상황을 고려한다. 초기 학령기 아동은 새로 학교에 온 아동이 규칙을 어길 때와 반대로 규칙을 알 거라고 기대되는 아동이 똑같은 규칙을 어겼을 때, 같은 처벌을 주면, 공평하다고 생각하지 않는다. 성인은 반드시 일관성 있게 아동에 대한 처우의 불공평 가능성을 살펴야 한다.

만일 상황이 아동에게 불공평하면 성인은 일어난 행동을 구체적으로 설명하여 이해하도록 도와주어야 한다. "네가 어릴 때, 자꾸만 규칙을 잊어서 기억하도록 해야 했지. 네가 7살 때, 책을 던지는 것은 허락되지 않았어. 그런데 상민이는 지금 5살이야. 그래서 규칙을 자주 잊어버린단다. 그러나 상민이가 7살이 되어서 규칙을 어기고 책을 던지면 바로 그만 놀고 들어가야 해."

6) 왜 아동은 자신의 옷을 고르는 데 고집을 피우는가

초기 학령기 아동기는 그들의 정체성을 발달시키는 데 있어 중요한 시기이다.

그들은 다른 사람들이 자신을 어떻게 지각하는지 관찰함으로써 개인적 정체성 감각을 발달시킨다. 그들은 특히 자신의 외모나 옷차림에 대해 비평, 놀림에 민감하다. 초기 학령기 아동은 또한 다른 아동들 사이의 지위에 대해 근심하기 시작한다. 그들은 또래들, 역할 모델과 같은 옷 입기를 주장하면서 부모님께 자율성을 주장한다.

성인이 어떠하더라도, 아동은 다른 친구들에게 특별해 보이고 그들과 함께하고 수용되기를 절실히 바란다.

7) 어떻게 초기 학령기 아동의 주도성을 발달하도록 도울 수 있는가

에릭슨(Erikson, 1963)은 학령기 아동의 정서적 위기를 근면성 대 열등감이라고 하였다. 초기 학령기 아동의 성격 중 하나는 더욱 독립적으로 기능하는 능력이다. 어린 아동은 새로운 일을 하기 위해서는 지시와 도움을 요한다. 초기 학령기 아동은 그들 자신의 프로젝트를 생각하는 능력과 필요한 도구를 모으는 능력을 가지기에 독립적으로 작업할 수 있다. 때로는 판단 착오, 난장판, 실수를 저지르나, 주도하고 계획하는 것에 기뻐하며 비행기, 과학 프로젝트, 미술품 등을 만든다. 불행히도 만일 자신의 노력과 수행에 대해 격려받지 못하고 비판을 받으면 열등감("난 못했어." "내가 한 모든 것이 망했어." "내 생각은 멍청했어.")이 생겨 새로운 일을 하는 것에 낙담하게 된다.

성인은 아동의 작업을 성인의 기준으로 비교하면 안 된다. 아동이 만든 쿠키가 거칠고 이상한 모양이면 어떤가? 활동의 목적은 아동이 그 과정을 경험하고 거기에서 배우는 것이다.

8) 초기 학령기 아동의 자존감은 어떻게 지원하는가

크고 넓은 세상은 초기 학령기 아동에게 굉장한 영향을 주기 시작한다. 일단 읽을 수 있게 되면, 정보를 위한 완전히 새로운 길이 열려 TV에서 치약 광고를 보고 자신의 이가 하얗지 않다고 걱정하고 화재 안전에 관한 광고판을 보고 밤에 침대에서 타버릴까 봐 걱정한다. 초기 학령기 아동이 악몽을 경험하거나, "난 다시는 닭고기 스프를 안 먹을 거야. 거기에 들어 있는 버섯에 독이 있어서 죽을지도 몰라." 등의 비합리적인 공포를 발달시키기도 한다.

초기 학령기 아동의 걱정을 존중하며 들어주고 그들이 걱정하는 주제를 조사해 보기 위해 읽고 생각하는 기술을 새롭게 사용하도록 도와주어 자존감을 지원해야 한다. 그들이 가지는 세상에 대한 잘못된 지각을 먼저 반박하는 대신, 사실을 스스로 발견해보도록 도와준다. 자신이 멍청하다고 생각하게 만들지 말고 그들 스스로 세상에 관하여 학습하도록 권한을 부여하자. 이 과정에서 아동은 오히려 자신이 유능한 인간임을 발견할 것이다.

5. 후기 학령기 아동(만 9~12세) 행동특성과 생활지도

1) 후기 학령기 아동은 왜 논쟁을 많이 하는가

초기 학령기 아동이 구체적 조작기(약 7세)가 되면서 세상의 대상과 사건에 대해 생각하는 데 더 많은 시간을 보낸다. 만 8~9세가 되면 흔히 학령기 아동은 구체적 과정의 전체에 대한 생각을 조작할 수 있게 된다. 이것은 한 가지 주제를 주의깊게 논리적으로 평가할 수 있게 한다. 이때 그들 논리의 불일치와 간격을 감지할 수 있다. 예를 들어, 11세 아동은 "왜 자전거 헬멧을 꼭 써야 할까요? 사람들은 자동차를 타고 사고가 났고, 헬멧을 쓰지 않았어요. 게다가, 만약 차가 내 배를 덮쳤다면, 어쨌든 나는 찌그러졌을 것이고 헬멧은 도움이 되지 않을 것이잖아요."라고 물을 수 있다.

대부분의 아동은 청소년이나 초기 성인이 되어도 추상적인 생각을 효과적으로 조작해보기 어렵다. 당연히 복잡한 정치적, 도덕적, 수학적 문제들을 아직 이해하지 못한다. 11~12세 아동이 신체적으로는 컸지만 아직은 성인의 지도를 요한다.

나이 든 학령기 아동은 타인과 함께 말하고 듣기를 좋아한다. 어린 아동은 달리고 뛰고 오르고 가장놀이를 하면서 적극적인 신체적 방식으로 함께 놀기를 좋아하며 언어는 부수적인 것이다. 나이 든 학령기 아동은 여전히 적극적인 놀이를 좋아하나 나무 아래 앉거나 전화하면서 자신, 학교 행사, 권위자에 관하여 긴 시간 이야기한다.

나이 든 학령기 아동은 산타클로스가 없다는 것을 알게 되고 성인은 신이 아니고 실수를 하는 인간임을 알게 된다. 신뢰하는 친구나 동년배 집단과 함께 사적인 이야기를 할 때 나이 든 학령기 아동은 부모, 교사, 형제에 관한 많은 불평을 하게 된다.

2) 후기 학령기 아동에게 어떻게 신뢰와 존경을 얻을 수 있는가

나이 든 학령기 아동은 즐거운 대화자들이 될 수 있다. 그들은 그들 주의를 끄는 대화에서 주의깊게 듣고 적절히 반응할 것이다. 그들은 또한 새로운 이야기를 기꺼이 들어주고 공평하게 존중하는 태도로 대해주는 성인에게 더욱 성숙한 애착을 만들고 충성심을 가진다. 나이 든 학령기 아동은 특히 성인이 '얕잡아 보이는' 것에 예민하다.

학교는 그들에게 새로운 압력을 준다. 자신의 행동과 학교 학업을 잘 책임지는 것으로 보이기를 기대한다. 특히 자신의 사고와 감정에 개방적이며 비판하지 않고 진정으로 들어주는 성인을 알아보고 고마워한다.

3) 후기 학령기 아동은 왜 인기에 집착하는가

나이 든 학령기 아동은 또래 집단에 끼고 싶은 강한 욕구를 가진다. 그들은 때때로 그들만의 규칙과 의식, 심지어 옷차림의 특이한 금기나 요구 등을 가진 동아리나 무리를 만든다. 어린 아동은 부모가 사주는 옷을 기꺼이 입지만 나이 든 학령기 아동은 친구들이 입는 옷을 입기 원한다.

엄마, 아빠, 선생님이 어떠한 스타일의 옷, 신발, 머리 모양 등을 선호하더라도 나이 든 학령기 아동은 자동적으로 다른 것들을 선호한다. 또래와 같은 것을 입고자 하는 욕구는 계속 커지며 청소년기에 절정을 이룬다. 나이 든 학령기 아동의 인기에 대한 불안은 10대까지 이어진다.

성인은 아동이 소중하게 여기고 수용되며 안전하다고 느끼도록 도와주어야 한다. 자기-신뢰와 자존감은 이 연약한 나이에 알코올, 이성관계, 약물 등을 실험해보자는 또래 압력에 저항하도록 한다. 또래 승인에 대한 아동의 불안을 존중하면서도 물건에만 가치를 두지 않도록 물질 소유에 대한 적절한 관점을 갖는다. 옷이나 게임기보다는 사람의 성격에 가치를 두도록 아동을 강화해야 한다.

4) 아동의 삶에서 미디어를 어떻게 다룰 수 있는가

오늘날 학령기 아동은 자신의 스마트폰, 전자게임기 등 전자기기 등을 가진다. 친구들과 이야기하기 위해 소셜 네트워크를 사용하고 전화하고 문자를 한다. 이 나이의 아동은 전형적으로 상당한 양의 미디어 영상을 시청한다. 그러나 미디어 참여가 삶을 준비하는 데 필요한 모든 기술을 만들어 주지는 않는다. 부모는 아이들의 미디어와 가족, 친구, 학교, 잠을 위한 시간의 균형을 찾으려 분투한다.

아동 침실에 되도록 컴퓨터와 TV를 놓지 말고 아동에게 지나친 고열량 음식, 비싼 놀잇감 등을 유혹하는 광고를 피하도록 한다. 부모는 아동의 하루 시청 시간이 1~2시간을 넘지 않도록 강하게 제한해야 한다. TV는 흔히 비만, 부적절한 수면, 낮은 학업 수준, 그리고 가족과의 대화시간을 줄인다.

5) 후기 학령기 아동의 자존감을 어떻게 지원하는가

아동이 어른과 같은 신체로 돌아다니는 것을 보고 갑자기 그들이 성인처럼 행동하기를 기대한다. 그러나 청소년기 이전의 아동은, 어린 아이와 십 대 사이의 감정에서 흔들린다. 한순간은 길가에 앉아 무릎을 드러내고 울다가, 다른 순간에는 좋아하는 립스틱 색깔을 고르고 있을 수 있다.

성인들은 이 시간 아동에게 많은 지원과 애정, 인내를 제공해야 한다. 그렇게 하여 학령기 아동의 자존감과 신념이 지켜지도록 해야 한다. 나이 든 학령기 아동은 특히 남아에게는 어색한 단계이기에 애정을 보이는 순간 도망간다. 그러나 이들 모두는 지금 적절한 포옹과 자신이 가치 있고 특별하다는 것을 느끼기 원하는데, 애정 표현에 있어 포옹 외의 다른 많은 멋진 방법이 있다. 예를 들어, 크게 웃어 주는 것, 진심으로 알아봐 주는 것, 우리가 보살피고 있다는 것을 아동이 알 수 있도록 모든 것을 들어주는 것 등이다.

정리해봅시다.

- 출생~12세까지 아동기의 전형적인 연령 단계별로 행동에 영향을 미치는 발달적 이정표를 각각 정리해봅시다.
- 각 발달단계 별 긍정적인 자존감 발달을 추적하고 지도방법을 정리해봅시다.

CHAPTER 4

아동관찰

1. 개인적 편향의 확인

한 아동을 볼 때 보는 사람마다 각각 다르게 보는데, 이것은 우리가 다 다르기 때문이다. 우리의 감각(눈, 귀 등)으로 지각하는 모든 것은 우리의 관점과 편향(biases)의 층을 통해 걸러진다.

> 진영이는 똑똑하고 에너지 넘치는 사교적인 아이이다. 유치원 가는 날에는, 해가 뜨기 전 침대에서 벌떡 일어나는데 매일 유치원에 가는 것을 매우 좋아하기 때문이다. A교사는 그녀를 좋아하여 자주 금붕어에게 먹이를 주거나 간식 먹을 때 냅킨을 나눠주는 것 등 학급 일들을 돕도록 부탁했다. 교사는 진영이가 매우 빨리 개념을 배웠기에 다른 친구들을 도와주도록 했고 아동도 그 책임을 매우 진지하게 생각했다. 진영이는 교사인 듯 행동하고 어린 아동은 교사의 지속적인 도움에 성장하였다. 진영이에게 모든 사람들이 커서 무엇이 되고 싶은지 물으면 언제나 재빨리 "선생님처럼 되고 싶어요."라고 대답하였다.

다음 해 진영이의 새 학년 첫날 하루 동안 새로운 B교사의 주의를 끌기 위해 선생님이 종이 나눠주는 것을 돕기 위해 매우 노력을 하였다. 교사는 진영이가 요청도 없이 책상에서 일어나는 것을 혼내며 "나에게 질문을 하지 말고 조용히 앉아서 들어라."라고 말했고 "오~ 세상에, 안 돼. 또 다른 과잉행동 아이라니… 그건 정말 내가 바라지 않는 거야."라고 생각했다.

시간이 지나 진영이는 인내심이 더욱 부족해지고 행복하지 않았다. 아침마다 울고 아빠에게 더 이상 유치원에 가기 싫다고 하였다. 교사도 당황했다. 교사도 진영이의 파괴적이고 때로는 반항적인 행동에 점점 좌절했다. 교사는 다른 아이들이 문제가 있을 때마다 진영이가 그들을 도우려 하는 행동이 반칙으로 보여서 그러한 진영이의 시도에 점점 화가 났다.

어느 날 A교사와 B교사가 휴게실에서 커피를 마시며 이야기를 나눴다. A교사는 "올해 진영이는 어떻게 지내나요? 난 진영이가 보고 싶어요. 얼마나 대단한지요?"라고 묻자, B교사는 커피를 마시다 목이 막혀 빠르게 말하였다. "진영이가요? 농담이죠? 그 아이는 나를 궁지에 몰고 있어요."

어떻게 같은 아동의 행동을 두고 이렇게 다른 시각을 가질 수 있는가? A교사는 진영이의 에너지와 자발성이 마치 자신의 어릴 때를 상기시켰기에 호의적으로 반응했다. 그는 창의력에 가치를 두고 진영이의 똘똘함에 기뻐했다. 반대로 엄격한 교육 때문에 B교사는 어릴 적 자신이 가진 안달하는 충동을 누르는 것을 배웠기에 진영이의 수다스러움과 넘치는 에너지에 특히 화가 났었다. 그녀의 부모님은 그런 행동을 절대 참지 않았을 것이다. 이러한 행동은 B교사가 자신이 아동이었을 때 부모님의 완고함에 화가 났었다는 것을 기억하도록 하여, 무례하고 무모하다고 진영을 공격한 것이다.

1) 개별 아동에게 더욱 객관적으로 반응하기

어떤 아동은 어떤 성인에게는 다른 아이보다 더 끌리는 경우가 있다. 성별, 문화, 연령, 경험, 그리고 기질 모두 우리의 편향과 지각 형성에 영향을 준다. 우리의 성격과 양식을 모든 아동의 요구에 완벽하게 잘 맞출 수 없다. 그러나 적어도 우리의 편향에 솔직하고 아동이 다 다르지만 존중하며 대해야 한다. 가족 안에서 부모는 때로는 그들 사녀 중 하나는 이해하고 관리하기 쉬우나 다른 아동의 행동은 완전히 혼란스러워하고, 집단 상황에서 한 성인은 어떤 작은(혹은 큰), 여아(혹은 남아),

순종적인(혹은 자율적인) 아이가 더 편하게 느껴질 것이다.

아동의 행동에 효과적으로 반응하기 위해서 편향의 영역을 발견할 필요가 있다. 아동에 대한 내가 가진 선입견은 무엇인가? 아동의 인종적, 성별적, 외모적, 능력적 차이 때문에 그들 행동에 어떠한 기대를 가지는가? 사람의 집단이나 범주와 관련된 고정관념에 맞추지 않고 어떤 개별 아동이 진짜 누구인지 어떻게 알 수 있는가? 선호하는 아동 혹은 선호하지 않는 아동이 있는가? 그들에게 어떻게 다르게 반응하는가? 어떻게 더 객관적일 수 있는가?

객관성을 향상시킬 수 있는 방법 중 하나는 의식적으로 사실을 견해와 분리시키는 것이다. 나는 진짜 지각하는가? 지식, 경험, 편향에 기반해 직관적으로 해석하는가? 사실을 견해로부터 분리시키기 위해 우리의 사고 과정을 나누어 더욱 정확하게 실제 아동의 행동에 초점을 맞추고 그러한 행위(action)의 의미를 정밀하게 해석할 수 있다.

위의 예에서 만일 B교사가 그녀의 견해를 사실과 분리했다면 진영이를 다르게 볼 수 있었을 것이다.

객관적인 관찰(A교사와 B교사 둘 다 "이것이 정확한 사실이다."라고 동의하는 것): 진영이가 자주 말하는 것, 과제를 빨리 시작하는 것, 학급의 다른 아이들 앞에서 일을 완수하는 것, 신체적 움직임에서 적극적이고 빠른 것, 친구들의 발전에 관심을 표현하는 것이다.

A교사의 주관적인 해석: 진영이는 언어적 의사소통에 매우 유능하다, 그녀는 유능하고 똑똑한 학생이다, 진영이는 학교 일에 열정적이다, 리더십의 잠재력이 있다, 다른 사람을 매우 잘 돌본다.

B교사의 주관적인 해석: 진영이는 말하는 데 있어 교사 및 학급 규칙을 무시한다, 진영이는 진지하게 생각하지 않고 그녀의 일에 뛰어 든다, 진영이는 과하게 적극적이고 자기 일이 아닌 다른 아동들의 일을 너무 걱정한다.

어떠한 사람의 견해가 관찰가능한 사실과 분리되어 언급되었다면, 이러한 견해는 '주관적'이라고 명명되며, 이것은 개인적인 편향이라고 인식되고 다루어질 수 있다.

우리의 견해가 객관적인 사실이라고 잘못 인식되면 아동들의 진짜 모습을 볼 기회를 잃게 된다. 우리는 의식적으로 우리의 사고가 객관적이 되도록 배워야 한다.

예를 들어, 다음의 관찰은 주관적인 해석이 가득하다.

> 영우는 누군가와 싸우기 위해 주방에서 화를 내며 발을 구르고 있었다. 여동생에게 악담을 퍼붓고 울리기 위해 감정에 상처를 주었다. 영우는 동생이 자기를 때리기를 원하였고 괴롭힌 것에 대해 사과하였다.

이 기술은 객관적 관찰이 아니다. 그것이 사실이라고 생각할 아무런 근거가 없다. 영우의 의도를 알기 위해 머릿속을 볼 수 있거나 생각을 들을 수 없다.

우리가 실제로 보고 들을 수 있는 것은,

> 영우가 주방으로 가면서 발을 굴렀다. 얼굴을 찡그리고 둘러 보았다. 그는 여동생의 샌드위치를 가리키며 말했다. "넌 저 끈적거리는 범벅을 먹을 거야?" 이 말을 듣고 동생은 울기 시작했고 영우를 때렸다. 영우는 "네가 날 때리면 엄마에게 말할 거야."

여기에서 우리가 해석할 수 있는 것은 영우가 성급하고 기분이 좋지 않고 부정적 기분을 가지고 있었다는 것이다.

객관적인 관찰은 우리에게 행위의 이유를 찾기 위해 더 깊게 보도록 하고 문제 행동을 더 잘 이해하도록 해준다.

2. 관찰의 절차

아동을 기술적으로 관찰하면 아동과 더욱 효과적으로 작업하여 돌봄과 교육의 질을 보다 일관적으로 향상시킬 수 있다. 관찰은 구체적인 계획과 교육과정, 환경의 변화를 가져온다. 아동생활지도는 과학 그 이상의 예술이다.

이 세상에는 모든 상황에서 모든 아동에게 효과적으로 아동을 다루는 방법은 없다. 대신, 주의깊은 관찰을 한다면 지혜로운 결정을 하기 위해 요구되는 정보를 모으고 다양한 문제를 막고 알맞은 반응을 하기 위해 적절한 방법을 선택할 수 있다. 그리고 문제해결에 선택된 지도 기술이 얼마나 효과적인지 평가하기 위해 관찰할 수 있다.

1) 관찰과 긍정적인 생활지도 지원

행동 문제를 효과적으로 해결하기 위한 노력으로 아동의 능력과 마음의 틀 그리고 행동을 둘러싼 환경을 잘 맞춰봐야 한다.

- 아동이 화가 나 있거나, 파괴적이거나 혹은 단지 지루하거나 생각없이 바보 같았는가?
- 그러한 행동이 습관적인가 아니면 거의 드문 일인가?
- 아동이 언어적 단서로부터 도움을 얻을 수 있는가 아니면 직접적인 활동의 전환이 요구되는가?
- 문제의 원인은 무엇인가?
- 언제, 어디서, 왜 그런 일이 일어나는가?

이러한 것들은 모두 주의깊은 관찰을 통해 답을 얻어야 할 질문들이다.

영상, 사진들은 특히 부모 회의에서 부모들에게 강하게 호소할 수 있다. 그들 자녀들이 의미 있는 학습 활동과 즐거운 상호작용에 참여하는 것을 보고 모든 부모는 감동을 받을 것이다. 이러한 영상 기술은 부모에게 우리의 교육과정과 방법에 관하여 글 대신 생생한 이미지를 제공할 수 있다. 물론 이 영상의 내용은 기관이나 학교 내에서만 사용되어야 한다. 부모들이 현장을 더 많이 알 때 부모를 기관이나 학교에 더 참여하도록 끌어들일 수 있다.

2) 관찰을 시작하기 위한 준비

아동 전문가들을 도와주는 발달적으로 적절한 체크리스트와 상업적인 관찰 도구들이 있다.

작은 수첩과 펜을 가지고 상세한 사건들이 잊혀지기 전에 일화를 기술할 수 있고 한 토막씩 정기적으로 현재의 순간을 추가 메모하거나 어떤 종류의 체크리스트를 작성해볼 수 있다. 우리는 “난 이것을 적을 필요 없어. 난 다 기억할 수 있다.”고 생각하기 쉽다. 그러나 기억할 것이라고 그렇게 확신하는 무엇도 결국은 잊어버린다.

3) 관찰의 필요성

많은 목적을 위해 관찰을 사용한다.

- 가족들과 소통하기
- 아동의 발달, 학습, 진보를 기술하기
- 아동의 필요와 흥미를 확인하기
- 교육과정, 환경과 교수 훈련을 향상시키기
- 프로그램의 향상 계획하기
- 조짐이 있을 때 아동의 판별과 사정을 위해 의뢰하기

(1) 가족과 부모와의 소통

관찰은 단지 즐거운 마음으로 단순히 시작할 수도 있지만 프로그램의 질 향상을 위한 중요한 기능을 제공한다. 부모는 자녀에 대해 더 알 수 있는 기회를 좋아한다. 스크랩북은 아동의 자존감 발달을 지원해주는 성인을 위한 훌륭한 방법이 된다. 사진과 기념물은 아동이 부모님과 교사에 의해 얼마나 소중히 여겨지는지 알려준다. 어떤 영유아 교사는 1년 동안의 일화, 사진, 기타의 것을 모은 폴더를 사용하거나, 아동을 위해 이러한 것을 일종의 앨범으로 만들어 가족들과 함께 기관의 행사나 일상 활동을 공유한다.

(2) 일상에서의 아동 행동 수준 파악

우리는 일상적으로 아동의 올바른 활동 수준을 결정하기 위해 관찰을 사용한다. 아동이 퍼즐, 책, 활동에 열정적으로 참여하는가? 혹은 그들이 지루해 보이는가? 활동이 더 이상 도전이 되지 않는가? 아동이 좌절하는 것으로 보이는가? 그 게임이 그의 발달적 수준에 비해 너무 복잡한가? 유아들의 이야기 나누는 집단 시간에 너무 안달하고 버릇없게 행동하는가? 그 이야기가 그 연령의 아동 흥미를 잡기에 너무 길거나 활기차지 않은가? 등을 파악할 수 있다.

(3) 아동의 부적절한 행동 분석

관찰은 언제나 아동이 부적절하게 행동할 때 해본다. 긍정적인 아동생활지도는 문제-해결의 방법이다. 성인은 어떻게 아동이 주어진 순간에 행동하는지 관찰하여 왜 그러한 방식으로 행동하는지 분석하고 아동이 더 책임감 있고 자기-훈련이 되도록 돕는 지지적인 방법을 결정한다. 긍정적인 아동 지도는 효과적으로 계속 진행되는 아동 관찰 없이는 성공할 수 없다. 날카로운 관찰의 기술을 발달시키기 위한 집중된 노력과 훈련이 필요하다.

관찰을 해석하는 것은 감지하고 느끼는 것들(보고, 듣고, 만지고, 맛보고, 냄새 맡아진)로부터 의미를 추론하는 과정이다. 관찰된 것을 해석하기 위해 일반적인 아동 발달 지식뿐 아니라 개별 아동에 관한 독특한 발달 지식이 모두 필요하다. 추가적 도움은 다른 아동과의 직접 경험뿐 아니라 문제를 가지는 개별 아동과의 경험이다. 이 모든 것은 그 아동이 왜 그렇게 행동할 필요가 있었는지에 관한 새로운 생각을 하기 위해 우리의 과거의 지식과 경험을 사용하여 곰곰이 생각하고 현 순간 우리가 감지하는 것에 집중하는 것을 의미한다.

개인적인 편향은 반드시 한 아동의 관찰을 해석하는 동안 확인되어야 한다. 관찰 기록, 특히 객관적인 체크리스트는 특정 아동의 부적절한 행동에 관한 직관적인 가정에 대해 신뢰할 수 있는 증거를 제공해준다. 또한 관찰의 해석은 사건을 아동의 관점에서 볼 수 있는 기회를 제공한다. 예를 들어, 성인은 아동이 대화에 끼어드는 것에 대해 화가 날 것이다. 그러나 그 아동을 주의깊게 관찰을 하고 나면, 그 순간 성인과의 상호작용이 더 필요했었고 대화에 공손하게 참여하는 것이 어떤 것인지 가르쳐줄 필요가 있었다는 것을 깨닫게 될 것이다.

4) 관찰 계획

발달에 적합한 사정 방법은 적절한 결과를 위한 목표와 일치되어야 한다. 즉, 관찰 계획을 통해, 우리는 어떠한 목표를 성취하려 하는지 알게 된다. 예를 들어, 의사는 진료실에서 환자를 보게 되고 그 관찰은 차트에 기록된다. 의사의 관찰은 이후 진단을 위하여 주의깊게 해석된다(예, 발진은 무엇을 의미하는가?, 열은 무엇을 의미하는가?, 왼쪽 발의 통증은? 등). 이후 가장 중요한 문제를 치료하기 위해, 그리고 더 건강한 조건을 성취하기 위해 계획이 만들어진다(예, 의사가 침대에서 누워 쉬게 하거나 항생제를 처방해준다).

우리는 의사와 같이, 아동을 관찰하고 우리가 생각하는 잘못된 것을 해결한다. 그리고 나서, 더 개선하기 위한 계획을 세운다. 예를 들어, A 아동을 위해서는 블록 영역으로부터 멀어지도록 전환을 시키고, B 아동을 위해서는 맘을 상하게 한 친구의 기분에 대해 마음과 마음으로 이해하도록 하고, C아동을 위해서는 헬리콥터에 대한 관심을 끌 수 있는 활동을 더 만들어 긍정적인 주의를 끌면서 그 아동에 대한 우리의 행동을 변화시킬 수 있다.

5) 관찰 계획의 효용성

계획이 만들어진 뒤, 그 다음 단계는 활동 수행이다. 어떤 성인은 아동의 잘못된 행동에 대해 숙명론적인 태도를 취한다. 아동은 변하지 않을 것이라고 불평을 하며 결과적으로 그들을 위해 무언가를 할 것이다. 그러나 어린 아동은 열렬한 학습자이다. 그들은 우리보다 훨씬 쉽게 새로운 습관을 배운다. 단지 시간과 노력, 격려, 그리고 많은 양의 연습이 필요할 뿐이다.

때때로 우리가 시도하는 계획이 진짜 소용이 없을지라도, 아동의 문제에만 초점을 맞추고 그것을 해결하기 위해 충분히 보살피는 노력을 하고, 아동의 문제를 인식하고 그것을 수정하기 위해 헌신하도록 자극할 수 있다. 이것은 우리의 활동, 즉 "난 너를 돌보고 있어. 너의 감정을 표현하기 위해 주먹을 쓰기보다는 말로 하기를 배우도록 진짜 도와주려 해. 난 절대 너를 포기하지 않을 거야."라면서 증거를 보이는 것은 상당히 치료적이다.

그 활동이 아동에게 긍정적이고 아동을 존중하는 것이라면, 매번 걱정하는 것보다는 계획을 짜고 무언가를 하는 것이 우리를 위해, 또 아동을 위해 훨씬 중요하다.

6) 관찰 계획의 효과성

우리는 효과적으로 하고 있는가? 평가의 단계에서 순환하여 다시 관찰로 돌아갈 수 있다. 첫 관찰, 해석, 계획, 그리고 결과적인 활동에서 우리가 적중하고 있다는 확신을 가지기 위한 유일한 방법은 다시 관찰하고 우리의 계획이 잘 작동하고 있는지 아닌지를 살피는 것이다. 작동하고 있다면, 우리는 느긋하게 다음 문제로 진행하면 된다. 그렇지 않다면 우리는 원점으로 돌아가서 관찰하여 더 많은 정보를 모으고 새롭게 향상된 활동 계획을 만들면 된다. 이러한 순환은 우리가 효과적인 계획을 발견할 때까지 반복된다.

3. 관찰 전략

발달에 적합한 아동생활지도에서 아동의 발달과 학습의 모든 영역에 관한 정보를 얻기 위해 사정(assessments)을 활용한다. 아동의 인지적 기술, 언어발달, 사회-정서적 발달, 자조 기술, 건강, 그리고 신체적 발달에 관하여 알아야 한다. 연구자들은 객관적인 자료를 수집하기 위해 주의깊게 조정된 전략을 사용한다. 그러나 어린 아동을 돌보는 교사나 부모에게 그러한 형식적인 방법론은 거의 필요하지 않다.

이 아동에게 특정 행동이 언제, 어디에서, 왜 그런지, 적합한 행동과 학습이 무엇인지 찾기 위해 사용 가능한 계획이 필요하고, 그렇게 하여 효과적이고 적절하게 반응할 수 있다. 기록 보관을 위한 유용한 방법이 있다. 많은 기관에서는 사용하기에 편리한 형식적인 사정을 하나, 이러한 검사들 중 몇 가지는 단지 학업 기술만을 사정하고 진짜 중요한 사회적이고 정서적인 행동을 포함하지 못한다. 어린 아동과 함께 성공하기 위해서는 아동 발달의 모든 영역을 관찰할 필요가 있다.

1) 일화 기록

일화 기록(anecdotal record)은 특별히 흥미롭거나 관심 있는 특정 사건을 자세히 설명하는 것이다. 가능한 한 성인은 이야기적 설명, 즉 '그 이야기를 말한다'는 분위기로 적는다. 그 사건에 대해 회상할 수 있는 모든 관련된 세부사항을 기술하는데, 예를 들어, 본 것, 들은 것, 혹은 감각으로 감지한 것이다. 그리고 언제든 설명을 더 명확히 하기 위해 언어적 인용을 포함한다. 어떠한 개인적 견해나 해석은 구별하여 '이것은 나에게는 …게 보인다' 혹은 '그러므로 나의 느낌은 …'와 같은 표현을 사용하여 관찰자의 설명을 명확하게 나타낸다.

다음은 걸음마 영아의 물기 사건의 일화 기록의 한 예시이다.

- **관찰:** 현우는 방의 주변을 천천히 돌아다녔고 흐느끼며 머리를 흔들었다. 약 5분 뒤, 그는 갑자기 바닥에 떨어져 울기 시작했다. 주기적으로 그는 울음을 멈추고 앉아서 엄지손가락을 빨고 주위를 둘러보며 머리카락 한 웅큼을 잡고 돌리고 그 후에 눈을 감고 바닥에 등을 대고 다시 흐느끼기 시작했다.
  나는 그림책을 몇 권 집어서 바닥에 있는 그의 옆에 앉았다. 나는 "현우, 우리 책 읽을까? 이것 봐 고양이에 관한 책이야."라고 말했다. 처음에 아동은 나를 무시하였다. 그러나 드디어 나의 무릎으로 기어와서 머리를 나의 가슴에 기대고 엄지를 다시 빨기 시작하였고 한 차례 큰 울음을 운 뒤 킁킁거리는 작은 소리를 내었다. 나는 고양이에 관한 책을 읽기 시작했다.
  몇 분 뒤, 유빈이가 아장아장 와서 내 무릎에 있는, 현우 위에 털썩 앉았다. 내가 반응하기 몇 초 전, 현우는 유빈이의 얼굴과 머리카락을 잡고 그녀의 뺨을 이로 물었다.
- **의견/해석:** 현우는 아마도 엄마와 매우 자주 분리되기에 무섭고 불안했을 것이다. 그는 매우 강한 격리불안의 증거를 보인다. 그는 여자 형제나 남자 형제가 없고 다른 누구와 성인의 주의를 나누기엔 익숙치 않기에 유빈이의 존재에 위협을 느꼈을 것이다. 나는 앞으로 현우를 매우 주의깊게 보아야 할 것이다. 그렇게 함으로써 그의 감정을 다루는 방법을 찾도록 돕고 그가 다른 아동에게 상처 주는 상황을 더 잘 예측하고 개입할 수 있다.

출처: Miller, D. F. (2014). *Positive Child Guidance*. p. 109.

2) 실행 기록

실행 기록(running account)은 특정한 유형의 행동을 그것이 발생하는 각 시간과 함께 적는 것이다. 특정 사건이 발생할 때마다 전개되는 것을 설명하는 상세한 설명서라고 할 수 있다. 한 엄마가 자신의 아동이 올바르게 먹지 않는다는 것을 걱정하며 한동안 언제, 어디서, 무엇을 먹는지, 아동이 식사시간 동안, 그리고 식사 사이에 먹는 것을 추적하며 실행 기록을 만들 수 있다. 몇 일 혹은 몇 주 뒤, 그녀는 어떠한 특정한 섭식의 패턴이 일어나는지 볼 수 있다. 아동이 식사를 하는지, 간식으로 자주 고칼로리 음식을 먹는지, 아동이 균형 잡힌 점심과 오후 간식을 먹지만 자주 저녁을 거부하는지, 아동이 집에서는 아무거나 주는 대로 잘 먹지만 어린이집에서 교사가 주는 음식을 먹이느라 분투하는지 등.

다음은 4세 여아의 손톱 깨물기 사건의 실행 기록 예시이다.

- **가정 관찰**

월요일 오전 8:00	예림이는 TV 만화를 보면서 손톱을 깨물었다. 그녀는 매우 긴장한 얼굴 표정을 지었다.
월요일 오전 3:30	예림이와 절친인 유진은 논쟁을 하였다. 유진이 예림이에게 이야기한 뒤, 그녀와 절대 같이 놀지 않았다. 그녀는 혼자 오랫동안 앉아 있다가 손톱을 깨물고 다시 매우 긴장한 듯 보였다.
화요일 오전 11:30	예림이는 점심을 기다리며 손톱을 깨물었다. 그녀는 긴장하기보다는 지루해 보였다.
화요일 오후 4:40	예림이는 TV 만화를 보는 내내 손톱을 물었다. 의자 모퉁이에 앉아 몸 전체가 긴장한 듯 보였고 TV를 보면서도 긴장되어 있다.

- **의견/해석**: 예림이의 손톱 깨물기는 긴장할 때 그리고 간혹 지루할 때 일어나는 것으로 보인다. 색칠하기, 인형 갖고 놀기, 혹은 퍼즐을 가지고 놀 때는 손톱 물기를 보이지 않는다. 예림이에게 더욱 적극적인 놀이를 안내하는 것으로 도움을 주고 TV 만화를 보지 않도록 하는 것이 좋을 것이다.

출처: Miller, D. F. (2014). *Positive Child Guidance*. p. 110.

3) 시간 표집

시간 표집(time sampling)은 관찰자가 관찰하고자 하는 특정 행동이 정해진 짧은 시간 내에 얼마나 자주 일어나는지의 행동 출현 빈도를 수집하는 방법이다. 시간 표집의 목표는 어떠한 행동의 주기적인 짧은 묘사(snapshot)를 만드는 것이다. 시간 표집에서는 시간 간격이 선택된다. 예를 들어, 5분, 30분, 한 시간 등의 간격이다. 그리고 나면 정해진 시간 간격에서, 선정된 행동이 그 시간 안에 발생했는지 안했는지 체크리스트에 표시한다. 예를 들어, 개별 아동을 보면서 주어진 시간 간격 안에서 적극적으로 놀이에 참여했는지, 아니면 다른 아이들을 보면서 소극적으로 시간을 보냈는지 결정한다. 혹은 전체 학급 아동들이 쌓기 영역보다 도서 영역에 더 자주 가는지 비교하기 위해 관찰된다. 이러한 절차는 다양한 행동 패턴의 발생에 관한 성인의 직관적 인상을 지지하거나 거부하기 위한 실제적 증거를 제공해 준다.

다음 예는 시간 표집 체크리스트를 사용하여 유아가 활동을 할 때 버릇없거나,

목적 없이 배회하거나, 단지 지켜보고 있는지, 아니면 과제에 임하는지 파악하도록 돕는다.

• 시간	버릇없음	배회	지켜봄
오전 8:15	제현, 준	수진, 예령, 태영	민, 아현
오전 8:30	제현	예령	수진
오전 8:45	예령, 수진	–	–
오전 9:00	태영	–	–
오전 9:15	–	–	–
오전 9:30	–	수진	–
오전 9:45	예령, 민	준, 태영	수진
오전 10:00	수진, 아현	태영	준, 예령
오전 10:15	수진	아현, 태영, 민	예령

• **의견/해석**: 이 아동들은 아침 시간 처음부터 끝까지 과제에 집중하며 머물러 있는 것이 매우 어렵다. 그들의 가장 생산적인 시간은 오전 8:45에서 오전 9:30 사이이다. 수진, 예령이와 태영이는 생산적인 활동에 집중하도록 도와주기 위해서는 특별한 주의가 필요하다. 제현이는 생산적 활동에 자리를 잡은 후에는 버릇없는 행동을 자제할 수 있어 보인다.

출처: Miller, D. F. (2014). *Positive Child Guidance*, p. 111.

4) 사건 표집

사건 표집(event sampling)은 미리 선택된 행동 범주인 사건을 기록하는 방법이다. 사건 표집의 목표는 특정한 행동이 일어나는 정확한 횟수를 밝히는 것이다. 특정한 행동의 발생을 기록하기 위해 개별 아동들을 관찰하거나 혹은 전체 아동 집단을 지켜보고 특정한 행동(공격성 등)의 전체 발생 횟수를 기록하고 계산한다. 사건 표집에서는 관찰을 위한 특정한 행동(혹은 행동들)을 지정한다. 지정한 그 행동이 일어나면 체크리스트에 표시하고 주어진 기간 후에 성인은 그 행동이 발생한 정확한 횟수를 계산한다.

다음은 영아반 교사가 몇 명 영아들의 각각 배변훈련이 매일 발달하는 과정을 사건 표집 체크리스트에 작성한 것이다(배변 실수는 X로 표시되었다).

• 이름	월요일	화요일	수요일	목요일	금요일
예슬	xxx	xxx	xxx	x	
요섭	xx				
민영	xxx	xx	x	x	
시우	xxxx	xxxxx	xxxx	xxxx	xxxx
우솔			x	xx	
보나	xx		x		

• **의견/해석**: 시우는 아직 배변훈련을 할 준비가 되지 않았다. 민영이가 특정한 날이나 시간, 혹은 특정 상황에서 배변에 어려움이 있는지 보기 위해 더 조심스럽게 관찰하면 도움이 될 것이다. 예슬이는 주 초에는 어려움이 있었으나 목요일과 금요일 하루 대부분은 실수하지 않고 잘 있었다. 다음 주에는 어떨지 잘 지켜보아야 할 것이다.

출처: Miller, D. F. (2014). *Positive Child Guidance*. p. 111.

5) 어떠한 관찰 기록이 가장 효과적인가

체크리스트와 이야기식 설명은 서로 다른 상황에서 정보를 모으는 도구로 사용될 수 있다. 이야기는 질적인 정보를 모으고, 반면 체크리스트는 양적인 정보를 모은다.

이야기식 설명의 특별한 이점은 사건이 기록될 때 원래 예상되는 것을 훨씬 뛰어넘어서 아동의 행동에 대한 통찰을 제공하는 언어적 청사진을 만들어 줄 수 있다. 성인은 몇 가지 일화적 기록을 되짚어 각 시간 마다의 새로운 관계성, 이전에는 간과했던 각 시간의 세부사항을 볼 수 있다. 물론 이야기식 설명의 가장 큰 단점은 시간 소모적이고 일과적인 사건보다는 가끔 일어나는 사건 기록에 더 의존한다는 것이다.

체크리스트는 행동 주변의 세부사항을 빠트리고 사건 발생의 빈도와 분포에만 초점을 둔다. 특히 한 아동의 행동과 다른 아동의 행동 간의 비교, 그리고 한 아동의 행동을 그 아동의 다른 날, 다른 환경, 더 어릴 적 행동 횟수와 비교하는 데 유용하다. 체크리스트의 주된 이점은 사용이 쉽다는 것이다. 주된 단점은 정상 참작할 수 있는 수많은 중요한 배경 상황이 기록되지 않는다는 것이다. 앞서 제공된 체크리스트 예시는 일화적 기록과 실행 기록(running account)보다 더 많은 아동의 실제적인 정보를 다룰 수 있다. 그러나 이야기식 설명에서 기술되었던 현우(일화 기록)와 예림이(실행 기록)가 진짜 더 좋아하는 것이 무엇인가에 관하여 체크리스트에서 기록된 다른 아이들보다 더 잘 알 수 있을 것이다.

정리해봅시다.

- 지도에 영향을 주게 되는 개인적 편향의 중요성을 정리해보고, 나에게는 아동에 대한 어떠한 편향이 있는지 생각해봅시다.
- 관찰의 요소를 인식하고 상황별 사용방법을 정리해봅시다.
- 효율적인 관찰 전략을 목록화해봅시다.

CHAPTER

5 아동능력의 차이 이해하기

1. 장애 아동의 능력 차이 이해

이 장에서는 아동능력의 차이와 장애를 다룬다. 이러한 아동 및 또래들을 효과적으로 다루기 위해서, 능력의 차이가 어떻게 아동과 학급에 영향을 미치는지 학습할 필요가 있다.

또한 아동의 신체적, 정신적, 혹은 정서적 문제를 이해하고 이것이 아동의 탓이 아니라는 것을 이해할 때 아동의 부적절한 행동에 대처하는 우리의 능력이 극적으로 향상될 것이다. 아동이 원해서 거칠거나 반항적이거나 고집이 세지 않을 것이다. 아동 장애의 진단을 이해하고 아동이 요구하는 것에 대한 전문적인 정보를 가질 때 도움이 된다.

가끔씩 어떤 아동은 진단되지 않은 상태로 있을 것이며 혹은 그들 행동에 영향을 주려고 하거나 우리가 알 수 없는 어떤 것이 발생하여 아동은 학대나 무시, 서무를 경험하게 된다. 우리가 알 수 없는 방식으로 아동이 행동하는 것에 대해 의심이 있다면 언제나 아동에게 최선의 이익을 두는 방식으로 접근해야 한다.

1) 장애가 있는 아동의 요구

능력 차를 가진 장애 아동은 독특한 요구를 가진다. 돌봄이 필요한 개별 아동의 요구를 맞추기 위해 우리는,

- 무조건적인 수용을 제공하기
- 아동이 할 수 있는 것에 긍정적으로 초점 맞추기
- 아동과 협력하여 현실적인 목표를 정하고 아동이 가능한 한 스스로 통제할 수 있도록 하기
- 단호한 조언과 관심사를 지원하기
- 아동 능력이 다른 것에 대한 정서적 기복을 다루도록 돕기
- 능력 차이를 가진 아동일지라도 때로는 부적절한 결과에 직면할 수 있다는 것을 인식하기
- 아동의 분노와 공포를 솔직하고 주의깊게 다루는 방법을 학습하고 행동의 합리적 한계를 설정하기
- 얼굴표정과 몸짓의 비언어의 단서 및 음성과 수화 언어에 주의를 기울이고 아동에게 우리가 돌보고 있음을 알게 하기
- 능력 차이가 있는 장애 아동이 전형적으로 발달하는 아동과 최대한 같은 대우를 받도록 해야 한다는 것을 기억하기
- '어떻게'–문제에 전략적으로 해결하는 방법을 제안하고 성공을 알려주기 위해 부모님들과 가까운 접촉을 유지하기
- 관찰과 발달에 대한 기록을 남겨두기

2) 통합의 중요성

중요한 능력의 차이가 있는 장애 아동을 만났을 때, 대부분은 아동의 다른 요구를 다루기 위한 '특별한' 장소 '다른 어떠한 곳'을 상상하게 된다. 이러한 아동의 욕구가 전형적으로 발달하는 더 많은 아동들보다 크기 때문에 준비하지 못하고 좌절감을 느낄 수 있다. 이러한 문제들을 어떻게 해결해야 하는가? 여기에는 통합(inclusion)적 돌봄과 교육을 제공해야 하는 중요한 이유가 있다.

첫째, 장애가 있는 사람에게 접근할 법적 도덕적 책임이 있다. 그리고 아동이 다양한 배경에서 협력하여 작업하고 놀 수 있도록 모든 아동을 가르치는 학습 환경을 제공해야 한다. 능력 차가 있는 아동을 통합하는 것은 그들에게 소속감과 수용을 제공한다. 전형적으로 발달하는 급우들을 통해 연령에 적합한 행동과 기술을 배울 기회를 가진다. 연령 적합한 사회성 기술을 연습하고 다양한 또래 집단과의 우정을 발달시킨다.

둘째, 장애 아동은 자존감을 지키고, 전형적으로 발달하는 아동은 차이를 가지는 사람들에 대한 긍정적인 태도를 발달시킬 기회를 가진다.

셋째, 도움이 가능하다. 공적으로 지원받은 검사, 치료사, 상담가, 사회복지사, 혹은 다른 자원들에 접근할 수 있도록 가족을 돕는다. 자원과 절차가 비록 지역마다 다양할 수 있으나 지역사회 공동체는 모두 장애가 있는 아동을 위해 동등한 교육 기회를 갖도록 지원하기를 원한다. 부모나 교사는 장애가 있는 아동의 잠재적 서비스를 철저히 조사하는 것을 옹호해야 할 필요가 있다.

통합(inclusion)이 중요한 이유

통합은 장애가 있는 아동들을 돕는다.
- 다양한 사회적 상호작용을 경험한다.
- 연령에 맞는 기대를 더 잘 이해하도록 발달시킨다.
- 전형적으로 발달하는 또래들로부터 연령-적합한 기술을 모델링하여 발달시킨다.
- 전형적으로 발달하는 또래들과 훈련하여 사회적 기술과 언어를 증진시킨다.
- 소외되지 않고 참여하는 느낌으로 자존감을 발달시킨다.

통합은 전형적으로 발달하는 아동을 돕는다.
- 사람들 간의 차이를 존중하도록 학습한다.
- 장애를 가진 아동들에게 인내와 용기를 모델링 하도록 도움을 준다.
- 장애를 가진 아동들의 장점과 약점을 인식한다.
- 특수한 요구를 가진 아동이 어떻게 모든 다른 아동들과 같은지 학습한다.
- 장애를 가진 아동이 어떤 방식에서는 다르나, 많은 방식에서는 같은 것을 알려준다.

통합은 장애가 있는 아동의 부모를 돕는다.
- 전형적인 아동발달에 관한 부모의 지식을 확장한다.
- 연령-적합한 기술과 사회적 활동을 관찰한다.
- 아동의 장점과 약점 영역을 이해하는 더 나은 관점을 가진다.
- 덜 소외되고 더 참여하는 느낌을 가진다.

3) 능력의 차이가 있는 장애 아동의 발달에 적합한 지도

장애가 있는 아동은 다른 아동만큼 많은 발달적 접근을 요한다. 특히 학습을 위해 분투하는 아동에게 중요한 발달적 단서는,

- 모든 아동의 가치 존중
- 간섭을 최소화한 고요하고 평화롭고 질서 있는 환경
- 개별 아동의 요구에 맞추기 위한 규칙적인 계획
- 주의깊은 관찰과 기록, 보관
- 합리적이고 도전적인 기대

- 실물을 사용하는 연령-적합한, 다중감각적인 활동을 통한 기술 발달
- 아동이 자신의 속도로 학습할 수 있는 개별화된 상호작용
- 바람직한 결과물에 대한 명확하고 단순한 서술
- 긍정적인 확고한 지도
- 지도의 일관성
- 스트레스 감소, 좋은 영양, 신체적 운동, 충분한 수면 등 건강한 생활방식 지원

특수 상황에서 치료사는 발달적 접근과는 대조되는 매우 구조화된 교수와 지도 전략을 권유한다. 그러한 전략은 개별 아동의 인지적, 사회적, 혹은 정서적 한계에 기초한다. 예의 바른 방식으로 실행되는 전략이라면 어떠한 것이라도 각 아동의 요구에 맞추는 발달적 접근의 개별화된 범위에 통합될 수 있다. 그러나 어떠한 방법이라도 아동에게 수모를 주고 아동이 과소평가되고 아동의 개성을 상실하게 하면 윤리에 어긋나는 것이다.

때로는 장애를 가진 아동에게 권유된 전략이 아동에게 '압력을 가해' 그들만의 속도를 따라가지 않고 과제를 수행하도록 하는데, 이것은 전형적으로 발달하는 아동에게도 적절하지 않다. 아동은 장미 봉오리 같다. 봉오리에게 시간과 양육을 위한 환경을 제공하면 자연스럽게 꽃을 피운다. 그러나 불가능한 조건에서는 자연스럽게 장미 봉오리를 피우지 못한다. 어떠한 다른 요구를 가진 아동이라도 지속적이며 열정적이며 부드러운 유도 자극(nudging) 없이는 발전하지 못한다.

4) 장애가 있는 사람들을 존중하여 대하도록 돕기

아동 혹은 인간은 자신이 이해하지 못하는 것에 대해 두려워한다.

이것은 어떤 의미에서는 아동이 다른 사람, 다른 아동을 괴롭히는 것과 같은 이유일 것이다. 아동의 미성숙한 뇌는 자신에게 이 사람은 맞지 않고, 자신이 기대하는 방식이 아니라고 말한다. 이러한 자연스러운 투쟁 혹은 도피 반응은 어떤

방식에서는 도망가거나 사람에게 상처주려 한다.

아동이 자신과 다른 사람에 대한 두려움을 지식과 인내로 바꿀 수 있도록 도와주어야 한다. 우리는 교사이다. 어떻게 가르칠지 안다. 아동에게 차이, 다름을 가진 사람들을 만나볼 수 있게 견학을 갈 수 있다. 능력의 차이를 실제 돌아볼 수 있는 설비를 제공하고 능력 차이와 관련된 책을 읽어준다.

이러한 책은 반드시 아래와 같은 것을 다루어야 한다.

- 능력의 차이를 가지는 개인에 대한 존중과 공감을 촉진해야 줘야 한다.
- 아동의 모국어를 사용한다.
- 이해와 수용을 촉진한다.
- 또래와 비슷한 유형의 장점과 단점을 가진 완전한 인간으로서 개인을 묘사한다.
- 장애에 관한 정확한 정보를 제공한다.
- 장애를 가진 사람과 전형적으로 발달하는 사람 간 유사함에 초점을 둔다.
- 장애를 가진 사람들이 공동체 안에서 다양하고 적극적인 역할을 하고 있음을 보여준다.
- 통합적인 학교, 일터, 공동체를 묘사한다.
- 다른 민족과 인종적 배경을 가지며 다양한 연령의 장애를 가진 사람을 묘사한다.

책은 아래와 같은 것을 다루면 안 된다.

- 장애를 가진 사람이 할 수 있는 것이 아닌 하지 못하는 것을 자세히 말한다.
- 장애를 가진 사람을 희생자나 혹은 호기심의 대상, 불쌍함을 구하는 사람으로 묘사한다.
- 장애를 가진 사람이 평범한 행위와 성취를 수행했을 때 영웅적인 것으로 묘사한다.
- 장애를 가진 사람을 무기력하거나 다른 사람에게 의존하는 존재로 묘사

한다.

- 장애와 관련하여 수용되지 않는 언어를 사용한다.
- 장애를 가진 사람을 학교나 공동체에서 아무런 적극적인 역할을 하지 않는 수동적 관찰자로 묘사한다.
- 장애를 가진 사람이 그들 연령 집단의 적절한 활동에 참여하는 것을 보여 주지 못한다.

5) 다른 외모가 아동 삶에 미치는 영향

능력의 차이는 숨어 있거나 의학적 전문가에 의해서만 식별이 된다. 또 다른 많은 능력의 차이, 장애는 명백하여 아기나 걸음마 영아도 즉시 무언가 다른 것을 인식한다. 다른 신체적 외양으로 살아가는 아동은 특수한 도전을 만나게 된다.

> 얼마 전, 유아원에 있는 3세 손녀를 방문했을 때 나의 팔은 외과적인 깁스를 한 상태였다. 인사하고 손녀를 안으며 나를 친구들에게 소개해 줄 수 있냐고 물었다. 손녀는 애매하게 "그래요, 그런데 먼저 친구들에게 할머니가 나쁜 사람이 아니라고 말하구요."라고 하였다. 놀라서 "왜 친구들이 나를 나쁜 사람으로 볼까?"라고 하니, "이것 때문에요."라며 깁스를 만졌다.

예를 들어, 어린 아동이 휠체어 탄 사람을 더 자주 볼수록 이러한 이미지를 정상적이고 수용할 만한 일로 그들 정신적 범주에 통합시킬 수 있다.

초기 아동기 통합 프로그램의 가치는 아동에게 '실제 세상'에 사는 환경을 허락하여 장애를 가진 아동과 함께하는 것에 도전하고, 장애를 가진 아동도 많은 것을 제안받고 잘 처우 받아야 할 진짜 사람, 진짜 감정을 가진 존재라는 것을 알고 성장하도록 한다는 것이다. 이러한 장애를 가진 사람도 친구가 될 수 있다는 것을 학습하도록 돕는 것이 우리의 과제이다.

차별을 막기 위해 아동은 잘생긴 사람이라고 해서 내면이 반드시 완벽하지 않으며 다르게 생긴 사람을 알 가치가 있다는 것을 가르쳐야 한다. 우리가 알아야 하는 것은 사람들의 겉모습이 아닌, 그 사람의 내면을 발견하는 것이다.

6) 놀림과 폭력 다루기

놀리기는 아동기의 필연적인 부분이다. 어떤 놀림은 놀이이고 아동과 공유하는 것이다. 형제자매들은 마지막 지푸라기까지 이용해 서로를 찌르고 괴롭힌다. 놀림은 받는 사람을 매우 화나게 하나 때로는 성인의 주의를 끌기 위한 목적으로 주고 받는 게임이 되기도 한다.

그러나 놀림은 선을 넘어 상처를 주며 비겁하고 매우 해로운 것이며, 심한 장애를 가진 아동을 괴롭히는 것은 사회적으로 소외시키고, 낙인을 찍어 괴롭히는 것이다. 전문가들은 모든 아동을 존중하며 대우하는 본보기를 세우고 보여줘야 한다. 아동을 비난하고 그 가족을 비난하는 것은 잔인하고 비생산적이다.

괴롭힘이 발생했다는 것을 알았을 때,

- 즉시 개입한다(책임 있는 어른이 괴롭힘을 보고도 아무것도 하지 않는다면 같은 가해자이다).
- 대부분의 괴롭힘은 성인이 지켜보지 않을 때 일어나기에 주의깊게 감독한다.
- 괴롭힘을 당한 아동에게 감정에 대해 개인적으로 이야기할 기회를 준다.
- 괴롭힘을 당한 아동에게 문제해결의 방법에 대해 생각해보도록 하는 권한을 준다.
- 고정관념의 농담을 하거나 사람들의 외모를 놀리지 않는 긍정적 행동을 모델링해 준다.
- 괴롭힘을 당한 아동에게 자기주장을 하고 눈맞춤하도록 가르친다.
- "네가 내 신발을 쓰레기통 속에 던지면 그건 안 되는 것이고 날 화나게 하는 거야. 그만 해!"라고 정당하게 주장할 수 있도록 연습한다.
- 아동이 자신을 괴롭히는 아이를 맞닥뜨렸을 때 그 결과를 추적하고 곁에 있어 준다.

- 문제가 지속되면 만성적인 괴롭힘을 당하는 아동을 더 지도하고 진단한다.

낮은 자존감을 가진 아동은 일반적으로 열등하게 지각되는 사람이 놀림받고, 괴롭힘 당하고 차별받고 낙인찍히는 게 그럴 수밖에 없다고 느낄 수 있다. 그러한 행동을 이끌게 되는 낮은 자존감을 이야기하지 않는 한, 부적절한 행동의 대처에 성공하지 못할 수 있다. 이것은 마치 구멍이 나서 가라앉는 배에서 물을 퍼내는 것과 같다. 문제를 해결하기 위해서는 배의 구멍을 고쳐야 한다. 아동의 자존감을 다루어 자신을 존중하고 타인을 존중하도록 가르쳐야 한다.

7) 능력의 차이가 있는 장애 아동 지원

능력의 차이를 가지는 장애 아동을 마음에 받아들이고 환영한다. 이것을 알아차리든, 아니든 아동의 의학적 상태나 다른 능력의 차이를 감안하여 많은 것들을 제공해야 한다.

다음을 고려한다.

- 아동의 능력 차이를 최대한 많이 알자.
- 아동과 부모가 나름대로의 방식으로 능력 차이를 다루기 위해 분투하는 것에 대해 존중한다는 것을 보여준다.
- 과잉보호를 지양하자.
- 자신만을 위해 움직일 수 있다는 것을 내버려 두자.
- 아동 행동을 지도할 때 눈치 보지 말자.
- 다른 능력을 가진 아동도 전형적으로 발달하는 아동들만큼 조용하면서 단호한 긍정적인 아동생활지도가 필요하다는 것을 명심하자.
- 낙관적이면서 동시에 현실적인 기대를 가지고 지도하자.
- 개별 아동의 독특함을 인정하자.
- 아동을 비교하지 말자.
- 각자 아동의 장점에 집중하자.

- 모든 아동의 긍정적인 성격과 자원을 알자.
- 모든 아동에게 무조건적인 애정을 보이자.
- 눈높이에서 소통하고 아동의 이름을 부르고 적절한 접촉으로 존중을 전달한다.
- 차이에 가치를 두고, 긍휼을 보이고, 돌봄을 표현하는 것을 아동에게 가르치자.
- 괴롭힘과 낙인을 방지하자.
- 유머 감각을 가지자.

8) 능력의 차이가 있는 장애 아동의 부모 지원

가족은 자신의 자녀가 심각한 의학적 상태를 가지거나 능력의 차이를 가진다고 알게 되면 커다란 충격과 고통을 겪는다. 모든 부모는 의사소통과 지원을 필요로 하는데, 특히 의학적 상태를 가지거나 능력 차이를 가지는 아동의 부모는 특수한 요구 및 취약성을 가진다. 인내심, 이해, 용기는 이러한 부모에게 중요하다. 다음과 같은 감정에 자주 압도되어 롤러코스터를 경험한다.

- 충격과 부정: 부모는 아동이 어떠한 의학적 상태를 가지거나 능력의 차이를 갖는 것을 부정하거나 "어떻게 나에게 이런 일이 일어날 수 있을까?" "왜 이런 일이 나에게 일어났지?" "내가 어떻게 이런 취급을 받게 되었을까?"라는 생각에 몰두한다.
- 분노: 이러한 의학적 상태를 가지거나 능력의 차이를 갖는 것을 '야기한' 자신에게 화를 내면서 다른 사람(예를 들어, 의료진, 배우자, 교사, 학교, 신)에게 직접적으로 분노하고 그리고 어떤 부모는 자신의 아동에게 무의식적인 분노를 갖는다.
- 죄책감: 부모는 거의 언제나 자녀의 의학적 상태나 능력의 차이를 막을 수 있었을 것이라는 감정을 겪는다.
- 거부: 어떠한 부모는 한동안 자녀의 의학적 상태나 능력의 차이에 대한 생각을

혐오하여 감정적으로 아동을 거부한다. 어떤 부모는 심지어 아동이 태어나지 말았었기를 바란다.

- 혼란: 부모는 항상 아동의 의학적 상태나 능력의 차이에 대한 진단을 받은 후 혼란을 느낀다. 여러 의견을 듣고, 전문가도 때로는 모순된 조언을 하며 엉터리 치료법의 유혹에 빠진다.
- 두려움: 부모는 아동의 최악에 두려움을 가진다. 부모가 죽거나 너무 나이 들면 어려운 아동을 누가 돌볼 수 있을까 걱정한다.
- 고립: 심각한 의학적 상태나 능력의 차이를 가지는 아동을 대할 때 부모는 매우 고립감을 가진다. 외식, 친구 만나기, 느긋한 휴가, 배우자와의 로맨틱한 시간 등은 거의 어렵다.
- 질투: 심각한 영향을 받은 아동을 둔 부모는 다른 아동의 수행을 보고 질투, 적의, 짜증, 비통함 등 통제가 어려운 감정을 느끼게 된다.
- 안도: 부모, 특히 진단되지 않은 의학적 상태, 능력의 차이와 상당 시간 분투해 온 부모는 아동의 장애 명을 알면 기쁘다고 보고한다. 아동의 문제가 상상한 것이 아니며, 자신이 나쁜 부모라서가 아니라는 것을 알고 안도한다.

부모는 자녀의 이상적인 이미지를 가지고 아동이 불완전하고 약함과 강함을 가진다는 것에 저항한다. 아동이 특별한 요구나 '불완전함'을 가지는 것이 창피한 것이 아님을 배울 시간이 필요하다. 현실을 받아들이고 아동이 가진 강점이 무엇이든 잘 기능하도록 돕는 단계를 거치는 것이 건강하다.

잠재적으로 불가능한 많은 조건은 영아기나 유아기 동안 확인되고 다루어지면 예방되고 경감될 수 있다. 따라서 초기의 발달문제에 관한 진단은 특별한 중요성을 가진다.

2. 개별화 교육 프로그램

부모와 교육자는 심각한 의학적 상태와 능력의 차이, 장애를 가진 아동의 법적 권리와 함께 일하는 교육 전문가의 법적 책임을 알아야 한다.

예를 들어, 「미국의 특수교육법(Individuals with Disabilities Education Act: IDEA)」는 공교육(Free Appropriate Public Education: FAPE)을 받는 학생을 위해 심화 교육, 고용, 독립적 생활을 준비하도록 한다(이병인, 2007). 특수교육은 최소 제한 환경(Least Restrictive Environment: LRE)을 제공해야 하는데, 이것은 장애 아동에게 전형적으로 발달하는 아동과 최대한 같은 환경을 제공하는 것이다.

IDEA는 3~22세 연령의 능력의 차이가 있고 IDEA 정의의 '장애'에 맞는 사람에게 그들의 요구에 맞춘 교육 프로그램을 받도록 보장하고 있다. 이러한 프로그램을 보장하기 위해 개별화된 교육 프로그램(IEP) 혹은 개별화된 가족 서비스 계획(IFSP)를 제공받아야 한다. IEP 혹은 IFSP는 아동의 특수 요구에 개별적으로 맞추도록 고안되어야 한다. 그리고 두 과정은 효과적인 팀워크를 요한다.

1) 개별화 교육 프로그램과 개별화된 가족 서비스 계획

개별화된 교육 프로그램(Indivisualized Education Program: IEP)은 부모와 교사, 다른 교직원들, 그리고 충분히 나이가 되는 아동이 함께 모여, 의사소통하고, 헌신과 전문성을 공유하며 아동의 독특한 요구를 더 찾아서 정보를 모으는 것이다. 그리고 나서, 아동이 성공할 수 있도록 돕는 지원 계획을 고안하고자 협력한다.

개별화된 가족 서비스 계획(Indivisualized Family Service Plan: IFSP)은 영아와 걸음마 영아를 위한 서비스를 계획하고 제공하기 위해서 요구된다. IFSP는 부가적으로 더 깊은 가족 지원 서비스, 영양 서비스, 돌봄 관리를 제공한다. IEP와 IFSP의 모든 절차는 아동의 개별 요구에 맞추는 것을 기반으로 한다.

2) 개별화 교육 프로그램의 제공

공식적인 개별화 교육 프로그램(IEP)이 요구되지 않더라도 상식적으로 계획이 마련되어야 한다. 심각한 장애를 가진 모든 아동은 법적으로 요구되든, 안 되든 성공을 위한 개별화된 계획을 받을 자격이 있다. 어떠한 발달적 접근의 프로그램에서도 아동의 욕구를 알아내고, 목표를 설정하고, 성공을 위한 전략을 계획하고, 진행 과정을 추적하기 위해 특별한 요구를 가지는 아동의 부모와 함께 교사, 양육자 및 관련자들과의 자리를 계획한다.

가족과의 만남은 작은 직접적인 프로그램, 혹은 매우 공적인 프로그램이 될 수 있고 많은 자원을 가지고서 IEP와 IFSP의 틀을 따라 단계별로 진행한다. 중요한 것은 부모, 교사, 아동(적절하다면), 관련 자원들(공동체 자원봉사자, 사회복지사, 치료사 등) 간의 의사소통의 질과 깊이이다. 이러한 의사소통은 귀찮은 문제에 창의적인 접근법을 만들고, 억압된 감정을 풀고 관련된 모든 관계자들에게 따뜻함과 지지를 제공하며, 모든 사람의 마음속에 아동의 요구를 가장 우선으로 가질 수 있도록 하는 잠재력이 된다.

부모는 이러한 가능성에 대해 자세히 탐색할 수 있도록 격려받아야 하며, 아동이 가능한 한 귀중한 서비스를 이용할 수 있도록 촉진되어야 한다.

전문가로서 우리는 가족과 공동체 자원들과 협력하여 일하도록 모든 노력을 기울여야 한다.

3. 장애아동을 위한 생활지도

안절부절못하고 불편한 것은 흔히 비행을 일으킬 수 있으므로 신체적 질병이나 상태는 행동의 변화를 야기한다. 근육의 차이는 과제 수행 능력에 영향을 주며, 발달 지연은 기대되는 수행을 불가능하게 할 것이다. 부모, 교사, 양육자들은 문제를 야기하는 행동을 관찰하고 일상적 기록을 통해 행동의 어려움을 가지는 아동을 평가하여 판별을 하는 전문가를 도와야 한다.

모든 아동은 잘 발달하거나 협동적이며 유능하고 신뢰할 수 있는가에 상관없이 일반적으로 때때로 부적절하게 행동한다. 그러나 부적절한 행동은 흔히 심각한 염려를 일으킨다. 부적절한 행동이 신체적 원인에 의해 심각하고 영구적인 비행으로 발전할 가능성을 고려해야 한다. 다양한 단서와 신호들이 행동이 빗나가고 있다는 것을 암시할 수 있다. 부모, 교사, 양육자들은 신체적 질환이나 발달 지연을 맹목적으로 무조건 진단하는 시도는 하지 말아야 하지만, 신체적 또는 심리적인 문제를 제외하거나 확인하기 위해 전문가의 평가가 필요한지는 주의깊게 들여다보아야 한다.

행동 장애는 아동이 전문가에게 사정과 지원을 의뢰하는 가장 흔한 이유가 된다. 행동 장애의 범주는 서로 다른 정의하에 많은 수의 아동이 포함된다.

부모와 교사는 다음의 다섯 가지 범주의 장애를 특히 괴로워하며, 이것들은 아동의 교육적 성공에 혼란과 재앙을 초래할 수 있다.

- 행동 문제
- 주의력 문제
- 불안 문제
- 기분 문제
- 사회성 문제

많은 의학적, 생리적 상태는 아동의 부적절한 행동을 야기할 수 있다. 모든 가능성을 다 열거하는 것은 불가능하지만 전형적으로 염려스러운 학급 문제를 일으키는 상황을 다루어 본다.

1) 청각 손상과 청각 상실(deafness)

청각 손상(청각장애와 듣기의 어려움)은 감각 능력의 차이 중 가장 흔한 유형이다. 우리나라의 경우 특수학교, 특수학급, 일반학급의 장애 아동 중 가장 숫자가 많은 경우가 청각장애이다(통계청, 2015).

아기일 때 듣기에 손상이 있는 아동은 이후 청각이 손상된 사람과 비교하여 더 쉽게, 더 완전하게 소통하는 능력을 배울 수 있다고 한다. 더욱이, 출생 시부터 청각장애이거나 듣기에 어려움이 있는 경우, 초기에 적절한 개입을 받으면 더 효과적으로 발달하고 배울 수 있다고 한다. 초기 탐지와 개입은 발달적 지연을 막는 열쇠이므로 출생 직후 청력 검사가 요구된다.

통합 학급에 청력장애나 듣기 어려운 아동이 있다면 다음의 도움을 참고한다.

- 그 아동에게 말하기 전 아동의 주의를 끌어라(예를 들어, 어깨를 두드리기 등).
- 자연스럽게 평소 소리 크기로 말하라.
- 시각적 역할 모델로 가까이에 또래 '친구'를 두어라.
- 아동이 교사의 얼굴을 볼 수 있도록 대집단 시간에 우선권 의자를 마련하라.
- 어떠한 크기의 집단 활동에서도 원이나 반원 대형을 사용하여 듣기에 어려움이 있는 아동이 다른 사람의 얼굴을 볼 수 있도록 하라.
- 조명이 도움이 된다(듣기에 어려움이 있는 아동은 시각에 의존한다).
- 과도한 미술 작업을 줄이고 움직임을 제한하고 잡동사니를 제거하여 시각적 방해물을 줄인다.
- 만일 아동이 보청기를 사용하면 어항 속 펌프, 컴퓨터, 에어콘, 히터, 문과 창문을 여는 등의 소리에 극히 예민할 수 있다.
- 아동이 더 '잘' 들을 수 있는 상황을 찾아 그 위치에서 말을 하도록 하자.

2) 감각 처리 장애

감각처리 장애(Sensory Processing Disorder: SPD)는 감각을 통해 들어 온 정보를 뇌가 정확하게 처리하지 못하는 상태이다. SPD는 자폐, 뇌성마비, ADHD, 그리고 다른 신경학적 상태와 연결되며 그 자체로 존재하는 것이다.

SPD를 가진 아동은 전형적으로,

- 감각적 자극을 혐오하거나 과도하게 요한다.
- 어떠한 방식으로 움직이거나 과제를 완수하기 위해 몸을 협응하는 것이 어렵다.
- 과제를 완수하기 위해 필요한 압력을 감지하기 어렵다.
- 자세를 위한 근육 사용과 반응이 어렵다.

SPD 아동은 다음을 도와주어야 한다.

- 아동의 발이 바닥에 닿도록 의자 높이를 조절해준다.
- 아동이 주먹을 턱에 괸다면 책상을 아동의 팔꿈치 밑으로 조절해준다.
- 이해와 기억을 증진시켜 주기 위해 학습 시 손에 만질 수 있는 감각 자료를 통해 제시하고 강화해 준다.
- 불필요한 시각, 청각 방해물을 최소화한다.
- 어린 아동에게는 단순한 그림 차트를 제공하고, 나이 든 아동에게는 공책을 제공하여 필요한 특정 과제를 수행할 때 순조롭게 진행하고 유지되도록 한다.
- 연필과 크레용을 잡기 어려운 아동에게 연필 잡는 도구를 제공한다.
- 그림을 그리거나 쓸 때 어린 아동은 종이를 테이프로 고정시킨다.
- 나이 든 아동에게는 그림 그리거나 쓸 때 한 손으로 종이를 잡도록 보여 준다.
- 연필과 크레용을 세게 잡는 아동에게는 찢어지거나 부러지는 것을 막기 위해 두꺼운 종이나 두꺼운 크레용을 제공한다.

모순적일 수 있으나, SPD 아동은 외부 자극에 지나치게 민감한 동시에 조용할 때나 행동 조직화가 필요할 때 손, 입, 몸의 자극을 요한다.

자극에 과잉 민감한 아동을 도와주기 위해,

- 앞쪽으로 접근하여 당신의 접촉에 놀라지 않게 한다.
- 기대하지 못한 가벼운 접촉은 아동을 기분 나쁘게 할 수 있으므로 접촉이 필요하면 강한 압력을 사용한다.
- 복잡하지 않은 장소를 찾아 다른 아동들의 움직임을 예측하도록 한다.

- 많은 자극을 피하기 위해 도서영역에서 부드러운 쿠션을 사용한다.
- 사람이 많은 복잡한 상황(줄 서거나 대집단 시간)에서 편안함을 주기 위해 다른 아동들과의 예측되지 않은 다툼을 피하도록 한다.
- 냄새(향수, 페인트, 세제 등)가 스트레스를 주지 않도록 주의하라.
- 긁히는 소리의 옷, 옷의 태그, 불편한 물건이나 표면이 아동의 몸에 닿는 것을 참지 못한다.

3) 다운 증후군

다운 증후군(Down Syndrome)은 어느 정도의 인지적, 광범위한 발달적 지연을 일으킨다. 부가적인 염색체로 인해 다운 증후군이 발생한다. 다운 증후군 아동은 흔히 작은 머리, 납작하고 넓고, 경사진 눈, 짧은 코가 특징이다. 혀가 내밀어지고 귀가 밑에 있고 작다. 손은 짧고 넓적하다. 손바닥엔 단일의 짙은 주름이 특징이다.

다운 증후군이 있는 영아는 소극적이고 약간의 절름발이 근육을 가진다. IQ는 다양하나 평균 약 50점 정도이고 전형적으로 발달하는 아동의 평균은 100점이다. 다운 증후군 아동은 듣기가 요구되는 기술보다는 시각-운동 기술(그림 그리기 등)을 더 잘한다. 결과적으로 언어 기술은 흔히 느리게 발달한다. 초기의 교육적 서비스나 다른 지원 서비스는 결정적으로 기능을 증가시킬 수 있다.

어떠한 인종이나 문화 배경을 가진 가족이라도 엄마의 연령이 35세 이상이면 다운증후군 아기를 낳을 확률이 있다. 다운 증후군 아동은 특히 감기, 귀 감염, 폐렴에 취약하다. 흔히 심장 결함이 있고 많은 기저의 건강 문제가 있어 기대 수명보다 수명이 짧을 수 있다.

다운 증후군 아동은 사랑스럽고 따뜻한 경향을 가지지만, 반드시 일관되며 사랑에 기반한 단호한 지도가 필요하고 그렇지 않으면 통제가 어렵고 무례할 수 있다.

- 아동의 능력 안에서 제한을 만들고, 확고하지만 부드럽게 지키도록 한다. 다운

증후군 아동은 흔히 부드럽고 온순하나, 중요한 행동 문제를 발달시킬 위험이 있다.

- 자기-유능감, 자기-존중감, 그리고 자기-결정의 발달을 지원하여 사회적, 정서적 행복을 가지도록 한다.
- 비만을 막기 위해 건강한 식이 습관과 적극적인 활동을 위한 신체 패턴을 가지도록 한다.
- 듣기 문제의 가능성을 기억한다.
- 돌봄 상황에서 적어도 한 명의 특별한 성인과 애착을 맺어 가까운 개인과 상호 작용을 제공한다.
- 또래와의 우정 발달을 도와준다.

4) 주의력결핍 과잉행동장애(ADHD)

주의력결핍 과잉행동장애(Attention Deficit Hyperactivity Disorder: ADHD)는 행동 장애의 가장 흔한 것 중 하나이다. 주의력, 충동성, 혹은 높은 수준의 극단적 신체 활동이 특징이다. 주의력결핍 과잉행동장애(ADHD)는 과거에는 다른 이름을 가졌었다. 즉, 과잉행동과 과잉운동으로 불렸으나 이 용어는 더 이상 적절하거나 정확하지 않다.

주의력결핍 과잉행동장애(ADHD)는 부적절한 시간에 과도한 신체적 활동을 하는 것으로 흔히 알려져 있다. 명백히 주의력결핍 과잉행동장애(ADHD) 아동은 최대 잠재력을 성취하기 위해 특별한 지원을 필요로 한다. 이러한 아동은 흔히 씹거나 손가락을 만지작거리며 안전한 것을 요한다. 그리고 작은 몸은 지속적으로 움직인다.

다음은 주의력결핍 과잉행동장애(ADHD)의 전형적인 행동이다.

- 대부분의 시간에 집중하거나 주의를 기울이는 것이 과도하게 어렵다.
- 자신이 선택한 주제에 대해선 극단적으로 확고한 집중을 한다.

- 자신의 것에 집중하면 어떤 사람의 말이나 어떤 것도 듣지 않는다.
- 주의산만, 잘 잊어버림
- 한 활동에서 다른 것으로 극단적인 짧은 관심 폭(자신의 것에 대한 집중 제외)
- 안절부절못하고 꿈틀거림
- 충동적이고 자기-통제가 부족함
- 과도하게 말하기
- 차례를 기다리기 어려움
- 또래와 지내는 데 문제
- 괴상한 섭식이나 수면 문제
- 아마도 매우 똑똑하거나 지적이고 창의적임

부모나 교사는 주의력결핍 과잉행동장애(ADHD) 진단에 문제를 가질 수 있다. 수업에 주의를 기울이지 않는 아이가 자기가 관심이 있는 것에는 어떻게 그렇게 집중할 수 있을까? 이것은 의지력의 문제가 아니다. 뇌의 실행 체계는 아동의 주의를 통제하는데(Bramer, 2006), 주의력결핍 과잉행동장애(ADHD)는 뇌의 실행 체계의 기능부전을 초래하여 아동이 성공할 수 있는 쉬운 도전 과제를 다루지 못하도록 한다. 결과적으로 주의력결핍 과잉행동장애(ADHD)는 중요한 아동의 인지적, 행동적, 사회적, 교육적인 일상을 붕괴시킨다.

아동은 주의를 기울이고 우선순위를 정하는 것을 배울 수 있도록 도움을 받아야 한다. 이때 다음이 도움이 될 것이다.

- 잠재적 문제 상황이 시작되기 전에 멈추고, 아동이 무엇을 할 것이며 무엇을 해야 하는지 이야기 나눈다.
- 어려운 상황을 다루는 것을 역할놀이로 연습한다.
- 잠재적인 행위의 원인-결과에 관해 이야기하고 생각하는 것의 학습을 돕는다.
- 행동에 대해 더 즉각적으로, 자주 피드백을 준다.
- 아동의 행동 결과로부터 그저 구출해내는 것을 삼가라.
- 아동의 행동 결과에 정규적으로 주의를 집중하도록 하라.

주의력결핍 과잉행동장애(ADHD) 아동에게 삶은 도전이다. 성인과 문제를 겪을 것이며 친구와의 분쟁 등 여러 좌절에 부딪힐 것이다. 학령기 아동은 숙제하느라 투쟁하며 고통받을 것이며 다음 날 학교에 숙제를 잊고 갈 것이다.

또한 주의력결핍 과잉행동장애(ADHD) 아동의 형제와 급우도 어려울 것이다. ADHD 아동을 챙기려는 교사나 부모에게 주의를 받지 못할 것이다. 스트레스를 주고 엉망으로 만들고 짜증 내고 듣지 않는 형제, 급우 때문에 분노할 것이다. 그들은 특히 ADHD 아동이 온전히 행동하지 않으면서 성인의 시간과 주의를 부적절하게 가져가는 것에 분노할 것이다.

어떤 ADHD 아동은 갇힌 울분과 좌절, 스트레스 등을 짜증이나 공격적이고 파괴적인 행동으로 풀려고 할 것이다. 다른 아동은 내적으로 좌절을 가지고 위통, 두통 및 다른 신체적 징후를 보인다.

아동은 성인과 문제를 일으키며 낮은 자존감을 발달시킨다. 성인은 아동과 대부분의 상호작용을 긍정적으로 할 수 있는 방법을 찾아야 한다. 초기 아동기 전문가는 아동과의 부정적 상호작용의 순환을 끊고 상호 존중과 돌봄을 구축하는 방식을 찾아야 한다. 존중과 돌봄은 자기-존중의 기초를 만든다.

성인에게도 이것은 어렵다. 성인도 무기력하고 좌절을 느낄 것이다. 생활지도 기법은 효과가 없을 수 있다. 성인은 부정적 훈육 기법에 의존하려는 하지만 오히려 문제를 일으키고 다른 아동들보다 능력의 차이를 가지는 아동에게는 효과가 없다. 아동은 더 조용하고 덜 스트레스 받고 가장 중요하게는 돌봄을 제공하며 일관성 있고 단호한 긍정적 지도를 요한다.

ADHD 치료를 위해 처방된 약물은 제대로 작동하지 않는 뇌 부분의 활성화를 증가시킨다. 이것은 신경안정제나 진정제가 아니므로 중독되지 않는다. 부모와 의사는 상호 신뢰하며 어떤 치료를 할지 선택한다. 많은 치료는 접근이 다르다. 이러한 접근(예를 들어, 약물, 식이요법, 치료 등)의 모든 목표는 ADHD 아동을 더 행복하고 환경과 타인의 기대에 평화롭도록 하는 것이다.

아동 전문가로서 우리의 역할은 아동의 행동을 객관적으로 관찰한 것을 제공하고 설명하는 것이며, 가족을 배려하며 지원하고 관련 자원에 관한 객관적인 정보를 제공하는 것이다.

특수한 요구를 가진 아동의 부모는 인척, 친구, 이웃, 심지어 완전 낯선 이 등에 의해 부탁받지도 않은 조언에 압도된다. 함께하는 가족을 존중하며 들어주고 객관적으로 머물 때 우리의 전문가 의식에 고마움을 느낄 것이다.

5) 지적장애

전통적인 용어인 '정신 지체(Mental Retardation: MR)'는 이의가 있을 정도의 사회적 낙인이다. 이러한 부정적인 함축 때문에 최근에는 의사, 건강 관련 훈련사, 교육자들이 지적장애(Intellectual Disability: ID)라는 용어를 사용한다. 때로는 설명을 위해 지적장애(정신 지체)를 함께 사용하기도 한다.

지적장애는 특정한 의학적 장애이나 수두나 당뇨 등과 같은 질병이 아니며, 우울증이나 강박장애 같은 정신 건강 상태도 아니다. MR/ID는 특정 의학적 장애나 질병이 아니라 MR/ID 자체는 단순히 개인의 능력과 공동체 안에서 공동체 일원이 만든 일상생활의 요구 간의 부조화이다.

지적으로 장애가 있는 사람은 일상생활의 기본 활동을 관리하는 능력에 심각한 제한을 갖는다. 중요한 일상생활 활동은 의사소통, 자조, 위생, 공동체 생활 참여, 의사 결정, 문제 해결, 과제 수행, 안전 규칙 따르기 등을 포함한다. 이러한 장애를 가진 아동은 독립성의 최대치를 준비하도록 학교 활동을 통한 많은 특별한 지원과 지도를 요한다.

지적장애 아동을 위해 다음의 도움을 준다.

- 무능력함에 초점을 두는 대신 개별 아동을 보라.
- 아동의 독특한 요구와 능력에 적응하라.
- 단순하고 짧은 문장을 사용하라.
- 지시를 반복하고 이해하는지 물어보라.
- 원래의 뜻에 충실한 문자 그대로의 언어를 사용하라. 이해하지 못하는 표현을

삼가라.

- 인내하라. 대처 전략을 모델링하고 연습시키라.
- 주의산만과 변이를 최소화하라.
- 일관성을 강조하라.
- 긍정적 행동에 강화하라.
- 또래들과 함께하는 것을 최대화하고 친구를 사귀도록 도와주라.
- 기술을 작은 단계로 나누고, 천천히 예를 들어주고 한 번에 한 단계씩 연습하고 여러 번 반복하라.
- 조직화된 기술을 보여주고 연습하라.
- 자존감을 지원하기 위해 성공을 위한 학습 환경을 지원하고 격려하라.
- 도전과 성공을 보장하도록 환경과 도구를 변화시키라.
- 아동의 능력에 맞게 교수 전략과 사정 방법을 수정하라.
- 아동이 스스로 하도록 하고 대신 해주지 말아라.
- 독립성을 격려하라.

6) 전반적인 발달장애

전반적인 발달장애(Pervasive Developmental Disorder: PDDs)는 사회성과 의사소통 기술의 발달이 지연되는 것을 특징으로 하는 뇌 발달에 영향을 미치는 일군의 장애이다. 자폐는 PDD에서 가장 연구가 많이 되었다.

부모는 때로는 PDD 증후군을 영아기 초기에 알게 되지만 이러한 장애의 진단은 보통 약 3세경에 나온다. PDD 아동은 언어 이해 측면에 경증에서 중증 어려움을 가지며 타인과 사회적 관계를 맺는 데 어려움을 가지며, 범상치 않은 놀잇감이나 다른 사물을 가지고 놀며 일상이나 익숙한 주변 환경 변화에 어려움을 가지며 반복되는 몸의 운동과 행동 패턴을 보인다.

(1) 자폐

자폐(autism)는 때로는 마음 맹(mind blindness)이라고 불리며 자기 감각에 영향을 미치는 뇌 장애이다. 자폐스펙트럼을 가진 사람의 마음은 흔히 세부사항–지향적이다. 이 장애를 가진 많은 아동은 똑똑하고 분석적이다. 이 아동은 타인의 기분을 감지하는 데 어려움이 있다. 다른 사람들을 한 사람씩 구분하는 데 어려워하고 언어를 알아차리기 어려워한다. 대부분 눈맞춤을 피하고 신체적 접촉도 피한다.

자폐 아동에게는 다음이 도움이 된다.

- 눈 맞춤을 지시하는 것을 피한다.
- 아동이 연령에 적합하지 않은 지연된 틀에 박힌, 반복적인 언어를 사용하거나, 혹은 전혀 언어를 사용하지 않는 것에 대해 인내하고 지원하라.
- 이러한 매우 민감한 아동에게 당황스러운 감각인 현란한 빛, 깜짝 놀라게 하는 소리, 긁히는 감촉, 유쾌하지 않은 냄새 등을 피한다.
- 때로는 청력이 정상이라도 목소리와 소리에 반응하지 않을 수 있다는 것을 안다.
- 가리키기를 삼간다. 즉 당신이 의미하는 것이나 봐줬으면 하는 것을 이해하지 못할 수 있다.
- 아동이 원한다고 감지할 때를 제외하고는 꼭 안아주거나 만지기, 포옹 등을 삼가라.
- 아동이 자신의 요구를 표현하는 것이 어렵고 당신의 주의를 끌기 위해 부정적인 행동을 할 수 있음을 이해한다.
- 자발적인 가장놀이 능력이 부족함을 인식한다.
- 당신의 얼굴표정과 신체 언어가 의미하는 것을 모를 수 있음을 인식한다.
- 당신이 아동으로 인해 행복하거나 화가 난다는 것을 모를 수 있음을 기억한다.
- 다른 아동들과 더 적절하게 상호작용하는 법을 알려주기 위해 주의깊게 코칭해 준다.

- 다른 아동들에게 이 아동이 때로는 다른 방식으로 행동하고 말할 수 있음을 알도록 도와준다.
- 비록 관심의 영역이 제한되어 몰두하나 관련된 사물이나 주제를 소개하며 그의 관심을 약간 넓혀준다.
- 통제가 안 되는 아동의 강박적인 사물 돌리기나 사물 줄 맞추기의 요구를 이해한다.
- 아동의 뇌가 경직된 일상이나 의식, 손-펄럭이기, 흔들기, 손가락 튕기기 등 우리가 이해하지 못하는 행동을 하도록 시킨다는 것을 이해한다.
- 하나의 활동이나 세팅에서 다른 것으로 전환하는 데 어려움에 대해 계획한다.
- 환경, 일상, 스케줄에서 작은 변화를 할 수 있도록 하고 가능한 한 준비할 수 있도록 돕는다.
- 다루기 어려운 큰 스트레스로 자주 짜증을 내거나 몹시 화내는 것에 대해 대처 방안을 계획한다.

심지어 어린 아동도 자폐로 진단되고 처리될 수 있으나 사실 장애는 어릴 때 식별될수록 경과가 좋다. 그들은 팔을 필럭이거나 머리를 부딪히거나 원을 그리며 달리기 등 스스로를 위로하기 위해 부적절한 행동을 발달시킬 수 있다.

자폐 아동은 대부분의 아동이 열망하는 따뜻한 신체 접촉과 눈높이의 맞춤을 제공해 줄 때 안절부절못한다. 그럼에도 불구하고 자폐아동은 성인의 주의를 원한다. 그들에게 세상은 자신을 놀라게 하고 압도적이고 과잉 자극적이다.

이러한 아동에게는 한 사람과의 일관되고 안정된 관계성을 만드는 것이 도움이 된다. 문제가 발생했을 때 그 사람과 함께 조용히 몇 분을 보내는 것은 아동이 매일 만나는 스트레스를 경감시켜 준다. 한 번 스트레스 수준이 감소되고 아동이 이완되면, 행동 지도 제안에 더 반응하게 되고 문제해결에 대처할 수 있게 된다.

흔히, 이러한 아동의 행동은 생활이 예측 가능해지면 순조롭게 유지된다. 자폐 아동은 그의 환경, 일상, 스케줄 변화를 맞이하는 데 어려움을 가진다. 방해는 비협조적으로 만들고 통제를 못하게 한다. 필요한 변화에 대해서 계획하고 이야기

나누고 주의깊게 움직여야 한다.

통합 학급에서 자폐 아동의 요구에 맞추기 위해 다음이 도움이 될 것이다.

- 내일의 일상을 계획한다.
- 보드에 하루 스케줄의 활동을 적어놓는다.
- 날마다 아동이 하루 일상을 안다고 확신하도록 한다.
- 하루 일과에서 활동 변환이나 변화 전 5분의 연습시간을 부여하라.
- 적절한 사회적 행동과 사회적 기술을 가르치고, 연습하고, 모델링하자(예를 들어, 교대로 하기나, 사회적 거리 유지하기 등의 행동).
- 다른 아동들과의 활동/프로젝트에 참여시키기
- 친구 되기와 친구 사귀기를 가르치자(연습, 역할 모델, 독서치료 하기).
- 충분히 이해할 수 있도록 짧은 문장 사용하기
- 구체적인 글자 그대로의, 섬세한 언어 사용하기: 농담 사용 피하기(예를 들어, "너무 배고파서 말 한 마리를 다 먹을 수 있어."라는 말을 이해하지 못한다.)
- 이름을 불러주기(학급 아동들 전체에 지시하는 것에 자신은 포함되어 있다고 생각하지 못할 수 있다.)
- 다중의 학습 유형을 포함하고 감각 학습을 강조한다.
- 다른 아동들이 놀리지 않도록 한다.

많은 자폐 아동은 과잉행동을 한다. 그러한 아동은 또한 냄새, 음식의 질감, 소리, 설명을 하지 못하는 다른 감각 자극에 과잉반응을 한다. 낮에 불을 끄는 등의 단순한 변화, 환경의 변화(불이 어두워지는 것) 등은 아동에게 극단적 스트레스를 준다. 점심 식사에서 갑작스럽게 피부에 우유가 한 방울 떨어지는 것과 같은 감각은 몹시 화를 내게 할 수 있다. 그의 분노는 짜증이나 다른 부적절한 행동으로 표현될 수 있다.

또한 자폐 아동은 청각적 전경–배경 기능장애(Auditory Figure-Ground Dysfunction)라고 부르는 현상을 경험한다. 전경(그림)과 배경을 구별하듯 중요한 것에 집중할 수 있는 능력이 부족하므로 아동은 고속도로에서 멀리 사이렌을 듣고, 다른 교실에서 들리는 노래를, 교사가 직접적으로 아동에게 말하는 동안 햄스터가 우리 바닥을 긁는 소리를 듣는다. 대부분의 사람들은 이러한 배경 소음을 무시하고 말하는 사람의 소리에 집중한다. 자폐 아동은 요구되지 않는 소리에 주의를 무시하는 것이 불가능하다. 자폐 아동에게 추가적 소리는 참을 수 없는 간섭이 될 수 있다.

반향 언어증(Echolalia)은 말 장애이며, 다른 사람이나 TV, 라디오에서 나오는 말을 충동적으로 반복하는 것이다. 대부분의 경우 반향 언어증의 말은 순환적인 자기-자극(손 펄럭이기나 흔들기 등)으로, 다른 사람과 소통하기 위한 의도를 가지지 않는 것이다. 반향 언어증을 가진 아동은 그들의 사고를 표현하고자 그들 소리를 내지 못하면서도 듣거나 암기하여 언어를 반복한다. 때때로 반향 언어증은 소통을 의도하기도 한다.

예를 들어, 자폐를 가진 1학년 아동이 실제로 신발 끈을 묶어달라고 요구할 때 단일 억양으로 나에게 "내가 구두 끈을 매 줄게요."라고 말할 수 있다. 그녀는 원하는 말을 할 수는 없다. 그러나 "내가 구두 끈을 매 줄게요."라는 말을 외워서 말한 것이다. 이것은 그녀의 신발 끈을 묶어주었을 때 들었던 말이다.

자폐 아동은 흔히 그들의 또래와 비교하여 행동에서 차이를 가진다.

7) 뚜렛장애

뚜렛장애(Torett's Syndrome)를 가지는 아동은 다중의 운동 틱과 음성 틱을 가진다. 이러한 틱은 일상에서 많이 보이고 스트레스를 받으면 늘어난다. 뚜렛 증후군은 흔히 ADHD, 혹은 강박-충동 장애를 동반한다. 뚜렛장애를 가진 아동은 자기-존중감 곤란으로 고통받으며 그의 틱으로 심각하게 더 당황하게 된다. 어떤 뚜렛장애 아동은 단기간 틱을 참을 수 있으나 힘들게 집중을 해야 하고 에너지를 많이 요구하기에 스트레스를 유발하게 된다.

전형적으로 뚜렛 증후군의 징후는,

- 음성 틱: 통제가 안 되는 반복적인 소리
  - 기침, 목구멍 소리
  - 휘파람
  - 꿀꿀거림
  - 쉿쉿소리
  - 짖기
  - 복잡한 음성 틱: 통제가 안 되고 충동적이며 복잡하게 반복하는 언어화
  - "와우!" "그래 그거야." "그러나 그러나…"와 같은 상투적 말의 반복
- 운동 틱: 통제가 안 되는 행동의 반복
  - 목 돌리기
  - 과도한 눈 깜박임
  - 박수 치기
  - 깡충 뛰기
  - 팔 휘두르기
  - 입술 깨물기
  - 머리 흔들기(이러한 틱들은 아동에게 해로움)
  - 복합적 운동 틱: 통제가 안 되고 충동적이며 반복적인 복잡한 행동
  - 과도하게 사물을 모으고 줄 세우는 것
  - 종이가 찢어지도록 철자를 계속 그리기

초기 아동기 프로그램, 학급, 혹은 어떤 집단에서든 뚜렛장애 아동이 통합된다면 가까이 감독을 해 주어야 한다. 틱으로 놀림 받고 괴롭힘 당하고 낙인을 찍는다면 잔인할 뿐 아니라 아동의 사회적, 정서적 발달에 해를 주며 평생의 상처를 남기는 것이다.

다음은 뚜렛장애 아동을 위해 도움이 되는 것이다.

- 틱이 아닌 아동을 보도록 하기
- 틱에 조용히 반응하기

- 아동에게 짧지만 개인적인 휴식을 주어 이완하고 틱을 줄일 수 있도록 하기
- 무조건적으로 수용하기
- 아동이 틱을 선택한 것이 아님을, 이로 인해 아동 본인도 많이 당황스러워한다는 것을 기억하기
- 아동과 교직원을 위해 정보를 모으고 책을 준비하기
- 놀리고 조롱하는 것을 막기 위해 모두에게 틱에 대해 이해하도록 돕기
- 다른 사람들에게 영향을 주는 틱이라면 타인의 사생활과 안전의 측면을 고려하기(다른 사람 만지기, 다른 사람 권리 침해하기 등)
- 아동이 문제를 해결하는 방법을 찾는 것을 돕기

8) 양극성 장애

양극성 장애(Bipolar Fisorder, 또는 조울증[manic depression]이라고 알려진)는 조증 삽화와 우울증을 야기한다. 아동기에 시작되는 양극성 장애는 십대 후반 청소년과 성인기에 시작되는 양극성 장애보다 더 심각하다고 한다. 일정 기간 우울하고 동시에 극단적인 화가 폭발하는 아동은 일관적인 변덕을 가지며 극단적으로 안절부절못하고 주의가 산만하면 의학적인 평가를 의뢰해야 한다.

양극성 장애를 가진 아동의 특성은,

- 기분의 극명한 변화-성마름(성급함), 분노, 극단적인 어리석은 짓, 혹은 강렬한 행복감
- 도가 지나친, 과장된 자기감
- 잠깐의 수면 뒤 깨거나 잠들기 어려움
- 다른 사람이 말하게 하지 못할 정도로 말을 많이 함
- 극단적으로 짧은 주의폭
- 강한 에너지, 쉬지 않는 신체적 활동
- 위험을 무시한 흥분

- 우울한 징후
- 부적당, 부족함에 관한 비합리적 감정
- 불균형스러운 한바탕의 분노와 좌절

아동의 양극성 장애는 성인과 다르다. 대부분 조증과 울증의 혼합인 지속적인 기분의 혼란을 가진다. 이러한 빠른 그러나 심각한 조증과 우울 기분의 순환은 만성적인 성마름(성급함)과 삽화들 사이에 눈에 보이는 호조의 기간이 거의 없다. 조증은 두려움이 없고, 자기 능력에 대한 과잉 신념, 경쟁적으로 달려가는 사고, 판단을 거의 안 하고, 성마름, 분노 등이 걱정스럽게 결합한다. 이러한 어려운 장애를 가진 아동은 흔히 약물과 상담으로 치료된다.

양극성 장애의 초기의 확인, 진단, 치료는 아동이 완전한 잠재력에 도달하도록 도와줄 수 있다. 그러나 양극성 장애 아동은 불안장애 혹은 ADHD의 큰 위험을 가지며 이러한 장애를 가지는 것은 양극성 장애로 진단하지 못하게 하거나 오진단을 초래한다.

양극성 장애 아동에게는 다음의 것들이 도움이 된다.

- 양극성 장애는 의학적 상태라는 것을 기억한다.
- 아동의 부모와 자주 소통한다. 자신의 자녀에 대해 알고 어떻게 진정시키는지 부모에게 말해준다.
- 잘 구조화된, 예측 가능한 학급을 제공한다.
- 환경, 일과, 스케줄, 전환 등의 변화에 관하여 최대한 미리 계획하고 이야기한다.
- 당신의 기대에 융통성을 갖는다.
- 작은 덩이로 과제를 나누고 과제를 완수할 충분할 시간을 준다.
- 스트레스 노출을 최소화한다.
- 학급 내 불필요하게 주의를 빼앗아가는 것들을 제거한다.
- 사회성 기술을 연습하도록 역할 모델을 사용하고 상황을 시연한다.
- 힘의 싸움을 피하라: 위협을 하거나 최후통첩을 피한다.

- 분노하고 반항하는 아동을 다루기 위해 안전을 먼저 생각한다.
- 아동이 진정하기를 요하는 때에는 성인의 감독하에 아동이 조용히 있을 수 있는 사적인 장소를 제공한다.
- 아동이 자신을 아프게 하는 심각한 징후가 있거나 말을 하면 부모에게 말한다.

9) 적대적 반항장애와 간헐적 폭발장애

적대적 반항장애(Oppositional Defiant Disorder: ODD)는 심각하게 아동의 일상기능을 방해한다. 언뜻 보면, 특히 강한 의지를 가진 아동과 ODD 아동 차이를 구분하기 어렵다. 그러나 매우 큰 차이가 있다. ODD 아동은 전형적으로 발달하는 아동에게는 보이지 않는 정도의 많은 불순종, 적대성, 반항성을 보인다.

ODD 아동은 다음의 특징을 보인다.

- 이성과 참을성을 자주 잃는다.
- 좌절에의 인내가 낮다.
- 논쟁하고 화내고 분노한다.
- 악의적이고 복수하려 한다.
- 지시나 규칙 따르기를 거부한다.
- 고의적으로 다른 사람에게 고통을 준다.
- 다른 사람을 탓한다.

걸음마기에 아동은 대부분 짜증을 부린다. 그러나 유아기에는 사회성 기술을 발달시키고 적어도 그렇게 자주 짜증을 내지 않으며, 좌절 상황을 다루는 데 필요한 자기-통제를 대부분 발달시킨다. ODD 아동은 그 이유가 잘 이해되지는 않으나 중요한 자기-통제를 발달시키지 못한다. 이러한 아동은 정규적으로 자신의 감정 통제를 잃고 권위자에게 저항하려 한다. ODD 아동은 명백히 가정, 공동체, 학교 환경에서 파괴적이다. ODD는 흔히 다른 행동적이거나 정신적 건강 문제, 즉 ADHD, 불안, 우울 등과 결합되어 확인된다. 이러한 아동은 교육적, 의학적,

치료적 개입을 통해 이러한 도전적인 장애를 관리하도록 요구된다.

간헐적 폭발장애(Intermittent Explosive Disorder: IED)는 분노를 갑작스럽고 극단적으로 통제되지 않는 지점까지 표현하는 특징을 가진 행동장애이다. 이러한 폭발은 전적으로 자극에 비해 과도하고 때로는 신체적 공격을 동반한다.

ODD와 IED 아동이 논쟁적, 반항적, 부정적이며 다른 사람을 화나게 하기에, 고립되고 거부당하고 사랑받지 못한다는 느낌을 받는다. 대부분의 시간을 가정에서, 학교에서, 돌봄에서 타인과 갈등의 시간을 보낸다. 성인은 무조건적인 돌봄을 제공하여 이 아동을 양육하게 된다. 그러나 이러한 무조건적인 돌봄은 특히 아동의 이전 부정적 행동 패턴이 습관으로 깊게 남아 있다면 쉽지 않다.

ODD와 IED 아동을 위해 다음이 도움이 된다.

- 가장 성공하기 위해서는 한 번에 한 사람과 상호작용하는 시간을 선택한다.
- 기대되는 과제는 작은 덩어리로 쪼개고 한 번에 하나씩 제공한다.
- 단순한 칭찬 대신 인정해 준다.
- 스트레스와 불안을 경감하기 위한 학급 전략을 만든다.
- 힘의 싸움을 피한다.
- 다른 아동들과 당신의 안전을 보호한다.

10) 품행장애

품행장애(Conduct Disorder)는 ODD의 심각한 형태이며, 해결되지 않으면, 성인기 반사회적 성격장애로 이끈다. 품행장애는 아동과 청소년의 심각한 행동과 정서적 문제들의 복잡한 군집이다. 이 장애를 가진 아동은 절대 사회적으로 수용되는 방식으로 행동하는 것을 학습하지 않는다. 품행장애 아동은 전형적으로 사람과 동물에 공격성을 보이고 재산을 파괴하고, 속이고, 거짓말하고, 훔치고 권위자들에게 반항한다. 어떤 품행장애 아동은 11~12세의 어린 나이에 폭력조직에 가담한다.

성인, 교사, 또래들은 품행장애 아동은 정서적으로 어렵고, 정신적인 병을 가지며 동정을 받을 만한 다른 장애 아동과 달리 비행 청소년이 된다고 지각한다. 많은 요인이 품행장애에 영향을 준다.

많은 품행장애 아동은 초기에 ODD나 ADHD를 경험한다. 일부는 이러한 상태가 어떻게 이루어졌는지 알지 못하는 경우도 있다. 아동의 연령이 어릴수록 우리가 단호한 긍정적인 지도, 적절한 자원, 치료, 상담, 약물, 아동을 돕기 위해 필요한 것들로 개입한다면, 더 생산적인 성인기를 즐기도록 성장할 수 있는 기회를 제공할 수 있다. 품행장애 아동에게 체벌을 주거나 아동을 사회적으로 거부하는 것은 이 장애를 더 심화시키게 된다. 아동을 수용하고 통합시키는 방법을 찾는 것은 아동과의 의사소통을 열어줄 것이다.

품행장애는 초기에 개입을 받지 못하고 많은 지원을 받지 못한다면 아동의 미래는 매우 어둡다. 일관적이며 양육적인, 구조화된 가정 환경은 품행장애 아동에게 가장 좋은 보호 요인으로 알려져 있다(Hutchings & Lane, 2005). 아동학대와 방임은 품행장애 아동의 가장 위험 요인이다. ADHD 아동, 행동 장애, 학습장애, 학교에서의 일반적인 어려움을 가지는 아동은 이러한 문제를 가속화시키지 않도록 특별한 도움이 필요하다. 이러한 문제가 처음 보일 때 문제를 해결하는 것은 품행장애 아동이 이후 갖게 될 낮은 자존감과 좌절을 방지하는 데 도움이 된다.

품행장애 아동은 학령기에 전형적으로 다음의 행동을 보인다.

- 영구적으로 심각하게 공격적이다.
  - 괴롭힘, 위협, 협박
  - 싸움 시작
  - 사람 및 동물에게 상처주기 위해 손 이외의 물건 사용
  - 동물에게 잔인함
- 재산 파괴
  - 방화
  - 파괴

- 사기
  - 물건 훔치기
  - 바라는 것을 얻기 위해서 혹은 책임을 회피하기 위해 거짓말하기
  - 잠겨진 재산 파괴
- 권위자에게 반항
  - 외박하여 부모에게 반항
  - 무단 결석
  - 가출

품행장애 아동을 위해 다음의 것들이 도움이 된다.

- 모든 가능한 전문가와 공동체 자원을 사용하기
- 단호함과 지속성 유지하기
- 현실적이고 성취 가능한 목표 설정
- 아동에게 희망을 가지기

심각한 행동 능력에 차이와 장애를 가진 아동의 교사와 가족은 다음과 같은 스트레스 대처 전략을 발달시켜야 한다.

- 침착하기: 자기-통제를 유지하여 아동에게 원하는 행동을 모델링하여 준다.
- 용서하고 잊어버리기: 어제를 잊어라. 새로운 전망을 가지고 깨끗한 석판으로 매일 시작하라.
- 휴식을 취할 자격이 있다: 아동에게서 벗어나 정규적인 휴식의 시간을 가져라.

정리해봅시다.

- 장애를 가진 아동을 지도하는 효과적인 전략을 정리해봅시다.
- 장애를 가진 아동을 위한 돌봄과 교육을 제공하는 데 있어 개별화 교육프로그램의 의의를 정리해봅시다.
- 장애를 가진 아동의 다양한 신체적 특성을 목록화하고 각 아동의 행동에 어떻게 영향을 줄 수 있을지 생각해봅시다.

PART III

행동문제 예방하기

아동 생활을 지도하기 위해서는 먼저 행동문제를 예방하는 노력이 중요할 것이다. 3부 행동문제 예방하기에서는 발달적으로 적절한 환경을 설계하는 것과 관계형성을 위한 긍정적인 의사소통 확립, 그리고 긍정적인 행동과 부정적인 행동을 이해하기 위한 도덕발달과 기질, 문제행동의 원인에 대해 다루어 본다.

CHAPTER 6

발달적으로 적절한 환경의 설계

1. 친사회적 행동과 환경

영아는 다른 사람도 자신과 같은 감정과 요구를 가진다는 것을 완전히 알지 못한다. 영아들은 공통의 목표를 위해 타인과 협력하도록 자신의 즉각적인 만족을 미루지 못한다. 물론 영아는 친구와 놀잇감을 관대하게 공유하는 친사회적 기술을 타고나지도 않았다.

아동은 긍정적인 사회적 상호작용을 보여주고 키워주는 환경 안에서 많은 경험과 연습을 한 후에 친사회적 행동을 획득한다. 환경의 모든 부분은 아동의 초기 경험을 만들기 위해 결합된다. 아동이 보고, 듣고, 만지고, 냄새 맡고, 맛보는 모든 것은 환경의 한 부분이다. 우리도 아동 환경의 중요한 한 부분이다. 적절한 행동을 계획하기 위해 실내와 바깥에서 친사회적 행동을 지원할 수 있는 환경을 만들도록 해야 한다.

1) 친사회적 행동의 3가지 중요 요소

친사회적 행동은 타인들에게 이익이 되도록 사회적 양심을 가지고 행동하는 것이다. 반사회적 행동은 타인에게 해를 주며 타인의 권리와 요구를 무시하는 것이다. 친사회적 행동의 개념은 타인의 이익을 돕는 상호작용을 위해 중요한 세 가지 요소에 집중한다.

- 공감: 타인이 무엇을 느끼는지, 그들의 생각과 행동을 통찰하여 타인의 입장에서 이해하는 것이다.
- 이타심: 관대하게 행동하는 것, 개인적 이득의 동기 없이 타인이 이로운 방식으로 행하는 것이다.
- 협동: 공통의 목표를 지향하며 이기적이지 않게 타인과 작업하는 것이다.

자연스러운 인간의 성장과 발달의 패턴에서는 어린 아동은 언제나 그들 자신의 감각에 맞춰 자기중심적으로 생을 시작하며 친사회적 행동은 타고난 특성이 아니라 천천히 그 행동 방식을 배우는 것이다. 친사회적 행동은 아동이 그의 가족, 어린이집, 유치원, 이웃, 놀이 집단, 학교와의 연결감을 얻도록 도와준다.

아동이 만일 기관이나 학교에 가서 아무 것에도 참여하거나 기여하지 않고 단지 앉아서 수동적으로 정보만 받는다면 아동의 공동체는 없을 것이다. 그러나 모든 아동이 기여해야 하는 책임을 가지고, 모두가 역할을 맡는다면 아동은 학습 공동체가 된다.

아동은 단지 처벌을 피하거나 상을 받기 위한 것이 아닌, 집에서 식사를 준비하는 것을 배우듯, 옳은 것이기에 협력하고 타인에게 기여하기 위해 학습한다. 왜냐하면 이것은 돈을 벌거나 야단을 피하기 위한 것이 아니라 그의 책임이기 때문이다. 아동은 친구들과 가족이 그의 노력을 필요로 하고 알아주고 감사한다는 것을 학습한다.

2. 발달에 적합한 환경과 아동생활지도

성인의 주의깊은 계획 아래 아동의 발달적 요구를 이해함으로써 아동의 욕구와 주위 환경을 맞춰가며 많은 행동 문제를 막을 수 있다.

부모는 가정 환경을 다양한 아동 연령을 위해 안전하게, 아동에게 알맞은, 흥미로운 환경으로 준비해야 한다. 아동의 성장에 맞춰 주기적으로 아동의 침실, 놀이방, 놀이 마당을 재점검하여 그 장소가 아동의 성장 과업과 발달 기술, 관심에 맞는지 살핀다. 아동은 점차 책임감 있고 신뢰 있게 사용하고 더 복잡한 놀잇감과 설비를 정리할 수 있다.

아동 집단을 위한 장소 또한 도전적 과제와 만난다. 잘 계획된 초기 아동기 환경은 질서 있지만 경직되지 않고, 깨끗하나 결핍되지 않고 재미있으나 너무 과잉 자극적이지 않아야 한다. 다시 말해, 주의깊은 균형을 가져야 한다. 즉, 균형을 확보할 수 있는 유일한 방법은 아동이 살고 놀고 작업하는 곳을 주의깊게 관찰하고 그 환경이 너무 압도되거나 지루하거나 좌절되거나 단지 보이는 것만 좋은지 아닌지 살피는 것이다.

1) 환경은 아동생활지도에 어떤 효과를 가지는가

발달에 적합한 환경은 언제나 적당하고 너무 많거나 너무 적지 않아야 한다. 환경 내 색과 자극은 너무 많지 않고 적당한 것이 좋다. 질서 있고 예측 가능하나 압도되는 지점이 없어야 한다.

아동이 도전받고 그들의 요구가 맞춰져야 하기에 행동의 문제는 최소화된다. 아동은 수행으로 인해 바쁘고 활기차다. 학기 초에 성인은 흔히 환경을 단순하게 하여 아동이 독립적이고 성공적으로 관리할 수 있게 한다. 점차적으로 아동이 새로운 기술을 발달시키면 성인은 새로운 자료를 보태어 지속적으로 아동에게 도전이 되도록 복잡한 환경을 더하여 준다.

성인은 일관적으로 아동의 기술에 맞는, 즉 너무 단순해 지루한 것, 너무 복잡해 압도되는 것의 중간 지점에 맞춰 자료를 찾아준다. 성인은 아동으로 하여금 개별적으로 놀이 활동을 수행하도록 하거나 동시에 같은 활동을 하도록 융통성 없이 일률적으로 하지 말고 아동이 선택하여 소집단으로 하도록 한다.

발달적인 교사는 일관되게 아동의 독립성을 증진하고 환경에 숙달하는 방법을 찾는다. 예를 들어, 어떤 영역에서 교사는 놀잇감과 게임의 그림을 선반에 붙여 아동이 사물을 어디에다 정리해야 하는지 상기시켜 준다. 아동이 놀이집의 가구를 정리하고 소꿉놀이 영역의 접시와 놀잇감을 정리하게 한다. 아동은 자신에게 속한 환경을 안다. 그들은 자랑스러워하며 자신감을 갖게 된다.

긍정적인 행동을 위한 환경 체크리스트

- 활동 영역을 명확히 식별해주기 위한 책장과 가구 배열하기
- 아동의 움직임 패턴을 보고 각 아동이 방해받지 않도록 한다.
- 장애물이 없이 교사가 교실의 모든 부분을 관찰할 수 있도록 한다.
- 감각에 호소하고 움직임을 격려하며 다양한 생활 경험을 반영하는 학습 교구들을 선택한다.
- 단순한 교구로 시작하여 아동이 안전하고, 존중하고, 책임감 있는 기본 규칙을 이해하기 시작하면 더 복잡한 교구들을 더한다.
- 능력의 차이를 가지는 아동의 특별한 요구를 고려하고 준비한다.
- 교구들을 전시하여 시각적으로 호소하고 모든 아동이 쉽게 접근할 수 있는 높이에 둔다.
- 교구들을 꼭대기나 다른 물건 위에 두지 않는다. 교구들끼리 간격을 두어서 각각이 너무 붙어 있지 않게 한다.
- 많은 조각으로 이루어진 학습 교구들을 바구니, 쟁반, 혹은 플라스틱 그릇에 넣어 아동이 쉽게 사용할 수 있도록 한다.
- 색-부호, 이름표, 혹은 그림을 사용하여 아동이 도움 없이 학습 교구들을 정리할 수 있도록 한다.
- 시끄러운 영역을 조용한 영역과 분리한다(예를 들어, 도서 영역과 퍼즐 영역은 교실의 한 구석으로, 블록과 소꿉 영역은 다른 쪽에).
- 겹치지 않게 다양함에 강조를 준다(마커펜, 세발 자전거, 인형과 같은 매우 수요가 많은 몇 개의 교구들은 동시 사용 가능하도록 3개 이상 준비).
- 시간이 지남에 따라 변화의 재미와 아동의 능력을 반영하기 위해 환경을 주기적으로 변화시킨다.

3. 조용하고 평화로운 실내 환경

듀이(Dewy, 1959)는 학교의 가장 중요한 단일 목표는 아동이 책임감 있는 시민이 되기 위해 준비하는 것이라고 주장하였다. 아동은 유능한 성인이 되기 위해 사회적 기술, 공감, 관점 수용, 문제해결을 배울 필요가 있다고 믿었다. 듀이는 중요한 점을 지적하였다. 성격의 가치도 매우 중요하나 아동은 또한 이러한 기술을 잘 사용하여 평화로운, 조용한 학급 풍토를 만들어 학습이 잘 일어날 수 있도록 해야 한다(Cohen, Shapiano, & Fisher, 2006).

민주주의에서 사람들에게 필요한 것은 다음과 같다.

- 중요 기술
  - 의사소통
  - 잘 듣기
  - 협력하기
  - 융통성 있는 문제해결, 의사결정
- 중요 자질
  - 존중하기
  - 책임감
  - 이타적
  - 다른 사람의 관점을 볼 수 있는 능력

만일 아동이 친사회적인 사회정서 기술을 배우지 못하면 초등학교 시기를 거치며 그들이 보는 것을 부정적으로 가정하는 경향을 증가시킨다. 아동이 그들 세상을 적대적으로 볼수록 더욱 공격적으로 반응하게 된다. 사회적·정서적 기술의 특별한 훈련을 받은 아동은 다른 사람의 관점을 보고, 협상하고, 타협함으로써 그들 문제를 독립적으로 어떻게 해결하는지 알게 된다.

궁극적으로 갈등이 일어나면 싸우거나 포기하지 않고 긍정적인, 단호한 기술을 배운 아동은 다른 견해를 가진다. 책임감을 가지고 존중하면서 그들의 요구를 얻기 위해 자신감 있게 협상할 수 있다.

이러한 기술은 문제가 발생한 후의 순간적인 열기에서가 아니라, 사전에 적극적이고 집중적인 방식으로 가르쳐야 한다. 아동이 차분할 때, 이러한 기술을 사용하며 연습할 필요가 있다. 그리고 나서, 문제가 발생하면 교사는 이러한 기술을 사용하여 행동하도록 지원한다(Schwartz, 2007).

1) 발달적으로 적절한 활동, 교구, 일과들

지루한 아동은 안절부절못하고 장난을 친다. 아동의 한계를 넘어서는 무의미한 암기나 장황한 소일거리는 적대적이고 반항적이게 한다. 행복하지 않은 아동은 더욱 반사회적인 방식으로 행동하게 된다. 성인이 아동에게 비현실적인 기대를 가질 때 스트레스를 받고 분노하며 관계가 폭발하게 된다. 이러한 마찰은 전염성이 있어서 이후 아동의 관계는 성마름(성급함)과 분노로 물들게 된다. 이 상황에서는 분명히 아동이 친사회적 행동을 배우고 연습할 수 없다.

어린 아동들끼리 협력하고 돌보고 관대할 수 있는 분위기의 비밀은 아동의 기본 욕구, 사회적, 정서적, 신체적 그리고 지적인 기본 욕구들을 만족시키는 데 있다. 어린 아동의 욕구는 매혹적이며 실제적인 도전적 활동에 대한 욕구이다. 듀이, 몬테소리, 피아제, 그리고 다른 전문가들은 아동이 배우는 것을 사랑한다는 것을 보여주었다. 이런 전문가들은 아동은 자발적인 놀이 경험 및 안내된 놀이 경험을 통해 쉽게 배운다는 것을 명백히 보여주었다. 아동은 활동을 수행하고자 하는 욕구가 잘 만족될 때 그들 놀이에 깊이 몰두하고 놀랍게 차분해지며 적응한다는 것이다. 아동은 발달적으로 적합한 활동에서 즐거움과 만족을 찾는다(Harm, Clifford, & Cryer, 2005; Worth & Grollman, 2003).

2) 일관적인 환경은 왜 중요한가

아동은 우리가 일관적이며 꾸준하고 화내지 않으며 인내할 때 타인과 상호작용하는 긍정적인 방식을 배운다. 아동이 새로운 기술과 습관을 흡수하는 데 시간이 걸린다는 것을 인식함으로써 짜증 내는 것을 막을 수 있다. 우리의 과제는 아동이 작은 조각들로 소개되는 새로운 기술을 하나씩 받아들이고 나름대로 맞춰나가며 적당하게 발달시키도록 환경을 일관되고 예측 가능하게 구조화시키는 것이다.

3) 발달적으로 적합한 환경의 특별한 점은 무엇인가

(1) 따뜻한 가정적인 환경

발달적으로 적합한 어린 영유아기 환경은 따뜻하고 가정적이다. 여기에는 아동의 흥미, 명절 장식, 혹은 장식적인 효과 등이 있으나 과하거나 압도하지는 않는다. 아동의 미술작품 전시들은 성인의 눈높이가 아니어야 한다. 아동이 보고 만질 수 있도록 낮아야 한다. 천장, 벽, 바닥은 중립적 톤으로 우선 공지되는 것이 학습 교구이고 아동의 작품이다. 눈이 자동적으로 가는 곳은 혼란스러운 잡동사니가 아니라 아동이 학습 경험으로 골랐으면 하는 색과 모양의 사물일 것이다. 아동은 시각적으로 블록, 퍼즐, 옷차림, 손가락 인형, 책, 매칭 게임, 식물, 미술 교구들에 끌린다.

흥미로운 감각적 요소(질감, 색, 향기)를 가진 실제 사물은 아동이 자유롭게 탐색할 수 있도록 허락될 때 진짜 학습의 가치를 가진다.

조명이 밝고 창문이 많은 환경이 발달에 적합하다. 교구들의 소리 수준을 부드럽게 하고 가구와 설비들로 바닥의 공간을 나누어 더 명확하게 활동 영역 구획을 만들어 뛰는 것을 방지한다. 그리고 책, 퍼즐, 블록 등 학습 교구에 더 집중하도록 격려하고, 쉽게 감독할 수 있도록 가려진 곳을 고려한다.

교사들은 발달에 적합하게 교실의 통행 패턴을 주의깊게 보고 다음과 같이 질문한다.

- 바쁜 시간에, 아동은 어떻게 교실을 움직이는가?
- 아동들의 집단 활동으로 어디에 주로 모이는가?
- 특별히 문제 지역이 있는가?
- 뛰는 것을 금지하기 위해 어떻게 통행의 패턴을 변화시킬 수 있을까?
- 충분히 사용되지 않은 활동 영역으로 어떻게 아동을 유인할 수 있을까?

(2) 실수의 통제

아동은 창의적인 표현을 즐길 뿐만 아니라 상징을 다루고 과제를 위해 특별한 순서를 따르는 것, 자신에 대해 책임을 지는 것 등을 배운다. 이것들은 아동이 학교와 삶에서 성공하기 위해 시간을 두고 숙달해야만 하는 중요한 기술이다.

몬테소리는 부적절한 행동을 방지하는 데 도움을 주는 개념을 발달시켰는데, 이것을 실수의 통제(control of error)라고 한다(Montessori & Hunt, 1989). 예를 들어, 아동 선반에 크고 경제적인 크기의 풀 한 통을 올려놓는 대신, 교사가 큰 통에서 풀을 덜어 두 개로 만들어 선반에 올려놓으면 실수를 통제할 수 있을 것이다. 만일 아동이 너무 많은 풀을 쓴다면 풀이 다 떨어질 것이다. 어떤 성인도 아동에게 실수했다고 방해하지 않을 것이고, 실제로 실수할 확률도 적다. 아동은 그저 단순히 풀통이 비었고 풀이 더 필요하다고 말하면 된다. 100장의 종이 대신에 한 번에 10장을 주고 아동에게 종이가 더 필요하면 말하라고 하면 된다.

모든 활동을 아동의 능력 수준에 맞추면 독립성을 증진시켜 준다. 예를 들어, 걸음마 영아를 위해 음식을 준비할 때, 바나나는 껍질 벗겨 썰고, 귤 껍질은 제거하고, 사과는 씻어서 제공해야 한다.

영아, 걸음마 영아, 유아, 혹은 학령기 아동을 위해 환경이 발달에 알맞게 고안되는가의 여부와 상관없이 발달과 흥미의 개별 수준을 고려해야 한다. 걸음마 영아들 교실과 같은 설비가 유아에게는 완벽히 들어맞더라도 위험할 수 있고 연령에 부적절한 가구와 놀잇감은 환경에 적절히 기능할 수 없다. 영아와 걸음마 영아에게는 감각 탐험과 안전한 운동 기술 연습을 위해 비구조화된 놀잇감과 교구들이 요구된다.

학령기 아동은 유아의 블록, 그림책, 아기 인형이 있는 방에서 놀이하라고 하면 지루하다고 화를 낼 것이다. 방과 후 돌봄 환경은 게임, 음악, 공부를 위한 조용한 장소를 갖춘 환경을 요한다.

친사회적 행동의 촉진

- 친사회적 기술을 가르친다.
  - 친사회적 주제의 아동 책을 읽어주고 연령에 적절한 사회적 · 정서적 학습 활동, 예를 들어 특정한 사회적 상황에서 적절한 행동을 위한 손가락 인형 역할놀이 등을 한다.
- 발달에 적합한 활동과 교구를 사용하여 개인적 책임감을 장려한다.
  - 어린 연령의 아동은 행동에 책임을 지고, 선택하고 문제를 해결하는 것을 배우며 유능감을 얻을 수 있다.
- 단순한 잡일을 할당한다.
  - 아동이 연령에 적당한 책임을 맡도록 한다. 과제를 작은 단계로 나눈다. 잔소리를 피한다.
- 친사회적 행동을 모델로 보여준다(양육적인 역할 모델).
  - 아동의 모방하려는 성향을 활용하라. 협력하고 공감하고 관대한 역할 모델이 되자.
- 아동이 자신 행동의 효과를 보도록 도와준다.
  - 아동이 자신의 행위에 대한 결과를 알아보도록 돕는다. 어떻게 자신의 행위가 타인에게 영향을 미치는가?
- 타협을 가르친다.
  - 성인은 타협과 대안을 가능한 한 아동이 차분히 말할 수 있도록 도와준다.

4) 일정은 어떻게 긍정적인 행동을 지원하는가

일정에 대한 시간표는 발달에 적합한 환경에 있어서 매우 중요하다. 어린 아동은 서두르는 것에 강하게 저항하며, 서성거리며 기다리는 것을 참지 못하며 자신의 속도를 가진다. 성인은 아기들과 어린 아동의 개별 속도를 존중해야 한다. 그러나 "좋아요, 집에서는 우리 아이의 일정에 따라 융통성 있게 따를 수 있어요. 하지만 기관에서는 많은 유아들이 있고 그들마다 일정들이 있어요. 어떻게 모든 아이의 요구에 맞추겠어요? 어떤 유아는 시간당 백 킬로미터로 빠르게 돌아다니고 어떤 유아는 뱀처럼 움직이며 모든 세부 사항을 학습한다구요."라고 의문을 가질 수 있다.

아동-지향적 활동은 발달에 적합한 일정의 중요한 부분이다. 서로 다른 아동은 명백히 다른 속도를 가지나 아동-지향적인 큰 구획의 시간을 가지고 아동은 그들 자신의 속도로 작업하고 논다. 한 아동은 3초 만에 종이 접시의 칠면조를 만족스럽게 색칠하고 어떤 아동은 그가 원하는 방법으로 색칠하는 데 20분이 걸리며 또 다른 아동은 색칠하기를 전혀 원치 않을 수 있다. 정규적으로 짜여진 아동-지향적인 활동의 구획은 개별 아동의 요구에 맞는 충분한 시간을 허락하면서 아동에게 안전하고 예측 가능한 일정을 제공한다.

만일 아동이 융통성 없이 집단 활동을 억지로 하게 된다면 금방 지루해하며 다른 아동이 끝나길 기다리면서 장난을 칠 생각에 빠질 것이다. 느린 아동은 그 활동의 학습 가치를 완전히 배우기 전에 활동이 멈춰지게 될 것이다. 그 아동은 자신이 열심히 하고 있던 프로젝트를 끝내지 못해 좌절하고 신경질을 낼 것이다. 개별화된, 자기 속도에 맞춰진, 아동-지향적 학습이 발달에 적절한 것이다. 이것은 진정한 학습을 지원하고 자존감을 강화하며 긍정적 생활지도를 가능하게 할 것이다.

부모도 가정에서 아동의 긍정적인 생활지도를 강화하기 위해 활동의 일정에 주의를 기울여야 한다. 아동이 피곤하고 짜증나는 늦은 오후 쇼핑을 하러 가면 아침보다 성공할 확률이 적어진다. 학령기 아동에게 TV를 보는 것을 허락하고 바로 갑자기 잘 시간이라고 하는 것 또한 잘못된 계획이다.

> 맞벌이를 하는 한 부부는 3명의 아이들을 아침마다 깨우는 것이 너무 힘들다. 저녁시간이 너무 바쁘고 아동들은 밤 10시 전에는 잠을 자지 않는다. 물론 이른 새벽에 깨우려 하면 짜증내고 기분이 좋지 않다. 부부는 서두르면서 아이들이 일어나는 마지막 가능한 순간까지 기다린다. 그리고 미친 듯이 서둘러 옷을 입히고 먹인다. 언제나 아동들과 어려움을 겪는다.

행복한 가족생활을 위해 위 사례의 맞벌이 부부는 아이들과 함께 적당한 휴식을 취하도록 저녁 시간 활동을 다시 조정하여야 할 것이다. 또한 '되도록 늦게'가 아니라 '최대한 일찍' 깨워, 먹고 옷 입는 시간을 많이 확보해야 할 것이다. 졸린 아동을 빨리하도록 서두르는 것은 다루기 어려운 아동을 만드는 것이다.

4. 발달에 적합한 바깥 환경

놀이터는 아동의 신체적, 지적, 정서적, 사회적 기술을 발달시키도록 지지해준다. 놀이터의 모든 것은 연령에 적합해야 한다. 놀이터는 영아와 걸음마 아기, 3~5세 유아, 학령기 아동에 따라 구분되어야 한다.

놀이터 설비와 교구들은 서로 다른 연령의 아동이 각자의 기술 발달을 지원하기 위해 고안되었다. 여러 종류의 많은 중요한 활동은 놀이터 시간에 진행된다. 놀이터에서의 자유놀이는 아동이 원하는 어떤 방식으로든 선택하여 그들의 자연스러운 성향에 따라 다양한 구조물과 공간을 뛰어다니며 사용할 수 있는 시간을 제공한다. 그들은 바깥 환경과 상호작용하며 서로에게 배운다(Erikson, 1963; Fromberg, 2007; Elkind, 2007).

대부분의 아동은 놀이터에서 놀 때 혼자 놀거나, 다른 아이와 함께 놀거나, 소집단으로 논다. 종종 교사는 조용히 나무 밑에서 책을 읽는 것에서부터 장애물 만들기, 콩주머니나 공 던지기, 춤추기, 행진하기, 노래 부르기, 악기 연주하기에 이르기까지 실외 영역에서 소집단 혹은 대집단 활동을 계획한다.

자유 놀이는 시간의 낭비가 아니다. 놀이는 아동의 일이다(Montessori, 1986). 잘 계획된 실외 환경에서 자연스럽게 노는 아동은 열정적인 신체 놀이, 주고받는 사회적 놀이, 상상적인 가장놀이, 그들이 발견한 사물을 가지고 노는 놀이 등을 시작할 것이다. 이러한 모든 활동은 이 연령의 아동을 지적으로 자극한다.

실외 환경을 적절하게 준비하기 위해 아동 발달에 대해 우리가 아는 것에 집중하고, 아동의 신체적, 사회적, 정서적 자아, 그리고 정신에 관한 이러한 세 가지 요구에 맞는 놀이터를 고안해야 한다.

5. 사회적 환경 육성하기

어린 아동에게 친사회적 행동을 자극시키기 원한다면 돌봄의 사회적 환경,

즉 아동이 충분히 안전함을 느끼고 충분히 편안함을 느끼며 협력하고 공감하고 이타적일 수 있는 환경을 확립해야 한다. 다치는 것을 걱정하고, 자신의 능력보다 더 잘 수행하는 것에 스트레스를 받거나 급우들 간의 경쟁에 강요되는 아동은 친사회적 행동에 아마도 무관심할 것이다. 요구가 잘 충족되지 않을 것이 두려운 아동은 타인에게 관대하지 못할 것이다. 아동은 한 장면에서는 친사회적이고, 다른 장면에서는 그렇지 않을 것이다. 매일의 행동은 주변 상황에 많은 영향을 받는다.

1) 놀이와 같은 학습의 중요성

아기와 어린 아동을 위해 놀이와 같은 이완된 분위기는 인내심과 유머감각 발달에 도움이 된다. 자신을 너무 심각하게 받아들이지 않고 인내하는 성인을 만나는 것은 아동이 공감할 수 있는 능력을 발달시키도록 도와준다. 성인은 때로는 아동의 관점에서 무언가를 보고 느끼는 것에 대해 상상하는 것을 잊어버린다.

성인은 아동보다 느리고 조용한 리듬을 가지며 아동의 비명, 꿈틀거림, 싸움, 뛰어다님에 화가 난다. 인내심이 없는 성인은 아동이 조용하고 움직이지 않도록 강요한다. 그러나 어린 아동은 자신의 부산함을 부드럽게 안내하는 성인의 관대함과 인내심을 느끼면 아동 역시 타인에 대해 관대함과 인내심을 배우게 된다.

> 한 젊은 아빠는 그의 걸음마 아기가 제대로 속옷을 입지 않고 머리에 속옷을 쓰고 걸을 때 화를 내는 대신, 앉아서 미소를 띠었다.
>
> 다이어트 동아리의 오랜 일원인 오 여사는 이웃의 한 유아가 와서 "난 아줌마가 예뻐요. 아줌마는 이 세상 뚱뚱한 여자 중에 제일 예뻐요"라고 하자 웃으며 이 말을 정말로 칭찬하는 것으로 받아들였다.
>
> 한 교사는 그녀를 놀라게 한 소름끼치는 거미가 알고 보니 플라스틱으로 된 할로윈 파티의 경품이었다는 것을 알고 학령기 아동에게 부드럽게 웃었다.

우리는 보통의 유치한 행동을 필요 이상으로 심각하게 받아들이거나 심지어 화내고 벌을 주려고 할지도 모른다. 하지만 차분하고 놀이적인 분위기에서 아동 또한 관대하고 용서해도 좋다는 것을 배운다. 아동은 실수해도 괜찮다. 왜냐하면 부모, 교사, 양육자들이 동료들이고, 적이 아니기 때문이다. 놀이적이고 바보 같아도 좋다. 왜냐하면 다른 사람들은 그들의 경계를 풀고 좋은 웃음을 함께 나눌 수 있기 때문이다.

2) 협력적 환경 만들기

우리가 아동에게 "누가 먼저 빨리 먹고 치우는지 보자." 혹은 "누구든 가장 조용한 사람이 첫 줄에 서게 될 거야."라고 말하면 아동은 협력적이기보다는 경쟁적이 되도록 고무될 것이다. 우리는 경쟁적으로 도전하도록 종종 유혹을 받는데, 이것은 잔소리하거나 위협하는 것보다 더 강력하게 효과적으로 작업을 하도록 한다. 그리고 덜 부정적으로 보인다. 그러나 만일 한 전략이 단기 목표를 달성하도록 잘 작용한다고 해도, 우리가 추구하는 장기적인 목표를 달성하는 데에는 좋지 않다. 장기적으로 보면, 아동의 코트를 빨리 입히고, 혹은 두 번 일깨우지 않고 쓰레기를 줍도록 하는 것은 협력을 키워주거나 앞으로 성인 시민으로 될 아동들 간의 관계를 만드는 데 중요하지 않다.

다른 아동을 희생하여 이기도록 아동을 다그침으로써 다른 사람의 감정을 고려하지 않게 될 것이다. 아동의 자연적인 경쟁적 충동의 방향을 돌려 그들 자신의 최고 기록과 경쟁하도록 하는 것이 훨씬 도움이 된다. "네가 어제 한 것보다 오늘 이 블록을 더 높게 올릴 수 있는지 궁금하다." "넌 오늘 조용하게 가만히 있네. 점심 먹을 준비가 되었구나. 오늘 우리의 리더가 되어줄래?"라고 할 수 있다.

6. 성인의 역할

성인의 역할은 아동을 육성하는 것이며, 아동을 훈련하고, 교육하고, 영양을 공급하는 것이다. 진정하게 육성하는 성인은 단호하고 돌보는 것을 동시에 할 수 있는 정직하고 정서적으로 건강한 사람이다. 효율적인 교사는 다음과 같은 특성이 있다.

- 긍정적인 태도를 유지한다.
- 모든 아동에게 높은 기대를 가진다.
- 아동이 배우도록 돕기 위한 기술을 가진다.
- 학급, 활동, 교구들을 확실하게 준비한다.
- 창의적이며 융통적이다.
- 상호작용에 있어서 따뜻하고 개별적이다.
- 아동에게 소속감을 준다.
- 아동과 부모를 존중한다.
- 다른 사람의 실수에 관대하고 용서를 보인다.
- 그들 자신의 실수를 기꺼이 인정한다.
- 다른 사람들에게 동정, 긍휼을 가진다.
- 공정하고, 공평하고, 편향을 가지지 않는다.
- 좋은 유머 감각을 유지한다.

아동에게 영양을 공급하며 비옥한 방식으로 가르치는 것은 모든 잘못을 지적하고, 모든 불완전함을 비판하고, 모든 잘못된 판단에 벌을 주는 것을 의미하지 않는다. 아동 행동을 긍정적으로 형성하는 것의 첫 단계는 단순히 좋은 본보기를 보이는 것이다.

1) 체벌을 하지 않기

성인은 때로는 만일 약한 처벌이 효과가 없으면, 더 많은 벌과 심한 처벌이 필요하다고 잘못 생각한다. "만일 내가 좀더 강하게 때리면 관철될 거야, 통할 거야." 아동을 절대로 때리지 않음으로써 완전히 추악한 일을 피해야 한다. 우리는 어떤 사람도 나에게 무언가를 가르쳐주기 위해 신체적 고통을 가하기를 원하지 않으며,

아동도 마찬가지이다. 배울 수 있는 더 좋은 방법이 있다. 그러나 체벌을 금해야 하는 주된 이유는 긍정적이고 친사회적인 방식으로 행동하는 아동으로 키우는 데 절대 효과적이지 않다. 체벌(때리는 것)을 통해 주로 훈육된 아동은 성인이 되어 그들 이성과의 불일치와 다툼을 해결하는 방법으로 때리는 것을 사용하는 경향이 있다.

아동이 부모와 양육자가 화나고 차갑고 쩨쩨하고 냉담하다는 인상을 갖게 되면 발달에 실패하게 된다는 것을 보여주었다(Larzelere, Cox, & Smith, 2010).

아동이 많이 맞을수록, 시간이 지나면 더 공격적이 된다(Grogan-Kaylor, 2005; Mulvaney & Mebert, 2007). 이러한 부정적 효과는 나이가 들수록 두드러졌다. 초등학교 시절 내내 집에서 맞은 아동과 그렇지 않은 아동을 10년간 비교하여 추적 조사한 결과 최악의 행동 문제들을 보였고 부모와는 거의 긍정적인 관계를 갖지 못했다(Landsford et al., 2005).

체벌의 많은 연구들은 경미한 체벌도 만일 이것이 훈육의 주된 방법이라고 한다면 부정적인 결과와 연결된다고 결론을 내렸다. 연구들은 부모 및 양육교사의 따뜻함, 민감성, 이해심은 긍정적인 정서, 사회, 지적 발달을 지원하며 빈번히 표현된 분노, 냉담함, 혐오, 그리고 무감각은 빈곤한 정서, 사회, 지적 발달과 연결된다고 한다. 때리는 것에 수반되는 부정적인 감정의 표현은 실제 때리는 것보다 더 많이 아동의 발달에 해를 주게 된다.

신뢰와 지원, 돌봄, 단호한 역할 모델을 본다면 아동은 충동과 선택을 내적으로 통제하는 것을 학습하는 과정을 시작할 것이다.

사람들은 왜 아동을 때릴까?

- 사람들은 아동이 잘못 행동했을 때 할 수 있는 다른 것을 잘 알지 못한다.
- 사람들은 그들 자신의 분노와 좌절을 조절하지 못한다.
- 일상적이지 않은 스트레스는 심지어 부드러운 부모라도 때로는 화나게 만들 수 있다.
- 재정적 스트레스, 일터의 문제, 부부 스트레스 등은 당황스럽고 정서적 조절을 실패하게 만든다.
- 미디어의 폭력은 부모들이 공격적 행동에 둔감하게 한다(예, 때리기, 상처주는, 치사한 모욕주는 언어 사용하기 등).
- 약물과 알코올 사용은 판단력의 손상을 가져온다.
- 부모의 가족, 종교, 문화적 가르침은 때리는 것을 선호하게 하여 그 부모는 때리는 것의 결과가 가지는 잠재적 문제를 고려하지 못한다.

2) 공격성에 대처하기

육성하는 성인은 즉각적으로 공격성을 멈추고 모든 이를 괜찮도록 안심시키고 이후 아동이 독립적이며 적절하게 그들 문제를 해결하도록 돕는다. 이 모든 것은 침착하게 지지적이고 낙관적으로 이루어져야 한다. 육성하는 성인은 지속되는 공격성의 뿌리를 찾고 다루는 데 많은 노력을 해야 한다. 가장 중요한 것은 육성하는 성인은 아동과의 정서적 연결점을 확립하는 것이다. 즉, 아동과 돌보는, 민감한, 이해하는 관계성을 발달시키는 것이다.

은영 교사는 어린이집 만 1세반 교사이다. 영아가 물었을 때 그녀는 할 수 있는 모든 일, 즉 여기에 필요한 최대한 단호하게, 그러면서도 최대한 부드럽게 물기를 멈추게 하고 물린 아동을 문 아동과 떨어지게 하였다. 많이 걱정하지만 화나지 않은 목소리로 문 아이에게 단호하게 말했다 "제발, 그만.". 그녀는 그리고 나서 물린 아동을 부드럽게 만지며 애쓰는 모습의 본을 보였다. 은영 교사는 물린 아동의 팔을 섬세하게 쓰다듬으며 위로하는 목소리로 "괜찮아. 괜찮아져라."라고 하였다. 그러자 문 아동도 그녀를 모방하여 물린 아동을 만져주었고 "정말 괜찮아졌다. 고마워."라고 하였다. 영아들은 교사를 천천히 매일 보며 그녀의 부드러움을 흡수하기 시작하였다.

위의 한 살 된 영아와 교사의 사례에서, 아동이 나이가 들면, 교사는 다른 개념을 강조하기 시작할 것이다. 화를 표현하기 위해 공격이 아닌 말을 사용하는 것. '안 돼'라는 단어는 활동을 멈추도록 진짜 필요할 때만 매우 절제하여 사용하기에 아동들은 관찰을 통해 그것이 강력하고 중요한 단어라는 것을 배운다. 아동들은 교사가 "감히 나에게 싫어라고 말하면 안 돼."라고 하며 잽싸게 쏘아붙이며 말하는 소리를 듣지 않을 것이며, 그녀는 아동이 말로써 그들의 생각과 감정을 표현하도록 한다.

교사는 기분이 안 좋은 영아를 대할 때 그녀는 아동의 기분을 인정한다. 그녀는 "난 네가 당장 손씻고 싶지 않다는 것을 알아. 그렇지만 먹기 위해서는 손을 깨끗이 해야 해."라고 말한다. 그녀는 싫어라고 말하는 기술을 영아에게 실제적으로 코치한다. 그녀는 "영우야, '싫어'라고 말해 봐." "싫어, 이 과자는 내 거야."라고 말하도록 한다. 이때 아동은 그들의 화를 표현하기 위해, 공격보다는 말을 사용하는 것을, 직접적인 가르침과 동시에 이를 모방으로 배운다.

3) 모방을 통한 행동 학습

비록 아기와 영아들이 관찰한 행동의 한 가지만 따라할 수 있어도 이러한 첫 시도는 결정적으로 그의 발달에 중요하다. 유아는 행동의 모든 전체 순서를 모방한다. 유아는 그들 생에서 특별히 모방에 민감한 시기에 있다. 그들이 성인의 행동을 모방하면서 그것을 인식하는 대로 재연하는 것을 흔히 보게 된다. 아동의 세계를 얼핏 들여다보면, 즐거운 것에서부터 완전히 놀라운 것까지 범위를 가진다. 아동의 모방놀이는 성인 세계에 대한 순전한 그들의 오해를 보여주며 동시에 그들이 가끔 느끼는 두려움과 고통을 보여준다.

학령기 아동 또한 모방을 하지만, 그들은 역할 모델을 골라서 보다 선택적이다. 그들은 지속적이며 무의식적으로 주위의 사람들의 미묘한 행동 특성을 흡수한다. 그러나 좋아하지 않는 성인이나 아동의 행동을 모방하지는 않는다. 그들이 추앙하는 사람처럼 말하고 옷을 입고 행동하려고 의식적으로 시도한다. 우리는 초연하고 거리감 있는 권위적인 인물이 아니라 아동의 직접적인 세계의 존경받고 추앙받는 구성원이 되어 긍정적인 모방 학습을 증진시킬 수 있다.

모방은 친사회적인 행동을 가르치기 위한 중요하고 논리적인 도구이다. 만일 우리가 우리 자신의 행동과 태도, TV와 같은 미디어 내용 등을 특별히 인식하지 못한다면 아동에게 영향을 주기 위한 엄청난 기회를 낭비하는 것이다. 만일 아동이 TV를 보면서 많은 시간을 보낸다면 그들이 보는 언어와 행동을 내재화할 수밖에 없다. 육성하는 성인은 아동이 폭력적이고 무책임한 행동에 과잉 노출되는 것을 막기 위해 프로그램을 면밀히 모니터하고 제한해야 한다.

우리의 모든 주의를 아동 행동을 교정하는 데 초점을 두기보다는 우리 자신을 잘 살펴야 하고 우리 자신의 문제들을 교정해야 한다. 우리의 목표가 아동의 자기-훈련, 자기-통제를 발달시켜 주는 것이라면 최선을 다해 존경스러운 특성을 모아서 사람들이 반드시 해야만 하는 행동을 단지 말만이 아니라 어떻게 하는지 아동에게 보여줄 수 있어야 한다.

(1) 화가 나는 아동 행동에 관하여 성인이 할 수 있는 질문

- 이 행동의 어떠한 특별한 측면이 나에게 화가 나게 하는가?
- 그 행동을 위해 모범을 보여야 하는 어떠한 방식이 있는가?
- 바람직하지 않은 행동을 바꾸기 위해 어떠한 긍정적인 행동이 본보기가 될 수 있을까?
- 어떻게 내가 적절한 행동을 시범을 보여 아동이 알아차리고 반응할까?

(2) 교사와 양육자를 위한 다섯 가지 팁

① 아동을 개별적으로 파악하고 개인적 능력, 관심, 선호에 반응한다.

② 아동의 모든 영역의 발달, 즉 사회적, 정서적, 신체적, 인지적으로 연관된 활동 영역 교구들을 마련한다.

③ 자발적이고 자기-지향적인 놀이를 끊임없이 할 수 있도록 고정 일과를 확립하라.

④ "색을 칠할까 아니면 점토를 가지고 놀까?" "오렌지 주스를 먹을까? 아니면 우유를 먹을까?" 하는 명백히 제한을 정해놓은 상태에서 선택하도록 하여 자신의 개별성을 표현하도록 하라.

⑤ 오래 앉아 있거나, 무슨 일을 위해 기다리고 혹은 줄을 설 수 있도록 하는 상황은 극히 제한해라(걸음마 영아들은 특히 이러한 상황들을 견디기 어렵다).

(3) 아동의 개별 요구에 주의 기울이기

아동의 개별 요구에 반응한다. 부모에게 중요한 문제는 자녀들을 서로 비교하려는 유혹에 빠지지 않고서 그들 자녀 간 개인차를 받아들이는 것이다.

집단에서 한 아동은 간과되기 쉽다. 비록 보육교사의 정신과 생존을 위해 정해진 일과가 중요하나, 육성하는 성인은 아동의 개별 요구에 민감하고 그것을 수용해 주는 방식을 찾아야 한다.

아동을 육성하는 성인은 아주 더운 8월 날씨에 플라스틱 맨 바닥 위에 얼굴을 묻고 자는 아동에게 무감각해서는 안 될 것이며, 낮잠에 방해될까 봐 신발을 신은 채 잠을 자도록 놔두면 안 될 것이다. 아동을 육성하는 성인은 냅킨이나 종이 접시조차 없이 그냥 맨 책상 위에 허물없이 간식으로 과자를 건내주어도 안 될 것이다. 육성하는 성인은 개별 아동의 편안함과 감정을 진심으로 돌봐야 한다. 비록 각 아동의 요구가 지금 이 순간 합리적으로 만족되지 않아도 육성하는 성인은 개별 상황을 인식하고 표현하고 고려해야 할 것이다. 예를 들어, "네가 매우 배고픈 것 알아. 우리 모두 손을 다 씻으면 점심을 먹을 수 있어. 약속할게."라고 한다. 아동의 개별 요구에 주의를 기울이는 것을 보여주는 것은 협력적 행동을 보일 수 있는 훌륭한 방법이다.

육성하는 성인은 아동에게 애정을 보이는 것을 걱정하지 않는다. 미소, 따뜻한 포옹, 진심어린 관심은 아동에게 자신은 무조건적으로 수용된다는 것을 알게 한다. 적절한 애정은 강요하고, 압도하고, 일방적이면 안 된다. 존중하며 상호적이어야 한다. 기본적인 인간의 요구는 소속감을 위한 것이다. 우리는 근본적으로 사회적 창조물이다. 우리는 우리 주위의 사회적 질서 안에서 한 자리를 가진다는 안전감이 없이는 진정으로 행복하거나 기능할 수 없다. 가장 바람직한 사회적 위치는 우리가 주변의 중요한 사람들에게서 존경(칭찬), 수용, 인정을 받는 것이다.

4) 단호하면서 동시에 돌봄적이기

아동을 육성하는 성인은 단호하고 동시에 보살필 수 있고 기꺼이 그렇게 한다. 게으른 허용성은 아동에게 반사회적이고 공격적인 행동을 양성한다. 육성하는 성인은 합리적인 제한을 가진 견고한 보호 장벽으로 아동을 감싸고 안전하게 지켜 견고함과 공평함을 주어 아동의 존경을 얻는다.

C교사는 진짜 아동과 함께 있는 것을 즐거워한다. 그는 부드러운 사람이고 친절하나 '단호한' 부분에서는 어려움을 가진다. 은지가 그에게 달려와 불평을 한다. "수지가 내 머리카락을 잡아당기고 크레용을 부러뜨렸어요" C교사는 어깨를 으쓱하고 말하길 "그래? 난 그게 그냥 사고 같은데?"

아동들이 점심시간에 음식을 던질 때도 C교사는 모르는 척하며 주모자에게 큰 소리로 날씨에 대해 말하며 주의를 딴 데로 돌렸다. "들어 봐~ 난 천둥소리를 들었어. 너희도 들었니?" C교사는 친절하나, 분명히 단호하지는 않다. 그의 허용성은 아동을 돕는 것이 아니라 방해하는 것이다.

D교사는 두 남자아이들이 몸싸움 하는 것을 보고 즉시 반응한다. "잠깐 애들아~" "무엇이 문제일까?" 승민이는 소리 지르면서 정우가 노란 덤프 트럭을 너무 오래 갖고 놀며 나누지 않는다고 하였고 정우는 자기가 먼저 가진 거라고 하였다. 정우가 승민이를 밀치면서 싸움이 시작되었다. D교사는 무릎을 꿇고 부드럽게 그러나 단호하게 싸움을 말렸다. "제발 당장 그만하자" 그녀는 단호하지만 거칠지 않은 말투로 "고마워. 난 너희들 둘이 정말 좋은 친구들이라는 것을 알아. 난 이 문제를 잘 해결하는 방법을 찾을 수 있을 거라 생각해. 우리 여기 앉아서 함께 생각해 보자". 두 아동과 함께 앉아서 D교사는 아이들이 문제를 협상하고 이 문제를 그들만의 해결 방법으로 풀어나가는 것을 도왔다. 그들이 해결을 발견했을 때 그들을 모두 받아들였고, 다시 돌아가 놀았다.

아동은 그들이 화가 날 때 자신을 스스로 관리하기에는 아직 자기 통제력이 발달되지 않았기에 특히 취약함을 느낀다. 아동은 그들이 공격적이거나 파괴적으로 행동을 하기 전에 강한 성인이 그들을 말린다는 것을 믿고 이것을 알 때 육성되고 안전하다는 것을 느낀다.

아동은 그들의 안전과 권리가 보호될 것이라는 것을 확실하게 알기 원한다. 육성하는 성인은 적절한 규칙을 공평하고 확실하게 강행하는 데 망설임이 없다. 아동은 일관되고 권위 있는 지도를 요한다.

5) 개별 인권의 보호

> 지우씨는 5세 남자아이 우빈이와 3세인 여아 지민이의 두 아이 엄마이다. 지민이는 오빠를 아주 좋아하며 그의 모든 것을 따라 하려 한다. 때로는 우빈이가 혼자일 때 지민이의 관심을 좋아하며 몇 시간 동안 함께 놀기도 한다. 그러나 우빈이가 같은 나이 친구와 함께 있을 때는 지민이를 따돌리고 혼자 놔두려고 한다. 어느 날, 지우씨가 부엌 바닥을 닦다가 뒷마당에서 나는 언쟁 소리를 들었다. 우빈이와 친구들이 여동생과 함께 놀지 않고 껌딱지라고 놀리고 있었다.
>
> 지우씨의 마음은 바닥을 닦는 것에 있었기에 우빈이에게 동생과 함께 놀고 아이들이 놀리는 것을 멈추도록 할 것을 지시하였다. 지우씨는 멈추어 모든 사람들의 개별 권리들을 평가해 보았다. 부모로서, 그녀는 방해받지 않고 가사 일을 할 권리를 가진다. 그러나 물론, 그녀의 아이들을 돌봐야 할 의무가 있다(아동들은 바닥의 깨끗함보다 중요하다). 우빈이는 동생을 친절하게 대하고 때로는 그녀와 함께 놀아줄 수 있다. 또한 그는 자신의 삶을 주도할 권리가 있고 친구들과 놀아야 할 권리가 있다. 지민이는 별명으로 불리지 않을 권리가 있고 그러나 또한 오빠의 사생활을 존중하고 때론 혼자 놀기를 배워야 한다.
>
> 지우씨가 끈기 있게 모든 아이들의 불평을 들은 후, 그녀는 "우빈아, 지민이는 네가 놀리니까 상처를 입었어. 너는 친구들과 놀 권리가 있지만 동생을 놀리는 것은 잘못된 거야. 자, 이제 약속하자. 지민이가 그네 타는 것을 몇 번 밀어주는 동안 나는 부엌의 일을 마칠게. 그런 후에 지민이를 집에 데리고 들어갈게. 그리고 나면 넌 너의 친구들과 뒷마당에서 친구들이 집에 돌아갈 때까지 놀아도 돼. 지민이 너는 오빠랑 몇 분 동안 놀고 이후에는 엄마랑 들어와서 인형을 목욕시키자."

지우씨는 육성하는 성인이므로 그녀는 모든 사람들의 권리가 보호되고 있는지 살피고 모두가 책임감 있게 행동하도록 부가적인 노력을 기꺼이 해야 한다. 그녀는 편리한 것들만 하지 않고 다른 사람의 권리를 위한 공평한 환경과 상호 존중을 만들기 위해 노력하였다.

정리해봅시다.

- 환경이 적절한 행동을 어떻게 육성해줄 수 있는지 생각해봅시다.
- 발달적으로 적절한 환경을 정리해봅시다.
- 양육적인 사회적 환경을 위해 성인의 역할은 무엇인지 정리해봅시다.
- 지지적이고 효과적인 성인 행동을 위해 가장 중요한 자세는 무엇인지 나의 생각을 제시해봅시다.

CHAPTER 7

긍정적 의사소통을 통한 관계 형성

1. 긍정적 의사소통의 기초 확립

긍정적인 의사소통은 표현적이고 반응적인 주고 받음으로 가득 찬 춤과 같다. 아동은 이러한 상호작용의 춤을 인생 초기에 시작하지만 효과적인 의사소통 기술은 여러 해에 걸쳐 점진적으로 습득된다. 아동은 역할 모델과의 상호작용을 통해 효과적인 의사소통 기술을 배운다. 성인은 말하고 듣기, 그리고 이끌고 따르기에 있어 아동과 함께 참여함으로써 아동을 돕는다.

1) 초기 의사소통의 지원

아기의 기분과 주의 폭을 민감하게 살피며 영아와의 이야기를 이끌면, 영아는 우리가 말하는 것을 쳐다보고 반응하면서 이러한 상호작용에 참여할 수 있다. 일찍부터 아기는 억양, 어조, 얼굴 표정, 시간 차뿐만 아니라 대화의 주고받음과 같은 의사소통의 요소들을 흉내 내며 배운다. 상호작용이 피곤해질 때 영아는 다른 데 보며 찡그리거나 하품을 하며 피곤을 표시하여 잠깐의 휴식을 요한다.

민감한 성인은 아기가 다시 상호작용을 준비하고 이끄는 것을 기다릴 것이다. 아기의 목 울림, 쿠잉, 옹알이 소리를 따라하며 영아를 따른다. 이러한 형태의 아기 말(혹은 '부모 말[parentese]')은 아기가 이끄는 것이며, 아기가 단어를 말하거나 이해하기 훨씬 전 대화로 주고 받는 감각을 돕는 데 유용하다.

성인이 영아와의 상호작용에 보조를 맞춰주면 아기는 특별한 행동이 반응을 이끈다는 것을 배운다. 아기는 환경이 통제 가능하고 예측 가능하다는 감각을 얻는데, 이것은 학습 동기를 촉발한다. 상호작용에 자신이 무력하다고 느끼는 영아는 스트레스를 받고 짜증을 잘 내고 혹은 수동적이고 위축된다.

나이 든 아기는 사물과 양육자 사이를 보며 꿀꿀대고, 가리키고 혹은 사물을 가지고자 하는 욕구를 가지며 손을 뻗는다. 의사소통을 위한 이러한 노력은 아동이 성인과의 의사소통을 통해 원하는 것을 하려는 능력의 징조이다. 잘 발달하는 걸음마 영아는 의미를 가진 단어, 음조, 억양, 얼굴 표정, 몸짓, 주고 받음 등 대화의 중요 요소들을 이해한다. 그러나 이것으로는 아직 영아가 말하고자 하는 것의 의미를 알기는 어렵다.

초기 아기의 말하기 시도에 대한 성인의 지지적 반응은 이후 지속적인 노력을 격려한다. 과도한 교정이나 재촉은 아동으로 하여금 용기를 잃게 한다. 2세 이후에는 많은 구문을 숙달하고 대화하는 것에 힘을 낸다. 성인은 "이것은 너의 큰 곰 인형이니? 너의 곰 인형 이름은 뭐니?"라고 단순한 질문을 하며 도울 수 있다.

2) 어린 아동의 의사소통 지원

걸음마 영아는 청자가 있을 때에만 말해야 한다는 생각을 조금씩 하게 된다. 1~2세 아동은 때로는 혼자 놀이에 임하는 동안 활기찬 자기-말을 했으나, 걸음마 영아는 말하려는 충동이 있을 때 허공을 응시하거나 조용히 응시하고 이후 혼자일 때나 아주 믿음직한 양육자가 있을 때 자유롭게 혼자 지껄인다. 어린이집 환경에 처음인 걸음마 영아는 어린이집 교사와 말하기까지 몇 주 혹은 몇 달이 걸리며 심지어 부모들은 가족 성원과 집에서는 말을 많이 한다고 보고한다.

3~4세 아동은 많은 아이디어와 느낌을 이해하고 표현하기 위해 필요한 어휘력을 얻으며 대화를 위한 청중이 존재한다는 것에 더욱 관심을 보이게 된다. 잘 들을 수 없다고 생각하는 유아는 더욱 직접적으로 얼굴이 보이는 곳으로 가거나 잘 보이도록 한다. 두 명의 유아들이 서로 똑바로 쳐다보며 둘 다 잘 듣는 것처럼 흥분하여 동시에 수다를 떨고 있는 것은 드문 일이 아니다. 유아들은 또한 동물 인형이나 TV 캐릭터와 같은 무생물에게 이야기를 하는데, 이들이 반응적인 청자가 아니라는 것에 그리 신경쓰지 않는 듯이 보인다.

학령기 아동은 더욱 더 정교한 의사소통을 한다. 의사소통은 주고받는 듣기와 말하기가 반드시 이루어져 서로 들을 수 있어야 한다는 것을 인식한다. 어휘의 증가와 성숙은 언어능력을 향상시킨다. 걸음마 영아와 어린 유아는 감정을 표현할 때 신체적이다. 분노는 물기나 때리기로 표현되고 애정은 포옹이나 뽀뽀 등으로 표현된다. 대조적으로 학령기 아동은 애정을 표현할 때 더욱 능숙하게 단어를 사용하고 화가 날 때는 말로 도발을 한다. 그들은 공격, 위협, 놀리기, 모욕하기를 사용하여 분노를 표현하고 애정을 보이며 우정을 약속한다. 학령기 아동이 비록 더 이상 어린 아동처럼 성인 모델에 민감하지는 않으나 어린 아동은 모든 것을 흡수하는 듯 보인다. 학령기 아동은 역할 모델을 모방하고 그들이 숭배하는 성인과 아동에 의해 영향을 받는다.

3) 의사소통 지도에 있어 주의점

아동의 의사소통 유형의 발달 단계가 변화함에 따라 그 변화하는 능력 수준을 인식하고 그에 적응해야 한다. 효과적인 아동생활지도의 성취는 아동이 사람과의 연결 감정을 느끼는 것에 달려 있고 의미 있는 의사소통을 요한다. 긍정적인 훈련의 목표는 아동을 외현적으로 통제하거나 조정하는 것이 아니라, 아동의 내적 통제와 그 자신의 책임감과 다른 사람의 권리 존중을 발달시키는 것이다. 이러한 내적 통제는 개방되고 솔직한 대화를 통해 다른 사람의 요구와 기대를 이해하는 것으로 시작된다.

아동을 민주주의에 맞는 성인으로 키우기 위해서는 아동을 유능한 의사소통자로 만들어야 한다. 독재 체계에서 시민들은 토론하거나 명령에 질문하는 것 없이 맹목적이고 무조건적으로 리더를 따른다. 민주주의에서 시민들은 자신의 행동에 대한 책임을 받아들이고 논점에 대한 입장을 가져야만 한다. 이러한 목표는 의사소통, 듣고 읽고 말하고 토론하기에 의해 성취된다.

아동이 의사소통의 기술을 배우도록 하는 가장 효과적인 도구로써 모델링과 연습이 있다. 좋은 예시와 모범을 보여주는 성인을 지속적으로 지켜보고 듣고 함께 상호작용하며 배울 때 가장 효과적이다. 이러한 기술은 관찰한 것을 연습함으로써 자신의 행동의 한 부분으로 만들 수 있다. 다음과 같은 의사소통 기술을 요한다.

- 아동의 요구 이해하기
- 기대를 명확히 표현하기
- 효과적인 의사소통의 모범을 보이기

> 우영이는 교사 가까이 책상으로 의자를 당기고 큰 그림용 종이를 펼치고 크레용 세트를 열었다. 그는 "안녕하세요? 선생님, 난 나를 크게 그려서 색칠할 거예요." 가희 교사는 그를 힐끗 보고 살짝 웃었다. 그리고 "어~ 좋아!"라고 말했다. 교사의 주의는 맞은 편에서 놀고 있는 한 집단의 아이들에게 가 있었다. 우영이가 "이거 보세요, 여기요."라고 되풀이해서 말하는 소리에 감지하지 못하는 듯 보였다.
>
> 마침내, 우영이는 그녀의 소매를 잡아당기고 "이것 보세요. 내가 큰 산을 그렸어요. 우리 아빠가 캠핑에 데려갔고 난 큰 바위를 발견했어요. 내 진짜 산 바위를 보고 싶어요?
>
> 우영이는 의자에서 벌떡 일어나서 주머니 속 물건을 책상 위 종이에 꺼내기 시작했다. 교사는 갑자기 그의 작은 돌과 조약돌들의 무더기를 봤다. 그녀는 완고한 목소리로 "우영아! 이게 뭐니? 이 더러운 돌맹이들을 여기서 치워. 쓰레기통에 버려. 이 종이 위에 네 돌들을 색칠할 수는 없어."
>
> 우영이는 말을 더듬으며 "그렇지만 그렇지만…" 눈에 눈물이 가득 고였다. 교사는 계속 "우영아, 그 난리를 빨리 멈추고 얼른 내 말대로 해"
>
> 우영이는 머리를 흔들고 아주 천천히 발을 끌며 교실을 가로질러 쓰레기 통으로 갔다. 하나 하나씩 의식을 거하듯이 조약돌들을 쓰레기통에 버리면서 "진짜 산의 돌들"이라면서 슬프게 중얼거렸지만 교사는 듣지 못했다.

4) 주의깊은 듣기와 소속감

인간은 다른 인간과 연결된다는 느낌에 대한 강한 욕구를 가진다. 우리는 삶에서 그러한 연결 없이는 성장할 수 없다. 만일 한 아동이 주기적으로 무시되면 아동은 투명인간 느낌을 가지기 시작할 것이다. 소속감을 느끼지 못하는 아동은 점차 소외되고, 반항적이고 위축될 것이다.

아동은 한 집단의 구성원으로 수용된다는 것이 확실할수록 더 확신을 갖고 더 협력하게 될 것이다. 성인이 공손하고, 주의깊게 아동의 말을 듣는 것은 아동에게 신뢰의 감정을 주어 아동이 말하는 것이 우리가 들어야 할 충분히 중요한 것이라는 것을 느끼게 해줄 뿐만 아니라 아동이 다른 사람의 말을 어떻게 들어야 하는지의 모범을 보여 준다. 또한, 주의깊은 듣기는 아동의 요구를 이해하도록 돕는다. 주의깊게 들음으로써 아동을 인식하고 수용한다는 것을 보여준다. 주의깊게 듣기는 다음을 포함한다.

- 신체적으로 가깝고 아동의 눈높이에서 눈을 맞춘다.
- 고개를 끄덕이기, 미소 짓기와 같은 비언어적 몸짓을 해준다.
- 아동의 말을 끄집어내고 격려하는 언어적 반응을 한다.
- 아동이 말하는 것을 다 완료할 때까지 인내를 가지고 기다리고, 재촉하거나 문장을 완성해주지 않는다.

5) 요청하기 기저의 기본 욕구 이해하기

성인과 아동은 모두 사회적, 감정적, 지적, 그리고 신체적 욕구에 대한 기본 열망을 가지나, 어린 아동, 때로는 나이 든 아동과 성인은 그 욕구가 무엇인지 인식하지 못하면서 무의식적으로 모호한 감정을 표현하고 반응한다. 욕구는 다음과 같은 요청으로 표현된다(Gazda et al., 2006).

- 행동이나 정보: "제발 …해주세요." 혹은 "제발 나에게 …말해줘요."

- 이해와 관심: "제발 들어주고 나에게 관심을 보여줘요."
- 부적절한 상호작용: "내가 매달리고, 찡찡대고, 불평하고, 해치도록 해주세요."

일상의 의사소통에 숨겨져 있는 기저 욕구를 인식하기 위해서는 시간, 노력, 그리고 연습이 필요하다. "우리 엄마 어디 있어요?"와 같은 질문은 정보를 위한 단순한 요청이거나 엄마가 어디에 있는지 매우 잘 아는 아동이 이해와 관심을 위해 감정이 가득한 요청을 하는 것이다. 잘못된 의사소통의 주된 근원은 도와주는 역할을 하는 사람이 잘못된 결론으로 비약하고 도움을 요청하는 사람의 욕구에 맞지 않는 방법으로 반응하는 것이다. 주의깊게 들으며, 아동이 말하면서 자신을 표현하기 위한 단어를 찾을 때까지 기다려주는 것은 아동의 말하기를 격려한다.

6) 활동이나 정보를 위한 요청에의 적절한 반응

> 조이는 18개월이며 흔들고 울면서 작은 의자에 앉아 있다. "비비 마 비비" 하며 훌쩍인다. 교사는 그의 옆에 쪼그려 앉아 있고 원하는 것을 보여달라고 부드럽게 달래고 있다. 조이는 재빨리 화장실로 이끌었다. 팔을 뻗어 기저귀가 들어 있는 가방이 있는 높은 선반을 가리켰다. 급하게 그는 손을 폈다 닫았다 하고 "비비" 하였다.
>
> 교사는 선반에서 기저귀 가방을 집어서 즉각적으로 조이의 낡은 하얀 곰인형이 거기에 있는 것을 봤다. 그녀는 "오, 곰인형을 원했구나. 이거 맞니? 조이? 곰?"
>
> 조이는 고개를 끄덕이며 "마 비"라고 말하고 그의 곰을 안고 다리 한 짝을 잡고 아장아장 갔다.

조이의 교사는 비록 조이의 단어를 이해하지는 못했지만 조이가 그녀에게 행동을 요청한다는 것을 인지하였다. 어린 아동과 함께 일하는 사람은 행위나 정보 요청에 반응하느라 많은 시간을 보낸다. 어떤 요청은 직접적이고 이해하기에 단순하다. "아직 간식시간 아니에요?" 혹은 "신발 끈 묶어주세요." 다른 요청 즉, 조이의 곰 인형을 위한 요청은 해석하기 어렵다.

요청은 숨겨 있거나 위장되어 있을 수 있다. 단순한 말로 들리는 것이 행동을 요청하는 의도일 수 있다. "난 잘 수 없어요." 이것은 진짜는 "내 옆에 와서 이야기를 읽어줘요."라는 의미이다. 어떠한 언급은 정보를 위한 요청으로 위장될 수 있다. "서현이 엄마는 너무 뚱뚱해요."는 사실은 "서현이는 나에게 자기 엄마 배 안에는 아기가 있고, 매우 무섭고 혼란스러워라고 말했어요."라는 의미이다. 아동은 완전한 의사소통 기술을 발달시키지 못했기에, 성인은 의사소통에서 열린 통로, 명확한 통로를 유지하는 것에 책임감을 갖는 것이 좋다.

> 5세인 수현이는 놀이터에서 그녀의 교사 옆에 서 있다. 수현이는 그녀에게 기어오는 애벌레를 보고 소리를 질렀다. 교사는 허리를 굽혀 부드럽게 보풀로 덮힌 애벌레를 손으로 잡고 있는 잎사귀 위로 기어가도록 했다. 수현이는 소리지르며, "선생님 그걸 죽일 거예요! 죽일거예요!"
>
> 교사는 "안 돼, 수현아. 이 작은 애벌레는 아주 작은 입을 가졌고 이빨은 없고 독도 없어. 잎 먹는 걸 좋아해. 애벌레가 아주 뚱뚱해지면 작은 담요같이 생긴 번데기로 자기 몸을 감쌀 거야. 그 안에 있을 때 아름다운 나비로 변할 거야. 오랜 시간이 지나고 그리고 나면 아름다운 나비는 번데기에서 나와서 멀리 날아간단다." 교사와 수현이는 큰 단지 안에 애벌레가 적당한 집을 만드는 것을 도왔다. 이후 대집단 시간에 교사는 '배고픈 애벌레' 책을 읽어주었다.

교사는 수현이의 벌레에 대한 두려움을 과학과 자연에 대한 호기심으로 바꿔주었다. 교사는 수현이가 소리지는 행동의 숨은 의도는 정보에 대한 요구라는 것을 알아차렸다. 교사는 정보를 요하는 숨겨진 요청에 반응한 것이다.

7) 이해와 관심을 위한 요청에의 적절한 반응

어떤 요청은 표면적으로 활동이나 정보에의 요청으로 보이나 그렇지 않다. 이러한 유형의 의사소통의 진짜 욕구는 어떤 이에게 관심을 보여달라는 것이다.

> 교사는 그의 유치원 아이들이 다양한 활동 영역에서 작업하고 놀이하는 것을 바라보고 있다. 수정이는 수줍음이 많은 5세이며 미술 영역에서 혼자 있다. 교사가 지나갈 때 그를 부르며 "선생님, 도움이 필요해요."라고 하였다. 그는 웃으며 의자를 가지고 그녀의 옆에 앉았다. 수정이는 종이와 플라스틱 가위를 주면서 "자르는 걸 도와주세요. 어떻게 하는지 몰라요."
>
> 교사는 늘 주의깊게 관찰하면서 학생들의 활동 영역 교구들을 다루는 기술 수준을 기록해왔다. 그는 수정이가 가위를 쓸 줄을 안다. 그는 상황을 보고 부서진 가위나 두꺼운 종이 같은 가능성을 마음속으로 배제하였다. 그는 수정이가 진짜로 활동을 구하는 게(잘라주는 것) 아니라 혹은 정보(어떻게 자르는지 가르쳐주는 것) 대신, 이해와 주의를 구하는 것이라고 판단했다.
>
> 교사는 수정이와 맞서서 난처하게 만드는 것이 도움이 되지 않을 것이라는 것을 알고 있고 또한 그녀가 못하는 척 함으로써 그녀가 필요로 하는 관심을 받을 수 있다는 인식을 강화시키고 싶지 않았다. 그는 "때때로 자르는 것은 진짜 어려워. 그렇지 않니?"라고 말했다. 교사는 부드럽게 수정이의 어깨를 토닥이고서, "네가 여기 노란 종이를 자르는 동안 내가 옆에 앉아 있어도 괜찮을까?"라고 덧붙였다. 수정이는 그가 옆에서 주의 깊게 보는 동안 열심히 종이를 잘랐다. 몇 분 후 교사는 이 곳을 떠나며 "수정아, 네가 혼자서 그 모든 것을 잘 잘라서 넌 네가 참 자랑스러울 거야."라고 하였다.

교사의 가정, 즉 수정이가 이해와 관심을 구했다는 것이 맞았다. 주의를 끌고 관심을 받고자 하는 것은 아동에게 반드시 소거시켜야 할 사악한 행동은 아니다. 인간은 원래 사회적 존재이다. 우리는 모두 성장하기 위해 다른 사람의 관심을 요한다. 어린 아동의 목표는 주의를 끄는 행동을 멈추는 것이 아니라, 사회적으로 수용되는 방법으로 어떻게 적절한 주의를 구하는지를 가르쳐주는 것이다. 만일 교사가 계속해서 주의를 끄는 척하는 패턴을 지속한다고 관찰했다면, 전략적으로 그녀의 행동에 대해 "수정아, 넌 내가 관심을 주기를 바라는구나. 관심받는 것은 괜찮단다. 그럼, '선생님, 저 좀 봐주세요'라고 해. 이것은 네가 원하는 것을 정확히 아는 데 도움이 된단다."라고 말하게 할 수 있다.

욕구가 존중받는 그러한 환경에서 아동은 욕구와 감정을 갖는 것이 괜찮다는 것을 알게 된다. 때로는 우리는 어쩔 수 없이 아동의 욕구나 감정이 우리를 화나게 한다는 인상을 주게 된다. 이 문제는 흔히 우리 자신의 감정적 욕구가 맞서는 어려운 상황에서 일어난다.

감정과 욕구를 솔직하게, 존중하며 대처하는 데 특별히 도움이 되는 전략은 적극적인 경청(active listening), 또는 반영(mirroring)이다. 적극적 경청에서 청자는 강의, 충고, 정보주기 등을 삼간다. 단순히 듣고, 보고 들은 것에서 지각한 느낌을 반영한다. 이것은 청자에게 들을 수 있는 많은 시간을 주며, 화자가 자신의 느낌과 요구가 중요하고 존중받는다는 것을 알도록 하며, 문제를 해결하도록 돕는 방법을 생각하도록 한다.

8) 부적절한 상호작용의 요청에의 적절한 반응

우리는 어디까지 이해하고 어디서부터 의존심이 시작되는지 알 수 없을 때가 있다. 한 아동이 "날 잡아줘요." "내 코트를 입혀줘요." "내 퍼즐 맞추는 거 도와줘요."라고 한다면 때때로 아동을 위해 무엇이 옳은지 알려고 애쓴다. 잡아주는 것, 도와주는 것, 보살피는 것이 아동의 요구에 맞춰주는 것이 옳은가? 아니면 의존심을 강화해 주는 것이 옳은가?

일반적으로 아동은 성인에게 받던 다양한 수준의 의존을 자발적으로 뿌리치게 된다. 걸음마 영아는 생존에 필수적이었던 주위를 맴돌며 제공하는 돌봄에 저항한다. 청소년은 아동기까지 그들을 보호하던 부모의 친밀한 애착에 반항한다. 대부분의 아동에게 독립성의 성취는 성장을 위한 동기화 역량이다. 그러나 이러한 역량은 언제나 앞으로만 일관되게 움직이지 않는다. 심지어 높은 능력으로 잘 발달하는 아동도 때때로 후퇴하며 누군가에게 의존하여 안전을 바란다. 약간의 아기 취급은 가끔은 잘 발달하는 아동에게 해가 되지 않는다. 이러한 퇴행은 어린 아동의 에너지와 독립심에 대한 욕구를 충전한다. 그러나 늘 의존하는 아동에게는 응석받이가 되는 것이 자존감을 손상시키고 주도성을 파괴한다.

어떤 상황에서 아동은 무기력을 학습한다. 변화를 수용하는 것이 힘들어 능력의 출현을 인식하지 못할 수 있다. 때로는 자기-신뢰의 중요성을 인식하지 못하므로 아동이 독립적으로 기능하고자 하는 것을 배우려는 노력을 자신도 모르게 방해하기도 한다.

6개월 된 아기가 놀잇감을 잡으려 한 번 시도하고 바닥에서 찡얼거릴 때 놀잇감을 손에 집어주는 것보다 그대로 놔두는 것이 바람직하다. 우리는 이 아기를 격려하는 것으로 도와야지, 아기가 할 일을 해주는 것으로 돕지 못한다. 낑낑거리며 우는, 녹초가 되었다고 불평하는, 블록을 치워달라는 도움을 구하는 유아는 “내가 눈을 감고 있을게. 눈을 뜰 때를 알려주면 선반 위에 블록이 몇 개 있는지 세어 볼게.”와 같은 게임에 반응할 것이다. 혹은 교사를 따라하는 매달리고 도움을 구하는 유아는 더 어린 아동을 도와주는 것에 대한 중요한 책임감을 가지도록 할 수 있다.

부적절한 의존심, 소문내기, 불필요하게 불평하거나, 바람직하지 않은 행동에 가담하는 것과 같은 행동에는 명확하고 단호한 의사소통이 필수적이다.

9) 듣기를 돕는 전략

단어와 문장의 복잡성은 언제나 듣는 사람의 수준에 맞춰져야 한다. 그러나 메시지의 온전함 및 기본적인 내용은 잃지 않아야 한다. 신체적 활동, 얼굴 표현, 목소리 톤, 몸짓은 우리의 메시지를 아기와 걸음마 영아에게 전달하는 데 도움을 준다.

교회의 놀이방에서 11개월 영아를 돌보는 교사는 민우의 우는 소리를 들었다. 그는 낮은 옷장문의 고리를 돌리고 있었는데, 문은 보호 장치로 잠겨 있었다. 교사는 아기의 울음이 활동을 요청하는 것으로 인식하였다. 민우는 그 장의 문을 열고 싶었다. 교사는 다른 놀잇감으로 주의를 돌리려 했지만 계속 울고 문을 당겼다.

교사는 발로 차고 소리지르는 민우를 위로 들어올려 큰 흔들의자로 데리고 갔다. 다정한 목소리로 그를 흔들고 다독이면서 “난 네가 그 장 속을 탐험하고 싶은 것을 알아. 그러나 그 안의 것들이 너를 다치게 할지도 몰라. 그래서 난 너를 거기서 놀게 할 수 없어. 난 너를 좋아하고 네가 안전하기를 원해.” 민우가 침착해지기 시작하자 교사는 그를 데리고 교실의 다른 탐험 공간을 보여주고 이야기를 했다.

민우는 그녀의 단어들을 이해하지는 못했으나 따뜻함과 공감을 명백히 느꼈고 그녀가 말하는 한계를 확고히 감지했다. 그 한계를 많이 시험했지만 교사의 따뜻함은 그가 여전히 수용된다는 것을 소통하였다. 그녀의 일관적인 제한은 때때로 삶의 일부분이라는 것을 소통하였다. 교사는 아기들이 규칙을 이해하고 기억하는 제한된 능력을 가졌고, 시행착오를 통해 배울 수 있다는 것을 인식하고 있다. 그녀는 민우의 요구, 즉 그녀가 장의 문을 열어주는 것을 거절한 것이나 자신의 행동으로 선생님의 감정이 달라지지 않는다는 것을 알 것이다.

부가적으로, 민우와 이야기하며 교사도 자신의 생각과 감정에 집중하며 민우에게 생각을 표현하고 얼굴과 몸짓언어로 감정을 전달할 수 있음을 확신할 수 있다.

민우가 진정으로 자신의 단어를 이해하지는 못한다는 것을 아는 교사는 대신 "난 너로 인해 지쳤어. 넌 그냥 날 괴롭히는 거니?"라고 할 수도 있었다. 이러한 단어들을 진심으로, 따뜻하게, 돌보는 방식으로 말하기는 거의 불가능하다. 교사의 얼굴과 말투는 민우에 대한 빈정거림, 인내하지 못함, 비난을 전달할 수도 있었다. 그렇게 하면 민우는 무의식적인 방식으로 그러한 부정적인 감정을 흡수하고 행동에 반영할 것이다.

2. 감정의 소통

아동과 함께 일하는 사람들의 대부분은 아동 돌봄과 교육이 감정을 소비하는 직업이라는 것에 동의한다. 어린 아동은 감정의 롤러코스터를 탄다. 그들은 눈 깜짝할 사이에 웃음에서부터 눈물까지 갈 수 있다. 어린 아동의 삶에 밀접히 참여하는 반응적인 성인은 새로운 발견으로 인한 환희로 올라갔다가, "난 네가 싫어."라는 말로 마음이 상하여 내려갈 때까지 감정의 파도에 끌려간다.

아동의 감정은 현실이다. 생후 6개월 전까지 영아는 구분이 잘 안 되는 감정, 기쁨, 조심스러움, 분노가 가능하다. 9개월이 되면 아기는 극적으로 감정 반응의 범위가 늘어난다. 3세가 되면 아동은 인간 감정의 전체 파노라마를 발달시킨다.

초기 아동기 학습의 중요한 부분은 점진적으로 발달하는 감정의 인식과 그러한 감정 표현 능력의 성장이다. 아주 어린 아동은 무의식적으로 반응한다. 걸음마 영아는 배고프고, 불편하고, 피곤하다는 등의 느낌을 깨닫지 못해 낑낑거리고 공격적인 방식으로 행동한다. 우리는 아동의 감정이 무엇인지 식별하고, 명명하고, 설명하는 중요한 역할을 한다. 또한 관련된 감정을 표현하며 아동에게 어떤 행동에 관한 중요한 피드백을 한다.

1) 감정의 표현 방법

성인은 아동에게 감정을 표현할 때 분별력을 가져야 한다. 성인이 많은 부담을 주고 표현하는 느낌이 너무 강하면 어린 아동은 압도될 수 있다. 감정의 단순하고 명확한 진술은 도움이 된다. 다음은 '나 전달법(I message)'으로, 이것은 적절하게, 비위협적인 방법으로 감정을 진술하는 데 매우 도움이 된다.

> ____________이 일어날 때, 나는 ______________________ 느낀다. 왜냐하면
> ____
> ____ 때문이다.

이 진술문은 '너'라는 단어를 포함하지 않는다. "너는 나를 화나게 해." 혹은 "네가 소리질러서 네가 내 귀를 아프게 했어."와 같은 진술은 비난이다. 이것들은 불필요한 죄책감의 감정이 시작되게 한다. 긍정적인 생활지도는 죄책감의 부정적 감정이 아닌 신뢰와 책임감의 긍정적 감정을 가져와야 한다. 우리는 간단하게 "큰 소리로 하면 그 소리가 너의 친구들을 방해할까 봐 걱정되었단다. 난 네가 부드러운 목소리 내는 게 필요하다고 생각해."라고 말할 수 있다.

걸음마 영아에게는 "난 네 친구들이 너에게 물리면 울 거라고 생각해. 왜냐하면 매우 아프거든. 과자나 사과는 물어도 돼. 우리는 사람에게는 부드러워야 해. 살살 만지자. 친구들에게 차가운 수건을 주어서 아프지 않도록 도와주자."

만일 우리가 강한 감정을 표현할 때 단호하지만 통제된 단어를 일관되게 사용하면, 아동은 결국에는 그들 자신의 분노와 좌절을 표현하기 위해 신체적으로 공격하는 대신 단어 사용하는 것을 모방할 것이다. 우리의 감정을 아동에게가 아닌, 그 행동에 집중하면 아동은 더욱 순종하고 따르게 될 것이다.

긍정적인 혹은 부정적인 감정 표현은 아동 행동에 큰 영향을 준다. 그러한 감정을 표현하는 사람이 아동과 감정적으로 연결되었을 때 효과를 가진다. 우리는 아동과

관계를 맺어야만 한다. 성인이나 아동은 모두 좋아하지 않거나 존경하지 않는 사람의 감정에 관해 특별히 관심을 가지지 않는다.

3. 긍정적 대 부정적 의사소통

긍정적인 의사소통에서 우리는 부적절한 행동에 초점을 두기보다는 바람직한 행동을 확인하고 진술하는 것에 집중한다. 아동 및 성인은 부정적인 훈계를 하는 것보다는 긍정적인 요청에 협력적으로 반응하는 경향이 있다. 예를 들어, "어머님은 태오를 위해 항상 넉넉하게 기저귀를 가져오지 않으세요."보다는 "태오가 하루 동안 쓸 충분한 기저귀가 있는지 보시고 체크해 주세요."라는 말을 쓰는 보육 교사에게 부모는 더 반응적일 수 있다. 부정적이고 긍적적인 지시에 대한 아동의 반응 차이는 뚜렷하다.

걸음마 영아와 어린 유아는 문장의 모든 단어를 듣고 해석하는 데 어려움이 있고 아동에 대해 생각하여 그 행동을 억제하는 것도 어려움을 가진다. 생각하고 행하는 것은 이 발달 단계에서는 거의 분리되지 않는다. 예를 들어, 만일 우리가 단호하게 "뱉으면 안 돼."라고, 뱉는 것에 대해 전혀 생각도 하지 않았던 어린 아동에게 이야기하면, 두 단어를 이해는 하지만, 뱉지 않는 것을 생각하면서 어쩔 수 없이 뱉을 것이다. "네 바지를 적시지 마."라는 말은 아동에게 젖은 팬티의 이미지를 연상하도록 하여 이것으로 오줌을 싸도록 한다. "변기에 앉을 시간이야."라는 말은 화장실 이미지를 연상하도록 하여 아동 협력을 더 효과적으로 얻어낼 수 있다.

다음의 긍정적인 예와 부정적인 예를 비교해 보자.

부정적인 지시	긍정적인 지시
• 로비에서 뛰지 마.	• 제발 천천히 걷자.
• 우유 흘리지 마.	• 제발 두 손을 모두 사용하자.
• 진이를 포크로 찌르지 마.	• 당장 두 손을 무릎에 놓자.
• 입 닫아.	• 제발 조용히 듣자.
• 내 말을 가로채지 마.	• 내가 이야기할 차례야.
• 입안에 음식을 가득 넣고 말하지 마.	• 삼킨 다음에 말하자.
• 줄 설 때 밀지 마.	• 제발 조심해서 걷자.
• 내 이름 크게 부르지 마.	• 제발 내 이름을 부드럽게 이야기해줘.

부정적인 지시는 강하게 습관화되어 깊게 뿌리박힌 패턴이다. 어떠한 습관화된 패턴을 끊기 위해서는 시간, 헌신, 동기, 인내가 필요하며 여기에는 의사소통의 습관도 예외가 아니다. 흔히 의사소통 유형을 향상시키려 시작하지만 비효율적인 말을 사용하는 자신을 살펴봐야 한다.

4. 단호한 의사소통

의사소통은 언제나 메시지를 전달하려는 의도를 가지며 라디오 송신기가 라디오 프로그램을 전달하려는 의도를 가지는 것과 같다. 라디오 프로그램의 음악이 들리기 위해서 그 송신기를 통해 보내진 파장이 라디오 수신 장치와 맞아야 한다. 성인에 의해 보내진 의사소통은 아동의 인지와 정서적 능력과 맞아야 하며 그렇지 않으면 메시지가 수신되지 않는다.

성인이 불쾌한 상태에서 라디오를 끄는 것처럼, 아동 역시 이해되지 않고 위협적이며 모호하고 무례한 의사소통을 차단한다. 비록 우리는 때때로 가르치려 하거나 일방적으로 몰아붙이는 것을 정당화하지만, 메시지가 거부된다면 메시지를 전달하는 것은 아무런 가치가 없다.

1) 단호한 의사소통의 중요 요소

단호한 의사소통(assertive communication)은 타인의 권리를 완전히 존중하면서 생각과 감정을 표현하고 주장하는 방식이다. 단호하지 않은 의사소통은 수동적이거나 공격적이다.

(1) 단순함은 단호한 의사소통의 첫 번째 규칙이다.

아기, 걸음마 영아, 그리고 어린 아동은 성인 언어의 복잡한 리듬과 흐름을 많이 들을 수 있어야 하지만, 단호한 진술은 짧고 요점이 있어야 한다. 말해야 할 것을 결정하여 되도록 몇 개의 단어로 말하라. 언어적 혼란은 바람직한 행동을 진술하는 데 방해가 된다.

아동이 어릴수록 단순함은 더욱 중요하다. 걸음마 영아는 단순한 2~3개의 단어로 된 문장, 즉, "앉아 주세요." 혹은(만일 아기가 이미 물었다면) "무는 건 안 돼, 물면 아파." 등을 소통할 수 있다. 유아는 조금 긴 문장을 요하는데, "사과는 먹는 거예요. 던지는 게 아니야." "제발 안경은 두 손으로 잡으세요." 혹은 "의자는 앉는 거예요. 밟고 올라가는 게 아니에요." 등이다.

(2) 정직함은 단호한 의사소통에 중요하다.

아동은 의미 없는 말을 하는 성인을 금방 알아본다. 따라서 공허한 위협은 비생산적이다. 성인이 "이번에는 정말 진심이야."라고 아무리 주장해도 어른은 말하는 것을 모두 실행할 수 없다고 아동에게 가르치고 있는 것이다. 아동을 순종하게 하기 위해 아동에게 거짓말을 하거나 속이는 것은 용납되지 않는다.

(3) 직설법은 의사소통하는 사람이 요점을 알도록 돕는다.

두서없이 말하기, 암시하여 말하기, 넌지시 말하기 등은 성인 청자에게는 별로 가치가 없으며 아동에게도 효과가 없다. "미술 영역이 너무 질척하단다."라고 말하는 대신, "애들아, 모든 종이를 집어서 쓰레기통에 버리자. 고마워. 이제 스폰지를 가져다가 책상을 닦자."라고 말한다. "조용히 좀 해!"라는 대신, "제발 살살 걷고 조용히 말하자."라고 말한다. 아동에게 사용되는 단어들은 명확하게 의미를 정의 내릴 수 있는, 글자 그대로의 단어이어야 한다. "지금 당장 잘라야 해."라는 말은 가위와 종이가 주어진 상황에서 해야 한다.

(4) 재치는 의사소통을 개방적으로 유지해준다.

사랑스러운 말들을 쏟아내는 것은 성인을 포함해 어린 아동에게도 기분 좋은 일이다. 그러나 재치와 진심이 진정으로 이해되어야 한다. "너의 컵이 탁자에서 떨어지겠구나. 모서리에서 뒤로 조금만 밀어줄래? 고마워."라는 말은 재치있다. 그러나 다음과 같은 말은 재치있지 않다. "우유가 담긴 잔을 그렇게 부주의하게 두지 말아라." 이것은 너무도 잘난 척하는 말이다. "여기 봐라. 사랑하는 아이야. 잔을 뒤로 밀자. 그러면 우린 쏟지 않을 수 있어. 맞아, 잘했어. 우리 보물~" 아동은 너무 질리는 사랑스런 말에 압도되지 않고도 애정과 친절함을 느낄 수 있다.

(5) 구체화는 의사소통을 명확하게 해준다.

'좋은'과 '나쁜'과 같이 추상적인 언어는 아동을 매우 혼란스럽게 한다. 거짓말이 나쁘다는 말은, 아동으로 하여금 나쁜 사람이라고 생각하게 만든다. 이것을 더 구체적으로 말해서 "만일 네가 거짓말을 하면, 다른 사람들이 너를 믿지 않을 수 있단다. 네가 한 말을 그들이 믿지 않게 된단다."라고 할 수 있다. 어린 아동에게 구체화는 활동을 통해 표현된다. 걸음마 영아에게 "친구들에게 친절해야 해."는 구체적인 것이 아니다. 걸음마 영아나 유아는 '친절한'이라는 단어의 실제 개념이 없다. 이것은 모호하고 가치가 담겨 있는 것으로 두 성인들 각각도 정확하게 같은 정의를 내릴 수 없는 것이다. 걸음마 영아나 유아는 친절하기 위해 어떻게 행동해야 할지 정확히 알지 못한다. 친구의 팔을 부드럽게 다독이는 것을 보이면서 "살살 만지자."라는 말을 반복하는 것이 구체적이다. 걸음마 영아는 어떤 행동이 기대되는지를 정확히 보고난 뒤 이해할 수 있다.

(6) 존중은 단호한 의사소통을 통합한다.

혐오와 경멸을 가지는 사람과 개방적이고 정직한 의사소통을 하는 것은 불가능한 일이다. 민주주의에서는 사람과 신생아의 인권은 사회의 구성원으로서 존중받을 가치가 있다. 아동에 대한 존중은 그들의 존엄과 권리를 인식하고 보호함으로써 표현되어야 한다. 경찰관은 시민을 잡아서 소환장을 발행하지만 이것은 시민을 매우 불쾌하게 할 것이다. 그러나 경찰관은 시민을 상처주고 경멸하고 위협할 권리가 없다. 상대를 존중하는 성인은 단호하게 기본적인 규칙을 가르쳐준다. 존중하는 성인은 아동의 문제행동을 다루고 처벌하는 것보다 행동을 향상시키는 것에 집중한다.

(7) 긍정성은 소망을 공유하여 협력을 극대화한다.

자신을 믿어주고 성공하도록 돕는 성인에게 아동은 협력한다. 문제가 정말 해결될 수 있다는 확신과 재확신을 통해 상호작용이 원만해진다. 예를 들어, 교사가 제니에게 다가가 "제니, 모든 사람은 실수를 해. 우리는 실수하면서 배우는 거야. 아마 내일은 어른의 허락 없이 문으로 뛰어가면 안 된다는 것, 그것이 얼마나 중요한지를 알고 지키게 될 거야."라고 말할 수 있다.

(8) 융통성은 단호함과 완고함을 구분하는 필수 요소이다.

활동 계획을 수행하고자 하는 의도가 아무리 확고해도, 그 계획이 변화될 가능성은 항상 있다. 효과적이고 단호한 생활지도는 성인이 인간적이고 합리적인 훈육을 하는 데 필요한 최대한의 일관성 및 융통성을 제공하는 것이다.

성인은 단호하게, 예측 가능한 제한을 설정하고 동시에 듣고, 적응하고, 적절히 타협하기 위한 융통성을 일관적으로 추구해야 한다. 예를 들어, 성인은 아동이 짜증을 부리거나 매우 부적절하게 행동할 경우 정해진 규칙과 타협하려는 것을 단호하게 거부해야 한다. 그러나 이후에 아동이 회복되고 규칙의 문제를 합리적으로 설명할 수 있을 때 성인은 규칙을 수정하거나 없애도록 적용할 수 있다. 매우 어린 아동의 경우, 규칙이 공정하고 합리적인지 아닌지 결정하도록 말로 논의를 하는 것보다는 교사의 직접 관찰에 의존할 수 있다.

(9) 신뢰는 말한 것이 진짜 중요하다는 확신과 관련된다.

아동은 특별히 얼굴 표정, 목소리 톤, 몸의 자세, 손발의 사용에서 주는 단서에 민감하다. 아이들이 나의 요구를 수행하리라 믿지 못하는 어른은 불확실하고 취약한 분위기를 띤다. 반면에 자신감이 있는 맑은 눈의 표정은 모든 연령대의 사람뿐만 아니라 아동이 말을 따르도록 할 것이다. 조바심으로 안달하고, 약하거나 떨리는 목소리, 눈맞춤을 피하는 등의 행동은 아동에게 순응하지 않도록 단서를 준다.

"글쎄, 네가 의사 선생님을 기다리는 동안에도 평소처럼 뛰어다니고 모든 걸 찢어버리면서 작은 괴물처럼 할 수 있을지 한 번 보자."라면서 성인이 빈정거릴 때, 아동은 나쁜 행동을 하도록 기대된다는 것을 바로 안다. 반대로, 신뢰하는 성인은 부드럽지만 확고하게, "여기 우리가 기다리는 동안에 조용히 볼 책이 있구나. 우리는 조용히 앉아 있어야 해. 의사 선생님 방에서는 소란스럽거나 시끄럽게 하면 안 된단다."라고 이야기할 것이다. 이것은 아동이 적절하게 행동할 수 있고 그렇게 할 것이라는 것을 믿는다는 신뢰를 나타내는 것이다.

(10) 인내는 단호한 의사소통이 효과가 있도록 한다.

처벌하기, 위협하기, 무안주기 등은 표면적으로는 빠른 결과를 얻을 수 있으나 장기적으로 볼 때는 훈육을 손상시킨다. 단호한 의사소통은 언제나 즉각적인 해결을 가져오지는 않지만 시간이 지속되면서 문제 해결을 위한 효과적이고 오래 가는 방법이다. 성인은 때로는 첫 의사소통의 노력이 즉각적으로 해결이 안 될 때 아동의 불합리한 요구에 즉시 굴복하고자 하는 유혹에 빠지기 쉽다. 그러나 관대하게 인내하는 것은 우리가 말하는 것이 진짜로 무엇을 의미하는지를 아동이 알게 한다. 아동은 일시적으로 고집스럽게 규칙을 거부하지만, 그 규칙을 따라야 한다는 것을 알도록 인내하면 결국에는 따를 것이다. '토끼와 거북이' 우화에서처럼 느리고 우직하면 경주에서 이긴다는 것을 알게 된다.

(11) 공감은 단호함과는 문맥에 맞지 않는 것 같지만 필수적이다.

동정심(sympathy)은 타인에게 미안함을 느끼는 것을 의미하고, 공감(empathy)은 상대방이 느끼는 것을 이해하는 것이다. 공감이 없는 단호함(표현과 주장)은 공허하고 진심이 아니다. 공감을 가지는 단호함은 힘과 사랑이 합쳐지는 것이다. 더러운 손과 콧물, 대혼란을 일으키는 재주가 있는 작은 아이는 부모와 교사로 하여금 언제나 따뜻함과 공감을 일으킬 수는 없다. 그럼에도 불구하고 효과적인 의사소통은 진심 어린 이해와 돌봄을 요한다. 공감은 영아부터 성인까지 주로 눈과 얼굴을 통해 청자에게 표현되나, 모든 다른 언어적이고 비언어적인 단서 또한 공감을 표현한다.

예를 들어, 공감을 보여주는 긍정적인 진술로 시작하면서 야단을 칠 수 있다. 우리는 아동의 손을 잡으면서 "난 네가 고양이와 놀고 싶어하는 것을 알아. 그렇지만 고양이를 쫓아다니며 꼬리를 잡아당기는 것은 고양이를 놀라게 하는 거야. 네가 친구라는 것을 보여주기 위해 먹을 것을 주어 보는 것은 어떨까?"라고 이야기할 수 있다.

> 권위주의적이기보다는 어떻게 권위 있는 사람이 될 수 있을까?
>
> - 주의깊게 듣는다.
> - 아동의 문제를 해결하기 위해 지시하는 것을 피한다: "이걸 해라. 그러면 네 문제가 해결될 거야."
> - 다음과 같은 말 즉, "난 전문가야." 혹은 "난 무엇이 너에게 최선인지를 알아."를 피하라.
> - "내가 어떻게 도와줄까?"라고 물어라.
> - 8~12세 아동은 다른 사람이 말하는 것에 상관하지 않고 그들이 그들 삶의 최종 선택과 결정을 할 것이라는 것을 상기하라. 아동이 신체와 마음의 주인이라는 것을 배워야 한다.

5. 갈등의 해결

우리가 언어적으로 혹은 신체적으로 공격을 당한다고 느끼거나 타인과 의견이 불일치하면 종종 어려움에 처한다. 우리은 불일치에 감정적으로 흥분하여 잘못 다룬다. 우리는 화내거나 침묵하거나 혹은 소리지르고, 철회하고, 혹은 우리가 말한 것을 나중에 후회한다. 어휘력이 부적절한 아동은 자신의 분노를 표현하기 위해 물고, 할퀴고, 밀치고, 발로 찬다.

결과적으로 우리는 싸우거나 도망가는 준비를 하는 뇌와 신체를 가지고 중요한 대화를 시작한다. 아마도, 다른 사람도 같은 방식의 준비를 하는 신체를 가졌을 것이다. 중요한 대화가 종종 나쁜 방향으로 가는 것은 이상하지 않다. 모든 이들이 신체적, 감정적, 정신적 침착함을 가지는 것이 가장 급선무일 것이다. 따뜻하고 수용되고 안전하고 환영받는 느낌을 가지는 중요한 대화의 분위기 환경을 만드는 것은 가장 좋은 시작점일 것이다.

중요한 대화를 운영하는 것은 연습하고 배워야 할 기술이다. 중요한 대화의 목적은 모든 사람을 함께 존중받는 대화로 초대하는 것이다. 중요한 대화의 끝에는 대화에 포함된 사람들이 편안하고, 가치를 느끼고, 그들의 관점이 진지하게 받아들여지는 것이다. 참여자들은 그들이 원래 원하던 타협에 이르거나 이르지 못할 수도 있다. 그러나 모두는 그 과정에 대해 좋게 느껴야 한다. 모든 참여자들이 각각 목소리를 냈다는 것에 만족감을 가져야 한다.

우리는 언제든 아동 앞에서는 사소한 주제들도 가능한 한 평화롭게 타협하는 모델이 되어야 아동이 이러한 행동의 과정을 볼 수 있다. 우리는 이러한 과정을 아동이 아닌 부모와 동료 직원들과 일하는 과정 속에서 중요한 주제들을 적절히 해결하는 데 사용하여야 한다. 아동을 가르칠 때는 갈등의 타협을 단순화하여 그들이 충분히 커서 의사소통할 수 있을 때 갈등을 스스로 해결할 수 있도록 해야 한다.

어려운 주제에 직면했을 때, 이러한 상황과 관련된 감정을 알아차리고 탐색하고 표현하도록 먼저 적극적 경청을 사용한다. 조언은 가볍게 던지는 것이 아니다. 대신, 도움받는 사람은 그들이 가진 선택과 그 선택에 따른 결과를 인식하도록 안내받고 그 이후에 그 사람은 자신의 문제를 해결하도록 도움받을 수 있다.

중요한 대화를 시작하기 전, 나의 동기를 분석한다.

- 나는 다음을 하려고 하는가?(부정적인–부적절한 동기)
  - 당황함을 피하기
  - 이기기
  - 다른 사람 벌주기
  - 복수하기

- 나는 다음을 하려고 하는가?(긍정적–적절한 동기)
  - 우리 모두가 수용할 수 있는 해결을 찾는다.
  - 윤리적, 합법적, 도덕적 해결을 찾는다.

- 나는 중요한 대화에 대한 책임감을 받아들이는가?
  - 나는 내가 기대하는 것에 이성적이고 합리적이다.
  - 나는 나의 의사소통에 사탕발림을 하거나 속이지 않는다.
  - 다른 사람은 내가 그의 목표를 배려한다고 믿는다.
  - 다른 사람은 내가 그를 존중한다고 믿는다.
  - 우리는 서로의 의도를 공유한다.
  - 다른 사람은 나의 동기를 신뢰한다.

- 예의를 갖춘다.
  - '나'의 진술이나 '나' 전달법을 사용한다(예, "나는 느낀다, 나는 필요하다, 나는 원한다…" 등의 문장으로 시작한다).
  - 비난('너' 전달법 피하기)보다는 문제를 확인한다.
  - 다른 사람의 감정을 인식하고 존중한다.
  - 다른 사람을 방해하지 않는다.
  - 존중한다(모욕하기, 조롱하기, 빈정거리지 않기)
  - 주제를 고수한다.

- 중요한 대화를 수행하기 위해 다음 6가지 단계를 따라가자.

1. *듣는다.*
   - 존중하며 적극적으로 경청한다.
2. *동의한다.*
   - 당신이 할 수 있는 것에 동의하라. 의견 불일치는 일반적으로 정보의 작은 부분에 대한 것이다.
3. *당신의 이야기를 말하라.*
   - 이것은 내가 필요한 것이다. 이것은 내가 이것을 보는 방법이다. 이것은 내가 느끼는 바이다.

- 사실적인 문서는 객관적인 생각과 논의를 위해 펼치고 제시할 수 있는 것이다(예, "이것은 내 말이 아니야, 이것은 원칙을 살펴볼 수 있는 문서야, 이걸 함께 보자.").

4. *비교하기*
   - 당신이 동의하지 않을 때, 관점을 그저 비교하라, 상대방이 잘못됐다고 제시하지 말아라.
5. *결정하기*
   - 당신이 원하고 동의하는 것 모두 결정하고 난 다음 그것을 확인하라(예, "우린 우리가 원하는 것이 일치해. 우린 민우가 행복하고 학교에서 잘하길 원해.").
6. *행동으로 취하기*
   - 두 관점을 가질 수 있다는 것에 동의하기(예, 어떻게 움직일지 결정하자, "난 타협할 수 있는 생각이 있어" "이렇게 해 보자.")
   - 행동과 결정에 책임을 가져야만 한다(예, "난 너의 관점이 가치 있다고 생각해. 그렇지만 지금은 우리 반을 위해서 이렇게 결정해야 해.")

중요한 대화의 예:

1. 듣기

   교사: "민주야, 너 진짜 화나고 기분이 나빠 보여."
   민주: "난 영린이가 싫어요."
   교사: "민주야, 영린이가 네 그네를 잡아서 네가 화난 거니?"
   영린: "나도 네가 싫어."
   민주: "난 모래상자에서 흙파기 싫어요"
2. 동의하기

   민주: "그래요, 얘가 날 잡았어요, 그리고 날 혼자 놔뒀어요."
   "영린아, 왜 나에게 그렇게 나쁘게 굴고 날 화나게 했니?"
3. 당신의 이야기를 말하기

   영린: "왜냐하면 네가 나랑 놀지 않으려 해서 그래. 넌 계속 그네만 타잖아. 난 더 이상 그네 타기 싫어."
4. 비교

   교사: "그럼, 민주야, 넌 그네 타고 싶고 영린이는 모래 파는 걸 하고 싶니?"
   민주: "그렇지만 난 그네가 좋아요."
5. 결정하기

   교사: "넌 영린이와 놀고 싶니?"
   민주: "그럼요, 물론이죠. 영린이는 내 가장 친한 친구예요."
6. 활동으로 옮기기

   교사: "이 문제를 해결하기 위해 어떻게 해야 할까?"
   민주: "음, 영린이가 나랑 그네 타면 장난감 하나 줄 거라고 말할래요."
   교사: "그게 가능할 거라고 생각하니?"
   민주: "그렇게 생각하진 않아요. 아마 그냥 저를 따라다닐 거예요."

교사: "음…. 그럼 또 다른 건 뭐 할거니?"
영린: "그럼 만일 우리가 정글에 공룡이라고 하고 나무 밑에서 놀면 함께 놀 거야?"
민주: "그래… 좋아. 그렇지만 이번엔 내가 티라노사우르스 렉스 해도 돼?"
영린: "그럼! 그럼 난 큰 날카로운 발톱을 가진 날아다니는 공룡할게. 좋아"

- 만일 해결점이 찾아지지 않을 때는 어떻게 해야 할까?

– 일치하지 않는 것을 일치시킨다.
– 불일치의 근원에서 빠져나와 다른 활동을 찾는다.
– 다른 시간에 다시 협상을 시도한다.

1) 결정적인 대화의 시점

영훈이는 어린이집에서 자신을 데리러 오는 아빠를 기대하며 기다리고 있다. 그와 단짝인 주현이와 함께 밤에 함께 지내도 될지 물어보려 하고 있었다. 모래를 함께 파면서 함께 TV보고 아이스크림도 먹는 계획을 하면서 웃었다.

드디어 영훈이는 아빠를 만났다. 두 아이들은 문으로 뛰어가 영훈이 아빠가 주차하는 것을 보았다. 문으로 들어오기도 전에 영훈이가 빠르게 말을 하여 아빠는 알아듣지 못했다. 아빠는 아들을 높이 들어올리며 "우리 큰 아기 오늘 어떻게 지냈어?" 영훈이는 "아빠 주현이랑 밤에 같이 지내도 돼?" 그래도 돼? 돼?"

영훈이 아빠는 두 아동을 손에 잡고 함께 걸으며 조용히 말했다. "안 돼~ 아들, 아빠가 오늘 밤에 해야 할 문서 작업이 있어. 오늘은 안 돼. 내가 주현이 부모님께 전화드려서 다음 주에 함께 지내자고 할게." 영훈이는 아빠의 손을 밀쳐내고 울기 시작했다. 아빠는 허리를 굽히고 앉아서 "넌 정말 주현이랑 밤에 같이 있기로 맘을 정했었구나. 그렇지?" 영훈이는 눈물을 흘리며 고개를 끄덕였다. 아빠는 "그래서 다음 주까지는 너무 긴 시간이라 너무 슬프고 화나는구나." 영훈이는 또 끄덕였다.

아빠는 영훈이를 안고 "울어도 돼. 어른들도 때로는 운단다. 주현이도 기분이 나쁠 거라고 생각해." 영훈이는 눈물을 닦으며 주현이를 쳐다보았다. 영훈이는 아빠 목 가까이 팔을 내밀어 한번 더 부탁을 했다. "제에에에에발. 아빠 우린 절대 아빠를 귀찮게 하지 않을게요." 아빠의 표현은 조용히 공감하면서, "영훈아, 그래, 네가 부탁을 하는 것, 우는 것, 슬퍼하는 것, 다 괜찮아. 그런데 나의 대답은 바뀌지 않아. 주현이는 오늘 밤 함께 지낼 수 없단다."

영훈이의 다음 전략은 뾰루퉁하는 것이었으나 그아빠는 영훈이의 물건을 정리하고 챙기고 집으로 갈 준비를 하며 내내 조용했지만 단호했다. 영훈이를 차에 태우고 안전벨트 끼우면서 아빠 볼에 입을 맞추며 영훈이는 "아빠 사랑해요."라고 했다. 아빠도 미소를 보이며 "나도 널 사랑해, 아들."이라고 말했다.

영훈이의 아빠는 비효율적인 의사소통을 성공적으로 피했다. 그는 "그래, 그건 이따가 이야기하자."라고 하면서 문제에 대처하는 것에 피하지 않았다. 또한 곧 후회할 것을 알면서도 바로 "그러자"라고 대답하지도 않았다. 그리고 "난 그것에 대한 어떤 말도 이젠 듣고 싶지 않아. 빨리 움직여, 안 그럼 다음 주에도 주현이와 함께 지내지 못하게 할 거야."라고 부정적이지도 않았다. 그는 영훈이와 언쟁을 하면서 영훈이가 힘에 순종하도록 하지도 않았고 영훈이가 화내는 것을 멈추도록 하지도 않았다. 영훈이가 합리적으로 행동할 때까지 자신의 감정에 대한 권리가 있다는 것을 알았다.

대신에, 영훈이의 아빠는 이 갈등을 풀기 위해 긍정적인 중요한 대화 전략을 사용하였다. 그는 영훈이에게 단순하고 직접적이고 즉각적으로 말하였다. 그는 공감하고 존중한다는 것을 충분히 보였다. 영훈이의 말을 듣고 그의 감정을 적절하게 표현하도록 했고 영훈이의 감정을 알아채고 반영하였다. 아빠는 자신이 한 결정이 공정한 것이라고 믿었고 화를 내지 않고 그의 결정을 고수하였다. 결국 부모는 조종하기 위해 밀어붙이는 사람이나 두려워하며 따르게 하는 독재자가 아닌, 의지할 수 있는 강한 권위 있는 인물이라는 것을 아동에게 알게 해주는 것이 필요하다.

2) 사과하는 방법 지도

우리는 아동에게 "정직해라. 언제든 진실만을 말해야 해."라고 하면서 아동이 반성을 느끼는지 여부는 궁금해하지도 않은 채 아동에게 사과할 것을 강요한다. 예를 들어, "승윤이에게 지금 일어난 일에 대해 미안하다고 말할 수 있니?"라고 말하는 것이 도움이 될 것이다. 더 나아가 아동이 승윤이에게 보상하도록 도와줄 수 있는 방법을 찾는 것이 더 중요하다. 아동은 일을 올바르게 만드는 기회를 가질 때 자기 자신에게 긍정적인 느낌을 가질 수 있을 것이다. 우리가 "네가 한 일을 되돌릴 방법이 없을 정도로 일을 엉망으로 만들었다."라고 암시할 때 아동은 좌절하게 된다. 아동이 보상할 수 있는 적절한 방법을 브레인스토밍할 수 있도록 먼저 도와주는 방향으로 개입할 필요가 있다.

아동이 보상할 수 있도록 하는 방법의 예시

- 친구의 부딪힌 무릎에 물티슈 주기
- 친구에게 반창고 가져다주기
- 장난감 나누기
- 안아주기
- 쓰러뜨린 블록 주워주기
- 친구가 함께 책상에 앉고 싶은지 물어보기
- "친구가 되어 줘."라고 카드 만들기
- 친구가 기분이 좋아질 때까지 옆에 앉아 있기
- 진심으로 "미안해"라고 말하기

정리해봅시다.

- 긍정적인 의사소통은 무엇인지 생각해봅시다.
- 감정과 정서를 표현하는 가장 바람직한 방법에 대해 정리해봅시다.
- 긍정적으로 지시하는 원칙을 정리해봅시다.
- 단호한 의사소통의 특징을 정리하고 어떻게 하면 단호하게 말할 수 있을지 연습해봅시다.
- 중요한 대화의 요소를 이해하고 갈등 해결을 위해 사용하는 방법을 정리해봅시다.

CHAPTER 8

긍정적 행동과 부정적 행동

1. 도덕발달과 행동

부모, 학교, 공동체와 심지어 국가를 위한 결정적인 우선순위는 아동 및 미래 시민의 도덕발달이다. 도덕성(morality)은 옳고 그름을 구별하고 그에 따라 행동하는 능력이다. 도덕발달은 사람들이 그들 활동을 모니터링하고, 유혹 받는 일이 올바른지 그른지 결정하는 것을 배우도록 하는 과정이다. 다시 말해, 도덕적으로 발달한 사람은 그들이 잘못된 일이라고 아는 일은 스스로 멈출 수 있다.

아동이 우리의 행동을 관찰하고 타인과의 상호작용을 통해 행동의 원인과 결과를 경험하면서 그들 삶의 중요한 역할 모델의 성격 특성과 윤리적 표준을 알게 된다. 성인에 대한 애착, 사랑, 존중은 성인이 가진 가치에 대해 아동이 내면화하도록 촉발한다. 아동이 그의 성인 역할 모델의 모범을 내면화했을 때 도덕성의 정서적 요소인, 도덕 정서(moral affect)를 경험하기 시작한다. 도덕 정서를 가진다는 것은 아동이 나쁜 행동을 하였을 때 죄책감과 수치심을 느끼고 올바르게 행동을 하였을 때 자부심을 느끼도록 한다. 도덕 정서는 내적 조절자로 작용하여 아동이나 성인을 적절한 행동으로, 잘못된 행동을 하지 않도록 안내한다.

죄책감의 감정은 도덕 행동을 조절하는 역할을 하나, 아동에게 "넌 네 자신이 창피하지도 않니? 이 버릇없는 녀석아!"라고 말한다고 해서 죄책감을 느끼는 데 도움이 되지 않는다. 어린 아동에게 죄책감을 강요하는 것은 오히려 정서적으로 무감각하게 하고 도덕 정서 발달을 지체하도록 한다. 우리 내면에서 비롯되는 양심은 언제나 다른 사람으로부터 부과되는 죄책감보다 훨씬 의미가 있다. 다음의 두 가지 연습은 아동이 가치와 친사회적 도덕 판단을 내면화하도록 돕는다고 알려져 있다.

- 양육적이고 애정적인 성인의 지도
- 규칙과 기대의 이유를 설명하는 데 있어서의 일관성

우리는 아동이 꼭 해야 할 필수사항에 대한 원칙을 말로 설명하여 도덕적 행동을 발달시키도록 도울 수 있다. 예를 들어 "만지지 마!" 대신, "제발 다른 크레용을 고르자. 그건 너의 친구 것이야."라고 말해주는 것이다.

다른 중요한 도덕발달의 요소는 도덕 추론(moral reasoning)이다. 아동이 옳고 그름을 생각하는 방식은 지적 능력이 성숙함에 따라 극적으로 변화한다(Piaget, 1952). 7세 이전의 아동은 활동의 구체적인 결과에 집중하고 그 뒤에 있는 추상적인 동기에는 집중하지 못한다. 아동이 나이가 들고 도덕 능력이 증가하면 더욱 의도를 고려할 수 있게 된다.

1) 도덕 지능 구축하기

공감, 양심, 그리고 자기-통제는 아동의 도덕적 근원(moral core)을 형성한다. 아동은 도덕 지능을 가지기 위해 도덕적 근원을 발달시켜야 한다. 도덕적 근원은 또래 압력과 다른 유혹을 대처할 수 있는 힘을 주나 여전히 도덕적인 결정을 해나가야 한다.

도덕적 가치, 존중과 친절함은 아동에게 연민과 관계의 가치를 인식하도록 해준다. 마지막 가치인 인내와 공정은 통합, 정의, 시민의식의 기초가 된다. 도덕적 가치의 모든 것은 다 함께 아동의 도덕적 나침판이 된다(Borba, 2002).

긍정적인 생활지도에서는 가치지향적인 기본 규칙(ground rule) 즉, 안전하기, 존중하기, 책임감 가지기를 통해 도덕 지능을 가르치기 시작한다. 부모와 교사가 발달에 적합한 환경을 지원할 때, 7~11세 사이에 귀납적 사고 능력이 자연스럽게 발달하기 시작한다. 귀납(induction)은 구체적이고 특수한 사실을 종합하여 그것으로부터 일반적인 원리를 이끌어 내는 추론 방식으로, 아동의 도덕 지능에 강력한 영향력을 가진다. 예를 들어, 행동이 왜 잘못 되었는지, 다른 사람에게 어떠한 영향을 미칠지, 어떻게 그러한 손상이나 상해를 되돌릴 수 있는지를 설명하고 함께 이야기해 보는 것은 정서, 행동적 차원 모두를 통합하여 도덕성 성숙에 이르도록 도와줄 수 있다.

아동이 기본 규칙을 잘 알지 못해 방황할 때, 무엇이 옳고 그른지 알려줘야 하는 기회를 가져야 하고 더 중요하게는 왜 그러한 행동이 더 선호되는지 귀납적 방법을 통해 설명한다. 이러한 과정은 아동이 도덕 행동의 표준을 내면화하도록 돕기에 아동의 도덕발달을 형성하는 중요한 힘이다.

아동은 상호 존중, 공감, 애정의 환경에서 살고 이러한 환경의 학교에 다닐 때 가장 쉽게 양심을 발달시킨다. 부모와 전문가들은 기꺼이 아동의 감정을 듣고 진심으로 돌보고 아동의 개별 요구와 흥미를 존중한다는 것을 아동에게 알려주어 양심 발달을 지지할 수 있다.

보르바(Borba, 2002)에 의하면, 이타성과 같은 가치를 다음과 같이 발달시키도록 도울 수 있다.

- 도덕적 표준을 매일매일 이야기함으로써 직접적 도덕 학습을 제공한다.
- 도덕 행동을 위한 높지만 현실적인 기대를 가져라.
- 매우 높은 표준을 위한 역할 모델이 되자. 아동은 언제나 우리를 보고 있다는 것을 기억하라.

- 아동에게 질문을 하여 도덕적 관점으로 생각하도록 돕는다. 아동은 우리의 지도를 위해 기본적인 원리를 이해할 필요가 있다(안전하기, 존중하기, 책임지기).

특별히, 개방적이고 지지적인 의사소통과 함께 권위 있는 지도는 가장 효과적으로 아동의 도덕발달을 양육해 준다. 귀납적 사고, 양육하기, 제한-설정, 긍정적인 모델 되기, 민주적인 토론하기, 갈등의 해결 사용하기를 장려하는 것은 모두 도덕성 발달을 지원한다.

2) 옳고 그름의 학습

4세인 사라에게, 진이는 도움을 주려다 4개의 접시와 3개의 유리컵을 깼다고 하고, 아리는 쿠키를 몰래 먹으려다 쿠키 단지의 뚜껑을 깼다고 들려줬다. 사라는 진이가 아리보다 더 버릇없고 벌 받을 만하다고 하였다. 사라는 더 많은 접시와 컵을 깬 것이 한 개의 뚜껑을 깬 것보다 더 나쁘다는 것에 집중하였다.

어린 아동은 한 상황의 모든 부분을 생각하지 못하거나 행동의 동기를 이해하지 못한다. 피아제(Piaget, 1952)는 상술한 것과 같은 도덕 질문을 다양한 연령 아동에게 들려주는 일련의 인터뷰를 통해 아동의 옳고 그름의 감각을 연구했다. 그는 어린 아동의 반응은 나이 든 아동과는 다르다는 것을 발견했다. 어린 아동의 도덕 추론은 단순하고 규칙의 개념, 동기, 의도를 이해하기보다는 문자 그대로의 규칙 그 자체를 지키는 것에 제한을 받았다.

콜버그(Kohlberg, 1969, 1976)는 인간이 도덕 추론을 발달시키는 단계를 3개 수준의 6개 단계로 기술하였다.

(1) 콜버그의 도덕 발달 이론

■ 수준 1-전관습적 도덕성(만 9세 이전)

- 1단계: 아동은 처벌을 피하기 위하여, 그리고 보상을 얻기 위하여 규칙을

따른다. 예를 들어, 전기 콘센트를 탐색하던 걸음마 아기가 손을 뻗었을 때 "안 돼 안 돼, 만지지 마."라고 하면 우리를 쳐다본다. 걸음마 아기는 아마도 단순히 우리가 관심을 보이고 규칙을 강제하기에 콘센트를 만지려는 충동을 억제했을 것이다(혹은 만일 아동이 불행히도 전기 충격의 고통을 알아서일 수도 있다).

- 2단계: 아동은 자신의 요구를 만족하기 위해 흥정을 한다. 친사회적 행동은 다른 사람의 호의를 이끄는 것이다. 예를 들어, "네가 만일 자전거를 태워 주면, 좋은 친구가 될게."이다.

■ 수준 2-관습적 도덕성(9세~초기 성인기)

- 3단계: '친절하기' 혹은 '좋은' 사람으로 인정받으려는 것을 강조한다. 이러한 강조는 권위를 가진 사람으로부터 긍정적인 관심을 받으려는 것이다. 예를 들어, 한 아동에게 교사가 푸른 콩 한 입만 먹어보라고 했을 때, 가까이에 있던 다른 아동이 성급하게 콩을 한 입 넣으며 "날 봐. 나는 채소 먹고 있다!"라고 말한다.

- 4단계: 초점은 법과 질서이다. 이 단계에서 아동은 모든 사람들이 그들의 의무를 다하고 법 문서를 따르는 것에 관심을 갖는다. 만일 모든 사람들이 그렇게 행동할 때만 법을 어기는 것은 괜찮다고 생각한다. 예를 들어. 학령기 아동은 규칙이 어겨지면 분개한다. 그들은 당뇨병으로 고통받고 있는 아동에게 교사가 다른 아동과의 규칙을 깨고 사탕을 주었다면 화낼 것이다. 이것은 그저 옳지 않은 것이다. 우리는 때로는 "난 네가 그것을 하게 둘 순 없어. 아니면 모든 사람도 그렇게 하도록 해야 돼."라고 이야기할 때 관습적인 도덕성에 의존한다. '규칙은 규칙이야'라고 가정하며 규칙에서 벗어나기 위한 혹은 예외를 만들기 위한 도덕적 이유는 없다고 가정한다.

■ 수준 3-후기 관습적 도덕성(성인기)

- 5단계: 이 단계에서 올바른 행동은 사회에서 널리 받아들이는 도덕 신념에

의거하여 개인의 권리의 관점에서 정의한다. 예를 들어, 이 수준의 한 교사는 당뇨병을 가진 아동의 저혈당 상태의 긴박한 건강 요구는 학교의 사탕에 관한 일반적인 공정한, 합리적인 규칙보다 더 중요하다고 인식한다. 아동 건강을 보호하는 것은 이 상황에서 규칙을 따르는 것보다 중요하다.

- 6단계: 합법적이고 일관되고 보편적인 개인의 윤리적 원칙과 개인적 양심에 근거해 행동이 도덕적인지 결정한다. 예를 들어, 어떤 어린이집 원장은 강하고 인기 있는 지역사회 구성원의 아동학대 사건에서 양심에 따라 증언함으로써 자신의 재정 능력을 위태롭게 할 수도 있다.

2. 도덕발달 지원

권위 있는 생활지도는 도덕성 발달을 지원한다. 권위 있는 지도는 사회적 민감성, 자기-인식, 그리고 규칙의 존중과 권위를 촉진한다(Laible & Thompson, 2002; Blandon & Volling, 2008). 권위 있는 지도는 양육과 제한설정의 완벽한 균형을 제공하며 둘 다 부드럽고 확고해야 한다. 이러한 지도의 유형은 더 부정적이고 때로는 적대적이며 투쟁적인 권위주의적, 훈육적 상호작용과는 다르다(Baumrind, 1978).

따뜻하고 반응적인 지도는 소중하고 높이 평가된다는 것을 아이들에게 전달한다. 아동은 자신이 그러한 대우를 받을 만할 가치가 있다고 느끼면 자존감이 높아진다. 아동은 대우를 받을 가치가 있고 타인에게 상처를 주는 것은 나쁘다는 것을 배운다. 권위 있는 성인은 일상적으로 존중하고 정서적으로 지지적인 방법으로 아동과 도덕적 주제에 대해 논의한다.

1) 한계 설정

권위 있는 양육의 중요한 부분을 요구(demandingness)라고 한다. 효과적인 요구는 다음의 세 가지 요소를 가진다.

① 높지만 현실적인 목표를 설정한다. 낮은 기대를 가지는 부모의 아동은 그 자신에게도 낮은 기대를 발달시킨다. 부모가 비합리적으로 높은 기대를 갖는 아동은 과잉스트레스, 좌절, 혹은 분노하고 부적합하다는 감각을 발달시킬 수 있다.

② 주의깊게 발전을 지원하고 격려하고 모니터하면서 아동이 합리적인 기대를 달성하도록 도와야 한다.

③ 아동의 목표 달성 여부를 지속적으로 추적하여 평가해야 한다. 아동은 많은 시간이 지나면 언젠가 기대가 잊혀질 것이라고 인식한다. 일관적으로 보살피며 부여하는 높고 합리적인 목표는 아동이 자기-통제와 자기-존중감을 발달시킨다.

2) 적절한 행동의 시범 보이기

어떻게 아동 앞에서 삶을 살고, 어떻게 타인을 대우하고, 어떻게 우리 자신의 좌절과 문제들을 다루는지는 모두 아동 행동에 영향을 미친다. 아동은 그들 삶에서 성인을 관찰하고 그들 행동을 모방한다. 우리는 타인을 향한 존중과 연민의 모델이 되거나, 혹은 타인을 얕보고 억압하고 신체적으로 장악함으로써 해를 끼치고 학대하는 행동의 모델이 될 수도 있다. 심지어 아동이 특정 행동을 바로 모방하지 않는다고 해도 타인을 어떻게 대우하는지에 관한 그들의 신념과 태도는 이러한 경험을 통해 형성될 수 있다. 이러한 교훈이 의도되지 않았다는 사실은 그만큼 아동에게 강력하다. 친사회적인 행동을 모델로 보여주는 성인은 아동에게 사람을 존중하여 대우하도록 가르친다.

3) 민주적인 과정에 의존하기

문제를 계획하고 해결하기 위해 집단 과정, 갈등 협상, 동의 구축하기, 타협하기, 그리고 토론에 의존한다. 이러한 방식에서 만들어진 결정과 규칙은 집단의 모든 사람에게 소유의식을 갖도록 한다. 민주적 집단 과정에 참여하는 것은 아동이 민주주의에서 기능하기 위해 필수적인 기술을 배우도록 돕는다. 이러한 절차를 사용하는 것은 준수하기, 도덕 추론, 양심, 자존감, 의타심을 아동에게 일으킨다. 아동은 타인의 느낌, 생각, 요구를 매우 존중하는 것은 물론 강력한 '공정함(fairness)'을 발달시키기 시작한다.

3. 부정적 행동 이해

사회화(socialization) 과정을 통해, 아기들은 부모와 다른 사람들이 그들에게 기대하는 것을 배우기 시작한다. 영아는 적절하거나 부적절한 행동에 대한 이해가 전혀 없다. 아기들은 그들이 원하는 것을 이해한다 해도 자신의 충동을 억제할 능력이 없다. 그러나 두세 살이 되면 점차 모든 것이 순조로와지며, 자기 통제를 발달시키고 다른 사람과 어떻게 어울리는지 배우게 된다. 아동은 가족과 공동체의 기대되는 규칙을 따르는 것을 배운다. 자기 통제가 발달되기 전, 아동은 감정과 욕망을 따르는 데 있어 전적으로 충동적이다. 충동적으로 활동하고, 실수하고, 외부의 통제에 고집스럽게 저항하고, 우리가 문제행동이라고 생각하는 행동을 한다. 다음의 세 가지 기본 규칙을 통해 아동의 행동에 개입하고 새로운 방향으로 전환해 준다.

- 아동과 다른 사람에게 해를 끼치는 것의 명확한 위험을 제시한다(안전하기).
- 타인의 권리를 침해하지 않는다(존중하기).
- 사물이나 생물을 혹사시키지 않는다(책임감 가지기).

이러한 세 가지 지침(안전하기, 존중하기, 책임감 가지기)은 아동을 위한 기초적인 기본 규칙을 정의한다. 그 다음 아동이 왜 친절하지 않은지, 안전하지 않은지, 부주의한 태도로 행동하는지 우리 자신에게 물어볼 필요가 있다. 잘못된 행동, 문제행동 그리고 부적절한 행동은 서로 바꿔 쓸 수 있고, 세 개 모두 버릇없고 장난의 의미로 잘못 해석되는 경향이 있다. 많은 부적절한 행동은 전혀 장난의 의도를 가진 것이 아니다. 아동은 심지어 우리가 어떤 특정 행동이 버릇없다고 생각하리라는 것을 깨닫지 못한다. 긍정적인 아동생활지도는 아동의 이해 수준을, 행동의 심각성과 빈도를, 그 기저의 가능한 원인을 살피면서 잘못된 행동에 대해 살핀다.

많은 사례에서 알 수 있듯이 아동의 행동을 멈추게 하기보다는 상황을 변화시키는 것이 훨씬 더 효과적이라는 것을 알 수 있다. 아기를 커피 탁자에서 떼어놓고 안전한 놀이 기구에 데려다 놓음으로써 부적절한 행동에서 적절한 행동으로 변화시킬 수 있다(심지어 아기가 아직 그 두 상황 차이를 아직 알지 못한다 하더라도). 5세 아동은 거실 소파와 트렘폴린의 차이를 알 수 있다고 가정하기에, 강조점은 아동에게 관련된 적절한 사실, 선택, 그리고 결과를 줄 수 있다.

예를 들어, 우리는 "그 소파는 점프하는 곳이 아니야. 네가 점프하고 싶으면 밖에 나가서 부드러운 바닥에서 뛰자."라고 말할 수 있다. 만일 그 활동이 지속되면 면밀한, 지속적인 관심을 기울여 단호하나 진심 어린 톤으로 "소파에서 점프하는 것이 재미있는 것 알아. 그렇지만 소파가 부서질 수 있거나 이곳에서 떨어져 딱딱하고 뾰족한 것에 부딪힐 수 있단다." "난 너와 함께 밖에 나가서 계속 재미있게 놀 것을 찾도록 도와줄게. 가서 공을 찾아보자. 우리 공놀이 하자."라고 말해준다.

아동 행동의 적절성을 사정하는 것은 그들의 입장에 서서 그들의 관점으로 세상을 보는 것, 즉 예리한 통찰력과 지혜로운 판단력을 요구한다.

1) 기능적 대 역기능적인 행동의 의미

아동이 부적절한 혹은 자기-파괴적인 행동을 강박적이며 만성적인 패턴으로 보여줄 때, 그 행동을 역기능적(dysfunctional)이라고 한다. 대조적으로 기능적(functional) 행동은 아동의 삶에 생산적이며 긍정적인 기능을 제공하는 적절한 활동이다. 기능적 행동은 아동의 욕구를 만족시킬 수 있도록 한다. 역기능적 행동은 부정적 반응 행동을 생산하는데, 이것은 아동이 바라는 결과와 반대된다. 아동이 타인에게 대처하고 상호작용하는 전략이 효과가 없으면 아동에게 스트레스와 불행감을 증대시켜 악순환이 된다. 사회적 기술이 부족한 외로운 아동은 관심과 주의를 얻기 위해 사정없이 다른 아동을 놀리는데, 이러한 놀리는 행동은 친구를 얻지 못하기에 역기능적이며 이것은 이 아동을 좋아하지 않도록 한다. 결과적으로 아동을 더욱 고립되고 외롭고 심지어 역기능적 행동의 순환 안에 갇히도록 한다.

2) 잘못된 행동의 성인-중심적 정의

잘못된 행동에 대한 '성인-중심적'인 정의는 아동 행동이 성인에게 끼치는 효과에 초점을 둔다. 개별 활동은 성인이 주의를 두는 사물에 대한 심각한 효과, 성인의 정서 상태나 기분에 의해 평가된다. 아동이 소풍가서 풀밭에 주스를 흘렸을 때, 성인은 전혀 치울 필요가 없기에 말하지 않으나, 만일 식당 바닥에 아동이 주스를 흘렸다면, 성인은 화를 내고 아동을 야단쳤을 것이다. 비슷한 상황으로 새로 산, 옅은 색깔의 주방 카펫 위에 포도 주스를 흘렸다면, 성인은 매우 분노하고 아동을 벌주거나 때릴 것이다.

아동은 그의 행동이 언제나 일관적이고 예측 가능한 성인 반응에 맞출 수 없다는 것을 배운다. 아동은 양육자가 느슨하고 놀이적인 기분일 때 자신의 부적절한 행동을 모면할 수 있다는 것을 학습한다. 또한 성인이 기분 나쁠 때는 아동이 어떤 행동을 하더라도 큰 차이가 없음을 아동은 또한 지각한다.

잘못된 행동에 대한 성인-중심적인 정의는 성인의 요구와 바람에 초점을 두기 때문에, 적절한 행동은 성인에게 편리하고 바람직한 활동으로 인식될 수 있다. 조용히 하기, 방해하지 않기, 단서를 주면 과하지 않은 귀여운 어린 아이의 역할을 하는 것은 '좋은' 아이의 특징으로 보여질 수 있다. 울기, 기쁨의 비명을 지르기, 놀라기, 혹은 수다 떨기가 성인을 화나게 하고 당황스럽게 하고 불편하게 한다면 장난꾸러기로 인식될 수 있다.

3) 잘못된 행동의 아동-중심적 정의

잘못된 행동에 대한 '아동-중심적인' 정의는 활동의 적절성이나 부적절성의 평가를 능력의 수준, 동기, 아동의 웰빙에 초점을 둔다. 활동이 잘못됐거나 부적절하면 이것이 타인의 권리를 침해하고, 안전하지 않고, 혹은 환경에 불필요하게 해를 끼치기에 그렇게 판단되며, 활동이 성인에게 골칫거리이거나, 성인이 참지 못하는 기분이 들어서가 아니다. 이런 방식의 행동 정의는 일관성과 공정감을 가져온다. 아동은 자신의 활동 결과에 대해 책임지는 것을 배운다. 그들은 자신의 행위와 권위 있는 인물로부터 받는 반응 간에 직접적인 관련성이 있음을 배운다.

아동의 연령과 발달적 단계를 고려함으로써 무슨 일을 시작하는 것은 아기나 걸음마 영아에게 정상적이고 이득이 되는 학습이지, 잘못된 행동이 아니라는 것을 인식할 수 있다. 우리의 책임은 아동에게 안전한 환경을 만들어 아기가 접근 가능한 모든 것을 안전하고 적절하게 하는 것이다.

일상 과정에 적극적으로 참여하도록 허락된 아동은, 모든 게 준비되기 전까지 기다려야 하는 수동적 아동보다 의심의 여지 없이 더 자주 실수할 것이다. 예를 들어, 어린 아동에게 음식 준비를 돕도록 허락하면 그 아동은 엉망을 만들 수 있고 시간도 오래 걸릴 수 있다. 성인이 혼자 하면 더 빠르고 쉬울 것이다. 그러나 아동이 그러한 경험에서 얻는 신뢰감과 기술은 노력만큼 값지다. 달걀을 떨어뜨리고 밀가루를 흘리는 것은 장난이 아니고 아동이 책임감과 독립심을 배울 수 있는 중요한 기회이다. 엉망이 된 것에 대해 야단치는 대신, 아동이 어떻게 일상의 과제를 수행하고 그 이후에 어떻게 치우는지 배우도록 돕는다.

4. 기질과 행동

한 사건이 한 사람에게는 동기를 부여하는 반면, 다른 사람에게는 스트레스로 왜 고통을 주는 것일까? 기질의 유형을 아는 것은 발달하는 아동을 돕기 위해 아동의 욕구를 확인하고, 그들의 잠재적인 재능을 식별하도록 돕는다. 기질은 한 사람의 성격을 뚜렷하게 하는 중요한 부분이다. 기질을 이루는 특질(traits)은 아동이 그들 환경 내 사람과 사물 간 상호작용하는 스타일에 심오한 효과를 준다. 영아기부터 기질은 아동이 세상을 학습하는 독특한 접근 방법을 형성하도록 돕는다.

1) 영아들의 기질 차이

심리학자인 로스바트(Mary Rothbart)는 기질에 관한 획기적인 연구를 수행하였다. 영아들에게 제한, 웃음과 미소, 단일 사물에 주의를 기울이는 기회를 주고, 그들의 활동 수준, 진정 능력, 두려움, 스트레스 등으로 기질의 영역을 측정하는 영아 기질 측정을 개발하였다(Rothbart et al., 2000).

로스바트는 다음의 차이에 집중하였다.

- 활동 수준: 일관적으로 팔과 다리 움직이기, 꿈틀거리기
- 제한에 고통받기: 구속되거나, 보살핌을 받거나, 원하는 행동을 수행할 수 없을 때 소란을 피우거나 울거나 괴로움을 보임
- 접근: 사물에 빠르게 접근하기, 즐거운 활동에 흥분과 긍정적 기대를 보임
- 두려움: 갑작스러운 변화, 새로운 사물, 새로운 사람에 놀라고 당황함. 새로운 것에 접근을 억제함
- 지향의 기간: 긴 시간 동안 한 가지 단일 사물에만 주의를 기울이거나 상호작용함
- 미소와 웃음: 돌봄과 놀이 상황에서 쉽게 미소짓고 웃음
- 음성적 반응: 일상 활동에서 자주 발성함. 쿠잉, 옹알이, 단어 말하기를 일찍

시도함

- 슬픔: 불편하거나, 사물이 사라지거나 혹은 바라던 활동을 수행할 수 없을 때 기분이 낮아짐을 경험.
- 지각의 예민함: 외부 환경에서 사소한, 낮은 강도의 자극을 감지함
- 고강도 즐거움: 고강도의 자극을 즐김, 다양한 속도, 복잡성, 새로움, 부조화에서 즐거움 발견
- 저강도 즐거움: 저강도의 자극을 선호. 너무 다양한 속도, 복잡성, 새로움, 부조화에서 화를 낼 수 있음
- 꼭 껴안음: 양육자에 의해 안기거나 묶이게 되는 것을 즐김
- 진정 능력: 양육자가 진정을 위한 기술을 사용하면 야단법석, 울음, 스트레스가 줄어듦
- 반응의 감소 혹은 고통으로부터의 회복속도: 고통이나 흥분에서 빠르게 회복됨. 쉽게 잠이 듦

로스바트의 검사 목록은 아기의 기질 차를 식별하는 데 도움이 되고 그들의 욕구를 설명할 수 있다. 돌보는 아동에 대해 잘 알수록 개별 욕구에 잘 맞추어 그들의 행동을 더 잘 지도할 수 있다.

2) 기질과 아동 지원

기질은 한 부모나 양쪽 부모로부터의 유전적 요소를 가진다. 만일 까다로운 부모가 까다로운 아동을 만났을 때, 순한 부모가 까다로운 아동을 만났을 때, 또한 까다로운 부모가 순한 아동을 만났을 때 각각 무슨 일이 생길지 생각해 볼 수 있다.

아동의 기질을 이해하는 것은 위험을 피하고 개별 아동의 특별한 상황에 맞게 지도의 전략을 발달시키도록 도움을 준다. 우리는 아동이 특별한 특정 상황에서 왜 그렇게 행동하는지에 관한 통찰을 얻을 수 있다. 또한 한 아동의 행동이 왜 극도로 신경을 거슬리게 하고 분노하게 하는지 이해할 수 있게 한다.

무엇을 기대해야 하는지 아는 것은 우리에게 상황에 대한 힘을 준다. 아이의 행동이 우리를 짜증나게 하는 것이 개인적으로 의도된 것이라고 생각하고, 놀라고 방심하는 대신에, 우리는 뒤로 물러서서 아이가 왜 그런 행동을 하는지 이해할 수 있다.

아동을 정서적으로 움직이도록 하는 것이 무엇인지 좀더 알게 된다면 아동이 세상과 성공적으로 어울리는 데 요구되는 기술을 배우도록 도와 줄 것이다.

5. 문제행동의 기저 원인

행동을 새로운 방향으로 전환하기 위해서는 아동이 왜 건강하게, 더 활발하게 놀이에 참여하지 못하였는지 그 잠재적인 이유를 생각해 볼 필요가 있다. 아동이 조용하고 수동적인 것에 강화를 받았는가? 시끄럽고 활발한 놀이에 부정적으로 반응하였는가? 재미있는 놀잇감과 놀이 교구가 아동에게 접근 가능한가? 아동이 함께 놀 사람이 필요한가? 우리는 바람직하지 않은 행동을 막고, 그 상황을 바꾸기 위해 그 행동 발생의 이유를 고려해야 한다. 아동생활지도에서는, 건강한 돌봄이 되기 위한 가장 최선의 치료는 언제나 예방이다.

1) 부적절한 기대

때로는 아동의 잘못된 행동은 우리의 부적절한 기대의 직접적인 결과 때문이기도 하다. 아동이 아직 할 수 없는 일을 할 수 있으리라 기대한 탓이다.

> 부부는 18개월 된 아들인 우진이와 함께 소아과 대기실에 앉아 있었다. 이 작은 아동은 가장 좋아하는 옷을 입고 검은 구두, 작은 리본 타이를 하고 있었다. 그는 아기 옷 모델처럼 하고 무릎에 앉아 있었다. 잠시 우진이는 조용히 있다가 방을 둘러보고 엄마 아빠를 보고 있었는데 엄마 아빠는 의사에게 질문할 것에 대해 의논하고 있었다.
>
> 몇 초 더 앉아 있다가 우진이는 큰 열대어가 헤엄치는 커다란 어항을 보면서 "이거"(이것은 우진이의 말로 '이것 봐요'란 단어이다)라고 하면서 단호하게 몸짓을 하며 엄마를 보고 되풀이 하였다 "이거 뭐?"("이거 뭐예요?") 엄마는 우진이의 타이를 펴주며 "그래. 그건 물고기야. 쉬… 가만히 있어야 돼. 옷이 엉망이 된다."
>
> 우진이는 몇 초 더 길게 어항을 보다가 잠시 후 아빠 무릎에서 갑자기 내려왔다. 아빠는 우진이를 붙잡으며 무릎으로 당기며, "저건 만지면 안 돼. 여기서 기다리면서 가만히 있어야 돼. 네가 내려가면 분명 뭔가 깨뜨릴 거야."라며 단호하게 말했다. 우진이는 낑낑거리며 주먹으로 눈을 비볐다. 그리고 무릎에서 내려가려 애썼다. 엄마는 기저귀 가방에서 젖병을 꺼내어 우진이에게 주었으나 바닥에 그것을 던지고 발로 차며 크게 울었다.
>
> 간호사가 와서 의사가 부른다고 하였다. 부부는 어쩔 줄을 몰랐다. 매우 좌절한 목소리로 "이 아이가 왜 이렇게 행동할까요? 이 아이는 때때로 다루기 불가능해요."라고 말하였다.

이러한 상황을 해결하기 위해서는 우진이를 그 상황에서 벗어나게 하여 가라앉을 때까지 기다리는 것 외에는 방법이 없다. 이 상황을 막기 위해 많은 것들이 행해졌다. 만일 부부가 이 아기가 기대하는 것에 관하여 미리 알았으면 그가 30분~1시간 동안 앉아 있을 수 없다는 것을 예측할 수 있을 것이다.

그들은 아기가 좋아하는 놀잇감이나 책을 가지고 온다거나 혹은 까꿍놀이 등을 하여 주의를 분산시키거나 종이에 낙서를 하도록 하여 혹은 그의 어항에 대한 관심을 따라갈 수 있었다. 아빠는 우진이를 주의깊게 감시하면서 물고기에 대해 이야기하고 어항을 보고 만질 수 있었다.

2) 아동의 오해

때로는 아동은 그들에게 기대되는 것을 오해한다.

> 유진은 유아 교사이며, 유아들이 화장실을 엉망으로 할 때 경악한다. 바닥은 온통 물과 종이 휴지가 곳곳에 흩어져 있다. 3세인 미서에게로 가서 "내가 곧 가서 물을 닦을 테니 너는 휴지들을 휴지통에 버려주겠니?"라고 하였다.
>
> 교사가 닦고 돌아왔을 때 불쌍한 미서가 깨끗한 휴지를 디스펜서에서 빼내어 한 뭉치를 휴지통에 넣고 있었다. 불쌍한 목소리로 미서는 "이거 너무 많아요. 휴지가 너무 많아요"
>
> 운이 좋게도 교사는 미서의 행동 결과가 바람직하지는 않아도 의도가 좋다는 것을 인식하였다. 미서는 교사의 지시를 곧이곧대로 받아들여서 "이 모든 휴지들을 휴지통에 넣어"라고 한 것에 대해 그렇게 한 것이다. 교사는 "바닥에 있는 젖은 휴지들을…."이라고 특정하지 않았다.
>
> 교사는 미서가 도우려 노력한 것에 따뜻하게 고맙다고 하고 사무적으로 말했다. "우리 이제 젖은 더러운 휴지들을 휴지통에 넣자. 마른 것들은 우리가 다음에 씻을 때 사용할 수 있어."

만일 교사가 미서를 혼내거나 날카롭게 "자! 네가 한 일을 봐봐. 바보같은 짓을 했구나."라고 했다면 미서는 그 다음에 그녀가 도와달라고 하면 열심히 협조하지 않을 것이다.

3) 자기 통제의 미성숙

아동은 우리의 진짜 요구를 따르기 원하나, 때때로 어떤 이유로 우리가 기대하는 것을 수행하는 데 필요한 자기 통제를 하지 못한다.

> 가정 보육에서 4명의 아동을 돌보고 있는 한 교사는 영유아 교사 교육을 받았지만 베이비시터는 아니다. 그녀의 아동들이 과학과 자연을 배울 수 있도록 아기 기니아피그를 보여줬다. 아동들이 월요일에 오자마자 기니아피그를 보고 흥분의 도가니가 되었다. 교사는 우리 앞에서 두 유아를 무릎에 앉히고 새로운 애완동물에 대해 이야기를 나누었다. 기니아피그가 돌면서 소리를 낼 때 두 아이들은 '찍찍이'라고 이름을 지어줬다.
>
> 교사는 소리를 지르거나 우리를 흔들면 '찍찍이'가 놀랄 것이라고 설명하였다. 또한 '찍찍이'가 매우 점잖지만 손가락을 집어넣으면 혼란스러워서 손을 물어뜯을 수도 있다고 하였다. 아동들은 이야기 나누면서 손을 뒤로 하거나 주머니에 넣어 우리를 흔들거나 손을 넣으려 하지 않았다.
>
> 교사가 한 아동을 도우려 화장실에 갔을 때 갑자기 날카로운 비명소리가 들렸다. 아동들은 흥분했고 순간적으로 우리가 기울어지며 쓰러졌다. '찍찍이'가 소리지르며 달렸고 아동들도 소리지르며 달렸다. 아이들은 울기 시작했고 물과 기니아피그의 먹이가 사방에 흩어졌다.
>
> 교사는 재빨리 겁먹은 기니아피그를 잡아서 부드럽게 쓰다듬으며 조용한 목소리로 "얘들아 들어 봐. '찍찍이'가 내는 작은 소리가 들리니? 얘는 매우 무서워 해. 무서워하지 않도록 작은 소리로 자장가를 불러주자."라고 하자. 큰 아동이 부드럽게 교사를 따라 불렀다. 영아들은 눈을 크게 뜨고 보고 있었다. 모든 사람이 차분하고 조용할 때. 교사는 '찍찍이'를 우리에 집어넣고 "우린 '찍찍이'의 우리를 창고 방에 잠시 넣을 거야. 낮잠을 자고 나서 다시 꺼내어 보자."

교사는 아동들이 장난스럽게 일부러 악의적으로 '찍찍이'에게 해를 주거나 놀라게 한 것이 아니라는 것을 알았다. 그들은 단지 흥분하여서 그 상황을 성공적으로 다루는 데 필요한 통제를 할 수 없었다. 교사는 충분한 시간, 인내, 연습을 가진다면 아동들은 마침내 기니아피그를 적절하게 볼 수 있는 자기 통제를 발달시킬 수 있을 것을 확신했다. 또한 그 시간까지 '찍찍이'를 치우고 교사가 특별한 감독을 할 때는 볼 수 있도록 했다. 아동들의 자기 통제의 부족함을 야단치거나 벌을 주는 것은 적절하거나 도움이 되지 않는다. 왜냐하면 그 시점에서 아동들은 더 성숙하거나 조절된 방식으로 행동하는 것이 어렵기 때문이다. 대신에, 교사는 그들이 '찍찍이'의 감정과 욕구를 알고 만지지 말고 보기만 해야 한다는 것을 이해하도록 하였다. 그녀는 또한 아동의 행동을 바꾸려 노력하기보다는 일시적으로 환경을 바꾸는 것이 더 낫다는 것을 알았다.

4) 바보 같은 장난의 집단 전염

신나고 바보 같아진 아동은 전적으로 억제할 수 없고 자유로운 그런 기분을 다시 느끼고 싶어 한다.

> 화요일 아침, 언제나 이 구립 도서관은 생기가 넘친다. 잠자고 있던 작은 도서관은 아동들의 이야기로 가득 찬다.
>
> 아동도서 사서인 지은씨는 아동들에게 재미있는 프로그램이 되도록 꼭 맞는 책들을 선정하고 읽어주는 연습을 하였다. 화요일 아침, 지은씨는 바닥에 앉아 있는 매우 어린 아동 집단의 이야기 시간 준비하기를 도왔다. 세 마리 오리 노래도 함께 불렀다.
>
> 유아들 중 한 명이 겨드랑이 안에 손을 집어넣고 오리 날개를 만들어서 "꽥꽥꽥" 하며 노래를 불렀다. 다른 유아는 팔을 잡고 흔들며 노래를 했다. 첫 유아가 낄낄 웃으며 바닥으로 굴렀다. 역시 다른 유아들도 웃으며 떨어지기를 따라 했고 허공에 발을 찼다.
>
> 지은씨는 노래를 멈추고 부드럽게 그 집단의 대장으로 보이는 근영이를 일어나 앉도록 도왔다. "너는 핑이라는 작은 오리 이야기를 들을 준비가 되었니?" 근영이는 열정적으로 고개를 끄덕이며 "예"라고 소리쳤다. 물론 다른 유아들도 그렇게 하였다.
>
> 지은씨는 목소리에 긴장감을 가득하도록 하여 "아주 옛날 페어랜드에 핑이라는 작은 오리가 살고 있었어요."라고 이야기를 들려주기 시작했다. 모든 아동들은 이야기를 들으려고 몸을 앞으로 숙였다. 그러나 핑이 장난을 하려고 하는 가장 흥미로운 곳에서 유아들은 그들의 열정에 압도되어 몇 아동들이 바닥을 발로 구르기 시작했고 근영이는 소리를 지르기 시작했다. 그러자 다른 유아들도 소리 지르기에 합류했다. 근영이는 머리를 열정적으로 흔들며 온몸으로 발을 굴렀다.
>
> 지은씨는 무기력하게 서서 유아들을 보고만 있었고, 머리 흔들기와 발 구르기는 모든 아이들에게 전염된 듯했다. 갑자기 지은씨는 그녀가 준비한 이야기보다 다른 아이들의 존재가 유아들에게 더 흥미로움을 알게 되었다. 지은씨는 책을 내려놓고 서서 "누가 하늘 높이 몸을 뻗을 수 있을까? 좋아. 그럼 누가 발을 쾅쾅 할 수 있을까? 아이구~ 훌륭해!. 그럼 머리 어깨 무릎 발 노래를 불러보자."라고 하였다.

지은씨는 매우 통찰력이 있었기에 유아들의 소란스런 행동이 개인적으로 그녀를 모욕하기 위한 것이 아님을 알았다. 근영이와 다른 유아들은 버릇이 없다기보다는 단지 매우 즐거웠다. 이 활기찬 경험을 한 집단에서 함께한다는 것이 짜릿했고 그들은 먼 땅에서의 오리의 삶에는 관심이 없었다. 집단 활동이라는 이 시간에는 좋은 수업을 듣는 것보다 노래 부르기와 움직이기가 더 잘 맞았다.

5) 지루함

지루함은 아동의 잘못된 행동을 가장 잘 예측해 줄 수 있는 원인 중 하나이다.

그날 어린이집은 문을 닫았지만, 직원의 아동들이 돌아다니며 직원 회의가 끝나기를 기다리고 있었다. 어린이집 직원들은 그들의 전문성과 높은 수준을 자부하며 질을 높이는 목적을 가지고 있었고, 매주 화요일 문제들을 의논하기 위해 어린이집 업무가 끝나면 직원들 회의가 있었다.

대부분의 직원들 또한 부모들이기에 그들의 아동들은 부모가 끝나기를 기다렸다. 직원은 아이들에게 과자를 주고자 나와 살폈지만 아이들에게는 화요일 오후는 지루했다. 10월 초, 크리스마스를 논의하기 위한 회의는 1시간이 넘게 진행되었다. 아동들은 과자를 먹고 색칠놀이와 퍼즐놀이를 하고 책도 읽었다. 5살인 수인이와 4살 반인 보미는 너무 지루하여 바보짓을 하기로 했다. 늘 보던 책을 보며 서로에게 웃긴 짓을 하며 웃고 있었다.

그 다음 아동들은 스파이처럼 탁자 밑, 가구 뒤에 숨어 어른들을 엿보고 다시 돌아와 바닥 위를 구르며 웃었다. 스파이들은 적진(회의실)으로 급습하기로 결정했다. 아동들은 어른들의 커피 탁자를 공격했다. 수인이는 탁자 밑으로 천천히 기어들어가다가 구부리고 신나게 홀을 다니며 두 손으로 웃음이 나오는 입을 막고 있는 보미를 보았다.

각설탕을 한 웅큼 집은 수인이의 작은 손이 천천히 탁자 밑으로 들어가다가 불행히도 커피 주전자의 코드에 걸려 모험으로 가득한 수인이의 상상이 갑자기 깨졌다.

홀에서 보고 있던 보미가 무서워하는 동안 수인이는 탁자 밑에서 몸을 움츠렸고, 바닥에는 커피가 흘렀다. 수인이는 당황해서 얼굴이 붉어지고 어른들이 뛰어나왔다. 가장 놀란 사람은 엄마였다. 수인이는 잘못된 행동을 할 것이라 전혀 기대하지 않는 아이였다. 다행히, 이 실수로 아무도 다치지 않았다. 감독이 없고 아이들이 적절하게 행동할 것이라는 성인의 방심이 실제로 재난으로 나타났다.

지루함은 특히 느슨한 감독과 함께할 때 잘못된 행동, 특별한 '창의성'의 폭발 등을 발생시킨다. 부지런한 감독은 긍정적인 아동 지도의 핵심이다. 주의깊은 성인은 아동들의 지루함을 알아보고 그것을 바로잡으려 시도한다.

6) 피곤과 불편함

아동의 기분이 나쁘면, 적절하게 행동하는 데 어려움을 가지게 될 것이다.

한 가족이 동물원에서 재미있는 시간을 보내고 있었다. 몇 시간 동안 동물원을 돌아다니며 4명의 아동들과 시간을 보내고 있었다. 15개월~8세 된 세 명의 남자아이와 한 명의 여자아이가 즐겁게 시간을 보내고 있었다. 날씨는 좋았고 오랑우탄이 밑으로 매달려 아이들을 즐겁게 해주었고 걸음마 아기인 막내 여아 세아는 '원숭이'와 '새'를 배우고 새로운 동물 소리를 내었다. 저녁에 집에 오는 길은 길고 지루하였다. 아빠는 운전을 하고 엄마와 아이들은 집에 도착할 때까지 잠이 들었다.

집에 도착했을 때 아이들은 잠에서 깨자 배도 고프고 피곤했다. 아빠는 "내가 저녁으로 팬케이크를 만들어줄게. 금방 만들 수 있을 거야." 엄마가 아이들을 목욕시켜 옷을 갈아입히고 모두 앉아 큰 폭신한 팬케이크와 사과소스, 베이컨을 먹으려 했다. 아이들이 좋아하는 식사였다.

엄마는 세아를 일으켜(귀여운 파자마를 입고 오버나잇 기저귀를 하고 있었다) 높은 의자에 앉혔다. 아빠가 팬케이크를 자르자 갑자기 세아가 낑낑거리며 머리를 흔들고 의자 쟁반을 밀쳤다. 아빠는 "왜 그래? 내가 팬케이크를 자르는 게 싫으니?" 세아는 몸이 굳어 몸부림치며 점점 더 큰 소리를 내었다. 아빠는 "그래. 그럼 내 것과 바꿔줄게. 내 것은 자르지 않은 거야." 그때 세아가 팬케이크를 던지자 오빠에게 떨어져 오빠도 울기 시작했다.

아빠는 오빠를 위로하고 엄마는 세아를 들어올려 의자에서 빼내며 "아가야, 난 네가 피곤하다는 걸 알아. 우리 모두 피곤해. 그렇지만 음식을 던지면 안 돼." 세아는 몸이 굳어 몸부림치며 아주 크게 소리질렀다. 그 소리에 부부는 어떻게 해야 할지 머리를 짜냈다. 그러나 어떤 것도 도움이 되지 않고 상황이 점점 악화되었다. 유일한 방법은 세아를 재우는 것이었다. 세아는 흐느끼며 잠들었다.

남자 아이들이 먹고 잠든 후, 부부는 세아의 짜증을 풀어보려 했으나 이것이 새로운 단계인지, 아니면 바쁜 하루로 인해 과잉자극되고 피곤한 결과인지 결론을 내릴 수 없었다.

다음 날 아침, 엄마는 세아의 요람에 기대 아침 인사를 했다. 세아는 엄마가 기저귀를 갈아주자 크게 미소지었다. 그때 엄마는 깜짝 놀라 멈추었다. 작은 플라스틱 공룡이 기저귀에 끼여 있어 세아의 살에 뾰족한 자국이 생기고 빨갛게 되었다. 엄마는 이 장난감을 치우며 "왜 지난밤에 기저귀를 살펴보지 않았을까?" 하며 혼자 말하였다.

7) 인정의 욕구

무시당하는 것은 어떤 연령에서든지 상처를 받는다.

3세인 나영이는 3남매 중 중간 아이였다. 그의 누나인 가영이는 초등학교에서 선생님의 페이퍼를 들고 자신이 얼마나 똑똑하고 훌륭한지 말했다. 그녀는 날마다 친구들을 데려와서 함께 놀았다. 그런데 나영이가 가영이의 친구와 같이 놀고 싶어할 때면, "엄마, 나영이를 저리 가게 해주세요."라고 소리지른다.

나영이의 동생 다영이는 항상 엄마의 팔에 안겨 젖을 먹고 트름하고 목욕하고 토닥여진다. 나영이가 엄마에게 책을 읽어달라고 하거나 그네를 밀어달라고 하면, 엄마는 "나영아, 네 장난감을 가지고 놀아. 아기가 울어서 지금 너와는 놀아줄 수 없어." 나영이는 그의 엄마가 더 이상 자기를 사랑하지 않는다고 생각하였고 그 바보같은 아기만 사랑한다고 생각하였다(그리고 중요한 숙제를 한 누나와)

나영이가 오줌을 싸자 엄마는 "나영아, 넌 큰 아이야. 오줌은 변기에 누는 거잖아"라고 말했다. 나영이는 "아무도 날 사랑하지 않아!"라고 하면서 뒷문으로 달려갔다. 나영이는 낡은 야외용 의자를 딛고 나무 위로 올라가기 시작했다. 너무 무서웠지만 더 이상 올라갈 수 없을 때까지 높은 곳으로 올라갔다. 그리고는 울기 시작했다.

나영이의 엄마는 그 울음소리를 듣고 뛰어나왔다. "세상에…" "나영아, 세상에 어떻게 거길 올라갔어?" 아빠를 불렀고 나영이가 안전하게 내려오기까지 한 시간이 걸렸다. 아빠가 가장 낮은 가지에서 나영이의 손을 잡아주어 나무에서 내려오게 하여 엄마에게 데려왔다. 엄마는 나영이를 숨을 쉬지 못할 정도로 꽉 안아주었으나 나영이는 신경쓰지 않았다. 그저 나무에서 내려온 것이 기뻤다.

아빠가 잔디에 앉았다. 나영이를 어떻게 나무에서 내려오게 해야 하나 걱정하느라 진땀에 젖어 있었다. 나영이한테 무릎에 앉으라고 하였다. "아들, 너희 엄마와 나는 너를 사랑해. 넌 우리가 만난 유일한 나영이야. 자판기에 동전을 넣어 뽑으면 똑같은 나영이가 나올 것 같니? 새 동전을 넣으면 새 나영이가 나올까? 절대 아니지! 그런 식으로 우리가 나영이를 가질 수 없는 거야. 이 세상에서 나영이는 너 하나뿐이야."

나영이는 아빠의 무릎에 앉아 아빠의 힘센 팔로 둘러싸여 가슴에 안겨서 아빠의 큰 심장이 뛰는 소리, 그의 깊은 목소리, 우르릉거리는 웃음소리를 들었다. 나영이는 가게의 자판기를 상상하며 깊게 숨을 쉬고 웃었다.

어린 아동에게 무시당하는 느낌은 어려움 속에 있고 사람들이 화내고 흥분하는 것보다 더 고통스럽고 무서운 일이다. 모든 인간은 소속감을 필요로 하고 사람들이 자기 자신을 필요로 하고 요구한다는 것을 느끼길 원한다. 만일 한 아동이 아무도 자기를 원하지 않고 버려졌다고 느끼면 협력하거나 규칙을 따르려 하지 않을 것이다.

8) 낙담

낙담으로 압도당하는 것은 모든 사람을 우울하고 화나도록 만든다.

현서의 가족은 새로운 곳으로 이사를 했다. 현서는 예전 학교에서 선생님을 진짜 좋아했었다. 학교 숙제 점수가 좋았고, 교사들은 현서가 과제를 다하면 다른 학생들을 돕도록 하였다. 교사는 현서가 한 것들을 칭찬하고 현서의 작문을 모든 사람이 보도록 게시판에 붙여놓고는 하였다. 그러나 새 학교의 담임교사는 현서가 자신의 학급에 있는 것을 행복하게 생각하지 않았다. 새 학교의 첫 날, 현서는 교사가 다른 교사에게 짜증을 내며 중간에 다른 학교에서 온 학생을 맡아야 하는 것에 대해 심한 불만을 털어놓는 것을 듣게 되었다. 현서가 선생님이 내준 새 워크북에 붙일 자신의 이름을 정성스럽게 인쇄해 와서 붙이려 할 때 교사는 재빨리 날카로운 소리를 내면서, "아가씨, 이 학교 2학년은 인쇄하지 않아, 필기체로 직접 써야 해."

현서는 창피하여 자신의 발만 쳐다보았고 필기체가 무엇인지 궁금하였다. 현서는 엄마가 선생님에게 현서는 필기체를 전혀 모른다고 여러 번 말하는 것을 들었다. 교사는 옅은 파란 줄과 점으로 되어 있는 작은 워크북을 주었다. "난 먼저 봐줘야 할 아이들이 있어서 너한테 모든 것을 다 가르쳐줄 시간이 없어. 이 워크북을 하고 각 페이지의 단어를 예시와 같이 써. 우리 반에서는 네가 또 인쇄하는 걸 봐줄 수 없어. 알아들었지?" 현서는 교실 뒤에 혼자 앉아 매우 낙담하였으나 어렵게 워크북에 있는 글자들을 열심히 베끼고 마침내, 글자들이 친숙하게 느껴졌다. 마치 목걸이의 구슬처럼 긴 줄로 엮여서 연결되었다. 쓴 철자들을 예시와 맞춰보았다.

교사는 현서의 작업이 전혀 맘에 들지 않았다. "이건 내가 말한 필기체가 아니야! 다른 아이들이 쓴 것이 안 보이니?" 현서는 너무 당황스러워 주위를 둘러보았다. 다른 아이들이 자신을 쳐다보지 않았으면 하였다.

현서는 집에서 매우 조용했다. 학교에서 있었던 일에 대해 이야기를 늘어놓지도 않았다. 학교에 가기를 고대하지도 않고 아침마다 배가 아프다고 하였다. 엄마에게 집에 있게 해 달라고 애원하였다. 또한 이상하게 신경질적이고 화내며 동생들과 싸웠다. 학교에서 현서는 선생님이 자신을 보거나 자신에게 온다고 생각하면 항상 연필을 깎으러 갔다. 많이 깎아서 연필심이 너무 뾰족해져서 그녀가 초조하게 종이에 눌러 쓸 때마다 부러졌다. 워크북의 종이에 구멍이 나서 스위스 치즈 같았고 작업을 더욱 나빠보이게 하였다. 교사는 현서에게 더 격분하여 현서가 느린 학습자이거나 혹은 까다롭고 비협조적인 아동인지 궁금해했다.

실제로, 현서는 아프지 않고, 느리지도 않고, 까다롭지도 않았다. 그저 매우 낙심한 것이다. 그녀의 자존감이 떨어지고 위기에 빠지고 비구조화되었고 학교 수행을 전혀 수행할 수 없고 친구 사귀는 것, 교사의 기대에 맞추는 것이 전혀 되지 않았다. 매우 강한 비난과 몰아세우기는 어려운 과제 수행을 더 어렵게 만들었다.

9) 좌절

나이가 많든, 나이가 어리든 우리는 모두 좌절의 어느 수준에 부딪히면 통제력을 잃는 위기에 놓인다.

빈우의 많은 공격성은 아마도 그가 일상에서 마주치는 스트레스와 압박에서 온 것이다. 엄마는 일하는 엄마이자 학생으로서 재정적으로나 정서적으로 생존을 위해 분투하며 많은 좌절을 겪고 있다. 그녀는 완벽한 엄마로서, 또한 개인적이며 사회적 요구를 다루는 데 있어 노력하며 좌절을 느끼고 있다. 빈우는 전염병처럼 엄마의 스트레스 일부를 '받았다'. 그는 왜 모든 시간에 긴장하고 고집을 부리는지 몰랐고 어떻게 그런 감정을 없애는지 몰랐다.

> 빈우는 2살이다. 엄마 없이는 하루도 제대로 행동하지 못했다. 그는 아기처럼 행동할지 다 큰 아이처럼 행동할지 사이에서 흔들렸다. 엄마가 신발 끈을 묶어주려 하면 "내가 할 거야."라고 낑낑거렸다. 엄마가 신발 끈에 대해 화가 나서 "그래, 네가 묶어."라고 말했다. 물론 빈우는 어떻게 묶는지 몰랐으나 고집을 피워 15분 동안 끈을 꼬아서 이상한 매듭을 만들었다.
>
> 엄마는 "그래, 이제 네가 해 놓은 것을 봐봐. 내가 넌 어떻게 묶는지 모른다고 했잖아. 가만히 있어. 그러면 이 매듭을 풀고 다시 묶어줄게." 빈우는 엄마가 그의 신발을 만지지 않도록 발로 차고 싸웠다. 엄마는 빈우를 때리며 겨우 신발끈을 묶었다.
>
> 빈우의 엄마는 일주일에 두 번 밤에 일하고 수업도 들어야 하는 상황에서 창고 세일이나 중고가게에서 빈우가 원하는 장난감과 옷을 사서 입혔다. 매일 예쁘게 머리를 빗겨 어린이집에 데려다줬다.
>
> 엄마는 수업이 없는 평일 밤 빈우를 집에 데리고 오면 해야 할 많은 일들을 언제나 했다. 빈우를 바닥에 내려놓고 음식을 만들고 청소하고 공부할 때 장난감 바구니를 가지고 놀게 했다. 대부분 빈우는 장난감을 놓고 엄마를 따라다니고 엄마의 책들, 주방 장식장을 엉망으로 해놨다. 엄마의 인내심이 한계에 다다르면 손을 때리고 "안 돼."라고 하거나 강하게 바닥을 내리쳤다.
>
> 바쁘고 녹초가 된 엄마와 매달리고 고집 센 영아 간의 긴장이 발생했다. 어린이집에서 빈우는 장난감을 달라고 하거나 자전거 타고 싶다고 할 때 거부당하면 아이들을 물기 시작했다. 교사에 의한 타임아웃으로 '생각하는 의자'에 앉도록 해도 무는 행동은 멈추지 않았다. 오히려, 더욱 고집부리고 동요되었다.
>
> 어느 날, 빈우는 몇 차례 문제를 일으켜 튀어나오는 상자를 혼자 가지고 놀고 있었다. 작은 손잡이를 돌리면서 튀어나오는 광대를 보기 전 노래를 듣고 있었다.

빈우는 주의깊게 지켜보다가, 다시 할 수 있도록 뚜껑을 닫기 위해 작은 광대를 다시 상자 안으로 밀어 넣으려고 했다. 작은 광대의 머리를 상자 안으로 밀어 넣고 뚜껑을 눌렀지만 장난감 광대의 두 개의 작고 납작한 플라스틱 손이 튀어나와 뚜껑이 닫히지 않았다. 그는 뚜껑을 최대한 세게 눌렀지만, 손이 미끄러져 작은 광대가 다시 튀어나왔다.

빈우는 협조하지 않는 장난감 광대를 노려보다가 몸을 구부려 광대의 손을 물었다. 오랫동안 세게 물어 장난감 광대의 플라스틱 손에 이 자국이 선명하게 남았다.

스트레스는 오늘날의 많은 아동과 가족에게 실제적인 위기가 된다. 아동은 무의식중에 그의 부모와 양육자로부터 스트레스를 흡수하고 그들 자신의 생활 양식으로부터 직접적으로 스트레스 징후를 발달시킨다. 스트레스의 원인이 무엇이든 간에, 흔히 부적절한 행동(건강, 식욕, 그리고 집중력 문제들과 함께)으로 나타난다.

10) 반항

아래와 같은 억압적인 환경에서는 아무리 유순한 사람이라도 반항을 하게 된다.

최 코치는 19세이며 키가 크고 근육이 많은 청년으로, 6~12세 방과 후 학교 과정을 운영하는 문화센터 체육교사로 고용되었다. 올림픽에 대한 그의 아동기 꿈은 등의 심한 부상으로 좌절되었고 그가 특별히 원하지 않았던 어린 아동들을 가르치는 체육교사를 하게 되었다.

그는 매우 거칠고 어려운 것으로 시작하는 훈련과정을 만들었다. 그는 1, 2, 3학년을 바닥에 모이게 하고 엉덩이에 손을 넣고 그들 앞에 우뚝 서서 우렁찬 목소리로 "내 허락없이 말하면 내보내고, 나의 지시에 집중하지 않으면 내보낼 것이며 게으름 피우거나 부주의하면 혼날 것이다. 이해하겠지?" 아동들은 한 목소리로 "예, 코치님."이라고 하였다.

처음에 아동들은 최 코치를 두려워하여 시키는 대로 모든 것을 하였다. 진지하게 주의를 기울여 뛰라고 하면 뛰었다. 점점 그들의 복종은 피곤해졌다. 최 코치는 아동들의 수행에 칭찬은 커녕 "글쎄, 너희들이 이제야 집중하는구나."라고 퉁명스럽게 말하였다. 그러나 "그게 너희들이 최선을 다한 거라면 벽으로 가서 서 있어. 너희들이 내 시간을 낭비하게 할 수는 없어" 하며 신랄하게 비난하였다. 그러한 말들은 상처를 주어 아동들은 점점 코치를 너무 싫어하게 되었다.

> 아동들은 최 코치가 그들을 수업에서 쫓아내겠다고 자주 위협했지만 그 위협을 왜 끝까지 수행하지 않았는지 궁금해했다. 아이들은 그가 아동들을 수업에서 내쫓을 정도의 권위가 없다는 것을 몰랐다. 그러나 점차 대부분의 위협들이 말뿐이라는 것을 알기 시작했다. 분노와 좌절 안에서 최 코치는 아동들에게 더욱 더 차갑고 지나치게 요구적이었다. 아동들은 더욱 냉담하고 그에게 비협조적이 되었다. 최 코치는 정기적으로 긴 시간 동안 벽을 보고 앉아 있는 벌을 주었다. 그들은 이 앉아 있는 시간을 더 장난스럽고 최 코치에게 반항하는 기회로 만들었다. 아동들은 그를 끝없이 좌절하게 하고 방해하여 그의 전략에 대한 혐오감을 표현했다.
>
> 최 코치는 분노와 무기력감으로 가득 찼다. 그는 한 아동이라도 때리면 바로 퇴직해야 한다는 것을 알고 있었으나, 그는 아동들에게 그들을 통제할 수 있는 것을 보여주고 싶은 충동에 압도되었다. 최 코치는 긍정적인 훈육은 공정함, 신뢰, 정직, 그리고 상호 존중에 의해서만 가장 잘 달성되는 것이며 두려움이나 복종을 만드는 것이 아니라는 것을 알지 못했다.

다음과 같은 조건들이 존재하면 아동들은 반항하게 된다.

- 아동이 생활에서 규칙을 설정하고 이끌어가는 권위 있는 인물에게 애정을 느끼거나 존경하기보다는 분노하고 모욕을 느낀다.
- 아동이 자신에게 주어진 임의적이거나 비합리적인 규칙에 대해 목소리를 낼 수 없을 때 분노한다.
- 특정한 규칙을 따르기에 너무 어렵거나 예외를 따르기에 어려운 상황일 때 반항한다.
- 규칙이 일관적이거나 공평하게 지켜지지 않고 공허한 위협이라는 것을 아동이 알았을 때 반항한다.
- 자신이 한 것이 최악이라고 밖에 할 수 없는 낙담을 한다.

이러한 조건들은 반항을 일으키고 처벌의 위험에도 불구하고 권위를 거부하도록 아동을 유혹하게 된다.

정리해봅시다.

- 도덕발달이 왜 생활지도와 관련이 있는지 생각해봅시다.
- 아동의 도덕발달을 지원할 수 있는 방법을 정리해봅시다.
- 왜 부정적 행동이 일어나는지 정리해봅시다.
- 아동 행동에서 기질의 역할을 정리해봅시다.
- 문제행동의 기저 원인을 정리해봅시다.

PART IV

긍정적으로 개입하기

4부에서는 긍정적으로 개입하여 생활지도하는 방법에 대해 알아본다. 먼저 효율적인 행동을 위한 개입을 위해 가벼운 문제행동, 위험한 문제행동에의 개입을 살펴보고 단호한 주장의 행동지도와 문제행동의 제거방법을 살펴본다. 또한 부정적인 행동을 위한 개입 방법을 알아보기 위해 잘못된 목표가 행동에 미치는 영향과 행동문제에 미치는 아동학대의 위험성, 성인의 욕구 문제, 처벌의 행동지도에의 영향, 그리고 행동결과의 수용 및 행동의 동기를 이해하고 외부적 강화 적용방법에 대해 알아본다.

CHAPTER 9

효율적인 행동을 위한 개입

1. 가벼운 문제행동 개입

때로는 우리는 물러서서 아동들이 단순한 문제들을 그들 스스로 해결할 수 있도록 놔둘 필요가 있다. 단번에 아동 행동의 많은 부분을 바꾸기 위해 아동에게 강요하고 압도하는 시도는 도움이 되지 않는다. 우선 순위에 집중하여 지도를 실행하는 것이 좋다. 전형적으로 위험하고 남을 존중하지 않거나 혹은 해를 가하는 것이 지도의 우선순위이며, 기본 규칙(안전, 존중, 책임) 안의 행동이 아니라면, 조금 거슬리는 행동은 무시해야 한다. 아동에게 행동을 멈추라고 하기 전에 "이 아동이 진짜 기본 규칙을 어기고 있는가 혹은 아동이 하는 일로 단지 내가 짜증 나는 것인가?" 우리 자신에게 먼저 물어야 한다. 아동지도의 매우 중요한 일에 탈선할 여유가 없다. 우선순위인 안전, 존중, 책임감에 집중을 유지하라.

예를 들어, 한 아동이 공격적으로 친구를 밀고 있고 의자를 앞뒤로 흔들고 있다. 이때 우리는 공격 문제에 대해 개입해야 할 것이다. 공격성이 없어진 후, 그 이후에는 덜 중요한 다른 문제들에 대해 아동과 함께 차분하며 지지적인 방식으로 처리하도록 하여 마음에 새기게 할 수 있다. 한 아동에게, 특히 성인과 아동이 모두 화가 난 상황에서, 너무 많은 기대를 가지고 흥분하여 그들을 압도하면, 아동은 위축되거나 반항하게 될 것이다.

1) 다른 곳에 주의를 두도록 한다

아동이 성인을 약간 짜증나고 당황하게 했으나, 아동의 주의를 다른 곳으로 집중시켜 문제를 해결한다. 아기가 식당의 아기 의자에 앉아 숟가락으로 금속 쟁반을 칠 때 까꿍놀이나 부드럽고 조용한 장난감으로 주위를 분산시킨다. 그리고 엄지손가락을 빠는 영아는 재미있는 장난감을 탐색하도록 하여 빠는 행동을 분산시킨다. 호기심 가득한 유아는 카트를 끌어보도록 하거나 고른 물건을 카트에 넣어보도록 하여 선반의 물건을 자꾸 만져 보려 하는 것을 막을 수 있다.

2) 약간 부적절한 행동을 더 긍정적인 대체 행동으로 신중하게 전환시켜 준다

가볍게 짜증나게 하는 행동은 바람직한 행동으로 대체하는 활동을 하게 하여 새로운 방향으로 전환시킨다. 예를 들어, 코를 후비는 아동은 코를 풀도록 휴지를 사용하게 하는 것이다. 코 후비는 것을 언급하지 않아도 휴지 사용과 휴지 버리기, 감기 예방을 위한 손 씻기 등을 설명해준다.

사소하게 부적절한 행동을 대체하기 위해, 바람직하지 않은 활동에 사용되는 아동의 신체 부분을 확인하여 대체할 수 있는 대안적 활동을 할 수 있다. 예를 들어, 아동이 섬세하고 비싼 꽃의 향을 맡고 싶어한다면, 손을 대지 않도록 손을 뒤로 하거나 주머니에 넣어 기대지 않고 향을 맡을 수 있는 행동을 보여준다. 대신 놀이터 나무의 이파리나 도토리를 모으는 데에 손을 사용하도록 전환해 준다.

자연을 탐색하거나 즐길 수 있는 좋은 행동이라도, 타인의 재산에 해를 끼치면 안 된다는 것을 알도록 한다. "이 식물을 만지지 마!"라고 매섭게 말하는 것은 호기심을 좌절시키는 것이다. 이 호기심은 아동의 지적인 능력을 장기적으로 발달시키는 중요한 요인이다.

3) 아동이 긍정적인 행동의 효과를 인식하도록 돕는다

사소한 잘못된 행동을 부드럽게 전환시키는 또 다른 방법은 아동의 주의를 더욱 바람직한 행동과 그의 긍정적인 결과로 이끄는 것이다. 아동에게 정보를 준다. "만일 네가 높은 곳에 우유 컵을 올려놓으면 그것을 마시고 싶을 때까지 안전할 거야."라고 말한다. 또는 "만일 네가 실수한 곳을 천천히 가볍게 지우면 너의 종이는 좋아 보일 거야."라고 말한다. 우리는 유아에게 "난 '고맙습니다'라는 말을 좋아해. 얼마나 친절한 말인지, '고맙습니다'를 잊지 말자."라고 말할 수 있다.

4) 생식기 관련된 주제를 다룬다

생식기 관련된 주제는 흔히 아동기 초기에 다룰 필요가 있다. 아동의 생식기 부분 행위와 관련한 질문이 많다. 영아들이나 유아들은 잠이 들 때나 낮잠 잘 때 생식기 부분을 문지르는 경우가 있다. 유아나 아동기 초기 아동은 서로의 생식기에 호기심을 보인다. 아동은 전혀 기대하지 않았던 행동을 보인다. 부모와 교사는 때로는 이러한 행위에 어떻게 반응해야 하는지 모를 때가 있다. 단호히 반응할지, 혹은 반응하지 말아야 할지 당황하고 어찌해야 할지 모르게 된다. 그러나 성학대에 관하여서는 항상 존재하는 사회의 중대 사안이므로 학대의 진정한 신호에 대해선 매우 경계해야 한다. 발달에 적절한 프로그램에서는 아동을 위한 건강하고, 존중하고 지지적인 환경을 만들기 위해 발달적인 지식을 사용하므로 민감한 주제는 전문적으로 다루도록 강조한다.

표 9-1 아동의 생식기 관련 행위에 대한 대처

무엇을 보아야 하는가	무엇을 해야 하는가
• **그 행동이 단순한 단지 아동들의 호기심인가?** – 영아들 혹은 유아들이 화장실에서 그들의 생식기를 비교하고 만지고 탐색하고 이야기한다. 수유를 하는 엄마의 유아가 어린이집에서 셔츠를 벗고 인형에게 '수유'를 하는 흉내를 낸다.	• **과잉반응을 하지 않도록 조심한다.** – 이 행동은 건강한 호기심에 의한 정상적 표현이다. 차이를 인식하도록 하는 교육적 기회로 활용한다. "그래, 남자아이와 여자아이는 서로 다른 몸을 가지고 있어. 그렇지만 모든 사람은 특별해. 여자아이는 여성으로 성장하고 남자아이는 남성으로 성장해."라고 말하며 이 행동을 부드러우면서 냉정하게 다른 활동으로 전환한다.
• **그 행동이 반복적인 자기-자극인가?** – 손 빨기, 손톱 물어뜯기, 머리카락 돌리기처럼 자위가 아동의 스트레스 감소 습관이 될 수 있다. 어린 아동은 매우 피곤하거나 화나거나 잠들 때의 단순 습관으로 그들의 생식기를 문지를 수 있다.	• **아동이 아기이거나 영아이면, 이 행동에 대해 신경 쓰지 않고 무시하거나 스트레스 근원을 제거하는 데 에너지를 쓰면 된다.** 만일 유아이면 더욱 적극적이어야 한다. 예를 들어, "너의 밑을 문지르는 것은 안 된다는 것을 기억하도록 잠들 때 이 곰인형을 안고 잘래?" "네가 너의 밑을 만질 필요가 있을 때는 화장실에 가는 것이 좋겠다."
• **그 행동이 스트레스 받을 때, 졸릴 때, 혹은 다른 사람을 웃기려는 우스꽝스러운 상황에서 나타나는가?** – 유아들은 속옷 안에 무언가를 넣고 운동장을 돌아다니며 "엉덩이가 커"라고 웃고 노래하고 다닌다. 아이들은 "나는 너의 OO를 보았다."나 "너는 똥구멍 기저귀 아기야."와 같은 속된 말들로 서로를 조롱한다.	• **요로나 다른 곳의 감염 가능성을 배제한다.** – 단호하고, 일관적이어야 한다. 조롱하는 것을 언제나 금지시킨다. "존중하자. 친절한 말을 사용하자."라고 말한다.
• **그 행동이 이상하게 어린애 같지 않는가? 성인의 성적 행동을 유치하게 모방하는 것으로 보이는가?** – 두 유아가 숨어서 한 아동이 다른 아동 위에 올라 성인의 성적 행동을 모방한다. 한 아동이 인형을 가지고 성적인 행동과 말이 포함된 시나리오를 나타낸다.	• **어떠한 경고 신호가 감지되는가?** 아동의 사회-정서적 발달이 지연되어 보이는가? 아동이 위축되어 보이는가? 아동이 공격적이거나 반항적인가? 만일 이 물음들에 대한 대답이 '예'라면 아동보호전문기관에 연결할 필요가 있다.

출처: Miller, D. F. (2014). *Positive Child Guidance*. p. 297-298.

(1) 성적 괴롭힘

성적 괴롭힘(sexual harassment)은 달갑지 않은 성 본능적 관심이다. 이러한 행동은 곤혹스러움에서부터 심각한 학대 그리고 심지어 강요된 성적 활동에 이른다. 성적

괴롭힘은 도덕적으로도 잘못된 것이며 불법적이다.

사춘기 이전의 아동은 누군가를 성적으로 희롱하기엔 정의상 가능하지 않다. 오히려 다른 청소년이나 성인에게서 성희롱이나 성적인 해를 당할 수 있다. 따라서 이러한 문제를 경계해야 한다. 만일 아동이 생리적으로나 호르몬적 또는 심리적으로 아직 성행위가 가능하지 않다면 다른 아동의 생식기를 만지는 것은 성적인 본능이 아니라 호기심에서 비롯된 것이다. 어린 아동이 봤던 무언가를 부적절하게 모방하는 것이고 단순한 놀이이며 성적 괴롭힘이 아니다.

3학년인 아동이 그의 교사의 밑을 꼬집었다면 이러한 부적절한 행동에 책임을 감당하도록 해야 한다. 우리는 왜 이 연령의 아동이 이렇게 행동했는지 찾아야 하고 그의 행동을 바꾸도록 도와야 한다. 아마도 이 아동은 교사나 친구로부터의 관심을 받기 위한 욕구로 마치 학급 광대처럼 굴었거나 그가 봤었을 무언가를 모방하는 것이다. 교사의 밑을 꼬집는 것은 적절하지 않으며 아동은 명백히 실수를 했다. 아동은 아직 미성숙하므로 우리는 아동을 감독해야 한다.

도영이는 에너지 넘치는 5세 아동으로 대학 부설 연구소 유치원에 다닌다. 실습 교사 다빈은 대학 2학년생이다. 그녀는 모양에 관하여 수업을 하고 있었다. "도영아, 이건 네모야. 교실을 돌아다니며 이것과 같은 모양을 찾아볼래?" 도영은 돌아다니다가 창문을 가리켰다. "맞았어. 도영아, 창문은 네모 모양이야. 이건 동그라미야. 그럼 이 모양과 같은 것도 찾아보겠니?"

도영이는 한참 동안 방을 돌아다니다가 쾌활하게 다빈의 두 가슴을 잡더니 진지하게 "선생님 찌찌는 동그래요." 다빈은 너무 놀라서 도영이의 손을 잡고 "음, 그래 동그래. 음… 이걸 치우고 우리 블록 놀이하러 가자."

다빈은 당황하여 주임 선생님에게 뛰어가 조금 화가 난 말투로 도영이가 자신의 가슴을 잡은 것을 보고했다. 주임 교사는 도영이의 행동은 완벽하게 정상적인 그 연령에 전형적인 행동(age-typical behavior)이라고 설명했다. 그녀는 실습 선생님이 그 행동이 발생했을 때 도영이를 다른 행동으로 전환한 것은 전술적으로 그 상황을 잘 다루었다고 하였다. 주임교사는 도영이의 행동은 단순히 무시하면 된다고 설명하였다. 만일 그 행동이 지속되면, 다시 전환해 주면 된다고 말하였다. 행동에 대해 되풀이해서 집중하게 하는 것은 그 행동을 강화하고 그 행동이 반복될 가능성을 증가시킬 수 있다.

주임교사는 또한 도영이의 가족 중에 아기 동생이 있고 엄마가 수유를 한다고 설명했다. 도영이는 수유 과정에 매우 관심이 있었고 엄마에게 아기가 어떻게 엄마 젖을 먹는지에 대해 많은 질문을 했다고 한다. 도영이의 행동은 성적 본능에 의한 것이 아니라 단지 호기심 많은 아동이며 순수하게 세상에 대해 배우고 있는 것이다.

2. 위험한 문제행동 개입

아동은 우리가 규칙을 집행하고 그들의 개인적 권리를 보호하는 것에 의존한다. 아동은 규칙이 의미 있다고 신뢰할 때만 규칙을 기꺼이 따른다. 규칙 집행의 일관성과 공평함은 아동이 권위 있는 인물을 신뢰하는 것을 돕는다. 해롭거나 공평하지 않는 행동은 책임감 있는 성인에 의해 즉각적으로 중재되어야 한다.

우리는 아동들이 싸울 때 "아이들은 스스로 본인을 지키는 것을 배우는 게 좋을 것 같아요. 승민이가 형우를 충분히 다 때렸을 때 형우는 반격하는 것을 배울 거예요."라고 하면서 수동적으로 보기만 하는 것으로는 아동들이 협력하고 존중하도록 돕지 못한다. 또한 "와서 누군가가 너를 때렸다고 말하지 마. 난 그런 말 듣기 싫어!"라고 말하는 것도 아동을 돕는 것이 아니다. 아동은 그들 자신들의 논쟁을 해결하는 데 도움을 받아야 하며, 수용되지 않는 해로운 행동은 성인이 믿음직스럽게 막아줄 것을 알고 기대한다.

1) 무는 행동에 대한 대처

무는 것은 영아들의 부모와 교사의 걱정스러운 주제이다. 무는 행동은 문 아동보다 물린 아동에게 더 극적인 영향을 미친다. 교사가 문 아동에게 어떻게 반응해야 할지 걱정할 뿐 아니라 물린 아동의 부모님에게 어떻게 연락을 해야 할지 걱정이다. 물린 아동의 부모는 의심의 여지 없이 걱정한다. 아마도 좌절할 것이다. 아마(이전에 이런 일이 또 있었다면) 화가 날 것이다. 물린 아동의 부모는 앞으로 아동을 어떻게 지킬지의 계획에 대해 알고 싶을 것이다.

이러한 문제해결을 위해 어린이집에서 시행하는 가장 혼란스럽고 충격적인 경향은 문 아동을 어린이집에서 쫓아내는 것이다. 이것은 문제를 일축하는 가장 충격적인 방법이다. 이것은 가족에게 받을 수 없게 하고 영아의 문제행동을 해결하지 못하는 것이다.

아기와 영아들은 자기-통제가 부족하고 의사소통 기술이 부족하여 무는 행동을 한다. 우리는 전문가로서 연민을 가지고 모든 관련된 부모들과 무는 행동이 일어난 상황에서 언제든지 의사소통해야 한다. 또한 긍정적인 생활지도는 무는 행동을 하였을 때 다음과 같은 책략을 제시한다(긍정적인 지침은 무는 행동을 다루는 데 사용될 수 있는 많은 전략을 제공한다).

- 감독을 강화한다: 적절한 성인의 감독 비율이 유지된다는 것을 보장한다.
- 환경을 돌아본다: 발달에 적합한 환경이 유지되는가? 아기와 영아들이 지루해하는가?
- 주의 집중: 아동의 눈높이에 눈을 맞추고, 아동의 이름을 부르고 "진정하자, 진정하자!"라고 하면서 적절하게 만져주는가?
- 역할-놀이: "아야! 조심하자, 인형아! 물면 안 돼! 물면 아파!"
- 수화를 가르친다: 수화는 아기나 영아가 감정과 욕구를 표현하도록 돕는다.

발달에 적합한 환경은 아동의 심리적 안전을 보호한다. 아동은 소외되고, 충격받고, 걱정하거나 스트레스받지 않고 행복하고, 느긋하고, 편안해야 한다. 교사는 아동의 물기에 대처하여 평화를 유지하고 영아들이 공동체를 학습하도록 한다.

표 9-2 아동의 무는 행동에 대한 대처

무엇을 보아야 하는가	무엇을 해야 하는가
• **물기가 자발적으로 보이는가?** - 1세 이하 아기들은 자기-인식에 제한이 있고 그들 행동에 거의 의식적 통제를 하지 못한다. 이로 자르는 것을 시작한 아기들은 수유 중 갑작스럽게 문다. - 1세 이상 아기들은 불편함, 흥분, 피곤 혹은 놀람 등 정서적으로 압도되었을 때 문다. 사실, 까꿍 놀이와 같은 매우 흥분하는 놀이 후 나이 든 아기들은 한순간은 웃고 갑자기 다음 순간엔 가까이 있는 사람을 문다.	• **차분하고 단호하며 일관적이야 한다.** - 아동의 눈높이에 눈을 맞추며, 아동과, 부드러운 신체 접촉을 하며, 단호하나 긴급하게 "존중하자, 물면 아파"라고 말한 뒤, 즉시 아동이 다른 활동을 하도록 주의를 옮긴다. 물린 아동, 혹은 성인을 부드럽게 쓰다듬고 진정시키며 "진정하자… 괜찮아… 진정하자." 필요하다면, 문 아동을 다른 장소로 데려가고 완전히 다른 활동에 참여시킨다. 아기나 영아를 타임아웃 시키려 하는 것은 적절하지 않다(기억하라. 아동을 되무는 것은 좋지 않다!)

무엇을 보아야 하는가	무엇을 해야 하는가
• **물기 바로 전의 상황은 어떠한가?** – 생후 2년과 3년 된 영아들은 그들 행동에 통제를 하게 되나, 제한된 의사소통 기술로 인해 좌절이나 분노, 고통, 놀랐을 때 무력감을 느낀다. – 작은 치아는 성인이라도 움찔하고 울부짖게 한다. 발로 차고 소리지르는 것은 무시될 수 있으나 무는 것은 한 번이라도 누구나 즉각적으로 주의를 준다. – 영아들은 활동에 대해 생각하는 인지적 능력을 막 발달시키기 시작한다는 것, 그리고 나서 의식적으로 안 되는 행동이라고 선택한다는 것을 기억하라. 배우는 데에는 시간, 일관성, 인내가 요구된다. 학습 초기 단계에서 영아가 물었을 때 그 즉시 쳐다보고 고개를 젓고 "안 돼, 물면 안 돼!"라고 말한다.	• **예방이 열쇠이다.** – 첫 물기가 일어났을 때 더 밀접한 감독을 하고 좌절과 스트레스의 근원을 제거함으로써 예방에 온 힘을 써라. 물기는 전염된다. 물린 영아는 다른 아동들에게 이 새로운 전술을 시도할 가능성이 높다. 물기는 영아 교실에 1월 콧물보다 더 빠르게 퍼진다. 부지런한 감독과 발달에 적합한 보육은 물기의 폭발적 유행을 막을 수 있다. 아동에게 충분한 휴식을 주고 조용하고 차분한 환경, 그리고 풍부한 정서적 양분을 주어야 한다. – 지루함은 아기와 영아들에게 주요한 스트레스원이다. 따라서 안전하고 접근 가능한 발달 환경을 보장해 주어야 한다.
• **무는 것이 만성이 되는가?** – 비록 대부분의 나이 든 아기들과 영아들이 가끔 물지만, 만성적으로 무는 행동은 더 신경을 써야 한다. – 여전히 무는 유아들은 심각한 걱정거리이다. 물기는 고통스럽고 전염(다른 아동들이 물게 되는)의 근원이고, 다른 아동들이 보호되어야 한다.	• **교직원과 부모와의 '모임"을 중개한다.** – 성인들을 모아서 비난하지 않고 브레인스토밍을 하고 문제를 해결하도록 한다. 흔히 이것은 단순한 문제가 아니라 아동의 자기 통제 발달을 방해하는 주제들이다. – 성공적인 해결은 성인들이 손가락질을 하려는 유혹에 저항할 때 일어난다. 발전과 전략을 논의하기 위한 협력적인 모임은 만성적인 잘못된 문제들에 놀라운 긍정적인 효과를 갖는다. – 의학적 전문가들과 상담가들은 발달적 문제들을 평가하고 치료하는 데 전문화된 사람들이기에 가족들과 교사들을 위한 놀라운 자산이 될 수 있다. 이들에게 전화하는 것을 망설이지 말자.
• **자신에게 다음의 질문을 해 보라.** – 아동의 신체적 욕구가 만족되었는가? 적절한 수면과 영양, 건강한 돌봄이 제공되는가? – 아동에게 정서적 혹은 건강적인 문제의 징후가 있는가? – 아동에게 압도되는 기분이나 무기력의 원인이 있는가? – 아동이 그 연령의 일반적인 기대 수준에 맞게 발달되고 있는가? – 아동이 폭력이나 공격에 노출되어 있는가? – 아동이 무조건적으로 사랑받고 수용되고 있는가? – 아동에게 학대나 방임의 가능성이 있는가?	

출처: Miller, D. F. (2014). *Positive Child Guidance*. p. 301-302.

2) 되도록 단호하게, 가능한 한 부드럽게 개입하기

수용되지 않는 행동을 멈추게 해야 한다고 생각했을 때 언제나 단호하게 멈추도록 해야 하지만, 아동은 한 사람으로서 수용되고 존중되어야 한다는 것을 상기하며 가능한 한 부드럽게 말해야 한다.

서영 교사는, 소리 지르며 한 영아의 머리카락을 꽉 쥐고 있는 다른 영아의 손가락을 하나씩 떼며, 매우 긴급한, 그러나 화 내지 않는 말투로 "아야! 당기면 아파. 제발 부드럽게 만지자!"라고 말하였다. 두 영아가 떨어졌을 때 부드럽게 두 영아들을 다독이며 "부드럽게 부드럽게 머리를 만지자."라고 했다. 서영 교사는 늘 단호하지만 가능한 한 부드럽게 개입을 하였다.

해인이는 우재의 작은 차를 쥐고 달아났다. 우재는 소리지르며 울기 시작했다. 주형 교사는 해인이를 계속 따라갔지만 위협적으로 쫓아가지는 않고 매우 걱정하는 목소리로 "멈추자 제발, 해인아, 난 네가 멈추고 우재의 차에 대해 이야기했으면 좋겠어." 해인이가 잠시 멈췄을 때, 주형 교사는 "기다려줘서 고마워, 여기 앉아서 우재 차에 대해 이야기하자. 넌 우재의 차를 좋아하지? 그건 멋진 차야. 그렇지?" 주형 교사는 얼른 해인이에게서 우재의 차를 빼앗지 않았다. 교사는 인내심을 가지고 "다른 사람의 장난감을 갖고 싶을 때 어떻게 해야 하지? "'네 차를 내가 갖고 놀아도 될까'라고 물어봐야 해." 해인이는 머리를 흔들며 "그렇지만 내가 물어봤을 때 그 애가 안 된다고 했어요." 교사는 "네가 맞았어. 그래, 아니면 안 된다고 할 거야. 나랑 함께 가서 다시 물어볼까? 만일 또 안 된다고 하면 다른 놀이하도록 내가 도와줄게. 그런데 허락 없이 다른 사람의 물건을 가지면 안 돼. 장난감을 고를 때 먼저 물어보지 않으면 아무도 너에게 장난감을 허락하지 않는 거야. 알았지?"

해인이의 부당한 행동은 단호하지만 부드럽게 멈춰졌고 해인이는 매우 중요한 교훈을 배울 수 있는 기회가 되었다. 규칙은 때로는 그가 원하는 것을 못하게 하지만, 그의 권리가 보호될 수 있다는 것 또한 보장해주어야 한다.

3) 객관성 유지하기

> 3세 여아인 세리는 엄마가 백화점에서 새 수건을 쇼핑하는 동안 조용히 인내하며 기다렸다(비록 매우 지루해도). 세리는 베개를 파는 곳에서 같은 또래의 남자아이와 엄마를 보고 있었다. 세리는 그 아이를 더 잘 보려고 베개 더미 사이를 보고 있었다. 그 아이는 세리를 향해 웃었다. 당황하여 베개 더미 뒤에서 소리지르며 서둘러 이곳을 빠져나가려고 하다가 불행히도 베개들이 그녀의 머리 위로 떨어졌다.
>
> 두 명의 직원이 화를 내며 이쪽으로 뛰어오고 쇼핑하던 다른 사람들이 이 광경을 보고 있었다. 엄마는 세리가 벌인 일 때문에 놀라고 당황하여 세리를 여자 화장실로 데리고 가서 이야기하려 하였다.

세리의 엄마는 딸의 행동에 관하여 객관성을 유지하지 못했다. 세리에 대한 당혹감을 느꼈다. 그녀가 덜 감정적이며 더 객관적인 관점을 유지했다면 세리를 도와줄 수 있었을 것이다.

우리는 그 상황과 관련이 없는 감정을 갖기보다는 그 상황에 더 집중함으로써 아동의 자기-통제 발달을 지지해 줄 수 있다. 제삼자가 나쁜 엄마라고 생각할 거라는 수치심과 두려움이 없었다면 세리의 지도는 더 효과적이었을 것이다. 세리의 엄마는 그 상황의 실제에 집중해야 했다. 세리는 인내하며 기다렸고 잘못하려 의도한 것이 아닌데 엄마는 이미 명백히 화나고 당황했다는 것이다. 긍정적인 아동 생활지도는 가르침의 과정이다. 어떠한 교육적 과정에서처럼, 분노, 혐오, 해로운 위협과 같은 감정은 학습을 지지하기보다는 손상을 준다. 아동을 포함한 인간은 그들이 상당히 차분할 때 정보에 더 잘 집중하고 그것을 잘 흡수할 수 있다. 두려워하며 겁먹은 아동은 부모님 눈의 적의만 생생하게 기억하고 질책의 전체 포인트를 완전히 잊어버리고, 맨 처음 문제를 일으켰던 행동을 회상하지 못하게 된다.

4) 아동을 문제 상황에서 빼내기

갈등의 장면에서 아동을 제거하는 것은 성인과 아동에게 냉각 기간을 갖게 하고 아동이 가질 수 있는 어떠한 어려움의 유혹을 제거하고 사람들이 아동을 멍청하게 웃으며 바라보지 않도록 하며 아동이 이후 잘못된 행동을 촉발하지 않도록 한다. 화가 많이 난 상황에서는 아동과의 협상이 안 되지만, 아동이 통제된 이후에 말로 협상하는 것을 배우도록 모방을 통한 효과적인 역할 모델을 제공하는 것이다.

때때로, 우리는 발로 차고 소리지르고 발로 끄는 아동을 선택의 여지 없이 갈등 장면에서 빼낸다(가능한 한 단호하고 부드럽게). 가게에서 원하는 사탕을 얻지 못해 짜증을 부리는 유아는 가게에서 데리고 나와야 한다. 아동에게 두 개의 선택지가 있음을 도와야 한다. 아빠 말을 들으면서 차에 앉아서 오래 울거나, 가게에 돌아가서 사탕이 없음을 받아들이고 계속 쇼핑을 하는 것이다.

만일 아빠가 언어적, 비언어적 의사소통을 통해 화내지 않고 논쟁하지 않을 것임을 딸에게 확신을 주며, 단호함을 유지한다면, 이 아이는 길고 지치는 울음의 무익함을 금방 인식할 것이다. 아이는 단순히 성질내는 것이 아무 소용없다는 것을 배우게 될 것이다.

괴롭히거나 아빠를 조종할 수 없음을 인식할 때, 아이는 체면을 세울 기회를 얻게 된다. 이 시점에서, 전술, 공감, 아마도 적절한 협상(집에 건강한 음식 사가기)이 승자와 패자로 만드는 상황에서 구해줄 것이다. 이 아동의 앞으로의 협력 여부는 아이가 존엄과 자율성을 잃지 않고 과거 실수를 면전에서 들추지 않고 협력할 수 있다는 것을 확신하는 데 달려 있을 것이다.

3. 단호한 행동지도

아동이 불쾌한 상황에 처해야 할 때, 정직하고 솔직하게 상황이 논의되어 아동이 자발적으로 협력할 수 있는 기회를 주어야 한다.

올바른 일이 일어나게 함으로써 아동이 실패를 경험할 상황을 피할 수 있게 도와준다. 그 다음 재빨리 행복한 활동으로 이동한다. 성인 입장에서 아동이 빨리 협력하거나 순종하지 않는다고 하여 좌절하고 분노하며 혐오를 나타내지 않도록 한다. 아동의 부정적인 느낌은 인정되고 수용되어야 하지만 그 안에 계속 머물게 해서는 안 된다.

1) 기본 규칙 가르치기

아동은 자신에게 기대되는 것을 정확하게 알 필요가 있다. 우리는 단순한, 근본적인 기본 규칙-안전하기, 존중하기, 책임감 가지기를 세웠다. 그러한 기본 규칙을 지속적으로 보장하는 것은 아동이 질서 감각과 그들 삶의 일관성을 발달시키는 데 도움을 줄 수 있다. 아동은 기본 규칙을 배우고 기억하기 위해 도움을 받아야 한다. 다음은 기본 규칙을 아동에게 성공적으로 가르치기 위한 몇 가지 방법이다.

(1) 역할-놀이

아동에게 올바른 규칙 준수를 실행하고 연습해볼 기회를 준다. 즉 아동에게 역할-놀이의 기회를 주어 아동이 적절한 반응을 보고 경험하도록 한다. 문제적 친구를 손 인형으로 사용한다. 예를 들어, 손 인형 민재는 매우 조용한 아이이나, 다른 아동의 머리카락을 잡아당긴다. "오, 안 돼! 민재는 그냥 너의 머리를 당겼어. 네가 민재를 똑바로 보고, 큰 목소리로 '존중해야 해. 그건 아프게 하는 거야.'라고 이야기해."라고 연습하도록 한다.

(2) 반복

아동은 규칙에 대한 지식이 완전히 아동 장기 기억에 도달할 때까지 규칙을 반복적으로 들려줘야 한다. 아동은 규칙과 기대를 인내하고 반복해 기억하고 그들의 습관을 바꿔야 한다. 반복은 아동의 학습에 자연스러운 것이다. 적절한 아동 책(독서치료) 등을 사용하여 아동지도 학습을 즐겁게 반복하고 지원한다.

(3) 토론

규칙은 규칙의 존재 이유를 아동이 이해할 때 더욱 의미를 가지게 된다. 우리는

"왜냐하면 내가 그렇게 말했으니까."라는 말을 없애야 한다. 부모들이 이 구절을 사용하여 포괄적인 설명을 하였었다. 긍정적인 생활지도는 아동에게 단순하고 솔직하게 어떤 것을 설명해준다. "날카로운 칼보다는 무딘 칼을 사용하면 좋겠어. 난 네가 베이길 원치 않아." "난 네가 허락 없이 문을 열지 않았으면 좋겠어. 바깥은 위험하거든" "넌 식사 하기 전에 비누로 손을 깨끗이 씻어야 해. 왜냐하면 넌 네 손에 있는 병균들로 인해 아플 수 있으니까."

기본 규칙과 학급 규칙에 대해 생각하고 이야기함으로써 아동은 규칙에 대해 생각하는 것, 규칙을 발전시키고 좋은 결정을 내리는 것을 배운다.

2) 기대를 명료화하기

아동이 우리의 지시를 따르기를 원한다면 아동에게 의도하는 바를 아동이 잘 이해한다고 확신해야 한다. 우리는 때로는 "착하게 행동해라." "친절해라." "큰 여자아이처럼 행동해라."와 같이 모호하고 일반적인 용어들을 사용해 말한다. 아동이 원하는 것은 단순하므로 우리의 기대를 정확하게 콕 집어서 말한다. 예를 들어, 위의 말들을 다음과 같이 이야기할 수 있다.

- "앉아라 제발, 너의 엉덩이를 의자에 올리고 발은 바닥에 대자."
- "제발 우유컵을 두 손으로 잡자."
- "앞 사람이 미끄럼틀에서 다 내려갈 때까지 미끄럼 밑에서 기다리자. 그 다음 올라와서 네가 내려가자."
- "언니에 대해 나에게 말할 때 제발 부드럽게 천천히 말하자. 네가 징징거리고 소리를 지르면 난 이해할 수가 없어."

3) 일관성 유지하기

아동이 적절하게 행동하기 위해서는 우리의 기대를 일관성 있게 알려줘야 한다.

훈련은 우리 기분이나 우연적 상황으로 강요되어서는 안 된다. 예를 들어, 어린 아동에게 "네가 어질러서 내가 청소하느라 힘들고 피곤해. 그런데 집에 손님이 오셨을 때 빼고는 집안을 돌아다니면서 부스러기를 흘려도 돼."라고 행동을 기준으로 모호하게 나타내면 비일관적이다. 식사는 테이블에서만 먹는다 혹은 다른 곳에서 먹더라도 모든 가족은 각자 먹은 것들을 치운다는 일상의 일관된 규칙이 있어야 한다.

정확한 규칙을 이해하고 수용하는 나이 든 아동은 이러한 규칙의 예외에 대처할 수 있다. 가족 모두 주방에서 먹어야 하지만, 엄마의 생일날 깜짝 파티로 침대에서 아침을 먹거나 피자를 파자마 파티 탁자에서 먹거나 하는 것을 이해한다. 그러나 영아나 유아들은 규칙을 완전히 이해하지 못한다. 그들은 세상을 문자 그대로 흑-백 논리로 본다. 특정한 활동은 허용되거나 혹은 허용되지 않는다. 그들에게 규칙이 비일관적으로 강요되면 매우 좌절하거나 혼란스러워하거나 모든 규칙을 무시하려 한다. 예를 들어, 어린 아동을 적절한 카시트에 제대로 고정시키지 않고 차를 타는 것을 단 한 번도 허용해서는 안 된다. 만약 아동이 자동차 좌석에 벨트를 매지 않으면 자동차가 움직이지 않는다고 믿는다면, 자동차에 탈 때마다 실랑이 하지 않아도 카시트를 인생의 진리로 받아들일 것이다.

4. 문제행동의 원인 제거

아동을 바꾸는 것보다 아동 주변의 환경을 바꾸는 것이 훨씬 쉽고 효과적이다. 더욱이, 아동의 부적절한 행동을 교정하는 것보다 긍정적 행동을 위한 단계를 만드는 것이 양육에 참여하는 모든 사람을 더욱 성장시키며 스트레스를 덜 받게 한다. 예를 들어, 아동이 교실에서 뛰어다니면 아동에게 걸어다니라고 끊임 없이 이야기하기보다는 뛰는 것이 어렵도록 교실 배열을 변화시키는 것이 더 쉽다. 영아가 항상 우유를 흘린다면, 작은 컵에 담아준다. 그러한 방법은 우유를 낭비하지 않고 치우는 수고도 덜 하게 된다. 아동은 배우기 위해 실수해야 한다. 실수하는 것은 감정과 행동을 연결하는 우리 뇌의 중요한 부분인 편도체(amygdala)의 발달을 자극한다(Deak, 2010).

난폭한 아동의 관심을 끌기 위해 목소리를 높이기보다 생동감 있는 속삭임을 사용한다. 아동은 거칠고 고함치는 목소리보다는 과장된 속삭임에 더욱 주의를 기울일 것이다.

유아들이 현장학습에서 일관되게 피곤하고 신경질을 낸다면 아마도 현장학습 계획은 하루 중 다른 시간이나 더 짧게 바뀌어야 할 것이다. 혹은 현장학습 횟수를 줄이거나 더 세심하게 선정된 장소로 해야 한다. 문제행동이 일어나는 상황에 직면하면 우리 자신에게 "아동을 바꾸려하기보다는 환경, 활동, 문제를 해결하기 위한 우리의 태도를 어떻게 바꿀 수 있을까?"를 물어야 한다.

1) 지지와 격려의 제공

아동에게 긍정적인 관심을 기울여주면 아동은 잘한다. 흔히 "너의 숙제를 기억하도록 하는 데 진짜 쉬운 방법은 무엇일까?" "네가 친구에게 화났을 때 어떻게 하는 것이 가장 적절할지 함께 이야기해보자."라고 하면서, 해법을 만드는 데 아동을 참여시키면 아동이 소속감을 느낀다. 긍정적인 생활지도는 아동이 적절하게 행동할 수 있도록 돕고 격려하기 위해 예방적으로 아동과 함께 일하는 것을 의미한다. 성인의 역할은 아동이 이미 잘못된 일을 한 후에 아동을 다루는 것이 아니라, 성공을 위한 그들의 파트너가 되는 것이다.

2) 한눈팔지 않는 주의 제공

아동은 우리가 멈추라고 이야기한 것이 정말 심각한 것인지 아닌지 즉시 알아차리고 그 요청에 따른다. 영아들과 유아들조차 우리가 어깨 뒤로 힐끔 쨰려보면서 "지금 와서 장난감 좀 가져가."라고 부주의하게 이야기하면 그 지시가 별로 큰 의미가 없다는 것을 안다.

반대로, 아동은 우리가 하던 것을 멈추고 아동 쪽으로 걸어와서, 아동의 눈높이에 맞춰 몸을 낮추고, 아동의 어깨를 부드럽게 만지고, 아동의 눈을 바라보며 부드럽지만 단호한 톤으로 "주하야, 이제 멈추고 블록을 가져다 놓자."라고 말하면 그 지시가 상당히 의미가 있다는 것을 감지한다. 방 저만치에서 30분 동안 애걸하거나 위협하는 것보다 부드러운 접촉을 하면서 아동의 이름을 부르며 눈을 맞추고 하는 조용한 말 한마디가 더 강한 영향을 끼칠 것이다. 한눈팔지 않는 지속적 주의는 아동 지도에 있어 매우 중요하다.

긍정적인 아동생활지도에서 아동에게 맞춰진 주의와 관심은 부정적이고 화내고 자긍심과 신뢰감을 파괴하지 않으며, 자기주장적이며 긍정적인 자존감을 만들어 줄 것이다. 다음의 네 가지 활동은 아동에게 지속적인 주의와 관심을 보여주는 긍정적 수행하는 방법으로써 아동의 행동을 돌볼 수 있다.

(1) 눈맞춤

가까이 이동하여 눈맞춤을 하려 노력하라. 수줍음이 많은 아동이나 위협하고 화나는 상황에서 상호작용으로 눈맞춤을 경험한 아동은 할 수 없이 눈을 돌릴 것이다. 긍정적인 돌봄적 상호작용으로 눈맞춤을 하여 아동의 신뢰를 얻으려 노력하되, 아동이 나를 보도록 강요하지는 말자. 아동이 눈을 바라보면 진심으로 "고마워, 잘 들어줘서."라고 말해준다.

(2) 아동 수준에 맞는 신체 자세

아동의 눈높이에 맞춰 허리를 낮춰라. 당신이 고개숙여 내려다 보는 것은 아동의 눈을 돌리게 하고 차갑게 보인다. 아동의 눈높이에 맞춰 몸을 구부려 낮추는 것은 완전히 아동에게 주의와 관심을 집중해 주는 것이다.

(3) 적절한 신체 접촉

명확한 접촉은 아동의 연령 수준에 기반해 적용되어야 한다. 서먹서먹한 학령기 아동에게 적절한 신체 접촉은 많은 포옹과 끌어안기를 요하는 아기나 영아들과는 전혀 다른 것이다. 그럼에도 불구하고, 접촉은 지도에 있어 의미를 가진다. 유아들에게 이야기하는 동안, 아동의 어깨나 팔에 손을 대거나 손을 잡는 것은 아동에게 주의와 관심을 두는 것이다. 아동이 바닥에 앉아 있을 때, 부드럽게 발이나 무릎을 만지면 아동의 주의를 끌고 배려적인 관심으로 소통하는 것이다. 적절한 접촉은 성인의 소유욕이나 힘을 과시하는 것이 아니라, 아동의 신호에 주의를 기울이는 것이다. 아동은 흔히 접촉이 불쾌하거나 혹은 편하면 빨리 표현한다.

(4) 아동의 이름을 불러주기

"우리 예쁜이" 혹은 "강아지"라는 일반적인 애정 표현보다는 아동의 이름을 부르거나 수용하는 별명을 불러주는 것이 더욱 개별적이며 적절하다. 아동을 사랑한다면 매우 빠르게 아동의 이름을 외워야 한다. 슬프게도, 어떤 어린 아동은 긍정적인 맥락에서 자신의 이름을 듣기보다는 기대되는 행동을 하지 못한다고 야단맞으며 큰 소리로 자신의 이름을 듣는 경우가 있다. 자신의 존재에 대한 상징으로 이름을 인식하지 못하고 문제가 있을 때를 의미하는 부정적인 단어로만 자신의 이름을 인식하게 된다. 아동이 매일 긍정적인 맥락에서 자신의 이름을 많이 들을 수 있도록 보장받아야 한다.

3) 존중하면서 단호하게 부적절한 행동을 새로운 방향으로 전환해 주기

아동의 부적절한 행동이 반드시 멈춰져야 할 때, 아동에게 가능한 대안 활동을 제공하면 협력을 얻고 아동의 분노가 멈추게 된다. 식사시간에 컵의 우유를 앞뒤 그릇에 붓는 한 아동에게 "네 음식을 가지고 지금 놀 순 없어. 그렇지만 점심(혹은 낮잠) 먹은 후 그런 놀이를 할 수 있는 좋은 곳을 보여 줄게."라고 한다. 그 아동은 그후 액체를 붓고 분출하고 튕기고 튀기기에 적절한 시간에 물을 가지고 놀 수 있는 탁자나 야외 풀, 약 5cm 높이의 물이 들어 있는 플라스틱 수조, 접시 또는 장난감을 가지고 놀 수 있다.

아동이 화가 났을 때, 때리고 발로 차고 꼬집고 긁는 경우가 있는데, 이러한 공격적 행동은 반드시 멈춰져야 한다. 또한 아동의 분노는 적절한 배출구에서 분출되어야 한다. 아동에게 "존중하자. 때리면 현진이가 아파."라고 말하며, "말을 사용하자. 때린 친구에게 가서 '네가 내 손을 밟으면 싫어'라고 하고 아픈 손가락을 보여주자."라고 덧붙여야 한다.

아동 발달의 기본 원칙에 관한 상식과 지식은 '새로운 방향으로의 행동 전환(redirection)'을 사용하여 효과적으로 지도하는 것이다. 잘못된 행동을 바람직한 행동으로 대치하는 아이디어는 아동이 하지 말아야 하는 것보다는 아동이 해야 하는 것에 초점을 두는 것이다. 그러나 대체 활동은 부적절한 행동에 대한 보상이 아니어야 한다. 조작적 조건형성은 즐거운 반응으로 강화를 줌으로써 행동을 강화하거나 강하게 해주는 과정이라는 것을 기억하라.

4) 적절한 감정을 명확하게 표현하기

아동에게 감정 표현을 솔직하게 하는 것이 우리에게 적절함에도 우리의 분노 표현은 어린 아동이 감당하기에 너무 벅차고 압도적이다. 분노는 긍정적인 지도에는 없다. 크고 으르렁대고 격렬한 성인을 만났을 때, 아동은 공포에 움츠러들고 어른의 방해가 되지 않도록 노력하거나 반항하고 복종하지 않고 반격한다. 이 두 가지 선택사항 모두 아동이 더욱 자신감 있고 유능하고 협력적인 사람이 되는 데 도움이 되지 않는다. 자주 수치심을 가지는 아동은 일반적으로 죄책감과 무가치감이 동시에 발달한다. 분노 감정 그 자체에 초점을 두기보다는 분노를 야기하는 기저의 감정을 알아야 한다. 다음은 성인 감정을 적절히 언어로 표현하여 모든 아동에게 직접적으로 공격하지 않고 정보를 줄 수 있는 예이다.

- 놀람, 불신: "난 이 아름다운 식물이 잎이 떨어진 것을 믿을 수 없어. 식물은 이파리에 해를 입으면 죽을 수 있단다."
- 슬픔, 실망: "난 책의 페이지가 찢어진 것을 보면 너무 슬퍼. 책은 아름답고

읽으면 너무 재미있지만 다 찢어져 버리면 사용할 수 없단다."

- 염려, 걱정: "모기 물린 데를 긁는 것을 보니 너무 걱정 된단다. 긁은 곳은 감염될 수 있고 상처가 생긴단다. 얼른 상처에 밴드를 붙이자."
- 우려, 불안: "미끄럼틀 지붕의 가장 높은 곳에 네가 올라간 것을 보니 너무 무섭단다. 놀이터에서 다른 곳을 선택해서 밑에서 놀자."
- 스트레스, 고통, 좌절: "문이 열려 있는 것을 보니 실망스럽구나. 문이 열려 있으면 우리는 집과 교실을 따뜻하고 편안하게 유지하거나 안전하게 할 수 없단다. 제발 나갈 때마다 문이 닫혔는지 정확하게 확인하자."

5) 부적절한 행동의 자연스러운 결과를 설명하기

3세 이상의 아동은 흔히 의식적 행동과 잠재적 결과 간의 원인–결과 관련성을 정신적으로 연결하는 것이 완벽하게 가능하다. 규칙과 기대되는 행동에 대해 단순하고, 공손하게 말한 것에 아동이 적절한 반응을 보이지 않는다면, 잠재적 결과를 논의해줘야 한다. 잠재적 결과를 설명하는 것은 협박이나 무책임한 위협이 아니다. 이것은 아동에게 임박한 결과에 대해 정직하며 진정성 있고 따뜻하게 알리고자 하는 것이다. 아동이 어떤 특정한 방식으로 행동하도록 조종하고 강요하고 속이는 의도가 아니라 일어날 수 있는 자연스러운 일들을 미리 경고하는 것이다. "만일 네가 그렇게 하면 예를 들어, 블록은 딱딱한데 던지면 누군가를 아프게 한단다. 그렇지만 그걸로 무언가를 만드는 데 안전하게 사용하면 진짜 재미있을 거야."

우리는 균형 잡힌 식사를 어린 아동에게 제공할 수는 있지만 억지로 먹일 수는 없다. 그리고 "네가 만일 배고프면 가능한 한 영양가 있는 음식으로 선택할 수 있어. 그러나 지금 배고프지 않으면 기다렸다가 배고플 때 먹어. 그때까지 접시를 냉장고에 넣어 놓을게."라고 말한다. 이러한 말은 자기주장적이고 신뢰할 수 있고 합리적이다. 위협적이거나 처벌적이지 않다. 아동은 자신의 신체 상태에 맞춰 행동을 선택할 수 있고 성인은 어떤 음식이 건강하고 제공 가능한지에 대한 선택과 책임을 가진다.

6) 지속적인 추후 활동 제공하기

아동을 위한 긍정적인 생활지도에 있어 마법은 없다. 오로지 인내만 있을 뿐이다. 우리가 단호하게 나의 주장을 분명히 말하고, 존중하고 양육적인 원칙을 고수할 때, 우리가 돌보고 가르치는 아동에게 긍정적인 결과가 나타날 것이다. 아동은 그들의 잘못된 행동을 매우 고집할 것이다. 그러나 우리는 감독과 추후활동을 더 지속해야 한다.

적절한 행동을 향한 지속적이고 일관된 부드러운 유도 자극(nudges)은 비일관적인 분노를 유발하는 거친 처벌, 위협을 가하는 것보다 훨씬 더 효과적이다. 부드럽고 잔잔한 흐름은 단단한 바위에 깊은 모양을 새긴다. 큰 망치로 바위를 때리는 것은 바위의 모양을 바꿀 수 있지만 그 과정에서 많은 위험을 가지게 된다. 빗방울은 그 힘에 의해서가 아니라 그 빈도로 바위에 구멍을 뚫는다.

7) 무조건적인 돌봄과 애정 강조하기

무조건적인 돌봄은 아무런 조건 없이 애정을 주는 것으로, 좋은 원칙이 세워지기 위한 기본이 된다. 무조건적 돌봄은 아동이 사랑받고 존중받기 위해 무언가를 먼저 수행하거나 성취하고 따르지 않아도 사랑받을 수 있는 사람이라는 것을 알게 하는 것이다. 아동을 바꾸기 위해 단지 그저 그들을 사랑하고 돌보고 보살피면 된다. 아동 자신이 가치가 있음을 이해하도록 하는 환경을 만들어야 한다.

8) 문제가 해결될 것이라는 확신을 유지하고 표현하기

아동을 지도하는 것은 때로는 좌절하고 스트레스를 받는다. 우리는 아동을 쳐다보며 그들이 자기-통제와 자제력을 가지는지 관찰해야 한다. 그러나 특정한 문제는 해결될 것이고 적어도 대부분의 아동은 적절한 행동을 배울 것이라는 확신을 유지하고 단호하게 표현해야 한다. 이러한 확신은 아동을 강화할 것이고 자신의 행동을 통제할 수 있다는 확신을 주어야 한다.

9) 아동의 존엄과 사생활을 보호하기

성인은 아동에게 단호하지만 부드럽게 말하는 원칙을 지키며 어떤 조치가 필요할 때, 개별적으로 아동과 이야기를 나누어야 한다. 친구들 앞에서, 혹은 심지어 다른 어른들 앞에서 지적을 받으면 수치감을 느낄 수 있다. 우리는 비록 아동이 부주의하고, 미성숙하며 적절하지 않은 행동을 하더라도 이에 대해 공개적으로 비난하거나 망신을 주는 것을 금해야 한다. 또한 아동의 과거의 실수를 말하고 비웃는 것을 금해야 한다. 우리는 아동의 존엄을 지키고 존중하며 대해야 한다.

10) 용서하고 잊고 기꺼이 다시 시작하기

긍정적인 아동생활지도에서 성인은 아는 한도 내에서 최선을 다해야 하며 뒤돌아보지 말아야 한다. 과거에 대해 걱정하는 것, 뒤끝을 가져오는 것, 과거 잘못한 일들의 목록을 마음에 가지는 것 모두 긍정적인 아동지도를 손상시키는 것이다. 어린 아동을 위해서는 매일이 새로운 날이어야 한다. 어제 무슨 일이 있었든 간에 오늘은 성공을 위해 배우고 노력하는 날이다. 아동은 성인이 기꺼이 용서하고 잊는다는 것을 알 때, 더욱 따르고 자신이 잘못했음을 인정하려 한다. 용서는 아동을 정직하도록 격려하고 성인의 기대에 맞춰 더 노력하도록 동기부여한다.

정리해봅시다.

- 지도 개입이 적절하지 않을 때가 언제인지 정리해봅시다.
- 개입의 적절한 때와 방법을 생각해봅시다.
- 긍정적 행동 형성의 방법을 다시 정리해봅시다.
- 문제행동의 원인을 없애는 전략을 정리해봅시다.

CHAPTER

10 부정적 행동을 위한 개입

1. 잘못된 행동과 잘못된 목표

프로이트의 동료 중 한 명인 아들러(Adler, 1931)는 자기 자신에 대한 부적절한 가치감(sense of self-worth)이 때로는 아동으로 하여금 통제력를 발휘하게 하고 부적절한 행동을 하여 유능감을 느끼게 한다고 하였다. 드레이커스와 동료들은 아들러의 이론을 정교화하여 문제행동의 뿌리가 되는 네 가지 잘못된 목표를 제시하였다(Dreikus et al., 2004). 지속적이고 만성적인 잘못된 행동은 다음의 아동 욕구로부터 기인한다고 하였다.

① 관심 끌기

② 영향력 행사하기

③ 파괴적 행동하기

④ 위축되거나 소극적인 행동하기

이 네 가지의 잘못된 목표는 정서적 욕구의 만족을 지향한다. 불행히도 각 행동은 일시적으로 아동의 기분을 약간 좋게 만들 것이다. 그러나 실제로는 아동의 정서 문제에 장기적으로 관여한다. 아동의 부적절한 행동은 환경 내 부정성을 증가시켜 정서적 욕구와 그의 행동을 장래에 더욱 부적절하게 만든다. 잘못된 행동은 계속 이렇게 더욱 부적절하게 행동하도록 하여 부정적 순환을 증가시킨다. 이것은 결국 다른 사람들로부터 멀어지게 하고 그 아동으로 하여금 불행하다고 느끼게 한다.

진정한 변화를 위해, 위와 같이 아동 행동을 무시하거나 복수하거나 포기하면, 문제를 조금 경감시킬 수는 있으나, 궁극적으로 비생산적인 행동과 싸워야 한다. 교사는 아동이 정서적 욕구를 적절한 방법으로 만족시키도록 도와야 한다. 치유는 아동이 다음을 느낄 때 일어난다.

- 나는 수용되고 소중한 집단 구성원이다.
- 나는 나의 삶을 통제한다.
- 나는 공평하게 대우받고 존중받는다.
- 나는 무엇이든 성공할 수 있다고 생각한다.

이러한 느낌이 아동에게 충만하다면 부적절한 행동의 네 가지 목표가 더 이상 존재하지 않는다고 할 수 있을 것이다. 아동은 더 이상 정서적 생존을 위해 잘못된 행동에 기대지 않고 부적절한 습관을 없애고 다른 사람과 어울리기 위한 더 효과적인 방법을 시작한다.

1) 잘못된 목표 1번: 관심 끌기

유용하게 기여하여 지위를 얻을 기회를 갖지 못한 아동은 흔히 무가치하고, 어리석고, 버릇 없고, 인위적으로 매력적인, 게으른, 서투른, 밉살스러운 행동을 하여 주의를 끈다.

(1) 서투른 체하며 달라붙는 것

달라붙고 매달리는 아동은 돌봄을 받을 때만 편안하고 사랑받는다고 느낀다. 그들은 어른이 안아주고 그들의 책임으로부터 구해주기를 열망한다. 그러나 어린 아동이 강한 독립심을 느낄 수 있도록 도와주는 것에 초점을 두어야 한다.

(2) 인위적인 매력이나 경쟁을 보이기

불안전한 소속감을 가진 아동은 적응하기 위해 위험을 감수한다. 그의 역할을 찾거나 이기기 위한 경쟁을 찾는다. 어린 아동에게는 진실한 애정과 격려를 적절한 시점에서 제공하여 안전감과 자존감을 발달시키는 데 초점을 두어야 한다. 또한 확고한 제한을 설정하고 자신이 사랑받는다는 것을 알도록 도와준다.

(3) 과장된 웃긴 행동

아동은 성인뿐 아니라 다른 아동들에게 주목을 받기 위해 바보같은 과장된 행동을 하기도 한다. 어떤 아동은 모두가 자신을 보거나 혹은 자신을 보고 웃는 등 사람들 주목의 중심이 될 때 사랑받고 인정받는다고 느낀다. 이런 아동은 특히 당황스럽거나 코너에 몰릴 때 웃긴 행동을 한다. 어떤 아동에게는 광대가 되는 것이 체면을 세우고 자존심을 보호하는 것이다.

긍정적인 상황에서 책임감과 리더십을 위한 기회를 제공함과 더불어 적절한 방식으로 다른 사람들을 기쁘게 하는 기회를 준다. 예를 들어, 한 아동은 학급 연극을 계획하거나 축하의 날에 냅킨이나 음료를 전달하거나 집단 활동에서 노래, 춤, 이야기 나누기 등을 하도록 격려받는다.

(4) 게으름, 충동성, 밉살스러움

아동은 게으르고 충동적이며 밉살스러운 행동을 하여 무의식적으로 성인의 주의를 끌려고 하는 경우가 있는데, 이는 자존감-결여의 신호이다. 게으르다고 명명된 아동은 성인이 잔소리를 하고, 아동의 책임을 성인이 대신 맡고, 다른 아동에게 이 아동의 작업을 돕거나 대신하라고 하여 부정적인 주목을 받게 된다.

또한 과식하고, 손톱을 물어뜯고, 놀리거나 고의적으로 다른 아동이나 성인에게 혐오감을 주는 아동은 자기 자신을 좋게 느끼지 않는다는 강한 표시이다.

일관적이고 단호한 사랑의 지도는 그들의 부적절한 행동을 다른 방향으로 전환시키고 성인이 충분히 돌봐준다는 것을 알도록 아동을 존중해준다. 예를 들어, 놀이터에 있는 벌레들을 보고 무서워하며 뛰어가는 아동을 과학 영역에서 생물의 사육 상자를 만드는 활동으로 단호하게 전환해 준다.

2) 잘못된 목표 2번: 영향력 행사

자신이 사회 집단에 수용되지 않는다고 느끼는 아동은 대장처럼 행동하거나 반항하고 고집피우고 복수하거나 불순종함으로써 힘을 구하는 경향이 있다.

(1) 조종, 복수심

조종하는 것은 흔히 다른 사람이 하기를 원하지 않음에도 무언가를 하도록 속이려 하는 것이다. 때로는 아동 행동에 영향력을 행사하기 위해 부적절하게 상황을 정하기도 한다. 예를 들어, 유아들이 친구들에게 영향력을 끼치고 싶을 때 "네 장난감을 줘. 그럼 난 너의 좋은 친구가 되어 줄게." 이것은 연령에 적합한 전형적인 행동이다. 아동은 그 약속을 지키지 못한다는 것을 이해하지 못한다.

때로는 그들 주변 아동과 성인을 통제하려고 기를 쓰다 보면 조종하는 것이 너무 과하고 복수에 차게 된다.

성인은 명확하게 제한해 주며 아동이 주변 사람들의 감정과 반응을 알아차리도록 도와줄 필요가 있다. 성인은 감정을 인식하고 언어화해줄 수 있다. 예를 들어, "미아야, 난 네가 은비의 인형을 진짜 갖고 싶어하는 것 알아. 그렇지만 그 인형은 은비 거야. 은비는 네가 그 인형을 빼앗으려 하면 너랑 함께 놀기 싫을 거야. 넌 다른 놀잇감을 고르거나 다른 곳에서 놀 수 있어."

(2) 뾰루퉁하기, 고집피우기

그들 방법대로 상황을 통제하지 못한 아동은 뾰루퉁하거나 참여하기를 거부하여 고집피우며 소란을 피운다. 예를 들어, 저녁 식사에 아이스크림을 얻지 못한 영아는 높은 의자에서 접시를 밀고 발로 차고 소리지르고 머리를 흔들고 당근이나 고기를 거부할 것이다.

부모와 교사는 그 영아에게 굴복하거나(통제되어야 하는 영아의 행동을 조장하는), 영양가 있는 음식을 억지로 줄 수는 없다. 그러나 그들은 영아를 의자에서 내려 분노를 표현하도록 함으로써 힘 겨루기를 피할 수 있다.

예를 들어, 성인은 "울어도 돼. 기분이 나아지면 저녁식사 줄게." 소리지르기를 멈추면 아동은 바로 저녁을 먹고 싶거나 먹고 싶지 않을 수 있다. 그러나 굶지는 않는다. 통제감을 얻고자 하는 아동의 욕구는 그가 언제 먹고 싶은지 고르도록 할 때 충족되는 것이지, 아동이 전혀 관심 없는 일을 하도록 하는 데 있지 않다. 암시적으로 성인은 "합리적인 제한하에 넌 너의 선택을 해. 그러나 너의 선택의 결과에 책임져야 해."라고 알려준다.

(3) 괴롭히기, 반항하기

다른 방법으로 통제가 안 될 때, 아동은 괴롭히거나 반항한다. 자기보다 작은 아동을 크기와 힘으로 육체적으로 압도하여 통제를 얻는다. 성인은 작은 아동을 쉽게 괴롭히지 않는다. 결과적으로 아동은 성인이 완전 무력하게 느끼도록 반항하고 통제력을 잃어서 성인을 통제하려 한다. 그러나 여기서 성인이 부적절한 감정에 빠지지 않는 것이 중요하다. 부적절한 행동을 포기하고 새로운 습관을 형성하도록 지원하는 강하고 믿음직한 성인이 아동에게는 필요하다.

성인은 괴롭히고 반항하는 아동과 힘 겨루기를 하지 않아야 한다. 싸우기는 분노와 반항을 증가시키고 문제를 해결하지 않는다. 우리의 분노 행동은 바람직하지 않은 행동의 역할 모델이 된다. 대신, 아동과의 긍정적인 관계를 만드는 방법을 찾고 아동이 소속감을 느끼도록 도와야 한다. 명확한 제한은 중요하나, 아동을 위한 가장 중요한 첫 단계는 그가 사랑받고 존중받고 인정받는다는 것을 알게 하는 것이다.

3) 잘못된 목표 3번: 파괴적 행동

수치스러웠던 느낌을 가지는 아동은 힘 싸움을 포기하고 이제 앙갚음에 의존한다. 그들이 상처받았던 만큼 다른 사람에게 상처를 주는 것으로 복수하려 한다. 그들은 또래를 해치고, 기물을 파괴하고 경멸하고 타인을 불신하고 권위자에게 저항한다.

(1) 파괴성, 공격성

자존감이 부족한 아동은 습관적으로 파괴와 공격 행동을 악화시킨다. 이러한 행동은 아동이 무기력감을 느낀다는 것을 말해주는 것이다. 이미 다른 사람에게 거부되었기에 어떻게 해도 상관이 없고 어떻게 행동해도 아무도 자신을 좋아하지 않는다고 믿게 된다. 이러한 감정은 충동을 자제하는 것의 발달을 방해한다.

파괴적이거나 공격적인 아동은 행동을 멈추고 타인의 권리 보호에 대해 알아야 한다. 극단적인 상황에서 우리는 자신 및 타인에게 해를 주는 것을 막는 것밖에 선택이 없다. 성인이 어떤 아동을 무기력하고 두렵게 만들었다면 그 아동이 다른 아동을 물고 차고 밀고 꼬집고 긁는 것을 허용하고 놀잇감 공유를 못하게 하여 모든 아동에게 큰 해를 끼친다. 하지만 더 중요한 것은, 아동이 모든 사람을 안전하게 지켜줄 책임감 강한 성인에 대해 확신이 없다는 것이다. 모든 아동에게 필요한 성인이 되기 위해서는 다음이 필요하다.

- 조용한 시간 동안 도전적인 아동과 정서적으로 연결되어야 한다.
- 조용한 시간 동안 긍정적인 계획하에 공격성 폭발을 막는 단계를 취해야 한다.
- 즉시 공격성을 멈추고 다른 아동을 보호하고 물리적 환경을 보호하기 위해 개입해야 한다.

매우 어려운 아동을 다루는 데 있어, 행동 수정은 아동이 동의한다면, 아동을 다룰 수 있는 상호작용을 한다. 아동에게 의미 있고 바람직한 강화인이 선정되어야 하고 특정한 바람직한 행동 목표가 구체적인 용어로 정해져야 한다. 언제, 어떻게, 어떤 상황에서 강화가 주어질 것인가에 대한 계획을 아동과 함께 짜야 할 것이다. 그리고 강화는 언제나 즉각적이어야 한다. 아동이 바람직한 행동으로 아주 작은 진전을 할 때 즉시 강화물(스티커, 도장이나 스탬프, 표에 체크하기 등)로 보상하고 정해진 개수에 이르면 특별한 특권으로 교환해 준다.

(2) 경멸, 불신

아동이 가지는 모욕, 경멸과 불신은 우리를 슬프게 하고 실망하게 한다. 경멸로 가득 찬 아동은 타인을 불신하여 모든 사람을 멸시한다. 우리는 과거로 가서 아기 때 발달해야 하는 기본적 신뢰감 발달을 이루어야 한다. 즉, 타인과 성인을 신뢰하고, 그들의 행동과 말을 예측하고, 수용적인 사람들이라는 것을 믿는 것 등이다.

삶에서 많은 상처와 불공평한 취급을 받았다고 느끼는 아동은 쉽게 성인을 신뢰하지 않는다. 이런 아동을 만나서 신뢰를 쌓도록 노력해야 한다. 성인의 개방된 마음, 관심, 적극적인 경청은 신뢰할 수 있는 상호작용을 위한 문을 열게 한다.

(3) 분노 폭발, 짜증, 반항

정기적으로 분노 폭발, 짜증, 반항을 제멋대로 하는 아동에게 성인이 이러한 행동에 겁먹고 분노하지 않는다는 것을 알게 해주어야 한다. 우리는 조용한 시간에 이러한 반항하는 아동과 협력적 관계를 만들 수 있는 단계를 가져야 한다.

일반적이지 않은 도전적인 아동은 반항적인 짜증은 효과가 없고 시간 낭비라는 것을 배울 필요가 있다. 짜증은 보상이 없고 우리를 분노하게 하지 못한다는 것을 알게 한다. 파괴적인 행동을 하는 아동은 무의식적으로 타인에게 상처를 주어 좌절하고, 화가 나고, 무기력한 모습을 보는 것을 즐긴다. 우리가 조용히 있으면 보상이 없고, 절대적으로 강화가 없다는 것을 알게 해준다. 어린 아동도 우리가 단지 연기하는 것인지를 안다. 큰 소리로 우리는 "난 짜증내는 것을 싫어해. 하지만 널 신경쓰지 않아. 우는 것을 멈추면 무엇이 널 그렇게 기분 나쁘게 했는지 이야기할 수 있어."라고 말한다.

성인은 누구나 침을 맞거나 아동이 침 뱉는 것을 보면 싫어하지만 이에 대한 분노 폭발은 아동의 문제를 더 악화시킨다. 대신, 이렇게 "침을 뱉고 싶으면 세면대에다 해. 사람에게 하면 화를 낼 거야. 그리고 세균도 있어. 세면대에는 뱉어도 괜찮아. 더 뱉고 싶으면 세면대를 사용해. 고마워."라고 한다.

(4) 무례한 말

우리는 환경에서 무례한 말과 부적절한 언어에 과잉반응하는 것을 피하도록 한다. 학교 환경에서 사회적으로 적절한 대안을 가르치기를 원한다. 아동은 그들의 강한 감정을 표현하고 싶어하며, 강렬한 감정이 잘못되거나 틀린 것이 아니다. 아동은 감정을 다른 문화적 상황에서 어떻게 적절한 방식으로 표현하는지 알아야 한다.

아동은 가정 환경, TV, 음악, 다른 문화적 근원으로부터 무례한 말을 배웠을 수 있다. 아동은 그러한 문화적 상황, 심지어 무례한 말을 판단할 수 없다. 그러나 무례한 말은 학교 환경에서는 적절하지 않다. 그러므로 이미 깊게 배어든 습관을 바꾸기 위한 협력이 필요하다. 또한 학교 문화에 맞게 효과적으로 감정을 표현하는 새로운 방법을 찾도록 아동을 도와야 한다.

4) 잘못된 목표 4번: 위축된, 소극적 행동

비지시적인 환경으로 인해 소극적인 행동에 익숙해진 아동은 낙심하게 된다. 그들은 희망을 포기하고 단지 실패와 패배를 기대한다. 그들은 혼자 있기만을 바란다. 그들은 부적절감에 의해 움직이지 않는다.

(1) 순환적인 자기-자극

한 아동이 두려움, 스트레스, 불안에 압도되면 그의 작은 세상으로 후퇴한다.

대부분의 아동은 때때로 자신이 더 기분이 좋아지기 위해 무언가를 하지만, 위축된 아동은 계속해서 자기-자극에 빠진다. 이러한 행동은 자꾸 되풀이되므로 악순환이 된다. 이러한 악순환은 과도한 엄지손가락 빨기, 손톱 물어뜯기, 머리카락 꼬기, 과식하기, 머리 돌리기 등 수많은 다양한 자기-자극 활동으로 이루어진다.

성인은 이러한 행동들이 당황스러워하며 그러한 행동의 원인을 알아보려 하지 않고 강압적으로 못하게 한다. 이것은 아동에게 심한 스트레스를 주는 것이며, 활동에 참여하는 것을 압박했다고 느끼게 하는 것이다. 아동 삶의 스트레스를 경감시키고 즐겁고 비위협적인 활동으로 끄집어냄으로써 아동은 사물과 주위 사람들과 더 적극적인 참여를 하게 된다.

(2) 사회적 관계의 거부

심각하게 위축된 아동은 눈맞춤을 피하고 말하거나 놀기를 거부하고 대부분의 시간을 다른 사람들과 떨어져 있다. 실제로, 혼자 있는 아동은 까다롭고 시끄럽고 공격적인 아동보다 훨씬 더 정서적으로 위험한 아동이라는 것이다. 자존감, 신뢰, 소속감은 모두 타인과의 연결에서 중요한 것이다. 사회적 상호작용에 거부당하는 것은 아동에게는 무섭고 심각한 상태이다. 이러한 아동은 선별되어 개입과 도움을 받아야 한다.

(3) 스트레스의 내재화

억제된(내성적인) 아동은 때로는 나쁜 모든 감정을 안으로 삼키고, 두려움, 분노, 좌절을 표현하지 않는다. 그것들은 내면으로 들어가 아동의 유능감과 자기-가치감을 조금씩 깎아 먹는다. 이러한 아동에게는 그들이 꼭 완벽해야 할 필요가 없으며, 달라도 되고, 자기 자신 그 자체가 될 권리를 가진다는 것을 배울 기회가 필요하다. 더 강한 자존감을 발달시킬수록 자신의 감정을 표현하는 것과 적극적으로 자립하는 것, 남에게 좌우되지 않는 것이 편안하다는 것을 느낄 것이다.

(4) 부적합성과 무기력의 표시

우울감은 청소년과 성인에게만 존재하는 영역이 아니다. 어린 아동도 우울의 신호를 보일 수 있다. 아동의 일상 붕괴는 무관심, 무능함, 무기력을 낳는다. 이러한 아동은 자발적으로 놀거나 창의적 표현에 참여하지 못한다. 또한 그들은 에너지가 없어 보인다. 너무 많이 자거나 반대로 잠을 자지 않는다. 그들은 자존감 형성에 위기를 가지기에 특별한 지도가 필요하고 건강한 호기심, 자발적인 놀이, 타인과의 적극적인 참여에 대한 희망을 주어야 한다. 우울해 보이는 아동은 반드시 의학적 검사를 의뢰해야 한다.

2. 성인의 욕구와 행동지도

아동과 성인은 모두 각각의 욕구를 가진다. 아동을 돌보는 것은 힘들지만 행복하게 하고, 좌절하지만, 보상을 주기도 한다. 그러나 소모적이다. 만일 사회적, 정서적, 신체적, 지적 욕구가 만족된다면 우리는 아동을 잘 돌볼 것이다. 휴식과 여가 시간이 필요하고 때로는 긍정적이고 생산적인 태도로 아동을 대할 수 없다는 것을 인정해야 한다.

우리 자신도 마찬가지로 불완전하다는 것을 인식하기에 자신에 대해 인내하고 합리적이 될 수 있다. 잘못 행동하는 아동에 대한 이상적인 반응에 대해 앉아서 주의깊게 생각할 수 있으나 즉각적인 순간, 아동과 갈등 중인 경우에는 완벽히 반응하기 쉽지 않다. 지지적이고 평온하고 존중하고 일관적인 자세는 매우 중요하므로 필요할 때면 한 발 뒤로 물러서서 잠시 시간을 가지는 것이 필요하다.

처음엔 아동을 훈련한다는 명목으로 어린 아동에게 부정적이고 파괴적이고 해로운 말과 행동을 하는 것을 전혀 알지 못한다. 점차 아동을 지도하기 위한 더 생산적이고 효과적인 방식을 알아가면서 처음으로 우리 자신이 부정적인 것을 말하고 행동한 것을 알게 된다. 우리는 아동에게 행동을 한 다음에야 부적절함을 깨닫고 좌절을 느낀다. 우리의 행동이 부적절하다는 것을 깨달았을 때는 이미 너무 늦었다. 그러나 많은 연습을 통하여 틀리게 행동하기 전에 예측하고 기술적이고 적절하게 반응할 수 있다. 마침내, 우리의 새로운 행동이 자연스럽게 수행되어 생각하지 않고 노력 없이 할 수 있게 된다.

긍정적인 아동생활지도는 하나의 도구이어서 아동의 생산적이고 행복한 삶을 이끄는 데 요구되는 기술을 가르쳐주도록 우리를 돕는다.

대처 기법들

불행한 아동을 돌보는 것은 스트레스이며 벅찰 수 있다. 따라서 어려운 시간을 극복할 수 있는 계획을 세워야 한다. 다음을 기억하라.

- 개인적으로 울지 말아라. 아기들과 어린 아이들은 현재 그들이 아는 가장 최선의 대처를 하고 있다.
- 깊게 숨을 쉬어라. 이완의 시간을 가져라. 소리지르는 아동은 매우 스트레스를 줄 수 있다. 어떻게 문제를 해결할 수 있을지 생각하며 조용히 있을 필요가 있다.
- 부드럽고 차분하게 "난 네가 지금 화난 거 알아." "기분이 좋아지면 우리 이야기하자." 그리고 "울어도 돼. 때로는 나도 화날 때 울어."와 같이 이야기하며 안심시키며 반복한다. 이것은 아동과 나에게, 화가 나지 않았다는 것을 상기시킬 것이다.
- 만일 또 다른 적절한 성인이 있다면 아동을 맡기고 교대하라. 놀랍게도, 차분한 성인도 짜증을 내게 되면 순환이 깨지고 아이가 부적절한 통제력을 갖게 될 수 있다.
- 목표는 스트레스에 압도되지 않고 도전감을 유지하는 것이다.
- 부정적인 영향이 삶에 영향을 주면 의식적으로 균형을 가지며 충분히 긍정적 영향력을 만들 수 있도록 시간을 가지라.
- 친한 친구에게 스트레스의 감정을 표현하라(언제나 아동 개인 정보를 존중하며).
- 운동하고, 기도하고, 음악을 듣고 명상하고 읽고 친구를 만나라: 감정의 건전지를 충전하는 방법을 찾아라.
- 필요하면 책, 온라인, 상담자, 혹은 의사에게 전문적 정보를 구하라.

3. 처벌과 행동지도

처벌은 부정적이다. 해를 주고 모욕을 주거나 아동이 한 일에 대해 되돌려주려는 보복의 의도를 갖는다. 이와 대조적으로 생활지도의 목표는 아동이 적절하게 행동하도록 단호하게 그리고 존중하면서 가르치는 것이다. 훈육은 긍정적인 아동 지도의 한 부분이지, 처벌은 아니다.

- "넌 저 케이크를 만지면 안 돼! 여기서 나가서 놀아! 이 근처에서 또 장난치면 쫓아낼 거야!"
- "난 네가 케이크 만지는 것을 봤어. 타임아웃 의자에 앉아서 내가 일어나라고 할 때까지 꼼짝말고 있어. 모든 사람들이 네가 그 '말썽꾸러기' 의자에 앉아 있는 것을 볼 것이고 네가 나쁜 짓을 했다는 것을 알게 될 거야."
- "의자에서 일어나려 하지마! 만일 일어나려 하는 걸 본다면 시간을 두 배로 늘릴 거야."

처벌은 성인이 원하는 행동을 하도록 아동을 괴롭히거나 혼내는 것이다.

사회적으로 적절한 행동을 위한 지침은 단시 아동에게만 적용되지 않는다. 우리 모두에게 적용된다. 우리의 첫 단계는 어떠한 감정이 아동의 행동에 영향을 주었는지 이해하기 위해 잘 들어주는 것이다. 그 기저에 문제해결을 도와주는 무언가가 있을 수 있다. 그 다음 단계에서는 예를 들어, 우리가 선반에서 고르는 것을 도와달라고 하고 함께 일하면 블록을 다른 아동에게 던졌던 다빈이에게 블록을 모두 제자리에 바르게 놓는다는 것을 확실하게 알려줄 수 있다. 그리고 나서 다빈이에게 블록 영역에서 벗어나게 하는 다른 활동으로 방향을 전환하도록 하여 새로운 시작을 하게 한다. 우리의 태도는 긍정적이고 단호해야 하며 비열하거나 처벌적이어서는 안 되며, 아동이 활동으로 되돌아가서 적절한 행동에 성공하도록 돕는 것이 중요하다.

처벌과 지도의 차이점	
처벌(punhshment)	**지도(guidance)**
• 자존감을 낮춘다.	• 자존감을 만들어 준다.
• 모욕한다.	• 성격을 강화한다.
• 비하한다.	• 존중한다.
• 상처준다(신체적 혹은 정서적으로)	• 치유한다.
• 화나게 한다.	• 희망을 준다.
• 좌절시킨다.	• 대처 기술의 모델을 보여준다.
• 노력을 방해한다.	• 가능하도록 노력을 한다.
• 당황스럽게 한다.	• 신뢰를 준다.
• 실망하게 한다.	• 격려한다.
• 낮춰본다, 과소평가한다.	• 자기상을 향상시킨다.
• 사회적으로 고립시킨다.	• 믿음을 만든다.
• 정서적으로 포기한다.	• 정서적 지원을 준다.
• 애정을 거부한다.	• 사랑과 돌봄이다.

1) 타임아웃을 주기 전 두 번 생각하라

발달에 적합한 생활지도에서는 타임아웃(time-out)은 되도록 하지 않아야 한다. 다른 방식의 대처 기술을 가르치고 적절한 행동을 격려한다. 많은 진보적인 발달 프로그램은 타임아웃 대신 다른 광범위한 다양한 긍정적인 지도 전략을 사용한다. 본서는 가능한 한 풍부한 긍정적인 방법을 제시하고 있다. 타임아웃이 긍정적으로 사용될 수 없다는 것은 아니지만 현실에서는 처벌로서 부정적으로 사용된다. 발달에 적합한 프로그램에서는 처벌을 하지 않는다. 그러나 타임아웃을 긍정적으로, 지지적으로 사용하면 좋다.

타임아웃이 만일 다음과 같이 사용된다면 적절하지 않다.

- 3세 이하 아동에게 사용하거나
- 처벌처럼 느껴진다면
- 일상적이거나 자주 사용된다면
- 위협적이라면("만일 그거 하면, 타임아웃 할 거야.")

2) 시간적 여유 가지기

시간적 여유(time-away)는 돌보는 시간이며 영아에게도 적절하다. 이것은 압도되는 상황에서 아동을 떼어놓고 지지적이고 열을 식히는 시간을 제공하는 것이다. 특히, 아동이 통제를 잃었을 때 집단에서 분리하여 성인과 함께 있도록 아동에게 시간을 주는 것이다. 아동은 울고, 분노를 표현하고, 말하고, 일어난 일에 대해 생각하고, 침착해져서 집단으로 다시 들어갈 필요가 있다. 아동이 그 시간 동안 통제감 상실을 막고 어떻게 상황을 복구할지 결정하면, 체면 손상 없이 집단으로 돌아갈 준비가 될 것이다. 영아도 스트레스 근원에서 빠져나와 필요한 만큼 침착해질 수 있도록 지지를 받고 다시 즐거운 활동으로 방향 전환해 줄 필요가 있다.

시간적 여유의 목적은 부적절한 행동에 대한 대가를 치르거나 혹은 교실의 즐거운 상황에서 제외하려는 것이 아니다. 단지 아동에게 짧은 개인 시간을 주어 성질부리는 것을 낮춰주고 체면을 살리고 자신의 가치를 스스로 상기하고 저지른 실수를 어떻게 만회할지 이해하도록 도와주는 것이다.

이러한 시간의 적당한 곳은 전형적으로 교실의 조용한 구석이다. 여기는 편안하고 부드러운 공간이며, 꼭 '의자'로 정해지지 않는다. 이 시간은 아동이 차분해질 때까지이다. 성인은 아동이 원하면 함께 있는다. 어떤 아동(영아 포함)은 붙잡거나 안고, 토닥여주기를 원한다. 어떤 아동은 접촉을 싫어하고 말할 기분이 들 때까지 혼자 있기를 원한다.

발달에 적합한 휴식 공간으로 베개와 동물 인형을 갖춘 특별히 편안한 영역, 혹은 읽기, 독서 영역으로 설정한다. 처음에는 교사가 아동을 데려가 아동이 진정될 때까지 옆에 앉아 시간적 여유를 가지며, 차츰 아동이 성숙해져 자신을 관리할 수 있을 정도로 충분히 독립적이 된다.

아동이 좌절하고, 화내고, 정서적으로 '진정되기를' 바라는 시간이 필요하면 기분이 나아지고 언제든 준비됐다고 느낄 때까지 휴식 공간에서 편안히 쉬도록 해준다. 이러한 아동을 위한 시간적 여유는 아동이 휴식 공간에 가는 것을 독자적으로 선택하도록 하고 진정되고 친구들과 다시 만나도록 준비될 때까지 놀 수 있게 한다.

4. 행동 결과의 수용

아동은 환경에 적극적으로 참여하여 배운다. 보고 듣고 경험하면서 배우며, 특히 중요한 것은 실수하면서 배운다는 것이다. 활동에는 자연스러운 결과가 따른다. 만일 식물에 물을 주는 것을 잊으면 아마도 죽을 것이며 이것은 자연스러운 결과이다. 만일 내가 정기적으로 회사에 늦게 가면, 난 직업을 잃을 것이며 이것은 합법적인 결과이다. 행동에는 결과가 따른다. 만일 내가 바람직하지 않은 결과를 피하고 바람직한 목적을 성취하기 원한다면 일정한 방식의 행동을 배워야 한다.

1) 자연스러운 결과

자연스러운 결과는 아동이 성인의 간섭 없이 한 상황으로부터 배우게 될 때 일어난다. 이 지도 기법은 '적절한 행동의 학습은 가능한 한 직접적인 경험으로부터 배운다'는 생각에 기반한다.

예를 들어, 점심을 먹지 않으면 간식 먹기 전에 배가 고플 것이다. 만약 내가 만든 미술작품을 내 선반에 넣지 않는다면, 집에 갈 준비가 되었을 때 그것을 찾을 수 없을지도 모른다. 우유컵을 탁자 구석에 놓으면 떨어질 것이다. 우리는 "내가 그렇게 말했었잖아."라는 말을 하지 말아야 한다. 우유를 다 쏟지 않으려면, 미술작품을 잃어버려 속상하지 않으려면, 속이 비어 꼬르륵 소리를 느낀다면 그의 행동과 그에 따른 자연스러운 결과를 연결할 것이다. 우리는 재치있는 긍정적인 정보를 제공할 수 있다. "컵을 이쪽에 놓으면 안전할 거야." "네 코트를 여기에 걸어두면 이따가 어디에 있는지 알 수 있을 거야."

명백히 자연스러운 결과는 어떤 때라도 안전의 위험이 없고, 타인의 권리를 침해하지 않고 환경의 해를 끼치려 위협하지 않아야 한다. 즉. 안전하고, 존중하고 책임감을 가질 것을 강조한다. 경험은 가장 위대한 교사이나, 부정적인 결과가 발생하여 방해받지 않도록 주의해야 한다. 잔소리, 충고, 혹은 처벌은 자연스러운 결과로부터의 학습을 파괴하고 심지어 더 나쁜 힘 싸움을 일으킨다.

2) 논리적인 결과

자연스러운 결과가 우리의 개입 없이 발생하는 상황이라면, 논리적 결과는 선택하고 통제하여 만드는 결과이다. 논리적 결과의 성공은 조금은 불안정하다. 왜냐하면, 첫째, 결과는 아동이 이해하는 방식으로 행동이 연결되어야 한다(McKay, 2007). 둘째, 그러나 더 중요한 것은, 논리적 결과가 노골적인 처벌로 사용되어서는 안 된다는 것이다. 우리는 단지 논리적인 결과를, 다가가서 변상하고, 해를 끼친 것이 어떻게 올바로 되어야 하는지를 보이기 위해 긍정적인 기회로 삼는 데만 사용해야 한다.

예를 들어서,

- 그림책을 찢는 것의 논리적 결과는 테이프를 붙여서 돌려놓는 기회를 주어 친구들이 책을 함께 볼 수 있도록 하는 것이다.
- 바닥에 물을 흘리는 것의 논리적 결과는 아동의 크기에 맞는 대걸레로 바닥을 닦는 기회를 주는 것이다.
- 종이 대신 벽에 그림을 그리는 것의 논리적 결과는 비눗물이 담긴 스프레이와 스폰지로 벽을 닦도록 기회를 주는 것이다.

3) 불편한 결과로부터 아동을 바로 구해내지 않는다

한 아동이 좌절하거나 슬퍼하는 것을 볼 때, 우리는 그 행동의 결과로부터 구해주고자 하는 유혹을 받는다. 그러나 그 결과가 합리적이고 안전하다면 자신의 행동 결과에서 아동을 무조건 구하는 것은 우리 모두에게 도움이 되지 않는다. 물론 추운 날씨에 겉옷을 잊고 밖에 있게 하거나 음식을 쏟았다고 굶게 하는 위험을 감수할 수는 없다. 그러나 아동에게 안전하고 합리적인 결과는 학습을 증진시킨다. 타인과 환경과의 상호작용을 통한 학습에서 아동의 실수는 중요한 부분이다. 실수해서 불편한 것을 스스로 다루어보도록 하고 기꺼이 기다려주는 것은 아동으로 하여금 독립적으로 문제를 해결하도록 기회를 주는 것이다. 그러나 안전, 존중, 책임감의 기본 규칙을 어긴 경우에는 반드시 개입해야 한다.

7세인 민희는 집에서 멀리 떨어진 식당에서 외식을 한 후 집에 와서 소리쳤다. "아니! 안 돼! 식당에 지갑을 두고 왔어." 그의 아빠는 흥분하여 다급하게 "민희야, 넌 왜 어디든 지갑을 가지고 다니니? 넌 겨우 7살이야. 식당까지 다시 가려면 운전해서 가도 30분이나 걸릴 텐데. 그리고 누가 지갑을 훔쳐 갔을지도 몰라." 하며 민희에게 20여 분 소리를 질렀다. 민희는 자신의 행동에 대해 훌쩍이며 사과를 했고 아빠는 드디어 식당에 전화한 후 혼자 차를 몰고 가서 지갑을 찾아왔다.

민희의 아빠가 비록 큰 소리로 민희를 혼내고 오랜 시간 화를 냈다 해도 딸을 책임으로부터 구했다. 그는 전화를 하고 혼자 운전하여 식당에 갔고 지갑을 찾았다. 민희는 끔찍하고 어리석은 기분을 느꼈지만 결과적으로 민희는 아무것도 하지 않았다. 만일 민희의 아빠가 다음과 같이 말을 했다면 긍정적인 결과를 사용할 수 있었을 것이다.

- 민희야, 난 네가 지갑을 잃어버려서 틀림없이 놀랐다고 생각해. 이 문제를 어떻게 해결해야 할지 함께 생각해보자.
- 함께 브레인스토밍한다.
- 민희는 아빠를 도와 식당 전화번호를 찾는다.
- 민희는 아빠가 전화 걸고 식당에서 지갑을 찾아 올 동안 기다린다.
- 그들은 지갑을 찾으러 함께 차를 타고 간다.
- 아빠는 "민희야, 이 경험으로 무엇을 배웠니?"라고 물어본다.

두 번째 예에서, 민희의 아빠는 그의 '분노'가 아닌, 문제의 초점을 '건망증'에 두고 지도했다. 여기서 민희가 느끼는 불편함, 불쾌함은 누군가 그녀를 당황하게 한 것에서 온 것이 아니라 자신의 건망증에서 비롯된 불쾌함이다. 민희는 자신의 소지품을 잃어버리면 좌절스럽고 불편하다는 것을 배우지, 화난 아빠를 달래기 위해 노력해야 한다는 것을 배우지 않는다. 만일 민희가 아빠를 단지 기쁘게 하는 방법으로만 적절하게 행동하는 것을 배운다면 아빠에게 화가 나거나 반항심이 들 때 그가 바로 화나도록 부적절하게 행동하고 싶을 것이다.

5. 행동의 내재적 동기 이해

매슬로우(Maslow)는 인간의 동기 이론을 설명하기 위해 생리적이고 심리적인 욕구의 수준을 보여주는 피라미드를 소개했다(Maslow, 1943). 그는 이 피라미드의 하위 욕구는 그 다음 수준의 욕구를 가지기 전 채워져야 한다고 주장했다. 다음은 매슬로우의 행동을 동기화시키는 정서적인 욕구이다.

- 자기실현(fulfillment)
- 자아-존중감, 책임감, 성취
- 소속감, 가족과 친구에 대한 애착
- 안전감, 안전, 질서
- 기본적 생명 욕구가 채워지는 것(음식, 거주지, 따뜻함)

배고픈 아동은 놀이와 학습으로부터 산만해질 것이다. 이 아동의 최고의 관심은 음식이다. 놀라고 불안전하다고 느끼는 아동은 친구를 사귀거나 블록으로 성을 만드는 것에 관심을 보이지 못할 것이다. 사랑받지 못하고 있다고 느끼는 아동은 독립적이고 믿음직하게 기능하지 못할 것이다. 사실, 어린 아동은 그들 욕구를 채우기 위해서는 무엇이든 할 것이다.

1) 어떻게 아동의 자존감 발달을 지원할 수 있는가

채워지지 않은 욕구는 역기능적인 행동의 숨겨진 원인이 된다. 서투르게 행동하는 아동 중에는 자존감이 있어야 할 내면에 검은 큰 구멍을 갖고 걸어 다닌다. 자존감은 학교 성취와 사회적 적응에 밀접히 연관된다고 한다.

진정한 자존감 활동은 아동을 존중하며 귀하게 대하고, 진심으로 인정하고, 아동의 말을 들어주고, 아동의 권리를 보호하고, 일상에서 아동의 눈을 맞추고 이름을 부르며 아동을 양육하는 것이다.

아동의 연령 수준과 흥미에 기반하여 적절한 접촉은 중요하다. 아기와 영아를 안아주고, 유아들은 어깨에 팔을 두르고, 학령기 아동에게는 어깨에 손을 올리는 것이 적절하고 따뜻함과 친밀함을 나타내는 것이다. 모든 아동은 잠재력을 극대화할 권리를 가지며, 그 잠재력은 높을 수도 있고 낮을 수도 있다. 우리의 역할은 아동의 성취를 지원하여 그가 꿈을 이룰 수 있게 하는 것이다.

아동이 자신에게 부여하는 '가치'는 중요한 사람들이 아동에게 부여하는 가치를 반영한다. 만일 부모와 양육자가 일관적으로 아동을 사랑스럽고 유능하고 소중하게 본다면 아동은 긍정적인 자존감이 발달한다. 아동을 주의깊게 양육하고 안전하고 사랑하며 일관되게 존중하고 보살펴주면 태어나면서부터 자존감이 발달한다. 아동은 단호한 지도와 존중받는 보살핌을 동시에 받을 수 있다. 상처받은 자존감은 복구될 수 있으나, 처음부터 긍정적인 자기-개념 발달을 지원하는 것이 더 중요하다.

6. 행동의 외재적 동기 이해

지금까지 내재적 동기를 살펴보았다. 그러나 이젠 동전의 다른 쪽을 볼 시간이다. 즉, 외재적 동기 기법이다. 어떤 행동은 내재적 동기로부터 오지 않는다.

제현이는 그의 엄마에게 매일 피아노 연습을 하기 싫다고 말한다. 결과적으로 그의 엄마는 제현이의 내적 동기를 살펴보았다. 그녀는 유명한 음악가가 되는 그의 소망과 어려운 곡을 치게 될 때의 뿌듯함 등을 이야기 나눴다. 제현이가 만일 피아노를 연주하고자 하는 내적 욕구가 진정으로 있다면, 그리고 연습의 부족이 단지 새로운 습관을 달성하는 데 문제라면, 연습을 아주 잘 해내면 보상으로 귀여운 스티커를 주면 된다. 그러나 그가 내재적 동기가 부족하여 연습을 안 하는 것이라면 스티커는 시간 낭비일 것이다. 사실 시간 낭비만큼 나쁜 것은 없다. 제현이는 그 작은 스티커를 받는 것을 별로 가치 있다고 생각하지 않아 포기하고 연습을 하지 않았다. 또한 제현이가 보상받기 위해 연습하도록 강요당하면, 그는 "내가 그것을 하면 무엇을 줄 거예요?"라고 말하면서 그가 해야 할 일을 상기시키는 또 다른 말들에 반응해야 할 것이다.

> 세인이는 엄마가 어린이집에 데리러 왔을 때 엄마에게 달려왔다. 한 장의 그림을 들고 엄마 주위에서 춤을 추며 "엄마 내가 만든 거 봐봐! 내가 만든 거 봐!" 하며 소리를 꽥꽥 질렀다. 세인이의 엄마는 다른 엄마와 수다로 바빠서 세인이의 말을 무시했다. 급기야 세인이는 그림을 땅에 던지고 "엄마 미워." 하자 바로 그녀의 엄마는 허리를 굽히고 "세인아, 원하는 게 뭔대?"라고 말했다(화나는 톤으로).

세인이는 엄마가 가르치려 의도하지 않은 교훈, 즉 엄마의 주의를 끌려면 단순히 봐달라고 하는 것보다 엄마를 밉다고 하고 파괴적인 행동을 하면 더 빠르게 봐준다는 것을 배운 것이다.

아동은 일반적으로 그들의 욕구를 충족할 수 있는 것은 무엇이든 한다. 많은 무의식적인 습관은 효과가 있기에 만들어진다. 우리는 아동이 원하는 것을 얻고 환경 내 욕구들을 어떻게 만족시키는지 일상에서 주의깊게 확인하고 분석해 볼 필요가 있다.

1) 행동 수정의 개념과 활용

적절하게 행동 수정을 사용하기 위해서 성인은 다음의 매우 구조화된 절차를 따라야 한다.

- 아동의 현재 행동을 관찰하라.
- 바람직한 미래 행동을 확인하라.
- 작은 단계로 두 가지 행동 간의 거리를 좁혀나가라.

아동이 바람직한 행동에 가까이 가도록 체계적으로 작은 단계들을 강화하라.

행동 수정에서는 행동의 고리를 연결하는 것인데, 한 번에 하나씩 연결하는 것이다. 수정은 배워야 하는 기술을 고르고 그 행동을 강화하는 것이기에 아동에게 외부적이다. 물론, 학생은 내재적이다.

> 자폐로 진단받은 마야는 예쁜 3세 아이이다. 그녀는 말을 하지 못하지만 말을 이해할 수는 있다. 그녀는 일관되게 팔을 펄럭이며 교실을 뛰어다니고 작게 꿀꿀 소리를 내었다. 제발 이 행동을 멈추라고 요구하는 것은 그녀를 더 혼란스럽게 하고 스트레스를 주어 매우 불안하게 하고 행동을 더 증가시켜 심하게 짜증을 일으킨다. 그러나 행동 수정을 사용하여 점진적으로 그녀가 의사소통하는 방법을 찾도록 효과적인 양육을 할 수 있다.
>
> 마야의 담임교사인 주연은 그녀의 펄럭거림에 주의를 두지 않고 다른 아동들과 같은 행동을 배우도록 돕는다. 교사는 마야를 위해 그 눈높이에 벨크로로 된 특별한 포스터를 붙였다. 마야는 가까이 와서 보고 치리오스(시리얼) 사진을 손으로 훑었다. 교사는 바로 와서 "오~ 너도 치리오스 먹고 싶니?"라고 말했다. 그리고 포스터를 떼어 마야의 펄럭이는 손에 쥐어주고 "이리 와 마야. 네 치리오스 가지러 가자."라고 하였다. 치리오스는 마야가 가장 좋아하는 시리얼이라 신나게 따라갔다. 마야는 포스터와 진짜 치리오스를 바꾸게 된다.
>
> 이후, 마야는 다시 포스터를 가지러 가게 된다. 그녀는 이번에는 의도적으로 그림을 만졌다. 교사는 계속 그림을 주시하고 있었다. 바로 "오~ 선생님하고 기차 책을 보고 싶구나. 나를 따라와. 그러면 그림하고 책을 바꿀 수 있어." 교사는 마야가 특히 좋아했던 것들의 그림을 선택하였다. 단순한 외재적 강화물은 그녀가 비언어적으로 의사소통하는 데 필요한 기술을 습득하도록 하였다. 시간이 지나, 교사는 마야가 이후 보상으로부터 쉽게 멀어지고 말을 할 수 있을 때까지 의사소통을 돕기 위해 더 복잡한 그림 차트를 만들었다.

발달 지연을 가지는 아동, 학습장애, 언어 지연 등의 아동은 동기를 이야기하고 반영하는 기술이 부족하다. 행동 수정은 이러한 아동을 지도하는 데 있어 가장 좋은 도구로써 장애아동뿐 아니라 잘 발달하는 아동, 심지어 영재 아동에게도 매우 성공적으로 사용된다. 그러나 이것은 아동의 자발적이며 적극적인 협력을 요구한다. 나의 동기와 상관없이 나의 행동이 조작되었다는 것을 깨달으면 아동과 성인은 강요당한다고 느낄 것이다. 예를 들어, 만일 갑자기 나의 상사가 커피머신에 '고장'이라는 표시를 붙여 결국 커피를 끊고 카페인을 끊게 된 것을 깨달았다고 하자. 나는 그 도움에 감사하지 않을지도 모른다. 대신, 나는 내 동의 없이 도움을 얻었다는 것에 대해 분노할지 모른다. 나는 내 자율성을 주장하고자 고집스럽게 커피를 더 마시게 될지도 모른다.

행동 수정은 아동의 계획에 함께 참여하고 이를 이해하는 아동에게 가장 효과적으로 작용한다. 우리는 아마도 "은비, 화장실에 가는 것을 잊지 않도록 돕기 위한 특별한 책 만들기 해볼까? 2시간마다 타이머를 맞춰 알림이 울릴 때 네가 화장실에 가면 책에 스티커를 붙여줄게. 도움이 될 것 같니? 한 번 해볼까?"

명백하게 스티커 책은 은비가 화장실 가는 것을 지체하는 습관 때문에 팬티를 적실 때에만 도움이 될 것이다. 어린 영아들은 몸이 주는 신호를 이해하지 못하고 이 감각을 어떻게 조절하는지 모르기 때문에 스티커 받는 것으로 배변훈련을 갑자기 마스터할 수는 없다.

이 전략은 또한 만일 은비가 내적인 동기 문제(가족 중 아기 동생에게 쏠리는 관심을 경쟁하여 아기처럼 하는 것 등)를 가진다면 효과가 없다. 그러나 은비가 팬티가 젖는 것을 진짜 멈추고 나쁜 습관을 고치기 위한 약간의 동력이 필요하다면 완전히 협력하고 그것이 성공할 때 스스로 자부심을 가지게 될 것이다. 이때 스티커, 토큰은 성공을 위한 동력을 줄 것이다.

2) 행동 수정은 언제나 효과가 있지 않다

행동 수정을 적절하게 사용한다면 유용한 도구가 되며, 강화는 습관의 패턴을 변화시키기 위한 강력한 도구이다. 행동 수정은 아동과 협력하여 그것이 조작적이지 않도록 노력하는 것이다. 행동 수정에 대한 시도가 만일 개별 아동을 존중하지 않고 이루어진다면 상처를 주게 될 것이다.

처벌을 하는 대신, 스티커나 도장을 보상으로 사용하거나 기술을 숙달하고 우리를 따르는 것을 유도하도록 특권을 준다. 보상은 단기적으로 칭찬이 될 수 있지만, 자기-지향적인 학습자, 혹은 양육적인, 협력적인, 책임감 있는 사람으로 만드는 데 있어서는 효과적이지 않다. 왜냐하면 좋은 가치는 내면으로부터 나오기 때문이다. 아동 앞에서 반짝 보상을 쓰는 단순-회로의 시도는 최악의 경우는 비생산적(역효과)인 결과를 가져올 수 있다. 아동이 발달에 적합한 학습 환경에서 어떻게 학습을 할지 선택하고, 발견하고 창조할 수 있는 안전하고 배려가 있는 학습 공동체에 참여한다면 열정적인 평생 학습자가 될 것이다.

정리해봅시다.

- 잘못된 목표가 어떻게 아동들의 부적절한 행동을 일으킬 수 있는지 생각해봅시다.
- 문제행동에 대한 성인의 대처 기술을 정리해봅시다.
- 처벌과 긍정적인 생활지도의 관계를 정리해봅시다.
- 언제, 어떻게 아동이 행동의 결과를 받아들여야 하는지 정리해봅시다.
- 어떻게 효과적인 방식으로 외적 강화를 사용하는지 정리해봅시다.

PART V

아동상담 이해하기

5부에서는 아동상담을 이해해 본다. 아동상담의 기초로 아동상담자의 자질과 전문적 역할, 윤리에 대해 알아본 후, 아동상담의 과정을 살펴본다. 그리고 아동상담의 실제를 몇 가지 치료 방법을 통해 이해해 본다.

CHAPTER

11 아동상담의 기초

1. 아동상담자의 자질과 전문성, 윤리

상담의 효율성을 위해 상담자는 내담자를 만나서 상담의 관계를 만들고 변화에 대한 확신을 가져야 한다. 또한 윤리적인 책임을 확인하고 내담자를 도와 자신도 성장할 수 있도록 해야 하며, 바람직한 시범을 보이고 진심으로 따뜻하게 아동을 존중하고 수용하는 자세로 임해야 한다.

1) 상담자의 전문적 자질

상담자의 전문적인 자질로는 첫째, 전문가로서 상담이론에 숙달해야 하며, 다양한 상담 기법과 전략을 이해하고 내담자 아동의 특성과 상황과 개인차에 맞춰 이를 효과적으로 적용하고 개입할 수 있어야 한다. 둘째, 상담 진행 과정을 잘 숙지해야 한다. 상담의 인테이크 면접 단계, 개념화와 치료계획 단계, 상담과 치료 과정 단계, 그리고 종결 단계에서 요구되는 전문적 역할을 충분히 수행할 수 있어야 한다. 마지막으로 전문가로서 상담자는 이 모든 것을 잘 이해하고 숙지하고 공부하였더라도 실제 아동 내담자를 만나서 일정한 기간 동안 상담 실습과 훈련을 받고 상담 사례를 이어가되, 경력이 쌓이더라도 지속적으로 자기를 분석하는 훈련과 수련감독관(수퍼바이저)으로부터 수퍼비전을 받아야 한다.

또한 전문 상담자로서 일하기 위해서는 윤리적인 부분도 숙지해야 한다. 윤리는 가치와 일치된 행위로 이끄는 행동의 규칙이며 무엇이 옳고 바른 것인가에 대한 구체적 행동지침을 말한다(김익균, 윤정란, 장문규, 정혜숙, 2007). 아동상담에서의 윤리란 특별한 상황에서 발생하는 것이 아니며, 또한 항상 염두에 두어야 할 주제이기도 하다. 만일 아동 상담자가 높은 수준의 전문기술이나 경력이 있으면 가능하다고 생각할 수 있으나, 특히 아동상담에서는 윤리적 원칙이나, 윤리적 기반에서 출발해야 한다.

아동 상담자는 다음과 같은 아동상담의 독특한 특성을 고려하여 상담에 임한다.

① 아동은 성인과 다른 지적, 성신적 영역이 존재하므로 아동의 시각에서 상담을 진행한다. 상담자는 가능하면 아동의 입장에서 공감하도록 노력해야 한다.
② 아동은 감수성이 예민하고 정서적 변화가 많아 분위기에 민감하게 반응하여, 상담자의 마음에 들려고 하거나 반대로 거부감이나 저항을 직접적으로 표현하기도 한다. 이러한 이유로 상담자의 판단이나 진행이 어려워질 수 있다.
③ 아동상담에서는 언어적 의사소통만으로는 서로의 마음이 제대로 소통되기 어렵다. 직접적이지 않은 매체, 예를 들어, 놀이, 이야기, 음악, 미술 등을 매개로 한 비언어적 의사소통을 적극적으로 동원하여 효과적인 아동상담을 수행하면서 연구하는 자세가 필요하다.
④ 아동은 자발적이기보다는 비자발적으로 상담에 임하는 경우가 많으므로 상담 초기에 저항하고 내면의 혼돈과 갈등을 겪을 수 있다. 따라서 특히 첫 회기에서 신뢰 관계(라포, rapport)를 성립하는 것이 매우 중요하다.

⑤ 아동은 성장과 발달의 과정 중에 있기 때문에 아동의 연령과 개인의 독특한 발달과정을 파악하고 깊이 이해하려는 노력이 필요하다.

다음은 아동상담자의 윤리강령이다.

한국상담학회 상담심리 윤리강령

아동상담자도 전문인으로서 윤리원칙에 입각해 상담을 해야 한다. 상담자 윤리강령을 축약하면 다음과 같다(한국상담학회, 2002).

① 사회관계

상담자는 사회 윤리 및 자기가 속한 지역사회의 도덕적 기준을 존중하며 사회공인과 자기가 종사하는 전문직의 바람직한 이익을 위하여 최선을 다한다.

상담자는 자기가 실제로 갖추고 있는 자격 및 경험의 수준을 벗어나는 인상을 타인에게 주어서는 안 되며 타인의 실제와 다른 인식을 가지고 있는 경우 이를 시정해 줄 책임이 있다.

② 전문적 태도

상담자는 상담에 대한 이론적 지식, 전문적 실습, 교수, 상담활동, 연구를 향상시키기 위한 지속적인 노력을 통해 전문성을 발달시키도록 해야 한다.

상담자는 상담수혜자를 보다 효과적으로 도울 수 있는 방법에 관하여 꾸준히 연구하고 노력하고, 상담수혜자의 성장 촉진과 문제의 해결 및 예방을 위하여 최선을 다한다.

상담자는 자신의 능력 및 기법의 한계를 인식하고 전문적 기준에 위배되는 활동을 하지 않는다. 만일 자신의 개인 문제 및 능력의 한계 때문에 도움을 주지 못하리라고 판단될 경우에는 다른 동료 전문가 및 관련기관에 의뢰한다.

③ 정보의 보호

상담자는 상담수혜자 개인 및 사회에 임박한 위험이 있다고 판단될 때에만 매우 조심스러운 고려 후에, 상담수혜자에 관한 정보를 적절한 전문인 혹은 사회 당국에 공개하도록 한다.

상담자는 상담수혜자에 대한 정보를 동료 상담자 혹은 슈퍼바이저(superviser)에게 제공할 경우 사실적이고 객관적인 정보로 구성하며, 상담수혜자의 구체적 신분에 대해 파악할 수 없도록 할 책임이 있다.

④ 상담수혜자의 복지

상담자는 상담 활동의 과정에서 소속기관 및 비전문인과의 갈등이 있을 경우 상담수혜자의 복지를 우선적으로 고려하고, 자신의 전문적 집단의 이익은 부차적인 것으로 간주한다.

상담수혜자에게 적절한 전문적인 도움을 주는 것이 어렵다고 판단되면, 상담자는 상담 관계를 시작하지 말아야 하며, 이미 시작한 상담관계인 경우는 즉시 종결하여야 한다. 이 경우 상담자는 상담수혜자에게 적절한 다른 대안을 제시해 주어야 한다.

⑤ 상담 관계
상담자는 상담수혜자와의 친밀한 관계를 인식하고, 상담수혜자에 대한 존중감을 유지하며, 상담수혜자를 이용하여 상담자 개인의 필요를 충족하고자 하는 활동 및 행동을 해서는 안 된다.
상담자는 상담 전에 상담 관계에 영향을 줄 수 있는 상담의 목표, 기술, 규칙, 한계 등에 관해서 상담수혜자에게 알려주어야 한다.
상담자는 상담수혜자와 이중적 관계 및 성적 친밀감과 같은 형태의 관계를 맺어서는 안 된다.

⑥ 심리검사
상담자는 검사 대상자를 조력하기 위한 목적에 적합한 심리검사를 선택해야 한다.
심리검사를 실시할 때에는 자격이 있는 사람이 표준화된 절차에 따라 실시해야 하며, 그 과정을 경시해서는 안 된다.
상담자는 검사 대상자에게 심리검사 결과의 수치만 알리거나 제삼자에게 알리는 등 검사 결과가 잘못 해석되거나 통지되어 오용되지 않도록 해야 한다.

2) 상담자의 인간적 자질

상담자의 인간적 자질로는, 인간에 대한 기본적인 이해와 인간의 행동 및 행동문제에 관한 지식, 그리고 아동발달에 대한 지식과 아동에 대한 이해가 선행되어야 한다. 상담자는 모델로서 올바른 행동과 생각을 가진 본이 되어야 하며 이를 위해 항상 노력해야 한다. 상담자는 자신을 치료적 도구로 사용하여 아동을 돕는 일을 객관적으로 잘 수행할 수 있어야 한다. 그러나 상담자도 자신만의 감각과 지각과 생각, 경험을 가지는 인간이기에, 완전히 객관적일 수 없고 완벽할 수도 없다. 자신의 인간적인 한계와 불완전성을 늘 받아들여 인식해야 한다. 상담자는 자기 자신과 타인에 대한 개방성을 가지고 늘 수용하는 자세를 취해야 한다. 삶에 대한 변화와 이를 위한 용기를 가져야 한다.

상담자의 이러한 전문적, 인간적 자질은 내담자에게 신뢰와 안정감, 문제해결에 대한 자신감을 주어야 하기에 필요하며 이러한 자질을 연마하기 위해 끊임없이 노력해야 한다.

2. 아동상담의 이론

아동상담에 필요한 이론은 상당히 많고 광범위하다. 이 중에서 아동의 이상행동을 이해하고 치료하기 위한 이론을 살펴보면 다음과 같다(강문희, 손승아, 안경숙, 김승경, 2007; 김영숙, 2019; 김익균, 윤정란, 장문규, 정혜숙, 2007; 차영희, 2006).

1) 정신분석적 상담이론

고전적이며 오래된 상담이론으로 정신분석적 이론을 들 수 있는데 이는 프로이트에 의해 연구되고 체계화되기 시작했다. 정신분석 이론은 20세기의 심리학, 문화, 예술, 정신의학에 이르기까지 광범위하게 영향을 끼치며 프로이트(Freud), 아들러(Adler), 융(Jung), 랭크(Rank) 등에 의해 영향을 받아 계속되었다.

(1) 프로이트의 이론

대표적 이론가인 프로이트는 인간 성격 발달에 세 가지 기본 원칙, 즉 정신적 결정론, 무의식적 동기, 성적 에너지의 개념을 설명하였다. 정신적 결정론은 인간의 모든 정신 활동은 그 이전의 행동이나 사건에 의해 결정된다는 것이다. 한 인간의 사고나 감정의 원인을 당장에 잘 파악하기는 어렵더라도 현재의 행동은 반드시 과거에 그 원인이 있다는 것이다(김영숙, 2019). 또한 프로이트는 정신의 구조를 의식(conciousness), 전의식(preconciousness), 무의식(unconciousness)으로 나누어 의식은 감각의 내용을 통해 알아차리는 모든 것을 말하며, 무의식은 기억하지는 못하지만 마음 깊은 곳에 숨겨져 우리의 많은 것에 영향을 미치는 것으로, 정신을 빙산에 비유하면 눈에 보이지 않는 가라앉은 커다란 부분에 해당한다고 하였다. 전의식은 당장에는 기억이 안 되는 정신 세계이지만 조금만 노력하면 의식으로 올라올 수 있는 내용이다.

인간의 행동은 과거의 경험에서 비롯될 뿐 아니라 반드시 무의식적 동기가 있기에 우리가 일상생활에서 행동하고 생각하고 느낄 때 자신이 인식할 수 없는 무의식에 의해 동기 유발이 된다고 하였다. 대부분 성욕이나 공격성은 이러한 무의식적 동기가 잠재되어 있다가 나타날 수 있다. 무의식과 의식에 관한 프로이트의 개념은 인간 행동과 성격의 문제를 이해하는 데 중요하며, 정신의 큰 부분으로 의식보다 더 중요하게 작용한다고 생각하였다. 무의식은 자각할 수 없고 그 안에는 우리가 살아온 경험과 기억 및 그 안의 억압된 내용이 저장되어 있다. 이 내용에 접근하거나 의식할 수는 없지만 이러한 내용 안의 억압된 욕구와 충동은 일반적으로 행동에서 드러나지 않고 의식하거나 접근이 불가하기 때문에 대부분의 심리적 기능은 통제영역 밖에 존재한다고 하였다.

① 성격의 발달

원초아(id), 자아(ego), 초자아(superego)의 세 구조는 프로이트가 설명하는 인간 성격의 구성 요소로, 이것들은 다섯 단계의 심리성적 발달과정을 거치면서 형성되어 성격에 영향을 미친다고 보았다. 원초아(id)는 출생할 때부터 존재하는 정신 에너지의 근원이며 현실 여건을 고려하지 않고 즉각적으로 욕구를 충족시키려는 쾌락의 원리(pleasure principle)에 따라 작동한다. 자아(ego)는 현실의 여건을 고려하여 판단하고 이에 따라 필요하면 욕구충족을 지연하며 행동을 통제한다. 생후 6~8개월부터 발달하기 시작하며 2~3세가 되어야 제대로 기능하게 된다. 초자아(superego)는 자아이상과 양심이라는 두 가지로 이루어지며 4~5세경부터 발달하기 시작하는데, 자아이상은 자아에 대한 이상적인 열망으로 구성되어 부모로부터 칭찬과 보상받은 경험이 기초가 되고 양심은 잘못된 행위에 대하여 생기는 죄책감이 기반이 되며 부모의 도덕적 규범이 내면화된 자기 처벌적이며 자기 비판적인 부분이다. 프로이트는 이러한 원초아와 자아, 그리고 초자아의 상호역동이 기본 성격을 결정한다고 하였다.

프로이트의 또 다른 중요 개념은 심리성적 발달(psychosexual development)이다. 그는 아동이 자라면서 그들 즐거움의 핵심인 리비도라 불리는 성적 충동이 입에서 항문, 그리고 최종적으로 생식기로 옮겨간다고 생각하였다. 이 과정은 심리성적 발달의 다섯 단계인 구강기, 항문기, 남근기, 잠복기, 생식기를 순서대로 거치며 이루어진다. 프로이트는 인간이 태어나서 성장하며 각 단계마다 존재하는 즐거움의 근원인 성적 충동이 그때의 현실적 요구와 갈등을 겪는 가운데 대체로 그것을 어떤 방식으로 해결해왔는지가 축적되어 성인의 성격을 결정짓게 된다고 주장하였다. 다음은 다섯 단계의 심리성적 발달단계를 설명한다.

■ 구강기

구강기(oral stage)의 출생~1세까지의 아기는 입, 혀, 입술 등의 구강 경험을 통해 세상에 대한 만족, 쾌감, 혹은 고통을 알게 된다. 빨거나 씹거나 깨물거나 하는 행동이 입술, 혀, 입속에 쾌감을 주며 배고픔과는 상관없이 구강 만족을 주는 활동 그 자체가 중요하며 즐거움의 근원이 된다.

프로이트는 심리성적 발달단계 각 단계에서의 리비도가 적절하게 만족되어 즐거움을 얻어야 다음 단계로의 진행이 순조롭게 이루어질 수 있고, 만일 각 단계의 리비도의 욕구가 적절하게 충족되지 못하고 부족하거나 혹은 과도하게 충족되면 그 단계의 어려움이나 집착이 남아 다음 단계로 완전하게 전이되지 못할 수 있다고 하였다. 이렇듯 한 단계에서 리비도가 충족되기에 부족하거나 과했을 때 그 단계의 욕구에 고착(fixation)되어 특정 단계의 욕구에 대한 집착행동이 이후 발달단계에도 지속될 수 있다. 따라서 구강기에 충분한 리비도의 충족이 이루어지지 않았거나 과잉충족이 되면 나이가 들어도 구강기적 성격특성과 행동특성을 나타낼 수 있다. 냉소적이고, 논쟁적인 행동이 나타나거나 엄지손가락 빨기, 손톱 물어뜯기, 펜이나 연필 물기, 과도한 음주와 흡연, 수다 떨기와 같은 구강 만족을 위한 습관적 행동이 나타날 수 있다.

■ 항문기

항문기(annal stage)의 1~3세 영아는 배설의 경험에서 리비도의 만족을 가진다. 즉 배설물을 참거나 내보내는 것에 관심을 모으며 이 과정에서 느끼는 쾌감이 즐거움의 근원이 된다. 배변 과정에서 리비도를 충족하며 성공적 배변을 성취하면서 자신감을 가지며 이후 생산적이고 창의적인 성격의 성인을 만드는 중요한 바탕을 이룬다. 양육자에 의해 스스로 배변을 이루기까지 배변훈련을 하게 되는데, 이 과정에서 생애 최초로 자신의 욕구 통제와 양육자에 의한 현실 적응이 부딪히게 된다. 배설 통제가 아직 미숙한 채 배설 실수를 하게 되면 양육자의 청결 요구에 반하여 부정적 상호작용을 하게 되어 사랑을 잃을지 모른다는 불안과 갈등을 겪게 된다. 이때 양육자는 배변훈련 과정에서 적절하고 융통성 있게 진행해야 하며 지나치게 엄격하고 부정적으로 통제하면 아동의 성격에 영향을 주어 나이가 들어도 불안하고 심하게 억제하는 성격을 지니게 된다. 따라서 항문기 고착성격은 항문 폭발적 성격과 항문 강박적 성격으로 상반된 특성을 나타나는데, 항문 폭발적 성격은 지저분하고 낭비벽이 있는 행동특성을 보이고, 항문 강박적 성격은 완고하며 인색한 특성으로 나타난다.

■ 남근기

남근기(phallic stage)의 3~5세 유아들은 자신의 이성 부모에 대한 애정을 즐거움의 근원으로 삼고 추구하게 된다. 또한 자신의 성기를 만지면 쾌감을 느낄 수 있음을 알게 되고 관심을 가지게 된다. 이 시기의 남아는 오이디프스 콤플렉스(oedipus complex)라는 심리적 갈등을 겪는데, 무의식적으로 어머니를 사랑의 대상으로 느끼는 동시에 아버지를 경쟁자로 느끼게 되며, 여아도 마찬가지로 심리적 갈등인 엘렉트라 콤플렉스(electra complex)를 가지며 무의식적으로 아버지를 사랑의 대상으로 느끼고 어머니를 경쟁자로 느낀다.

남아는 아버지에 의한 거세불안을 경험하고, 이 불안을 해소하기 위해 아버지를 동일시하게 되며 여아의 경우는 남근선망을 가지며 어머니를 동일시 대상으로 삼게 된다. 유아는 동성 부모에 대한 이러한 동일시 과정 속에서 자신의 성에 맞는 적절한 역할 및 도덕, 가치관 등을 내면화하게 되고 초자아인 양심과 자아이상을 성격 안에 발달시키게 된다. 유아는 동일시 과정에서 이성 부모에 대한 애정적 만족이 부족하거나 너무 지나쳐 집착하면 남근기 고착 성격이 되기 쉽다. 남근기 고착 성격을 가진 남성은 근거 없고 부적절한 남성성을 가지고 지나치게 오만하며 공격적이고 힘을 과시하며 방종한 성격이 될 수 있으며, 여성은 자신의 왜곡된 여성성을 과도하게 드러내며 이성을 유혹하며 경박하거나 반대로 이성을 적대하며 강하고 당돌하게 능가하려고 한다. 프로이트는 오이디푸스 콤플렉스와 관련된 고통스러운 경험들이 나중에 성인기 신경증을 유발하는 주요 원인이라고 보았다.

■ 잠복기

잠복기(latency stage)의 7~12세 아동에게는 잠시 리비도가 숨겨지고 신체 어느 부분에 드러나지 않기에 잠복기라고 한다. 대신 동성 또래들의 집단을 형성하고 사회적으로 수용되는 놀이, 게임, 운동, 단체 활동 및 지적 활동 등에 에너지를 쏟게 된다. 이 시기에 고착되면 성인이 되어서도 이성에 대한 친밀감을 갖지 못하고, 동성 간의 우정에만 집착할 수 있다.

■ 생식기

사춘기가 시작되면 신체와 성적 성숙이 일어나고 잠복기에 숨어 있던 성적 충동이 생식기에 나타나 가족을 벗어난 이성에게로 관심과 사랑이 옮겨지며 이성과의 사랑을 즐거움의 근원으로 삼게 된다. 생식기(genital stage) 성적 만족을 위해서는 부모에게 심리적으로 독립하고 이성을 대상으로 한 원숙하고 성숙한 사랑이 요구된다. 사춘기 이후 이러한 과정을 순조롭게 성취하면 타인에게 관심을 가지며 자기중심적이지 않고 객관적으로 세상을 볼 수 있게 된다(최경숙, 2006). 그러나 이전 단계의 발달이 원만하지 못하면 이성에 대한 적응이 어려울 수 있다.

(2) 이상행동에 대한 관점

프로이트는 인간의 성격은 특히 무의식 속에 잠재되어 있는 유아기를 포함한 초기 아동기 시절의 즐거움의 충족을 추구하려는 성적 사건들의 경험에 의해 중요하게 결정된다고 보았다. 이러한 성적 욕구를 의식으로부터 억압하면서 외상적 경험을 하게 되고 정신장애가 발병하며 이상행동을 일으키게 된다고 하였다. 이후에는 본능적인 욕구를 충족시키고자 하는 원초아와 이를 억압하고자 하는 자아의 방어기제 사이의 갈등이 신경증과 같은 정신장애의 원인이라고 하였다. 이 무의식 세계를 이해하는 것이 인간 행동을 이해하는 데 가장 기본이 된다.

또 다른 원인은 불안이라고 보았다. 불안은 자아에 이상이 생겼다는 신호이며 객관적 세계에 존재하는 위협이나 위험에서 비롯되는 현실적인 불안은 건강한 사람들도 경험할 수 있다. 예를 들어, 시험실패를 경험하여 시험 불안이나, 속았던 경험으로 사람에 대한 불신을 가지게 되는 것 등이다. 이러한 현실적 불안과 달리, 신경증적 불안은 자아가 원초아의 충동을 통제하지 못하여 처벌을 받게 되는 일에 대한 불안으로, 충동이나 욕구를 표출하여 충족을 하였을 때 이후 받을 수 있는 처벌에 대한 두려움이다. 불안의 정도가 심하면 자아 방어기제가 감당하지 못하여 성격의 불균형을 초래하고 자기 기만이나 현실도피 등 부적응적인 방법으로 현실에 대처하려 하므로 신체적 혹은 심리적 증상이 나타난다.

따라서 정신분석적 상담의 목적은 무의식적인 동기를 의식화하는 데 있다. 내담자로 하여금 과도한 억압을 해소하여 무의식에 잠재된 심리적 상처나 해결되지 못한 욕구들을 인식하고 의식화하여 현실에서 개인의 적응성을 높이는 데 있다. 만일 과거 경험이 왜곡되어 있거나 잘못된 부분이 있다면 상담이나 치료를 통해 그러한 내용을 의식화하고 재해석하여 가능하다. 그러나 무의식을 의식화하는 것은 어렵고, 고통스러운 과정이며 많은 시간이 필요할 수 있으므로 주요 기법들이 필요하다.

(3) 상담 및 치료기법

정신분석적 상담의 목적은 억압된 무의식을 의식화하는 것이다. 정신분석적 상담이나 치료에서 사용되는 방법은 주로 다음과 같다.

① 자유연상

자유연상은 무의식에 있는 감정과 생각, 갈등과 불안을 의식 수준으로 끌어내기 위해 내담자에게 아무런 제한 없이 떠오르는 모든 것을 치료사에게 소리 내어 말하도록 하는 것이다. 떠오른 모든 것을 내용이 부정적이든, 긍정적이든 도덕적이지 않든 상관없이 다 말하도록 한다. 이러한 과정을 통하여 보다 심층적인 내담자의 생각이나 갈등의 내용을 통해 무의식의 세계를 이해할 수 있는 단서를 얻게 된다.

② 꿈의 분석

자유연상과 함께 정신분석에서 활용하는 기법으로 꿈의 분석을 들 수 있다. 자유연상에서처럼 내담자가 꾼 꿈을 치료자에게 보고하도록 하는 것이다. 프로이트는 꿈은 무의식으로 가는 길이라고 하여, 무의식을 잘 나타낸다고 하였다. 꿈을 분석함으로써 하나의 치료과정이 될 수 있다고 하였다. 꿈의 내용 그 자체보다는 꿈에서 본 상징의 의미와 그로 인한 행동의 동기, 갈등의 의미 등에 집중하게 된다. 꿈의 분석은 내담자가 자신의 무의식적 동기와 갈등, 욕구 등을 이해하는 데 도움을 줄 수 있는 기법이다.

③ 전이의 분석

전이(transference)는 내담자가 초기 아동기에 부모와의 경험에서 느꼈던 감정이나 생각을 상담자나 치료자에게서 느끼게 되는 것으로, 내담자가 아동기에 부모나 가족에게 가지고 있었던 애정, 증오, 집착, 질투, 창피함, 죄책감 등의 감정을 상담자도 느끼는 것이다. 이러한 감정의 전이 현상은 애착이나 애정과 같은 긍정적인 형태로 상담자에게 표현될 수도 있으나, 반대로 증오나 미움, 질투 등 부정적인 형태의 감정으로 나타날 수도 있다. 상담자는 이러한 긍정적, 부정적 전이의 내용을 잘 다루면서 이를 분석함으로써 내담자가 자신을 이해하도록 하면서 치료에 적용한다.

④ 해석

내담자가 자유연상이나 꿈, 환상, 욕구, 충동, 저항, 방어기제 등과 같은 것으로 무의식의 세계를 나타낼 때 이러한 자료들의 상징적 의미를 이해하여 내담자가 받아들일 수 있는 범위 내에서 해석을 해준다. 이러한 해석(interpretation)은 내담자에게 자신의 문제를 보는 통찰을 가지도록 하고 심리적 문제를 해결할 수 있도록 도움을 준다.

(4) 평가

정신분석학은 상담자에게 내담자의 행동을 보는 개념적 구조와 증상의 원인,

그 기능을 보는 틀을 제공해 주며, 무의식의 작용과 불안에 대한 반응으로 자아 방어기제의 기능을 이해할 수 있게 해준다. 즉, 내담자의 과거 경험의 어두운 면과 외상 및 해결되지 않은 부분이 현재 갈등의 원인이 되어 내담자의 적응과 성장을 방해하고 있다는 것을 상담자가 알아야 한다. 정신분석적 접근, 특히 프로이트가 제시했던 많은 개념과 상담의 기법을 이해하고 활용함으로써 내담자가 보이는 문제행동의 역동성을 이해할 수 있으며 상담 과정에서 깊이를 가질 수 있다.

프로이트의 기여는 방어기제의 증명으로 이상행동과 불안의 역할을 이해하는 데 중요한 영향을 미쳤으며, 초기 아동기 경험의 영향과 발달 단계가 현재의 발달과 양육에 많은 영향을 주었다는 것이다. 프로이트의 창조성, 본성, 인간 행동에 대한 관찰은 성격이론의 기초가 되었으며, 치료적 접근으로 정신분석적 접근은 많은 현대 이론가들에게 초석이 되며 평가도구와 상담, 그리고 치료기법에도 영향을 미쳤다.

한편 인간 본성에 대한 관점은 매우 부정적이고 결정론적이기에 이 이론은 완전한 생물학적 결정론이며 인간은 변화를 받아들이기 어렵고 매우 비관적이라고 보는 비판적 견해도 있다. 초기 아동기 경험에 대한 강조는 내담자가 자신의 문제에 대해 책임을 가지지 않을 수 있으며, 대인 간의 경험과 관계의 역할이 무시되었고 여성이 가지는 남근선망의 개념이 거부되며 과학적으로 통제하지 않은 연구가 수행되어 프로이트가 사용했던 사례기록법 등 경험주의적 절차가 불완전하고 본능적 충동, 특히 성적 충동을 과도하게 강조하여 모든 행동을 성적 에너지와 성욕에 연결하여 해석하려 한다는 점에서 비판을 받고 있다.

2) 행동주의적 상담이론

행동주의적 상담이론은 파블로프(Pavlov)에 의한 고전적 조건형성으로 시작하여 스키너(Skinner)에 의한 조작적 조건형성에 기초를 두고, 행동 장애나 바람직하지 못한 행동을 수정하고 행동적 변화를 유발하기 위해 계획된 기술을 적용하도록 하는 이론이다. 인간 행동이 복잡하지만 원칙적으로 예측 가능하고, 현재의 행동은 어떤 선행조건에 의해 후속된다는 가정을 한다. 의식은 보이지 않기에 믿을 수 없고 자주 변하기에 과학적 자료가 되지 못한다고 생각하여 중요한 것은 관찰 가능한 행동이며 과학적 자료가 된다고 하였다. 그러므로 행동주의 상담자들은 주로 관찰 가능한 인간 행동에 관심을 두고 상담의 효과도 변화되어 표출된 행동만을 평가의 기준으로 삼는다.

인간 행동은 학습조건을 변화시키고 조정을 하도록 계획함에 따라 수정이 가능하다. 근본적으로 상담 과정은 상담자가 내담자의 문제를 해결하기 위해 내담자의 행동을 변화시키는 데 도움을 줄 수 있는 학습이나 재학습 경험을 조정하는 것에 관심을 갖는다.

행동주의에서 인간은 환경에 반응하는 개체로서 자신을 스스로 변화시키고 통제하기보다는 외부 환경에 영향을 받는 수동적인 존재이다.

(1) 주요 원리

① 강화의 원리

행동주의 상담에서 가장 광범위하게 사용되는 방법은 강화이다. 내담자가 어떤 행동을 했을 때 상담자가 정성껏 반응을 해 주거나 인정하고 관심을 가져주면 내담자 행동 변화에 영향을 미칠 수 있다. 강화는 상담의 과정에서 적절한 때에 사용한다면 효과를 가져올 수 있다.

새로운 행동을 하거나 어떤 바람직한 행동을 더 강화하고자 할 때 정적 강화를 적용할 수 있다. 정적 강화는 어떤 자극이나 결과를 제공함으로써 그 자극이나 결과를 제공받았던 행동의 빈도와 강도가 증가하는 것이다. 음식이나 칭찬, 미소 등 유쾌한 이러한 자극은 보상이 된다.

정적 강화와 마찬가지로 부적 강화도 어떤 행동을 새롭게 하거나 증가시키고자 할 때 필요하다. 어떤 행동의 발생을 억제하거나 감소시키는 자극이나 결과물을 제거하여 그 행동이 발생하도록 촉진하는 것이다. 잔소리나 비판적 태도 등 혐오적이고 불유쾌한 자극이나 결과물을 제거하여 행동 빈도를 높여준다.

또한 한 개인이 어떤 행동을 할 때 중립적 자극만 제공하거나 아무런 자극을 제공하지 않으면 일정한 행동은 강화를 받지 못하여 소멸된다. 그러나 행동의 강화는 단순하지 않다. 일반적으로는 칭찬이나 음식 등은 정적 강화 인자이고, 비난이나 잔소리는 처벌이 된다. 사람이나 상황에 따라 칭찬이나 특정 음식이 오히려 특정한 행동을 감소시키거나 약화시키기도 하고, 비난이나 잔소리가 특정한 행동을 계속하거나 더 자주 하도록 만들기도 한다. 따라서 행동주의적 상담에서 어떤 자극이 어떤 기능을 하는가 하는 것은 경험적으로 결정된다.

② 사회학습이론

반두라(Bandura)의 이론은 모방 학습의 중요성에 대한 자각과 사회적 환경이 인간에게 얼마나 많은 영향을 미치는가에 대해 다시 한 번 인식하도록 하였다. 스키너의 강화와 달리 관찰학습에서 행동에 영향을 줄 수 있는 자기 강화와 자기 효능감 같은 인지적 요소의 중요성을 받아들여 행동주의 학습이론을 한 단계 높은 수준으로 끌어올려 놓았다(김익균 외, 2007). 사회학습이론은 사회적 상황 속에서 행동의 학습에 관심을 갖고 있으며, 아동 행동의 습득에서 관찰학습의 중요성을 크게 강조한 이론이다. 이것은 아동상담에서 아동이 접하는 환경의 중요성을 인식하게 하여 환경의 변화를 통해서 문제를 해결할 수 있게 한다. 사회학습이론은 아동이 문제행동과 접할 수 있는 기회를 차단하고 바람직한 행동과 접하도록 기회를 증진시켜 문제를 해결하는 데 기여할 수 있다.

(2) 이상행동에 대한 관점

행동주의 이론가들은 인간의 이상행동, 즉 비정상 행동이나 일탈 행동, 부적응 행동을 포함하는 모든 행동은 환경에서의 경험에 의해 학습된다고 한다. 이러한 이상 행동도 보상을 받기 때문이라고 볼 수 있는데, 예를 들어 교실에서 떠들고 잡담하는 아동은 그렇게 했을 때 다른 사람들의 관심을 끌 수 있기 때문이다 만약 교사가 그러한 행동을 하는 아동에게 소리를 지르거나, 앞으로 나오게 하여 벌을 세우게 되면 그 아동에게는 일종의 보상이 되며, 아동의 입장에서는 교사와 또래들의 관심을 받았다고 생각하여 만족할 수 있다. 이러한 패턴이 반복되면 그 아동은 관심을 끌기 위해 또 다른 종류의 부적응행동을 반복할 것이며 자기 통제가 부족한 바람직하지 못한 성격으로 발달할 것으로 예측된다. 행동주의적 이론에서는 모든 문제행동의 병리의 원인과 결과의 관련성을 찾기 위해서 진단과 진단명을 붙이는 의학적 모델에 의존하지 않고, 그보다 문제행동의 표출이 아동이 놓여 있는 환경, 환경에서의 자극과 반응, 그리고 이에 대한 보상 및 처벌의 경험과 역사, 강화, 모델링과 같은 학습원리에 의해 설명하고 있다.

행동주의 이론에서, 성격은 환경과의 상호작용에 의해서 주로 결정되며 어떤 사람의 심리적 상황을 이해하면 그 사람의 성격 구조를 이해할 수 있고 또 그의 행동을 예측할 수 있다. 즉, 인간은 어떤 상황이 자기에게 만족을 줄 것인지 아닌지를 경험을 통해 학습한다. 따라서 인간의 행동, 더 나아가 성격은 여러 가지 환경에서의 상호작용을 통한 학습된 경험의 결과로 얻어지며 이러한 학습에는 강화가 크게 영향을 미치게 된다. 행동주의 상담은 환경의 변화를 통한 행동의 변화 내용을 중시하며, 어떠한 행동을 강화, 학습시킬 것인가 혹은 어떠한 행동을 강화, 제거시킬 것인가를 중요하게 다룬다.

(3) 상담 및 치료기법

행동주의 상담은 '모든 행동이 그 행동의 앞 또는 뒤에 일어나는 조건 또는 결과의 영향을 받아 동기 유발된다'는 것을 전제로 바람직하지 못한 행동을 유발하는 요인을 최대한 제거함으로써 바람직한 행동을 하고 지속하고 유지할 수 있도록 하는 것을 목표 삼는다(차영희, 2006). 따라서 행동주의 상담은 학습이론에 기초하여 부적응 행동을 제거하고, 보다 바람직한 적응적 행동을 습득하도록 하는 것이다. 상담의 목적은 구체적으로 명확히 표현되어야 하는데, 아동상담에서는 부모나 교사의 관점에서 성취하고자 하는 목적이 상담의 목적이 되기도 한다.

다음과 같은 단계를 통해 아동 내담자의 부적응 행동을 수정한다.

① 목표 행동 설정

아동 행동을 적응적으로 변화시키고자 할 때 목표 행동의 명확한 설정이 중요하다. 목표 행동(target behavior)은 변화되어야 할 부적응적인 행동, 문제 행동이다. 문제행동이 무엇인가를 알고 관련된 각각의 세부적인 문제행동을 밝히고 이후 변화되어야 할 행동(바람직한 행동)을 대안 행동으로 결정한다.

예를 들어, '부모의 말을 듣지 않는다'가 문제행동이 되면, 포함된 단위 행동은 장난감을 정돈하라고 해도 하지 않는 행동, 동생과 사이좋게 놀라고 해도 동생을 때리는 행동, 자기 전에 준비물을 미리 챙겨놔야 하는데 챙기지 않는 행동 등이다. 이들을 하나 하나 목표 행동이라고 하고, 이러한 모든 행동을 다 수정할 수 없다면 우선순위를 정하여 하나씩 수정해 나가도록 계획한다.

② A-B-C 분석

변화시켜야 할 목표 행동(수정하고자 하는 행동)이 결정되었으면 A-B-C 분석을 한다. 아동이 나타내는 부적응 행동의 선행 자극(A, antecedent)과 행동 그 자체(B, behavior), 그리고 행동의 뒤에 따라오는 후속 자극(C, consequences)을 분석한다. 아동상담에서 아동이 생활하는 환경을 살펴 어떤 조건(행동을 유발하는 선행 자극이 무엇인가)에서 부적응 행동이 일어나는가를 탐색한다. 그리고 그 행동을 증가 혹은 감소시키는 강화의 역할을 하는 후속 자극이 무엇인지를 알게 되면 행동을 변화시킬 수 있는 상담 계획이 용이해진다. 이러한 분석을 통해 상담자는 아동 행동 문제를 더 잘 이해하게 되고 그 문제가 어떻게 생겼는지 정확하게 예측할 수 있어 행동주의 상담을 효율적으로 진행할 수 있다. 예를 들어, 교실에서 다른 아동과 자주 싸우는 5세 아동의 경우, 어떤 조건하에서 싸움이 유발되었는지, 어떤 강화 사건에 의하여 싸움이 지속되었는지, 일반적인 5세 아동은 현재의 조건에서 어떤 행동을 할 것인지, 강화된 부적절한 행동을 변화시키기 위하여 필요한 대안 행동은 어떤 것이 있는지, 그러한 변화를 위한 환경 조건은 무엇인지, 그러한 환경 조건의 변화가 가능하다면 어디에서 누구에 의해 이루어지는지 찾아볼 수 있다. 이처럼 아동 행동이 주로 언제, 어디서, 얼마만큼 또는 몇 번 정도 일어나는지, 그러한 행동을 할 때 주위에서 어떠한 일들이 일어나고 있는지에 대한 세밀한 상황 분석은 아동 행동에 영향을 미치는 단서가 되는 선행 자극, 행동의 증감에 영향을 주는 후속 자극 변화, 혹은 강화를 어떻게 사용할 것인지 결정할 수 있게 해준다.

③ 기초선 조사

평소 행동인 기초선(baseline)을 조사한다. 행동의 기초선은 행동 수정의 출발점을 가리킨다. 실제 행동 수정에 들어가기 전, 일상생활에서 이러한 행동이 얼마나 빈번하게, 얼마만큼 지속적으로 일어나고 있는가를 측정하여 행동의 수정이 끝난 뒤 행동 변화를 알아보기 위해 기준선으로 사용한다.

④ 목표량 선정

원하는 목표 행동의 목표 수준인 목표량을 정한다.

⑤ 상황의 배열

목표 행동이 일어날 수 있도록 상황을 배열한다. 상담 목표가 달성될 수 있도록 물리적 환경을 점검한다.

⑥ 강화물 설정

내담자에게 강화가 될 수 있는 자극 혹은 사건을 정한다. 후속 자극인 강화물은 즉각적으로 제공하되 목표 행동에 맞게 해야 하며 일관성 있고 점진적으로 충분히 제공되어야 한다.

⑦ 행동의 강화

원하는 목표 행동 혹은 그 행동에 접근하는 행동을 강화한다. 정적 강화, 부적 강화, 벌 또는 소멸 등 행동수정의 기법 등을 사용하여 행동주의 상담을 수행한다.

⑧ 상담의 효과 평가

목표 행동 변화를 기록하여 상담 효과를 평가한다. 행동 변화를 목적으로 시작한 행동주의 상담은 목표 행동의 변화가 나타나면 행동주의 상담을 종료한다. 학습해야 할 최종 행동을 정의하고 세분화하여 그 행동의 변화 과정을 객관적으로 평가할 수 있으므로 행동주의 상담자는 언제 상담 활동을 끝낼 수 있을지 명확하게 알 수 있다. 상담 효과를 검증하기 위해 행동 변화가 강화를 조작해서인지, 아니면 시간의 단순한 경과로 인함인지 확인할 수 있고, 기초선을 기준으로 상담의 효과도 분명하게 가시적으로 분석할 수 있다.

(4) 평가

행동주의적 상담은 관찰 가능한 행동이 주된 관심이며 관찰이 불가능한 행동에 대해 어떠한 추측도 삼가야 하므로 자아개념이나 억압된 감정 등은 행동주의적 상담이론에서 거부될 수 있다. 상담의 목표는 내담자의 적응 문제를 해결하기 위해 적응적 행동으로 구체적 행동을 변화시키고, 문제해결 방법을 선택하고 결정하는 과정을 학습하며 문제 발생을 예방할 수 있는 능력을 가지는 것이다. 학습과정에 대한 지식을 상담과정에 적용하여 상담 결과를 측정할 수 있게 함으로써 구체적이고 실증적인 행동목표 달성을 가시화하여 과학적 상담이 가능하도록 하였고, 환경 내 여러 가지 제약을 제거하고 효율적 학습을 위해 환경적 조건의 조성 방법을 밝혔다. 행동주의 치료기법은 개별적 치료에서부터 집단치료에 이르기까지 적용되며, 기관이나 학교 등에서 효과를 거둘 수 있는 방법으로 지속적으로 활용되고 있다. 근래에는 많은 상담자들이 유아기와 아동기 및 청소년기의 부적응적 행동을 수정하기 위한 목석으로 행동주의적 치료기법을 사용하고 있다, 그러나 아직도 행동주의 치료기법은 행동적인 영역을 지나치게 강조하고 상담관계를 부차적으로 여겼으며 상담기술을 강조하고 내담자의 독특성에 초점을 두며 특정 개념, 가설, 법칙이 모든 인간의 학습을 종합적으로 설명하지 못하는 데 한계가 있다. 또한 광범위한 대인관계나 사회적 적응의 문제 또는 자아정체감의 문제를 가지고 있는 내담자에게는 효과를 보기 어렵다는 문제점이 있다.

3) 인간중심 상담이론

1942년 로저스(Carl R. Rogers)가 『카운셀링과 정신치료』라는 저서를 발표하고 문제를 가진 사람에게 인간중심적 접근이 필요함을 제시하면서 대두되었다.

로저스는 1940~1950년 초기 비지시적 상담(nondirective counseling)이라고 하였고, 이후 1950~1961년에는 내담자 중심 상담(client-centered counseling), 1961년 이후엔 인간중심 상담(person-centered counseling)이라고 하며 이론을 발전시켰다.

인간중심 상담에서 인간에 대한 기본 가정은 적절한 환경이 제공되면 누구나 스스로 성장할 수 있으며, 자신의 문제를 이해하고 스스로 해결할 수 있는 잠재적인 능력을 가지고 있다고 하였다(Rogers, 1942, 1951). 내담자가 자신에게 중요한 일들을 스스로 결정하고 해결할 수 있는 능력을 지닌다고 가정한다. 상담자는 내담자가 긴장이나 정서적 불안을 발산하고 잠시 잃어버렸던 자신의 문제를 해결하는 능력을 되찾아 인간적인 성숙을 이루고 능동적으로 성장할 수 있도록 분위기를 만드는 데 중점을 둔다.

(1) 현상학적인 장

인간중심 상담은 현상학적 접근 또는 자아개념을 중시하는 현상학적 심리학에 기초를 두고 있기에 자아이론적 접근이라고도 한다. 자아이론은 개인이 변화하는 경험 세계의 중심에 있고 개인의 행동을 이해하기 위해서는 개인이 지각하는 경험의 세계를 개인의 내적 참조 체계를 통해서 살펴볼 수 있다고 하였다. 현상학적인 장(場)은 유기체가 경험하는 모든 것을 말하며 내담자가 지금 여기, 지금 이곳에서 인식하고 경험하는 모든 것이다. 각 개인은 지속적으로 변화하는 세계에서 자신이 경험하고 지각하는 장에 대해 주관적으로 반응한다. 이러한 주관적 경험의 세계는 유기체의 현실 세계이다.

또한 내담자의 행동을 결정짓는 것은 과거의 특정 사실 그 자체가 아니라 과거에 대한 개인의 주관적 현재의 해석이다. 즉, 현상학을 근간으로 하는 인간중심 상담에서는 객관적 사실보다는 내담자가 어떻게 현상을 바라보는가 하는 주관적 실제에 따라 행동이 다르게 나타날 수 있다고 한다. 따라서 인간중심 상담으로 접근하는 상담자는 내담자의 객관적 경험이 같아도 그 인식이 각각 다르고 지각하는 방법도 다르므로 각각의 현상학적 장을 먼저 이해할 수 있어야 한다.

(2) 완전히 기능하는 사람

로저스의 인간중심이론의 핵심은 자아와 자아실현을 지향하는 성장이다. 자기를 어떻게 평가하는가 하는 자아개념은 자기가 자신을 어떻게 지각하고 있는가에 의해 결정된다. 로저스는 건강한 인간은 '충분히 기능하는 사람(fully functioning person)'이라고 하였으며, 이러한 사람들의 다섯 가지 특징을 제시하였다(박희숙, 강민희, 2021).

① 경험에 대해 개방적이다.

자신의 경험을 개방한다는 것은 자신의 내부에서 일어나고 있는 것에 민감하며, 억압하지 않는다는 뜻이다. 자신의 감정에 주의를 기울이고, 충분히 합리적으로 감정에 맞게 사리 판단을 하여 상황에 적절하게 반응한다.

② 실존적인 삶을 산다.

인간에게 주어진 매 순간을 충분히 즐기며 사는 것을 실존적인 삶이라고 하였다. 현재의 자기나 미래의 자기는 지금의 순간으로부터 만들어지며, 개인의 자아와 성격은 경험을 통해 만들어지는 것이다. 완전히 기능하는 사람은 과정 중심으로 삶을 사는 경향성이 나타난다.

③ 자신에 대한 신뢰를 가지고 있다.

대부분의 사람들은 사회적 규범에 의존하여 일부 집단이나 기관이 지켜 온 것에 영향을 받으며, 타인의 판단이나 과거의 유사한 상황에서 자신이 행동했던 방법에 의존한다. 이러한 외적 영향력에 의해서 좌우되지 않고 완전히 기능하는 사람은 자신의 경험을 통해 자신이 해야 할 것과 하지 말아야 할 것을 결정한다.

④ 경험적 자유를 지닌다.

로저스는 미래가 자기 자신에게 달려 있다고 믿고 자기가 선택한 인생을 자유롭게 살아갈 수 있는 존재로 보았다. 경험적 자유는 자신의 행동과 결과에 책임을 지는 것도 오로지 자신뿐이라는 의미를 말한다. 완전히 기능하는 사람은 자신의 인생에서 많은 것을 선택하며, 자신이 원하는 것은 어떤 것이든 할 수 있다.

⑤ 창조성을 지니고 있다.

완전히 기능하는 삶을 사는 사람은 창조적이며, 건설적으로 살아가는 경향이 있다. 자신의 깊은 곳에 있는 욕구를 알고 그것을 충족시키며 사회에 얽매여 살아가지 않는다.

(3) 적응과 부적응

적응은 유기체와 자아 경험 사이의 일치를 말하며, 이러한 일치는 경험에 개방적이며 자아가 기능을 충분히 발휘하는 상태이다. 반면, 부적응은 유기체와 자아 경험 사이의 불일치를 말한다.

(4) 이상행동에 대한 관점

인간중심 상담이론에서 보는 아동의 심리적 부적응의 원인은 자아와 현실 간에 불일치가 있거나 자아에 대한 지각이 이상적 자아와 일치되지 않을 때 생긴다. 즉, 부적응의 핵심은 한편으로는 자아와 또 다른 한편으로는 부모로부터 더 많은 인정을 받으려고 부모를 즐겁게 하기 위하여 노력하는 과정에서 일어났던 많은 경험들 간의 불일치에 있다. 이러한 불일치를 해결하고 자아존중감에 위협이 되는 요인들과 마주하여 불안을 감소시키기 위해 여러 가지 자아 방어기제들을 발달시키게 된다. 그러나 자아 방어기제의 사용은 자신의 경험을 왜곡시키거나 자신을 기만하고 현실을 피하기에 자신의 현실을 부정확하게 인식하고 정확히 기능하지 못하게 한다. 아동이 이상행동을 보이는 이유는 여러 가지 긴장, 방어, 부적절한 기능으로 인해서 성격의 통합이 이루어지지 못하고 분열되었기 때문이라고 한다(강문희, 손승아, 안경숙, 김승경, 2007).

(5) 상담 및 치료기법

인간중심 상담에서 상담의 목적은 자아실현을 향한 개인의 가능성을 믿고 상호 신뢰를 바탕으로 개인이 성장, 발달해 갈 수 있도록 돕는 것이다. 이러한 상담과정에서 중요한 것은 상담자의 역할인데, 상담자는 공감적으로 내담자를 이해하며 내담자의 존재를 무조건적으로 존중하며 내담자와의 관계에서 상담자는 내담자에 대해 마음속으로 느끼는 것과 실제로 내담자에게 보여주는 태도가 일치해야 할 것을 강조하고 있다.

인간중심적 상담관계의 핵심인 상담자의 세 가지 성격과 태도로 로저스는 일치성 혹은 진실성, 무조건적 긍정적 관심, 공감적 이해를 들었다(Rogers, 1942). 이러한 상담자의 태도는 내담자로 하여금 자기탐색과 자기이해의 긍정적인 성장을 경험하도록 도울 수 있다.

① 일치성 혹은 진실성

상담자가 내담자와의 관계에서 순간마다 경험하는 자신의 감정이나 태도를 있는 그대로 인정하고 솔직하게 표현하는 태도로, 이는 상담자에게 있어 가장 중요한 것이라고 하였다. 이러한 진실한 상담자의 태도는 내담자와의 만남을 순수하게 만들고 내담자가 상담자에게 개방하여 자기탐색을 하도록 촉진시킨다. 때때로 상담자가 자신의 여러 가지 감정을 표현하면 내담자의 부정적 표현도 받아들일 수 있기에 내담자와의 진실하고 솔직한 의사소통과 감정 교류가 가능하게 된다.

② 무조건적 긍정적 존중

무조건적 긍정적 존중(unconditioned positive regard)은 조건 없이 있는 그대로 그 사람을 수용하거나 존경하는 것으로, 어떤 경우에서든지 주어지는 완전하고 진실된 사랑과 존중을 의미한다. 상담 관계에서는 상담자가 내담자를 비교, 구별, 선택하는 과정으로 내담자를 판단하지 않으며, 내담자가 나타내는 감정이나 행동 등을 있는 그대로 수용하고 소중히 여기며 존중하는 태도를 말한다. 로저스는 내담자가 어떤 상황이나 상태에 놓여 있든지 그를 향한 무조건적이고 긍정적이며 수용적인 태도를 보이면 내담자의 치료적 변화가 일어날 가능성이 높다고 주장하였다. 내담자는 스스로가 가장 자신을 잘 알기에 내담자는 이미 자신 속에 성장 잠재력을 가지고 있으며, 자신의 문제에 대처할 힘이 있다는 가정하에, 상담자가 이러한 태도를 행동과 마음으로 보여주면 내담자는 자유롭게 자신의 감정을 경험하고 표현할 수 있으며 더 나아가 긍정적인 변화를 이룰 수 있다.

③ 공감적 이해

상담 과정에서 상담자와 내담자가 상호작용하는 동안 발생하는 내담자의 경험과 감정이 그 순간 순간에 내담자에게 미치는 영향과 의미를 상담자가 정확하게 이해하려는 노력이다. 공감은 동정이나 동일시와는 다른 개념으로, 상담자가 내담자의 입장이 되어 내담자를 깊이 있게 이해하면서 상담자 자기 본연의 입장은 버리지 않는 것이다.

인간중심적 상담은 내담자가 있는 그대로의 자신에게 보다 더 가깝게 접근해 나갈 수 있도록 격려한다. 보다 깊이 있는 강한 경험을 할 수 있도록 도와주어 내담자 내부의 존재하는 자아와 경험들 간의 불일치를 인식하고 해결해 나갈 수 있도록 한다.

④ 상담의 과정

인간중심 상담에서 아동상담을 할 때 중요한 상담 기법은 다음과 같다(Nelson, 1972, 강문희 외, 2007 재인용)

- 단순수용: 상담자가 아동 내담자에게 최소의 언어적 반응을 보여주거나 머리를 끄덕임과 같은 비언어적 반응을 나타낸다.
- 반영: 상담자가 아동이 표현한 감정이나 태도에 대해 다른 말로 표현해 주는 방법이다. 아동에게 자신이 한 말을 다시 한 번 들려주었을 때 아동은 상담자에게 이해를 받고 받아들여지고 있다고 느끼게 된다.
- 명료화: 상담자는 아동이 한 말의 의미를 보다 자세히 검토하는 기법으로, 이를 통해 아동이 언어로 설명하기에는 어려운 내용이 조금 더 명확하게 구체화되도록 돕는다.
- 요약: 아동이 이야기한 내용의 중요한 부분을 줄여서 요약해 주는 기법으로, 아동이 표현한 여러 가지 생각과 감정, 경험에 초점을 맞출 수 있다.

- 직면하기: 상담자가 상담의 과정에서 발견한 아동의 모순된 진술(예를 들어, 이전에 이야기했던 내용과 지금 이야기하는 내용이 일치하지 않고 모순될 때)이나 거짓 내용 등에 아동이 직면하도록 하는 기법으로, 비판하거나 부끄럽게 하는 방법이 아니라 상담자의 관심을 표현하면서 부드럽게 아동이 깨닫게 만드는 것이다.
- 자기노출: 아동이 자기 자신을 더 잘 이해할 수 있도록 아동과 유사한 상담자의 경험이나 생각을 아동에게 이야기해 주는 기법이다. 이렇게 상담자가 솔직하고 정직하게 자기의 감정과 생각을 아동에게 노출하면 도움이 된다.
- 개방적 질문: 상담이 진행되면서 아동이 이야기하고 있는 사건이나 경험에 대한 생각, 감정 등을 조금 더 깊이 있게 탐색하기 위한 목적을 가지고 질문을 하는 기법이다. 개방적 질문은 아동이 자기 자신을 이해하는 데 도움이 된다.
- 침묵: 침묵은 아동이 이야기한 내용에 대해 상담자와 아동이 생각할 시간을 갖는 기법이다. 이 방법은 상담자가 아동이 정말로 하고 싶어 하는 이야기를 하도록 기다려 주며 아동이 자기의 생각이나 감정을 정리하는 시간을 가지는 기회가 된다.

(6) 평가

아동과의 상담이든 성인과의 상담이든 내담자는 여러 가지 욕구를 표현하며 요구를 한다. 이때 상담자가 자신의 태도를 분명하게 밝혀야 하는 상황이 있다. 이때 훈련을 충분히 받지 못했거나 비전문적인 상담자는 내담자에게 상처를 주지 않으려는 마음으로 내담자의 요구를 감당하기 어려울 정도로 들어주려 한다. 그러다가 한계에 도달하면 상담자의 애정이나 의욕이 혐오 등의 부정적 태도로 변하여 내담자를 비난하거나 배척하게 되는 경우가 있다. 이러한 상황이 되면 내담자는 상처를 받게 된다. 따라서 상담자는 문제의 책임을 상담자가 지는 책임의 한계, 상담의 시간을 명확히 이해하고 엄수하는 경우 잘 진행되는 시간의 한계, 상담이나 치료 시 타인과 타인의 소유물에 해를 입히는 것에 대한 공격적 행동의 한계, 상담자가 표현하는 애정의 한계를 인정하고 인식해야 상담자를 편하고 자연스럽게 만든다. 반면에 한계 설정이 부족하면 상담자가 어려움에 처할 수 있다.

인간중심적 상담의 공헌으로는 내담자를 로봇처럼 생각하여 해석하고 판단하여 어떤 급진적인 인격 변화를 시도하려는 상담이 아닌, 자연스러우며, 내담자는 누군가가 자신의 말을 들어주는 경험을 하며 자신을 솔직하게 표현하게 되며 평가받거나 비판받지 않을 것을 알기에 본래의 자신을 알아갈 수 있게 된다. 또한 상담에서 상담자와 내담자 간의 관계의 중요성이 부각되며 상담에서 상담자의 태도가 더 중요함을 강조하여 인간 행동에서 감정과 정서의 차원을 인식하도록 한다.

그러나 이 이론은 지나치게 소박한 현상학에 근거하여 인간의 주관적인 경험의 장을 개인의 세계로 보고 있으며, 의식적으로 표현되는 것을 신뢰하는 대신, 드러나지 않는 무의식적인 요인에 대해서는 다소 무관심할 수 있다. 내담자의 내면의 세계, 즉 감정의 표현을 강조함으로써 정서적, 감정적인 요인을 중시하는 것에 반해 지적이고 인지적인 요인을 무시하는 경향이 있다. 또한 내담자 중심을 강조함으로써 상담자는 가치중립적이어야 한다. 상담을 하는 사람으로써 인간중심적인 상담을 하는 것이 쉽고 단순하다는 오해를 가져올 수 있으며, 내담자 입장에서는 인간중심적 상담이 명쾌하게 자신의 문제를 지적해 주지 못하기 때문에 상담자가 무엇을 지향하고 있는지 이해하지 못하고 그럼에도 불구하고 상담자에게 지나치게 많은 것을 기대하게 된다.

4) 인지정서행동적 상담이론

인지정서행동적 상담(Rational Emotive Behavior Therapy: REBT)은 엘리스(Albert Ellis)에 의해 창시되었다. 그는 비합리적인 신념과 사고방식이 인간의 정서적 부적응과 정신병리를 유발하는 핵심적 요인이라고 가정하였다. 어떤 사실에 접하여 경험하게 되는 정서는 경험한 어떤 사실 그 자체보다는 그 사실에 대하여 어떻게 생각하는가에 따라 달라진다고 하였다. 이에 심리치료에서는 내담자가 가진 믿음을 합리적인 신념체계로 대신하도록 함으로써 정서와 행동을 적응적으로 변화시키고 삶의 전반적 변화를 유도하는 것을 치료 목표로 삼는다. 이와 같은 접근방식을 취하는 엘리스의 심리치료 방법을 인지정서행동 치료(Rational Emotive Behavior Therapy: REBT)라고 한다.

엘리스는 1955년 처음 자신의 치료적 접근을 '인지적 상담(Rational Therapy)'이라고 명명하였다. 1961년에는 정서적 측면의 중요성을 강조하기 위해서 '인지정서적 상담(Rational Emotive Therapy: RET)'으로 바꾸었고, 1993년에는 자신의 치료기법에 행동적 측면이 상당 부분 포함되어 있다는 점을 받아들여 공식적 명칭을 '인지정서행동적 상담(Rational Emotive Behavior Therapy: REBT)'으로 바꾸게 되었다. '행동'이라는 용어가 추가된 이유는 REBT가 치료 목표의 달성을 위해서 행동의 변화에도 초점을 맞출 뿐만 아니라 성공적인 치료의 증거로 행동의 변화를 중시하기 때문이다(Corsini & Wedding, 2000).

(1) 비합리적 신념

엘리스는 인지가 인간 정서의 가장 중요한 핵심 요소라고 보고 이를 "우리가 생각하는 것을 느낀다."라고 표현하였다(최영희, 김영희, 심희옥, 심미경, 2016). 인지와 정서는 밀접히 연관되어 있고 행동도 마찬가지로 연관된다. 인지, 정서, 행동이 상호연결되는데 그중 엘리스는 인지의 역할이 가장 중요하다고 주장하였고 정서적 문제를 가지는 이유는 사건 그 자체 때문이 아니라 그 사건을 지각하고 받아들이는 방식, 즉 인지 과정이 왜곡되어 있기 때문이라고 하였다.

비합리적 신념(irrational belief)이란 안정된 삶을 방해하고 많은 정서적, 행동적 문제를 야기하는 것으로, 주로 어린 시절부터 부모와 사회, 문화로부터 영향을 받아 형성되는데, 부적절하고 자기패배적 정서를 야기하는 사고로, 엘리스는 비합리적 사고는 다음의 세 가지 당위성을 기반으로 한다고 하였다.

- 자신에 대한 당위성(I must): '나는 내가 알거나 내게 중요한 모든 사람에게서 사랑과 인정을 받아야 한다.' '나는 내가 하는 모든 일을 성공적으로 수행해야 한다. 만약 이번 일에 실패하면 나는 무능력한 사람이 될 것이다.'

- 타인에 대한 당위성(Others must): '다른 사람들이 나를 사려 깊고 공정하게 대하는 것은 아주 바람직한 일이다. 따라서 그들은 반드시 그렇게 해야 한다. 만일 그렇지 않다면 그들은 저주받아 마땅한 타락한 사람들이다.'
- 상황이나 조건에 대한 당위성(Condition must): '내가 고통보다 쾌락을 경험하는 것은 더할 나위 없이 좋은 일이다. 따라서 세상은 반드시 유쾌한 일들로 채워져야 한다. 만일 그렇지 못하다면 삶은 끔찍할 것이고, 나는 그것을 견딜 수 없을 것이다.'

그리하여 비합리적인 생각이나 신념을 가진 사람은 강력한 요구와 명령을 자신과 타인에게 직접적으로나 간접적으로 표현한다.

반면, 합리적 신념은 객관적인 현실에 근거하여 다른 사람과의 불필요한 갈등을 피하고 편안한 감정을 느낄 수 있도록 하는 사고이며, 행동을 효과적으로 통제하는 신념이다.

대부분의 사람들은 자신의 행동 방향을 결정짓고 통제할 때 합리적 신념을 사용한다. 그러나 어떤 사건에 부딪히면 합리적 신념을 외면하고 비합리적으로 대응하게 된다. 이 경우 개인이 가지고 있는 특정한 비합리적 신념을 찾아내고 이를 보다 현실적이고 합리적인 신념으로 대체하도록 돕는 것은 인지정서행동적 상담의 문제 해결의 핵심이다.

(2) 이상행동에 대한 관점

엘리스는 인간의 심리적 고통은 대부분 비합리적 정서적 반응 때문에 생긴다고 보았다. 신경증이나 여러 가지 부적응적 행동이란 비합리적이고 비현실적이며 비논리적이고 융통성이 결여된 사고에 의해 생긴다고 하였다. 감정을 무시하는 것은 아니지만, 인간의 감정은 일시적이고 순간적이므로 신념에 의해서 지원받지 못할 경우 오래 지속될 수 없다고 하였다.

비합리적 신념과 같은 역기능적인 사고는 정서장애의 중요한 결정요인이다. 역기능적인 정서상태나 정신병리의 많은 부분은 역기능적인 사고과정의 결과이다.

역기능적 사고는 과정, 지나친 일반화, 지나친 단순화, 잘못된 추론, 그리고 절대적 사고 등으로 나타난다.

비합리적 생각과 행동으로 인한 신경증은 인간 모두에게 어느 정도 해를 끼치고 있는 자연스러운 상태로, 우리가 사회 속에서 타인과 함께 살아가야 하기에 발생한다. 정신병리는 학습되며 아동기에 중요한 타인으로부터 배운 잘못된 신념에 의해 더욱 강화되어 악화될 수 있다. 인간은 서서히 잘못된 신념을 자기암시를 반복하는 과정에 의해 스스로에게 주입하여 역기능적인 태도를 지니게 되는 것이다. 부모의 암시에서도 영향을 받지만 비합리적 신념에 대한 우리 자신의 암시일 경우도 많다.

다음은 비합리적인 신념에 영향을 받아 생기는 암시나 생각들이다.

① 요구하기

원하는 것은 반드시 가져야 한다고 믿는 사람의 경우 대부분 자기가 원하는 것이 절대적으로 필요한 것이라고 스스로를 납득시키고, 만일 요구가 충족시키지 않을 경우 상처를 받게 되는데, 이러한 근거는 '나는 반드시 잘해야 한다' '나는 반드시 받아야 한다' '모든 사람은 나에게 무조건 잘 대해주어야 한다' 등의 믿음에서 출발한다. 이러한 신념은 거의 모든 정서장애의 핵심요인으로, 나는 특별한 존재이므로 특별한 대접을 받아야 하며, 내가 원하는 것은 반드시 가져야 한다는 비논리적이고 비합리적이며 현실적이지 않은 사고에서 나온 것이다. 이러한 요구들은 대부분 완전히 충족되지 못하므로 정서적으로 좌절되어 정서장애의 문제가 될 수 있다.

② 불쾌감 갖기

정서장애를 유발하는 비합리적인 신념은 그것이 이루어지지 않으면 끔찍하고 비참하고 불쾌한 것이 된다. 만약 여러 가지 일 중에 하나라도 잘못되어 실패하게 되면 그러한 부정적인 경험을 통해 모든 세상의 일이 다 부정적이며 불쾌하다고 여기므로 정서적으로 문제를 가지게 된다.

③ 자기평가

비합리적인 신념을 가지는 사람은 비합리적 자기평가를 하기 때문에 일단 나를 나쁘거나 실패한 사람으로 평가하게 되면 모든 다른 영역에서도 일반화하여 자신을 부정적으로 평가하게 된다.

따라서 이러한 주제들이 아동기 정서장애와 행동 이상의 중요한 원인이 된다. 예를 들어, 내가 가진 비합리적 사고는 자신을 증오하도록 하고 자기 파괴적인 행동을 하고 다른 사람을 미워하게 한다. 그러면 다른 사람은 나를 미워하고 나에게 비합리적으로 반응하며 다시 나는 비합리적 사고를 가지고 계속 비합리적 사고의 순환을 일으킬 수 있다.

(3) 상담 및 치료기법

인지정서행동적 상담의 목표는 비논리적이고 비합리적이며 비현실적인 신념에 근거를 두고 있는 적개심, 분노, 죄책감, 불안 등을 제거하고 감소시킴으로써 잘못된 신념을 현실적이고 합리적으로 재교육하는 것이다.

정서적인 문제를 해결하기 위해서는 사고를 분석하는 데서 시작하는 것이 가장 효과적이다. 만약 우리가 느끼는 고통이 불합리한 사고의 산물이라면, 그 고통을 가장 잘 극복하는 길은 사고를 변화시키는 것이다.

인지정서행동적 상담도 행동에 대한 과거의 영향보다는 현재에 초점을 두어 신념은 변화한다고 믿기 때문에, 비합리적 신념은 적극적이고 지속적인 노력을 하여 변화할 수 있다고 가정한다.

인지정서행동적 상담에서는 내담자의 어떤 사고 감정, 행동이 비논리적 신념에 근거하여 영향을 받는다는 것을 지적해 주고 어떠한 연관으로 그렇게 되었는지 이해하도록 한다. 대부분의 문제 상황의 원인은 그가 가지고 있는 비합리적 신념 때문이며, 이것은 그 사건 자체의 영향이 아님을 알려준다. 내담자가 그의 비합리적 신념을 변화시키고 포기하도록 한다. 내담자가 가지는 특정한 비합리적 신념에서 시작해 나아가 일반적인 자기대화 및 신념에서 비합리성을 고려할 수 있도록 돕는다.

① ABCDE 모델

인지정서행동적 상담에서는, 비합리적 신념을 가지고 있는 사람은 부정적인 자기 대화를 하게 되고 이것이 정서나 행동상의 문제로 이어질 수 있다고 가정하고 있다. 따라서 인지정서행동적 상담은 내담자가 가진 신념이 부적절하고 비합리적이라는 것을 인식하도록 하고 보다 합리적이고 긍정적인 자기 대화로 대체할 수 있도록 돕는다.

엘리스의 인지정서행동적 상담은 그림과 같이 ABCDE 모델로 설명할 수 있다. 개인에게 혼란을 야기하는 어떤 사건(activating event: 촉발사건, 철수가 약속 장소에 나오지 않았다.)이 일어나면 사람들은 자신이 갖는 태도나 사고방식, 신념체계(belief, 이 아이는 이제 내가 싫은가? 나는 항상 주위 사람들에게 사랑과 인정을 받아야 한다. 만약 그렇지 못하면 끔찍하다.)에 의거하여 그 사건을 해석한다. 그리고 그 해석에 따라 특정 감정과 행동이 유발되는데 이것이 결과(consequence, 끔찍하고 짜증이 난다. 들고 있던 것을 집어 던진다.)이다. 비합리적인 신념은 부적절한 정서와 행동을 야기하는데, 이때 치료자는 내담자가 가지고 있는 비합리적인 신념이나 사고에 도전하는 논박(dispute, 피치못할 사정이 있었을 것이다. 확인하기 전에는 속단할 수 없다.)의 과정에 개입하게 된다. 논박의 결과로 나타나는 효과(effect, 불안하고 걱정되지만 확인 전화를 해 사정을 알아본다.)는 합리적 신념으로 대체한 뒤 느끼게 되는 수용적이고 긍정적인 감정을 가지게 하는 보다 적절한 행동이 나타난다.

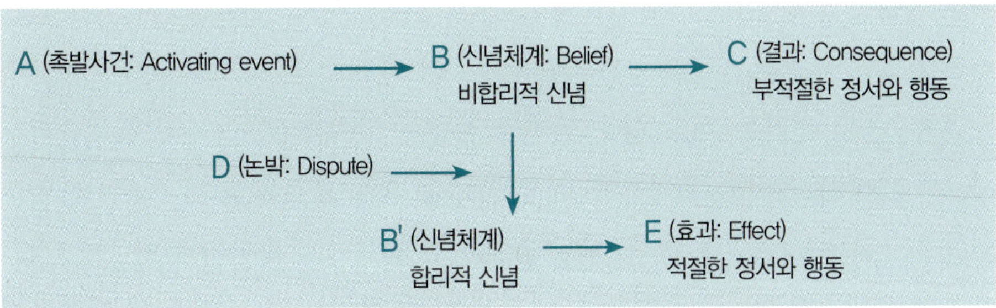

그림 11-1 ABCDE 모델

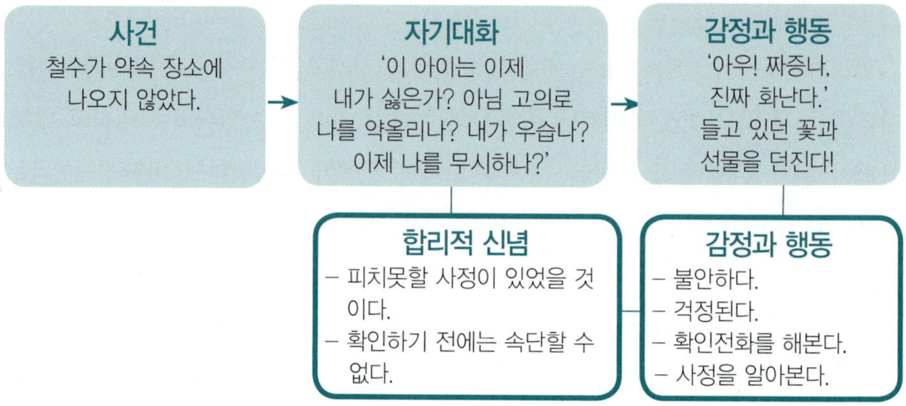

그림 11-2 사건에 대한 자기대화의 예

(4) 평가

엘리스의 인지정서행동적 상담은, 인간 행동의 인지적 측면을 강조한 것으로 사고와 신념이 정서와 행동에 미치는 효과를 밝혔다. 인간의 사고와 정서 간의 관계를 명료화하여 내담자의 정서를 변화시키기 위해서는 사고의 내용을 변화시켜야 한다고 분명히 주장하였다. 정서장애의 원인과 해결방법을 제시하려 하여 인간에게 장애를 유발하는 것은 과거 사건 그 자체나 심리적 외상 그 자체가 아니라 이에 대한 인간의 생각과 해석이라는 것을 강조하였다. 또한 엘리스는 정서장애의 책임은 내담자 자신에게 있음을 강조하고 그러한 것이 해결되지 않으면 그러한 정서장애가 현재까지 지속될 수 있음을 기술하였다. 또한 상담은 과제를 주어 상담실 밖에서도 그 절차가 계속되도록 하였고 상담 과정에 상담자가 보다 적극적으로 개입하는 방법을 발전시켰다.

인지구조의 변화는 어느 정도의 지적 수준을 전제로 하여 자신의 비합리적 사고와 신념을 철저히 분석하여 인식하고, 논박의 과정을 통해 이루어지므로 현실감이 없거나, 사고가 경직된 내담자, 독특한 철학적 편견을 가진 내담자에게는 효과가 없다. 따라서 성공적으로 인지정서행동적 상담을 수행하기 위해서는 부과된 과제를 기꺼이 수행하고 합리적 접근을 자신의 문제에 적용하여 실천하는 자발적이고 능동적인 내담자에게 효과적이다. 매우 설득적이며 지시적이기에 내담자에게 너무 강요하지 않는 것이 중요하다. 상담자의 훈련 수준, 지식과 기술, 지각력, 판단력의 정밀함이 중요하며 훈련이 부족한 상담자는 설득이나 교화, 충고로 접근하게 될 위험을 가진다.

이상에서 간략하게 현대 상담에서 영향을 끼치고 있는 중요한 이론 네 가지를 살펴보았다. 이러한 상담이론들은 각각의 독특한 상담과 치료과정을 가진다. 그러나 각 이론에서 중요한 것은 상담자가 인간의 본성을 어떻게 보느냐이다. 자기의 문제를 스스로 해결할 수 있는 잠재력을 가진 인간 능력의 신뢰감에서부터 상담과 치료를 출발하는가, 아니면 문제를 해결해 나가기 위해 외부의 힘에 의존해야 하기 때문에 보다 적극적으로 상담자가 내담자에게 영향을 주고 문제를 해결해 주어야 하는가의 입장에서 인간관이 주제가 된다.

이러한 인간에 대한 철학적 관심은 실제 상담과 치료방법에 큰 영향을 미치게 된다. 상담자는 상담이론에 앞서 인간을 바라보는 자신의 철학적 가치관에 입각하여 자신만의 상담방법을 찾아가는 것이 중요하다고 할 수 있다.

정리해봅시다.

- 아동 상담자의 자질과 전문성에 대해 정리해봅시다.
- 아동 상담자에게 윤리가 왜 필요하며, 윤리를 지키지 않으면 어떤 부분이 위험해지는지 정리해봅시다.
- 아동상담의 이론들을 정리해봅시다.

CHAPTER 12

아동상담의 과정

1. 인테이크 면접

상담의 접수 면접인 인테이크 면접(intake interview)은 처음 상담을 받으러 온 아동 내담자와 만나서 실시한다. 상담 신청과 정식 상담의 다리 역할을 하는 절차로서의 역할을 한다(차영희, 2006). 초기에는 아동과 가족과의 역동을 보면서 아동을 평가하고 관찰한다.

이러한 면접 동안의 정보에 기초하여 상담자는 상담을 계획하고 가족에게 상담을 제의하고 질문을 받고 안내를 하게 된다. 인테이크 면접은 내담자 아동이나 부모에게도 중요하지만 상담자에게도 중요하다. 이 면접을 통해 아동 문제의 구체적인 정보를 알게 되며 아동에 대한 잠정적인 진단이 이루어질 수 있기 때문이다. 따라서 인테이크 면접자는 상담 분야의 교육을 받고 실무 경력이 있어야 하여 내담자가 이 상담 기관에서 적절한 치료, 상담, 처치를 받을 수 있을지 판단하고 기관에서 소화하기 불가능한 내담자의 경우 처리하는 절차와 요령이 있어야 한다(차영희, 2006).

인테이크 면접은 아마도 아동 및 가족과 함께 일하는 상담자에게 제공되는 가장 중요한 평가 도구이므로 이 과정은 매우 중요하다. 이 과정에서는 아동의 삶에서 중요한 인물의 대부분과 상호작용하며, 내담자에 대한 이해도를 높이고 가족과 함께 계획 수립을 시작하는 것은 주로 인테이크 면접 동안 도출된 정보에 기초한다. 현재 대인관계 환경의 역동 내에서 아동을 보고 평가할 수 있는 특별한 기회를 나타내므로 사려 깊고 신중하며 포괄적인 접근법을 필요로 한다. 상담자는 가족과 함께하기 전 수집해야 할 정보의 유형, 면접의 구조 및 모임 목표에 대해 명확히 하고 시작한다.

때로는 시간이 오래 걸릴 수 있으나 충분한 시간을 들여 필요한 정보를 수집하면 사례를 포괄적이고 정확하게 이해할 수 있다고 확신할 수 있다.

1) 상담 접수

아동상담은 아동 스스로가 상담을 받고 싶어하여 찾아오는 경우는 거의 없고, 부모, 교사, 의사, 지역사회 기관 종사자 등 주변 성인들의 의뢰를 받아 오는 경우가 대부분이다.

아동에게 상담이 필요하다고 느끼고 의뢰하는 경우 보통 전화로 상담 접수가 이루어지거나 직접 방문하여 의뢰하기도 한다. 상담자는 아동의 기본적인 인적사항을 파악하고 면접시간을 약속하고 연락처를 알아둔다. 첫 면담을 위해 최소한의 정보인 아동의 이름, 생년월일, 집 주소, 전화번호, 아동 문제(주 호소 문제)에 대한 간단한 설명 등을 수집한다.

2) 초기 면접

초기 면접을 통해 아동의 문제에 대한 구체적인 정보를 얻어 현재 상태를 구체화하고 현재 문제를 알고, 이러한 문제 유발 요인과 아동의 발달 과정 및 적응 과정과 방식을 살펴보게 된다. 이 과정에서 필요한 심리검사를 실시하여 보다 객관적인 상황을 파악해 볼 수 있다. 이 과정을 기초로 상담의 목표를 정하고 이를 위한 상담 기법과 전략 등을 세울 수 있다.

표 12-1 초기 면접의 틀, 순서, 목적

회기	대상	목적
가족 면접	희망하는 모든 가족 구성원	1. 현재 문제에 관한 정보 모으기 2. 가족의 저항 극복 3. 모든 가족 성원과의 라포 형성 4. 가족 구조 사정 5. 가족 과정 사정 6. 가족 관계 사정
부모 면접	부모 역할을 하는 모든 성인	1. 현재 문제 중 특수한 정보의 수집 2. 내담 아동의 배경 정보 모으기 3. 부모의 양육방식과 훈육전략 사정 4. 부모의 가족사 정보 모으기 5. 배우자 관계성 정보 모으기
형제자매 면접	모든 형제자매	1. 현재 문제에 관한 새로운 관점 얻기 2. 가족 내 형제자매 역할 사정
내담자 면접	상담 대상 아동	1. 라포 형성 2. 정보 모으기 3. 중재 단계의 설정
피드백	모든 가족	1. 피드백 제공 2. 치료에 관한 제언 공유와 논의 3. 치료 목적을 위한 협력 4. 치료를 위한 가족 준비사항 안내

출처: Brems & Rasmussen(2019). *Child Psychotherapy and Counseling*, p. 145.

(1) 부모 면접

상담의 과정 동안 상담자는 부모와의 신뢰감을 형성하고 유지해 가는 것이 무엇보다 중요하다. 부모의 정서적 상태와 움직임, 요구들을 민감하게 파악하고 살피는 것이 필요하고 이를 위해 적극적이고 반영적인 경청이 필요하다. 부모 면접에서는 아동의 현재 문제(주 호소 문제), 현재 문제에 대한 부모의 의견, 가족 관계, 어린이집, 유치원, 학교 문제, 교사의 의견, 아동의 사회적 관계, 또래 관계, 사회문화적 요소, 아동의 흥미, 여가, 취향, 아동의 발달과 건강 상태, 아동에 대한 미래 계획, 행동 관찰 등이 있다.

(2) 아동 면접

일반적으로 부모 면접을 통하여 아동에 대한 전반적인 정보가 얻어지고 어느 정도 파악이 된 후에 아동 면접이 이루어지면 좋다. 아동에게 필요한 심리검사가 실시될 수도 있다. 이때 가족, 혹은 부모와의 상호작용에서 보이는 아동의 행동을 관찰하게 된다. 상담을 하면서 상담실이나 놀이방에 대한 소개와 안내가 이루어질 수 있고 상담이나 치료에 대한 질문에 설명을 줄 수도 있다.

상담실이라는 낯선 공간에서 상담자와 만나는 것은 아동에게 두려움과 걱정을 줄 수 있다. 상담자는 아동이 가지는 심리적 불안과 부담을 거부하지 않도록 하고 아동에게 상담자는 어려움을 도와주는 사람으로 소개하고 상담 과정 중 알게 되는 비밀은 다른 사람에게 알려지지 않음을 강조하며 상담을 위한 규칙을 간단히 알려준다.

3) 심리 평가

심리 평가는 아동이 보이는 문제의 상태, 원인, 현재 심리 상태를 빠른 시간 안에 발견하기 위한 목적으로 행한다. 아동의 문제를 아는 것 외에도 아동의 능력과 강점, 약점을 파악하여 상담의 개념화와 치료계획 설정에 도움을 받기 위해 이루어진다.

특히 심리검사를 행할 때에는 부모 면접이나 교사 면접 등을 통한 정보에 기초하고 지필 보고서 등을 활용하여 아동 발달력과 현재 문제 등을 파악하는 단계를 거쳐, 다양한 검사, 즉 아동의 부모나 교사를 대상으로 아동의 행동, 습관, 일상생활, 상호작용, 사회성, 기질 등을 평가하는 평정척도나 관찰평가, 지적 능력

평가를 위한 지능검사, 학업준비도 평가, 성격검사 등을 실시한다. 이후 심리검사와 면접 내용, 관찰 행동 등을 종합하여 평가 결과를 분석하고 부모를 위한 양육 가이드나 치료적 제안을 계획하고 제공하기 위해 심리 평가 보고서를 작성하여 그 결과를 효과적으로 전달하고 소통한다.

(1) 발달평가척도

발달평가는 다양한 행동평가척도를 많이 사용하는데, 아동의 행동에 관한 표준화된 방식, 즉 한 아동과 같은 나이, 성별을 가진 아동들로 구성된 준거집단과 비교하여 아동의 인지, 정서, 행동 등의 변화와 수준을 설명하기 위한 과정을 사용하여 발달에 관한 체계적이고 포괄적인 이해를 할 수 있도록 한다. 비교적 검사가 쉽고 경제적이어서 효율성이 높은 평가이다. 대표적인 검사로는 4~17세 아동을 대상으로 학업 적응기술, 가정 및 교실 행동 문제 등을 보고하고 부모, 교사가 평정하는 한국판 아동행동척도(Korea Child Behavior Checklist: K-CBCL), 15개월~만 6세 영유아를 위한 사회성, 자조행동, 대근육, 소근육, 표현언어, 언어이해, 글자, 숫자를 평가하는 아동발달검사(Korean-Child Development Inventory: K-CDI) 등이 대표적이다.

(2) 지능검사

지능검사는 아동을 대상으로 광범위하게 실시되며 주로 학교 학업 수행을 예측하는 인지능력을 평가한다. 대표적인 검사로는 만 3세~7세 3개월까지 아동 지능을 측정하는 한국 웩슬러 유아지능검사(Korean-Wechsler Preschool and Primary Scale of Intelligence: K-WPPSI)와 만 6세~16세 11개월까지 아동의 지능을 측정하는 한국 웩슬러 아동지능검사(Korean-Wechsler Intelligence Scale for Children: K-WISC-Ⅳ), 그리고 만 2세 6개월~12세 5개월까지의 정상 및 특수아동을 대상으로 정보처리 이론에 근거하여 아동의 인지처리능력과 습득도를 측정하는 한국판 카우프만 아동용 지능검사(Kauffman Assessment Battery for Children: K-ABC)가 있다.

(3) 성격검사

아동의 성격을 검사하기 위해 실시하는 검사로는 크게 객관적 검사, 주관적인 투사적 검사, 그림검사로 나눌 수 있다.

① 객관적 성격검사로는 한국판 아동용 성격검사(Korean-Personality Inventory for Children: K-PIC)가 대표적인데, 아동의 발달, 정서, 행동, 대인관계, 현실 접촉 등을 보호자가 평정하여 다차원적으로 평가한다.

② 투사적 검사는 약한 자극이나 구성 요소를 아동에게 제시하여, 특별한 경계심을 일으키지 않고, 자유롭게 반응함으로써 욕구, 동기나 정서 등을 파악하는 평가 방법이다. 대표적 검사로, 만 3세~10세 아동을 대상으로 하는 한국판 아동용 주제통각검사(Korean-Child Apperception Test: K-CAT)는 과거의 경험과 지각의 흔적이 현재의 지각에 영향을 미칠 것이라고 가정하여 의인화된 동물 그림 장면을 아동에게 보여주고 해석하도록 하고 아동의 구강기 문제, 형제자매 관계, 고독, 배설 습관 등의 관심을 살펴본다.

로샤검사(Rorschach Test)는 성인에게도 적용할 수 있는데, 잉크 반점 그림의 자극을 제시하여 개인의 성격, 습관, 반응양식 등을 알아보며 임상적 진단 도구로서도 유용하게 활용된다.

③ 그림검사는 아동이 그림을 그릴 때 방어나 꾸미기를 덜 하기에, 아동 그림을 통해 의미나 상징을 추출하여 심리적 평가를 할 수 있다. 대표적 그림 검사로는 동적 가족화(Kinetic Family Drawing: KFD)가 있다. 동적 가족화는 아동에게 가족이 무언가 하고 있는 장면을 그려보도록 하여 아동과 가족 구성원 각각의 관계와 역동을 알아보고 아동의 자아상, 행동, 감정 등을 가족 상호작용 속에서 살펴본다.

집-나무-사람 검사(House-Tree-Person: HTP)는 아동에게 종이 한 장씩에 집, 나무, 사람을 각각 차례로 그리게 하여 그려진 그림 속 양상으로 현실, 성장, 자아상 등에 관한 아동 자신의 지각 내용을 살펴본다. 집은 일반적으로 아동의 현실을 반영하고, 가정에 대한 태도, 부모, 형제자매 관계를 보여준다.

나무는 개인의 성장 과정, 무의식적 감정, 갈등을 표현하고 사람은 자아상과 관련되어 아동 정보, 환경과 자신과의 관계 등을 반영해 준다.

(4) 학업 및 주의력 검사

아동의 학업준비도나 성취도 및 주의력을 평가하는 대표적인 검사로는, 유아~초등학교 6학년을 대상으로 하는 기초학습기능검사(박경숙, 윤점룡, 박효정, 1989)가 있고, 만 5세~15세를 대상으로 하는 주의력장애진단검사(ADHD Diagnostic System: ADS)는 주의집중력을 측정하는 검사이다.

2. 개념화와 상담 계획

상담자가 개념화 및 치료계획을 수립하는 시점에 도달하면 아동, 가족, 환경, 교사 및 기타 자원으로부터 많은 정보를 수집한다. 이 정보는 이제 증상이나 문제를 이해하는 방식으로 결합된다. 치료나 상담을 진행하기 전에 개념화 및 관련 치료계획을 수립하는 것이 중요하다. 내담자와의 상호작용과는 별도로 일부 치료 작업이 시작되었을 수 있지만, 지금까지 모든 아동 및 가족과의 작업은 평가 혹은 사정으로 간주된다. 대부분의 경우 상담자는 사정 단계로부터 치료 또는 상담 단계까지 진행하며, 그 후에 아동과 가족에 대할 때 이러한 이해에 근거하여 철저한 개념화와 치료계획을 세운다. 치료 전략을 개념화하고 공식화하지 않으면 방향 없이 치료가 이루어질 수 있고, 시행착오가 생기며 종종 방향이나 조직력이 결여되어 현재 관심사인 아동 문제를 영구화할 수 있다. 개념화와 치료계획에 무엇이 포함되는지에 대한 철저한 이해는 성공적으로 치료하는 데 필수적이다.

1) 개념화의 준비: 진단

개념화(conceptualization)는 어떤 일이 일어나고 있는지 이해하기 위해 아동에 대해 수집된 모든 정보를 한곳에 모으는 수단이다. 여기에는 확인된 문제의 반복 양상, 진단의 공식화 및 문제의 발달 및 유지에 기여하는 역할을 이해하는 과정이 포함된다. 우선시 되는 단계는 다른 의료기관 및 발달센터와 공유하여 진단에 도달할 수 있는 자료를 수집하는 일이다. 진단 자체는 치료계획을 준비하는 데 효용성을 가진다. 완전한 개념화는 치료 목적과 전략을 파악하는 데 훨씬 더 도움이 된다. 진단은 치료계획을 세우기 위해 아동에 대한 정보를 구성하는 중요한 단계이다. 진단 과정은 확인된 문제의 목록으로 시작한다.

(1) 확인된 문제의 목록

확인된 문제의 목록을 작성하는 것이 현재 문제 평가에 불필요하거나 중복되어 보일 수도 있지만 그렇지 않다. 종종 사정(assessment)이 진행됨에 따라 상담자는 가족이 언급하지 않은 여러 가지 문제 사항을 기록한다. 확인된 문제의 목록은 아동의 삶에 영향을 미칠 수 있는 모든 잠재 영역에 대해 상담자의 주의를 집중시키는 것이지, 관점을 제한하는 것은 아니다. 생물학적, 심리학적, 사회경제적, 문화적, 가족적 영역이 열거되며 모든 확인된 문제들이 현재의 문제를 명백하게 하지는 않더라도 모두 목록화한다.

2) 개념화: 사례 역동의 이해

확인된 관심사의 목록을 작성하고 나면, 이 목록을 사용하여 진단 과정을 지원하기 위해 상담자는 문제나 증상이 존재하는 이유를 이해하려고 한다. 이는 치료계획에 필수적이며 아동과 가족을 둘러싼 몇 가지의 요소를 탐구하는 과정이다. 이러한 과정에서 사례 개념화(case conceptualization)의 네 가지 요소인 성향적 요인, 촉발적 요인, 영구적 요인, 보호적 요인을 구체적으로 탐색한다(Brems, 1999).

(1) 성향적 요인(predisposing factor)

성향적 요인은 사회적, 환경적, 가족적, 개인적, 생물학적, 유전적 요인이다. 각각의 영역에서 상담자는 아동의 정신건강과 현재 문제에 영향을 미칠 수 있는 이들의 가능성을 살펴본다. 아동의 정신질환이나 정서적 갈등을 일으키기 쉬운 다양한 요소들이 확인되었는데, 이 요소는 특정 장애와 관련하여 전반적으로 탐구되었다. 일부는 일반화가 일어날 수 있지만(예, 지적 장애의 유전적 성향), 특별히 치료를 받으러 온 아동의 삶에 기능하는 특정 성향적 요소를 사정하는 것이 중요하다. 종종 이러한 요인은 꽤 명백하지만 모든 것을 정확하게 평가할 수 있는 경우는 드물다. 모든 가능성을 포괄적으로 나열하면 아동의 심리적 발달과 적응에 기여한 가능한 구성요소들이 누락되지 않을 수 있다. 이러한 요인 중 단지 하나만이 인테이크 면접에서 나타난 증상을 설명하지는 않는다.

(2) 촉발적 요인(precipitating factors)

촉발적 요인은 증상을 나타나게 하거나 치료를 받으러 오게 한 촉발(trigger) 요인이다. 때때로 촉발제는 대가족 싸움처럼 이를 계기로 가족이 도움을 구할 필요가 있다는 것을 모두가 깨닫게 한다. 또한 촉발제는 아동 행동에 대한 교사의 불평이다. 부모도 다른 성인이 문제가 있다고 지적하기 전까지는 아동의 특정 문제 행동을 알지 못한다. 때로는 문제가 꽤 오랫동안 존재해 온 것처럼 보였지만 어떤 이유로, 어느 시점에서 가족이 치료를 받으러 오는지 이해할 때 촉발제는 도움이 된다. 때로는 촉발제가 치료 의뢰의 유발 요인일 뿐 아니라 특정 문제, 증상의 징후로도 작용한다. 따라서 특정한 요인은 성향인 동시에 촉발제이다. 예를 들어, 부모의 갑작스러운 이혼은 아동의 극단적인 퇴행을 초래한다. 이혼이 아동의 퇴행 증상을 촉발시켰지만, 만성적인 부모의 갈등으로 인해 그런 성향이 발달한 것이다. 무관심, 학대, 가족 기능 상실과 같은 아동기의 부정적 경험은 갑작스러운 우울, 자살 생각 및 다른 증상을 촉발한다.

(3) 영구적 요인(prepetuating factor)

정신건강 전문가들은 아동이 어떤 문제적 성향을 가지는지, 무엇이 그 증상과 치료를 받도록 유발했는지에 대해 고려하는 것처럼, 왜 그런 증상이 유지되는지 살펴보기도 한다. 드물지 않게 증상은 그 증상 자체가 나타나는 것을 영속시키거나 강화시키는 목적이 작용한다. 예를 들어, 아동의 잦은 두통과 같은 신체적 문제가 부모의 싸움으로부터 주의를 산만하게 한다면, 이러한 문제가 다른 문제보다 아동의 고통이 덜하기 때문에 증상은 지속될 수 있다. 증상을 유지하는 가능한 강화 요인을 평가하기 위해 증상에 내재된 잠재적 보상이 무엇인지 평가해야 한다. 이는 문제의 이해와 관련된 정보를 제공하여 치료계획에 영향을 미친다.

(4) 보호적 요인(protective factor)

가족과 아동은 또한 정신건강을 촉진하는 역량을 가져오고 치료를 지원할 수 있다는 점을 기억하는 것이 중요하다. 아동의 역동과 환경을 이해하는 과정에서 이러한 역량을 찾고 이용하는 것은 중재를 눈에 띄게 향상시키고 가속화할 수 있다. 예를 들어, 똑똑하고 좋은 사회적 지원망을 가지는 아동은 치료에 이 두 가지 역량을 가져올 수 있고 이는 문제의 대처와 양육을 도와준다. 협력적이고 아동에게 관심을 가지는 부모는 아동의 정신건강 및 아동과의 작업에 있어 대단한 자산이다. 서비스를 찾는 가족의 결정을 지지하는 학교는 큰 변화를 줄 수 있다.

이와 같이 상담자는 아동의 환경 안에서 증상 발달의 성향을 만들 수 있는 요인, 현재 증상을 유발하여 그 시점에 치료를 받도록 한 요인, 아동과 가족에 의해 증상과 역동을 영속 또는 강화한 요인과 치료 및 치유를 지원할 수 있는 보호 기능의 요인을 본다. 네 개의 요인은 아동 및 가족 내에서 관찰된 역동 관계와 결합하여 상담자에게 장애의 발달에 대한 이해와 공감뿐 아니라 아동 치료에 대한 방향감을 준다.

3. 상담 및 치료 과정

아동과 함께 일하기로 한 결정은 많은 시사점을 가지고 있다. 아동은 독특하며 다양한 발달 수준에 있다. 각 아동에게는 문제해결을 위한 우선순위를 정하는 각각 다른 접근법을 취한다. 아동의 언어, 감정 표현, 그리고 인식은 여전히 발달하고 있다. 그리고 아동은 어른보다 비언어적인 자기표현과 의사소통 방식에 훨씬 더 편안해한다. 따라서 특별한 민감성이 필요하다.

1) 아동상담과 치료의 틀

치료나 상담 과정에 관한 논리적인 진행을 결정하는 것은 어렵다. 왜냐하면 정확하게 같은 방식으로 존재하지 않는 구조나 질서가 있기 때문이다. 현실에서의 치료는 많은 동시 사건의 발생이나, 이러한 사건을 순서 있게 논의하면 종종 그것들이 실제 상황에서 예측 가능한 방식과 순서로 일어난다는 잘못된 인상을 줄 수 있다. 그렇지 않는다는 것을 이해해야 하며 논의되는 치료와 상담 과정, 도구나 촉매, 과제들이 서로 맞물려 서로 촉진되고 공존하며 상호의존한다. 어떤 과정을 거치지 않고서는 치료 목표가 달성될 수 없다. 필요한 도구가 없는 과정도 없고, 촉매가 없는 변화도 없다. 이러한 과정이 공존함에도 불구하고, 치료가 진행될 때 아동과 상담자 간에 일어나는 일에 대한 충분하고 철저하면서도 일관성 있는 틀과 구조가 필요하기에, 이를 제공하기 위해 개별적으로 다룬다. 그러나 다루어지는 선택된, 질서 있는 접근법이 상담자의 자의에 의한 것이라는 것을 항상 염두해야 한다.

2) 아동상담과 치료 과정의 목표

상담 및 치료과정에 대한 논의에서 목표 설정은 크게 인테이크 면접과 사정의 영역 안에 있지만 간단한 목표 설정 개요로 시작하는 것이 최선이다. 각 아동에 대한 상담과 치료의 목표는 일반적으로 간단하며 실제 치료가 시작될 때쯤이면 잘 계획되어 있다. 이것은 치료계획을 자세히 나열하고 치료 완료 시기를 결정하는 것은 물론 진행 상황을 모니터링하는 데에도 사용된다. 목표는 매우 구체적으로 인테이크 면접 내용과 어떠한 추가 사정을 통해서 발생하는 문제에 맞춰진다. 목표의 특수성에도 불구하고 일반적으로 치료 목표는 모든 아동 내담자에 적합한 세 가지 범주로 분류된다.

첫째, 아동의 현재 문제를 해결하는 것
둘째, 아동의 심리적, 정서적 적응을 전반적으로 강화하는 것
셋째, 모든 발달기능과 관련하여 아동발달 궤도상 건강한 지점에 재진입하도 록 돕는 것(예를 들면. 자아 발달, 언어 발달, 운동 발달, 심리사회적 발달)

이 세 가지 목표 모두 아동과 함께 일하는 데 중요하다. 그러나 후자의 두 가지는 숙련된 상담자에 의해서 간과되는 경우가 있다.

첫 번째 제시된 문제의 해결과 관련된 목표는, 아동 치료에서 가장 측정 가능하고 관찰 가능한 목표이며, 일반적으로 진행 상황을 모니터링하고 종료 시기를 결정하는 데 사용된다.

명확한 목표가 확인되고 상담자가 측정을 위한 계획을 세우면, 치료를 시작할 준비가 된 것이다. 상담자가 모든 치료 목표를 계속 알고 주의깊게 관찰하는 것은 여전히 중요하다. 이것은 아동과 매일 접촉하는 부모와 상담자의 도움을 이끌어 냄으로써 가장 잘 이루어진다. 이러한 과정은 개선 및 변화에 대한 귀중한 정보를 제공한다.

3) 아동상담 및 치료 과정의 단계

치료 작업이 시작되면, 몇 가지 과정 또는 단계를 기억해야 한다. 단계마다 변화가 중첩되면서 치료과정이 반복되는데, 이것은 과정 행동의 진행 (progression)이다. 아동이 불안하고 탐색하는 단계를 벗어나 감정을 자유롭게 표현하고 상담자와의

관계가 중요한 단계로 접어들면 이러한 진행은 시작된다. 이러한 행동의 진행은 사건의 회상 기억(recollection)에서 사건의 재구성 (reconstruction) 및 재경험(reexperience), 그리고 마지막으로 해결(resolution)로 이동한다(Brems, 1999). 이 순서는 한 가지 문제나 사건이 이 순서로 발생할 가능성이 높지만, 아동의 다른 관심사에 대해서는 이러한 진행상의 다른 단계에 있을 수 있다. 따라서 이러한 진행은 순서로 논의되지만, 실제 치료에서는 이처럼 명확하지는 않을 것이다. 때로는 전체 단계를 건너뛰어 하위 단계가 재구성으로 직접 이동하거나 문제를 재경험하지 않고 해결되는 경우가 있다. 종종 재경험과 해결은 사소한 문제에서는 밀접하게 연관되어 있으며, 아동은 이러한 단계를 매우 빠르게 연속해서 진행하여 눈에 띄지 않을 수 있다.

표 12-2 상담 또는 치료 과정의 단계

단계	내용	아동의 이해 수준	전략들
회상 (recollection)	• 기억의 공유 • 정보의 제공	• 현재 문제나 병인과 무관함	• 듣기 • 질문 • 조사(탐색)
재구성 (reconstruction)	• 놀이와 기억에 있어 감정이 관여함	• 불균형하게 감정을 보이기는 하나, 아직은 병인과 직접적으로 연관이 없음	• 명확한 진술 • 이해를 위한 의사소통
재경험 (reexperience)	• 과거의 기억을 회상하며 현재에 감정을 표현	• 현재의 주제와 과거 사건 사이의 관련성 인식 시작	• 전이의 사용 • 설명 책략 • 투사적 확인
해결 (resolutio)	• 힘 • 신뢰 • 대처	• 현재 문제와 다른 문제들 사이의 연관성 형성	• 내면화 통찰

출처: Brems & Rasmussen(2019). *Child Psychotherapy and Counseling*, p. 204.

(1) **회상**-정보의 제공

회상(recollection) 단계에서 아동은 주 호소 문제와 관련된 사건의 회상이나 기억을 상담자와 공유하기 시작한다. 아동은 일반적으로 놀이 활동에서 갈등이나 걱정을 제시함으로써 회상을 표현하지만 구두로는 잘 이야기하지 않는다. 이 단계에서, 회상은 종종 모호하고 아동이 현재 하고 있는 걱정과 의식적으로 관련이 없으며 많은 감정이나 강한 욕구 상태를 가지지 않는다. 일반적으로 어린 아동보다는 상담자에게 더 의미 있는 사건을 사실적으로 재생해 보인다. 이 단계는 성인 치료의 초기 단계와 매우 유사하며, 이때 내담자는 주어진 정보와 현재의 문제 사이의 연관을 만들지 않고 자신의 삶에 대한 많은 정보를 제공한다. 이 단계의 성인은 왜 이러한 기억이 생겨나는지에 확신 없이 특히 어린 시절부터 과거 사건에 대해 이야기한다. 기억과 현재 문제 사이의 연결은 치료과정의 후반 단계에 이르기까지 일어나지 않는다. 내담자에 의해 연결이 되지 않은 경우, 이때의 해석은 시기상조이다. 상담자는 각 사건의 관련성을 더 잘 이해하기 위해 경청하고, 조사 및 질문을 통해 기억을 촉진하여 치료과정을 더 잘 수행할 수 있다.

(2) **재구성**-놀이에 가끔씩 감정을 드러냄

두 번째 단계인 재구성(reconstruction)에서 아동은 1단계에서 나타난 회상 내용과 관련된 개인적인 감정이나 심리 상태를 재구성한다. 이러한 전환은 놀이 활동과 재현에 감정을 나타내면서 일어난다. 이것은 현재의 문제와 그것의 관련성을 완전히 인식하지 못한 채 고통스러운 어린 시절의 사건을 토론하며 눈물을 흘리는 성인 내담자와 유사하다. 그 경험은 어떤 식으로든 의미가 있으므로 강력하게 감정이나 욕구 상태를 일으킴을 내담자가 인식한다는 점에서 단순한 회상 다음 단계이다. 아동은 종종 현재의 걱정이나 문제와 직접적인 관련성을 인식하지 못한 채 감정을 완전히 표현하며 관련된 놀이의 각본을 전적으로 재구성한다. 어떻게 사건이 이해되느냐에 따라 상담자의 반응이 다르기 때문에 회상과 재구성의 구별이 중요하다. 상담자는 회상에 대한 반응으로 더 많은 정보를 수집한다. 그러나 재구성에 대한 반응으로 상담자는 아동이 표현한 감정이나 욕구를 이해하고 이를 소통하기 위해 명확한 진술을 할 수 있다. 그러나 아직은 해석을 하거나 특정 사건을 현재 문제와 연결하려고 시도하지 않는다.

(3) **재경험**-현재 활동에 과거 감정 명확히 연결

세 번째 단계 재경험(reexperience)에서 아동은 지금 느끼는 심리적, 감정적 상태를 현재 문제에 영향을 끼치는 과거의 일들과 정서적으로 연관 짓기 시작한다. 아동이 지금의 감정과 욕구를 표현하고 나서 현재 상황과 흡사한 과거의 각본을 자발적으로 놀이로 재현하거나 근거 없이 격렬하게 현재 상황에 대응한다면 재경험이 확연히 드러나는 것이다. 어른의 재경험은 일반적으로 과거 사건, 특정한 자신의 생각, 또는 자신이 현재의 문제를 바라보는 방식을 언어적으로 관련짓지만, 아동은 구두로 그렇게 하지 않는다. 즉, 아동 치료에서의 재경험은 비언어적 의사소통으로 현재와 과거 또는 현재 문제를 특정한 생각과 명확하게 연결시켜 의식적이거나 언어적 표현 없이 발생할 수 있다.

이 단계에서 아동과 양육자 사이의 관계는 특별히 중요한 의미를 가진다. 라포가 만들어지고, 심리역동적 용어로, 전이(transference)가 일어나며 파악된다. 예를 들어, 이 단계에서 아동은 부모나 그들 삶에서 중요한 사람들의 행동에 대해서와 마찬가지로 상담자의 행동에 반응한다. 아동은 상담자와의 관계에 그들이 지금껏 배우고 경험했던 것에서 비롯된 특별한 의미를 부여한다. 성인을 대상으로 이 치료 단계는 종종 내담자의 일부 비이성적인 행동, 상담자 행동이나 말에 대한 내담자의 주관적인 해석, 그리고 더 전통적인 전이 반응을 포함하여, 현재 상황에서 맥락에 상관없이 내담자의 삶 동안 발달해 온 뿌리 깊은 패턴이 표현된다. 따라서 아동은 이전의 관련된 사건을 활성화하거나, 현재 상황의 영향으로 관련 감정이 자극받아 현재 사건에 대해 매우 강한 감정을 표현하게 된다.

재경험은 내담자와 상담자에게 강력한 사건이다. 회상과 재구성과는 다르다. 가장 중요한 것은 회상과 재구성은 놀이방이나 치료적 관계에서 일어나는 현재 상황, 지금 이곳에서 일어나는 일과는 결부되지 않고 비교적 독립적이다. 그러나 재경험은 정의상, 항상 지금 이곳의 현재 요소를 포함하며, 이 때문에 일반적으로 더 강력한 감정 표현과 강한 감정을 초래한다. 따라서 이 치료 단계 동안 상담자가 감정을 설명을 해주는 것은 적절하며, 상담자는 내담자의 감정을 적절하게 설명해줄 수 있다.

5살의 지훈이는 놀이방에서 매우 편안해졌고 많은 자발적인 놀이와 그것을 공유함으로써 상담자에 대한 신뢰를 나타내기 시작했다. 한 회기에서 아동은 치료실 창문 밖에 있는 작은 나방을 보고 심하게 동요하고 겁을 먹었다. 은유적이기는 하지만 다음과 같은 대화가 이루어졌다.

아동(공포에 빠진 목소리, 높은 음조의 목소리): 날 잡을 거야! 날 잡으러 올 거야.
상담자: 너는 나방이 너를 잡을까 봐 두렵구나.
아동: 날 따라 올 거야. (당황하고 거의 울 것 같은) 없애버려.
상담자: 너는 내가 너를 안전하게 도와주기를 바라는구나.
아동(울음): 그래, 죽여!
상담자: 우리는 걸어가서 나방을 볼 수 있고 우리는 안전해. 왜냐하면 여기에 들어올 수 없어, 우리는 안전해.
아동(덜 강하게 흐느끼며): 올라가고 있어?
상담자: 나랑 같이 가서 자세히 볼래?
아동(더 이상 울지 않음): 나 좀 데려다 줄래요?
상담자: 그래, 우리 함께 손잡고 가면 안전할 거야.
(그들은 나방에게 다가가고, 상담자는 나방에 대해 설명하고 그에게 날개를 보여주며, 유리창으로는 들이올 수 없다고 설명하였다. 이 나방이 날아오르자 아동은 움찔하다가, 상담자의 손을 좀 더 세게 잡으면서도 긴장을 풀었다.)
아동(힘을 주어): 아저씨는 날 잡을 수 없어!
상담자(똑같이 힘주어): 안심해!

이 재경험의 과정은 이 아동의 치료에 있어 강력한 순간이었다. 나방에 대한 반응은 과장되었지만, 일단 그것의 상징적인 의미가 상담자에 의해 이해가 되면 아동의 과거와 연결된다. 상담자는 치료에서 이것이 반복되는 주제였기 때문에 그의 안전에 대한 욕구에 초점을 맞추었다. 아동은 현재 수감되어 있는 의붓아버지로부터 심한 학대를 당했었다. 그럼에도 불구하고 아동은 계속해서 악몽을 꾸고 남자들을 두려워했고, 일반적으로 다른 아동들과 함께 있는 것을 거부했다. 상담자가 제공한 언어적 개입은 비록 아동의 은유, 즉 나방의 행동에 초점이 맞춰 있지만, 해석이 직접적이기보다는 은유적일 수 있음을 예시해 준다. 아동이 울음을 그쳤다는 사실은 아동이 이해한다고 느끼고 어느 정도는 그 중재를 수용한

증거로 볼 수 있다. 하지만 그의 의붓아버지가 더 이상 연락이 안 된다는 것을 알고 안심했다는 것을 나타내면서 자발적으로 현재의 사건과 궁극적인 공포 사이의 연관성을 만들었다. 그러한 현재 문제와 과거 간 연관성이 이렇게 언어화되는 것은 아동에게는 거의 드물 수 있다. 이 아동은 이 사건이 일어나기 전까지는 몇 달 동안 치료를 받은 매우 똑똑하고 말을 잘하는 아동이었다는 것을 기억하자.

(4) **해결**-문제 인식과 통찰, 내면화

아동이 재경험의 단계를 거치고 나면, 종종 해결(resolution)이 임박해 온다. 이 단계에서 아동은 종종 문제가 왜 발생했는지에 대한 이해를 얻거나 내면화 과정을 통해 현재의 걱정을 해결한다. 내면화는 아동이 현재 문제에 대처하거나 떠나보내기에 충분한 힘과 이해력, 자신감을 얻었다는 것을 의미한다. 아동과의 이 작업은 완전히 비언어적, 상징적으로 수행될 수 있으며, 대화가 변화의 주요 매개체가 아닌 것처럼 통찰은 말로 표현될 필요가 없다. 해결은 논리적으로는 결론의 단계로 설정되기에, 종종 재경험보다 감정적으로 덜 강력하다. 이것은 종종 거의 사후적인 생각이고 재경험 직후에 드물지 않게 발생한다. 이 단계에서 아동은 현재 문제에 대해 자신만의 설명을 하고 대처전략을 받아들인다.

> 7살의 아동은 16번째 회기에 왔다. 여전히 탐구적인 행동에 참여하고 있음에도 불구하고, 아동은 감정 표현에 더 자발적으로 보였고 상담자를 신뢰하기 시작했다. 아동은 놀이방을 이리저리 옮겨다니고 있었고, 한쪽 구석에는 커다란 기둥이 있었다. 그 기둥은 이전에 사용했던 잔해였다. 그 기둥은 아동이 뒤에 숨어서 상담자를 볼 수 없도록 배치했다. 아동은 기둥 뒤로 이동하여 아주 잠깐 동안 숨어 있다가 상담자에게 와서 도와달라고 소리쳤다. 상담자는 아동이 볼 수 있을 정도의 거리로 다가가 "너는 나를 볼 수 없을 때 무슨 일이 일어날지 두려워하고 있어."라고 말했다. 그 아동은 고개를 끄덕이며 크게 진정했고 더 이상 도와달라고 하지 않았다. 아동은 회기 동안 이 행동을 여러 번 반복했고 그때마다 강한 감정을 표현했다. 마침내 기둥과 아동의 시야에 다가가던 상담자는 "보이지 않아도 네가 있다는 것을 알아. 그리고 네가 나를 볼 수 없을 때도 내가 여기 있다는 것을 너는 알고 있어." 아동은 기둥 뒤에서 활짝 웃으며 "알고 있어요."라고 말했다.

이 상호작용은 재경험 직후의 해결을 보여준다. 아동은 상담자와의 시각적 분리에는 과민반응을 보였지만, 인테이크 중 얻은 아동의 현재의 걱정과 과거력(historical)의 정보에 비추어 볼 때, 이러한 반응은 이해될 수 있다. 상담자가 보이는 이해의 표현과 함께 반복되는 재경험은 치료에서 문제의 해결로 매우 자연스럽게 이어졌다. 격리불안이라는 더 큰 문제의 해결은 아직 완전히 얻어지지 않았지만, 이 작은 진전의 길을 만들었다.

4) 변화를 위한 촉매

네 가지 단계의 상담 및 치료 과정을 원활하게 진행하기 위해 상담자는 변화를 위한 여러 가지 도구 또는 촉매(catalysts)에 의존한다. 이러한 도구는 특정한 이론적 틀(예. 행동주의적, 인본주의적, 심리역동적) 혹은 선호하는 기법(예. 놀이 치료, 예술 치료, 스토리텔링 치료)과 독립적이다. 변화를 촉매하는 일반적인 중요한 촉진자이다. 각 상담자는 이러한 도구들의 개인적 목록을 가지고 있고 상담자마다 그 내용이 다를 수 있지만, 변화를 위한 몇 가지 촉매는 보편적이며 가치 있게 논의된다.

표 12-3 변화를 위한 촉매

<table>
<tr><th>촉매의 범주</th><th colspan="2">특정 도구</th></tr>
<tr><td rowspan="2">치료 환경의 조성</td><td>물리적 안전성</td><td>• 물리적 공격 없음
• 정리 규칙</td></tr>
<tr><td>심리적 안전성</td><td>• 회기의 길이
• 회기의 간격
• 회기의 구조
• 장면의 동일성
• 치료사 존재의 연속성</td></tr>
</table>

촉매의 범주	특정 도구
치료적 관계 구축	• 아동에 대한 집중 • 안심 및 안락 • 존중 • 물리적 접촉 • 비언어적 의사소통에의 인내 • 전이의 인식 • 역전이의 인식
공감과 이해	• 다양한 자기성찰(introspection) • 이해의 소통 • 감정의 조율(cross-modal attunement)
설명 방법과 수준	• 실행 해설(running commentary) • 반영(reflection) • 가리키기 양식 • 명시화 질문하기 • 느낌의 확인 • 정화(catharsis) • 마치 …처럼 …설명 • 해석
내면화	• 자기-확신과 현실적인 자기-평가(appraisal) • 관련 규칙이나 조절 그리고 인생-방향
투사적 확인	• 치료사로 향한 감정의 투사 • 치료사에 의한 감정 수용 • 감정의 대사(metabolization) • 아동에 의한 감정의 재투입(reintrojection) • 투사적인 역-동일시(counteridentification)
방어, 증상, 저항의 사용	• 자기-보호 장치의 정의 • 대처 기술 학습 • 환경적 수정 • 부모 기술 학습 • 가족의 변화 가져오기

출처: Brems & Rasmussen(2019). *Child Psychotherapy and Counseling*, p. 210.

(1) 치료 환경의 조성

초기의 상담 및 치료는 자유로운 감정 표현을 중시하고 신뢰와 비밀을 보장하는 안전한 환경을 만든다. 물론 치료 환경의 조성은 아동과의 실제 치료가 시작되기 훨씬 전에 시작된다. 특히, 치료 환경은 아동과 상담자의 안전과 자기 노출 및 감정 표현에 도움이 되는 것이 중요하다. 그러나 물리적 환경을 넘어 각 내담자마다의 심리학적 환경이나 분위기가 조성된다. 이 환경에는 여러 가지 구성 요소가 포함되어 있다. 가장 중요한 것은 신체적, 심리적 안전이다(Landreeth, 2012; O'Conner, 2000). 둘째, 신체적, 심리적 자기표현의 촉진(Axline, 1947; Chethik, 2000; Schaefer & Cange-osi, 2016)이다.

신체적, 심리적 안전은 심리적 구조를 통해 가장 잘 확인되며 아동과 상담자를 보호하고 치료 시작 후 아동에게 명확하게 설명하고 제시하는 제한사항 설정 및 기본 규칙(ground rule) 시행을 의미한다(Landreeth, 2012). 환경 구성이 처음엔 엄격해 보일 수 있지만 그렇지 않다. 개별 상담자는 고유한 환경 및 임상 설정에 따라 몇 개의 규칙을 추가할 수도 있다.

① 물리적 안전

신체적 안전을 확인하는 규칙은 가장 많이 아동에게 제시하는 것이다. 아동 내담자는 아동 자신이나 상담자에게 신체적인 부상을 입히지 않고 장난감이나 가구가 고의적으로 파손되지 않는 한 방안에서의 물리적 공격성은 괜찮다는 안내를 받는다. 양육자를 때리는 것은 허용되지 않는다. 또한 청소는 놀이방(치료실)에서 만들어지는 물리적 안전 구조의 일부로 간주된다. 깔끔하게 정돈된 실내환경은 실내에서 걸려 넘어지는 위험 등을 예방한다. 처음 몇 회기의 내용 및 맥락에 알맞게 규칙을 부드럽게 도입하고 후속조치나 시행 규칙은 아동이 규칙을 어길 때만 도입한다.

② 심리적 안전

심리적인 안전을 위한 규칙은 어른보다 아동에게 설명하기가 더 어렵지만 똑같이 중요하다. 회기의 길이, 회기의 구조, 시작, 중간 및 끝이 있는 구조, 회기 간의 간격을 알려주는 것 등이다. 놀이방의 장난감은 아동이 회기에서 회기까지 항상 사용할 수 있고, 항상 방에 남아 있다고 강조한다. 장난감을 집으로 가져갈 수 있는지에 대한 약간의 논의를 할 수 있다. 이러한 규칙은 일반적으로 인테이크 면접의 피드백 회기에서 이미 논의되지만 첫 번째 치료 회기에서 반복된다.

회기의 길이와 과정에 관한 한 구조를 제공하는 것이 중요한데, 이는 아동에게 한 회기에서 얼마나 많은 작업을 해야 하는지에 대한 한계가 있음을 알려주고, 아동에게 기대하는 작업에 규칙성이 있음을 확인시켜 준다. 각 회기에서 놀잇감의 일관성과 상담자의 존재에 대한 정보를 제공하면 일부 아동은 한 회기에서 다른 회기로 더 쉽게 전환할 수 있다. 상담자의 예측 가능성, 일관성, 존재 여부 및 안정성에 관한 확신은 특히 중요하다.

(2) 치료적 관계 구축

치료적 관계는 매우 중요하며 치료의 발전과 유지를 촉진하기 위해 초반에 주의를 기울인다. 상담자의 많은 특징은 아동과의 라포를 증진시키는데, 긍정적인 관계의 발전과 유지를 가능하게 하는 주요 요소들은 다음과 같다.

① 아동에 초점

아동 관점에서 상호작용의 가장 중요한 측면은 아동과 양육자의 희망에 초점을 맞추는 것이다. 상담자가 불필요한 자기 노출을 하지 않고 성인에게만 도움이 되는 불필요한 규칙을 부과하지 않는 것은, 아동과 아동 행동을 완전히 수용하고 아동이 주도적으로 활동을 선택하도록 해준다.

② 안심과 편안함

상담자는 수용하며 안심을 주고 위로를 한다. 특히 상담과 치료 초기에는 아동이 여전히 치료와 신뢰 사이에서 고민하고 있는 가운데 불안감이 걷잡을 수 없이 높아지지 않도록 배려와 보살핌을 준다. 상담자는 아동의 방 탐색, 자기-노출 선택, 끈질긴 감정 표현을 지원한다. 심리적인 고통이 가중될 때뿐만 아니라 신체적인 고통이 있을 때에도 아동을 위로한다. 아동이 베인 상처나 타박상, 복통 등 방으로 가져오는 고통을 무시하지 않고 사소한 불만도 심각하게 받아들인다. 놀이방에서도 사고는 일어날 수 있으므로 보살핌과 위로가 필요하다. 아동에 대한 이러한 자세는 아동과의 독특한 경험에서 만들어지므로 빠르고 쉽게 신뢰를 촉진한다.

상담자의 편안함과 안심은 올바른 행동에 대한 모든 책임을 아동에게 가지 않도록 한다. 반대로 상담은 행동에 대한 책임감을 중시한다. 일반적으로 정리가 필요하며, 어떠한 행동을 하는 것은 허용되지만 그 결과를 함께 논의한다. 책임감을 강조하면서도 상담자는 따뜻함을 유지하고 수용한다. 무엇보다 욕구와 욕망이 존중되고 유연하게 반응한다.

③ 존중

아동에 대한 존중은 침묵을 통해 전달될 수 있다(Schaefer & Cangelosi, 2016). 종종 성인은 아동의 이야기나 놀이를 방해한다. 그러나 상담자는 그렇게 하지 않는다. 조용히 아동을 관찰하고, 개입하거나 의견을 말하기 전에 아동이 생각과 활동을 완성할 수 있도록 도와준다. 침묵하지만 상담자는 분명한 의사소통과 정보 교환을 위해 언제든 남아 있어야 한다. 분명한 비언어적 의사소통이 없는 상태에서 대화를 격려할 수 있지만 놀이 중 침묵은 관용한다. 이때 상담자의 의사소통은 아동의 활동에 대한 간단한 질문이나 반영(reflection)으로 표현한다. 예를 들어, 인형극에 몰두하는 아동은 비언어적 수준에서 상담자와 의사소통을 하고 있으나 상담자의 응답이 없으면 아동은 아동으로부터 시작된 의사소통을 상담자가 전달받았는지를 확신하지 못한다. 따라서 상담자는 수동적으로 앉아 있기보다는 아동의 행동을 방해하지 않으면서 실행 해설(running commentary)을 하여 아동의 행동을 반영하며 함께한다. 마찬가지로, 아동의 공공연한 행동과 감정을 간단히 반영하는 것은 상담자가 주의를 기울이고 있으며 의사소통을 위해 가능하다는 것을 아동에게 알리기 위한 적절한 전략이다.

④ 신체적 접촉(스킨십)

신체 접촉에 대해서는 다소 주의가 필요하지만, 이것은 관계를 구축하는 데 중요한 요소가 될 수 있다. 아동은 신체 접촉을 통해 애정을 표현하는 것을 좋아하며, 거부는 아니나, 거절로 인해 소외감을 느낄 수 있다. 신체 접촉을 주의해야 하지만, 이러한 두려움이 가끔 발생하는 포옹, 팔을 두드리거나, 등을 두드리는 것을 방해해서는 안 된다. 하지만 신체 접촉은 과도하게 사용되면 안 된다. 모든 전략과 마찬가지로 시기적절하고 목적을 가져야 한다. 모든 아동과 무분별하게 일상적으로 신체를 접촉하는 것은 결코 좋은 것이 아니다. 그 이유는 모든 아동이 접촉을 좋아하는 것은 아니기 때문이다. 또 다른 이유로는, 아동은 일상적인 접촉과 진정한 표현 사이의 차이를 인식한다.

⑤ 전이

치료적 관계에서 구축과 관련된 것은 전이(transference)의 개념이다. 전이는 전통적인 정신분석학적 개념에서 더 나아가 넓은 의미로까지 다양하게 정의된다. 전통적 정신분석학에서 전이는 초기 삶의 경험에 기인하는 욕구, 감정, 욕망이 치료적 관계의 지금 이곳에서 이유 없이 표현되는 것을 말한다. 이러한 유형의 전이는 언제나 당면한 관계에 부적절하고, 흔히 부모와의 관계 맥락에서 해석되었다. 덜 전통적인 정의는 두 사람이 현재 얼마나 관련이 있는지에 관계없이, 아동이나 상담자가 작업에 가져온 모든 욕구와 감정을 포함한다(O'Cnner, 2000). 모든 사람은 과거 모든 경험의 영향을 받고, 따라서 한 사람이 삶의 중요한 사람들과 맺는 모든 상호작용은 어떻게든 이전의 관계들과 기능하며, 따라서 결코 순수하지 않다고 주장한다. 과거가 현재에 어떤 영향을 주었는지를 아동이 인식하도록 돕는 것이 중요하다. 전이는 과거의 관계에서 비롯된 오래된 감정과 욕구를 촉발하는 현재 관계 내 요인이 항상 존재한다는 관점에서 바라본다.

따라서 전이는 상담자가 치료에 가져오는 것과 완전히 무관하지 않다. 상담자의 성격과 치료적 양식은 치료과정에서 나타나는 어떤 감정과 욕구에 영향을 미친다.

아동은 상담자와의 전이 관계에서 가장 중요하게 기여한다. 아동은 심지어 아주 어린 아동도 백지가 아니다. 아동은 매우 개인화된 대인관계와 함께 독특한 환경에서 성장해왔다. 이러한 요소들은 특히 놀이 치료와 같은 대인관계에서 아동의 욕구와 감정에 강하게 영향을 미친다. 상담자의 행동은 표현을 촉진한다. 상담에서 아동이 감정을 스스로 드러내고 표현하는 것은 아동의 고유한 역사와 가정환경에서 생겨난 것이라고 이해할 수 있다. 전이가 나타내는 것은 아동-상담자와의 관계의 이러한 측면이며 이것은 아동의 발달, 환경, 욕구, 변화의 방향에 대한 통찰에 사용된다.

따라서 전이는 아동을 이해하고 문제가 언제 발생했는지, 그리고 변화를 일으키는 방법을 결정하는 데 사용된다.

(3) 공감과 이해

① 대리적 이해

치료적 관계와 라포의 확립은 공감과 이해의 표현이다. 여기서 공감이란, 전이가 아동의 고유한 배경으로 표현되는 것처럼 그 아동에게 관찰되는 것과 아동의 과거력을 이해하는 것으로 정의된다(Kohut, 1982). 아동의 현재 문제는 현재의 특정 상황의 맥락에서 이해된다. 아동이 어떻게, 어디서 성장했는지에 대한 반영이다. 이러한 공감은 보살핌과 같은 따뜻하거나 흐릿한 느낌이 아니다. 그것은 통찰력을 촉진하는 중요한 도구이며 대리 자기성찰이라고 일컬어진다(Kohut & Wolf, 1978). 그것은 상담자가 다른 아동들이 비슷한 상황에서 어떻게 느낄지 인식하는 것을 넘어서는 것이다. 대신에, 아동의 독특한 경험과 상황을 볼 때, 특정한 아동이 어떻게 느끼는지에 대한 이해이다. 이런 유형의 공감에는 아동과 아동의 이해, 그리고 아동의 대인관계 환경에 대한 심도 있는 이해가 필요하다.

② 이해의 소통

단지 공감적 이해만으로는 충분하지 않다. 공감하는 것은 대인관계의 과정이기 때문에 아동에게 전달되어야 한다. 공감의 순환은 항상 아동에 의한 자기표현에서 시작된다. 이러한 자기표현은 상담자가 아동의 인생 전체 틀에서 이해하려 할 때 나온다. 상담자는 아동의 배경에 대한 지식을 바탕으로 아동이 자기를 표현하는 의미를 이해한다. 상담자가 올바르게 이해한 것이 확실해지면 그 이해는 아동에게 다시 전달된다. 이해의 소통은 구두 또는 비언어적, 직접 또는 상징적으로 이루어질 수 있다. 이것은 해석이 아니다. 이것은 이해의 표현이지 설명하는 방법이 아니다. 때로는 단순한 감정을 명명하거나 아동 놀이에 함께 참여하는 것과 같은 행동으로 구성될 수도 있다.

③ 감정의 조율

공감하고 이해를 소통하는 능력은 원래 스턴(Stern, 1985)에 의해 기술되었던 조율(attunement)의 과정과 유사하다. 조율은 상담자가 주의깊게 듣고, 아동의 행동과 언어화의 의미에 대해 추론을 하고, 의미 있고 중복되지 않은 방식으로 아동에게 이를 반영하는 것이다. 공감과 마찬가지로, 조율은 아동이 자기 이해력, 자존감, 자신감을 갖도록 도와준다.

상담자가 아동을 이해하고 언어적 또는 비언어적 이해를 반영하면, 아동이 자신에 대한 공감 능력을 기르게 된다. 아동은 자신의 감정과 자기표현의 욕구와 감정을 이해하는 법을 배우고 그것을 명명하는 법을 배울 필요가 있다. 더 나은 자기 이해를 얻는 이 과정은 치료적 변화의 중요한 첫 단계이다. 상담자가 공감하여 아동의 감정이 진짜였고 이해할 수 있고 받아들여진다는 것을 알게 해줌으로써 아동의 기분이 나아지고 아동 스스로에 대한 공감도 자존감과 자신감을 키우고 높이는 역할을 한다.

(4) 설명의 방법과 수준

행동, 감정, 생각, 대인관계 및 환경 사이의 관계를 설명하는 것은 치료의 중요한 요소가 된다(Russ & Freedheim, 2001). 그러나, 일반적으로 회상과 재구성 단계 동안, 즉 정보 수집과 공감이 제한되는 시기에는 일어나지 않고 치료나 상담의 후반 단계에서 일어난다. 설명은 단순히 패턴을 지적하는 것에서부터 직설적인 언어로 직접 개입하는 것까지 다양한 방법으로 이루어질 수 있다. 공감적 이해, 실행 해설(running commentary) 및 반영(reflection)의 의사소통처럼 치료 관계 구축의 맥락에서 사용되는 것은 상담자가 듣거나 주의를 기울이고 있음을 전달하기 때문에 진정한 형태의 설명이 아니다.

진정한 설명 전략은 관심과 이해의 소통보다 더 큰 목적을 가지고 있다. 아동의 삶 전체와 함께 지금 이곳에서의 감정, 욕구, 행동을 이해하는 것을 소통한다. 설명 전략은 공감적 이해와 더불어 개념 이해를 전달하기 위해 사용된다. 단지 아동에게 상담자가 관찰한 무엇을 반영할 뿐 아니라 아동의 배경과 역사에 대한 상담자의 지식에 기초하여 설명한다.

① 패턴 지적하기

가장 기본적인 설명의 형태는 패턴을 지적하는 것이다. 그것은 아동이 놀이방이나 다른 환경에서 특정한 행동, 욕구, 감정 그리고 욕망이 반복한다는 것을 상담자가 인식해야 한다. 이러한 패턴이 보여지면 그 다음 아동과 공유한다.

> 6살 된 예서는 그녀가 이름 지은 인형 가족을 사용하여 음식을 준비하고 쇼핑하는 상황으로 많은 시간을 보냈다. 그녀의 극에서 만연한 주제는 모든 사람을 먹일 충분한 음식이 부족하고 쇼핑이 끝나기 전에 돈이 부족하다는 것이다. 이 패턴이 회기에서 다시 한 번 반복되자 상담자는 다음과 같이 언급하기로 결정했다. "루시(여자 아이 인형 이름)가 계속 찾고 있지만 주변에 맘껏 먹을 수 있는 음식은 없는 것 같아. 그 아이는 계속해서 아빠와 엄마에게 더 많은 것을 요구하지만, 돌아다닐 만큼은 충분하지 않아."

② 명확한 질문을 하기

때로는 아동에 대한 생각과 인식을 명확히 하기 위한 질문을 함으로써 아동이 더 나은 자기 이해를 얻을 수 있도록 돕는 것이 가능하다(O'Conner, 2000). 이 설명 방법은 인지적 통찰력을 발달시키기 위해 고안되었기에 패턴을 지적하는 것보다 약간 더 진전된 것이다. 이러한 질문 유형은 정보 수집 질문과 다르다. 정보 수집에서 상담자는 아동에 대해 더 많이 알기 위해 질문한다. 설명할 때 질문은 상담자가 이미 가지고 있는 통찰력으로 아동을 이끌기 위해 고안한다. 다음의 예에서 그 차이를 더 명확히 알 수 있다.

12살 주연이는 자신을 표현하기 위해 10회기 동안 두 개의 손 인형을 사용했다. 그는 사자가 토끼를 찰 때까지 한 인형 토끼가 다른 인형인 사자를 괴롭히는 극본을 실행했다. 토끼는 사자에 의해 심하게 다쳤고 울며 징징대며 물러났다. 상담자는 주연이가 학교에서 나이 많은 남자아이들과 만성적으로 싸웠다는 것을 알고 있었고, 그가 종종 욕함으로 인해 야기된 싸움이었다. 인형극은 주연이가 지금까지 부인했던 이 과정을 완벽하게 재현한 것이었기 때문에, 주연이가 싸움을 일으킨 것을 인식하도록 몇 가지 명확한 질문을 던지기로 했다. 그녀는 세 번째 손 인형인 곰을 골라서 아동에게 질문을 했다.

곰(토끼를 조심스럽게 만짐): 다쳤구나. 무슨 일이니?
토끼: 저 멍청한 사자가 날 때렸어!
곰(사자를 향하여): 네가 토끼를 때렸다는 것이 사실이냐?
사자: 정말 그랬어, 난 토끼가 싫어. 걔는 너무 멍청해서 내가 걔를 때렸어.
곰: 왜 걔를 싫어해?
사자: 나도 몰라.
곰(토끼에게): 왜 사자가 너를 싫어한다고 생각해?
토끼: 난 아무것도 안했는데 사자가 날 때렸어.
곰: 사자도 아무도 안 건드리지 않았어?
토끼: 아니야. 사자는 너무 크고 강해.
곰(사자에게): 무슨 일이 일어났는지 봤는데 토끼가 너를 괴롭힌 줄 알았어. 토끼가 네 머리를 잡아당겨서 바보라고 부르지 않았니?
사자: 응. 그런 것 같아.
곰: 누군가 너를 괴짜라고 부르고 머리카락을 잡아당길 때 너는 어떻게 느끼니?
사자: 난 그게 싫어.
곰: 너도 다른 사람 괴롭히니?
사자: 오 그래. 누가 대장인지 보여줘야지
곰(토끼에게): 너는 사자를 괴롭힌 것을 기억하니?
토끼: 응. 그런 거 같아…
곰: 사자가 너를 때렸을 때 사자는 자신을 방어하고 있었다고 생각하니?
토끼: 응, 그런 것 같아. 내가 시작한 것 같아.

이 아동은 이러한 대화에서 토끼와 사자 두 동물을 모두 연기할 수 있었다. 손 인형을 사용하여 아동은 실제 상황으로부터 충분히 거리를 두고 사건을 객관적으로 바라보고 행동에는 원인과 결과가 있다는 것을 깨달았다.

③ 감정의 근원 확인

비록 감정을 명명하는 것과 확인하는 것이 공감적 이해 소통 영역에 속하지만, 감정의 근원을 확인하여 통합한다면 그것은 또한 설명의 전략이 될 수 있다. 이 과정에서 상담자는 아동이 표현하는 감정에 공감적으로 조율할 뿐 아니라 그 느낌과 근원을 연결시켜 준다. 아동이 이런 연결을 하지 못하는 것으로 보이면, 약간의 도움이 필요하다. 아동이 감정이 어디서 왔는지 인식하는 것을 돕는 것은 이전엔 가지지 못했던 통제감을 준다. 이것은 또한 존중받아야 할 다른 사람들의 감정에도 근원이 있다는 것을 인식하는 것이기 때문에, 아동이 더 이타적이 될 수 있도록 돕는다.

다솜이는 여름이 되었을 때 작은 새끼 곰이 그 굴을 떠나는 것을 두려워하는 이야기를 하고 있었다. 새끼 곰은 연어를 낚고 목초지에서 풀을 뜯는 법을 배우는 대신 엄마, 오빠와 함께 굴에 머물면서 그곳에서 여름을 보내고 싶었다. 그 치료사는 작은 곰의 느낌을 명명하고 확인하고 설명하기 위해 고안된 이야기를 다시 되뇌었다. 그녀의 이야기는 이러했다.

"작은 새끼 곰은 물고기를 잡고 풀을 뜯는 법을 배우느니 차라리 여름에 머무르기를 원하기 때문에 굴을 떠나고 싶어 하지 않아요. 왜냐하면 몇 주 전 남동생 곰이 굴을 떠났을 때 작년에 태어난 큰 회색 곰에 의해 다쳤기 때문에 무슨 일이 일어날지 두려워했어요. 새끼 곰은 자신도 다칠까 봐 떠나고 싶어하지 않습니다. 왜냐하면 새끼 곰의 엄마는 매우 약하고 아파서 보호할 수 없기 때문이에요. 새끼 곰은 차라리 엄마 곁에 남아서 엄마가 죽지 않도록 보살피고 싶어해요. 새끼 곰은 곧 굴을 떠나 다른 엄마 곰들에게 낚시와 풀 뜯기를 배울 수 있다는 것을 알게 될 것이고 그러면 새끼 곰은 강해질 수 있고, 많이 먹고, 스스로 먹이를 아주 잘 먹을 수 있을 거예요. 어쩌면 새끼 곰은 돌아와서 엄마에게 잡은 물고기를 가져다 줄 수도 있습니다."

이 상담자의 이야기는 아동의 이야기 속 그 감정을 '세상에 대해 취약하고 보호받지 못하는 것'으로 확인하고 명명했다. 그녀는 엄마의 삶에 대한 아동의 두려움과 그에 따른 아동 자신의 포기라는 감정을 계속해서 설명했다. 상담자는 또한 아동의 무력함을 파악하고, 그 아동이 자신의 취약성을 극복하기 위해 지원의 대안적인 근원을 찾아야 한다고 설명함으로써 치료적으로 이러한 감정을 해결하는 것을 목표로 하는 제안을 하기로 결정했다.

④ 마치 …처럼 …이라는 설명

때로는 그 느낌이 아동이 가지기에는 너무 위협적일 수 있기 때문에 직접적으로 느낌을 명명할 수 없다. 그렇기에 상담자는 가능한 한 최선의 '마치 그런 것처럼(as-if)' 각본을 사용한다(O'Conner, 2000). '마치'의 상황에서는 아동이 더 쉽게 받아들일 수 있도록 일반적인 용어로 해석을 명시한다. 놀이나 상징적으로 표현된 느낌이나 욕구를 아동에게 인정하도록 하기보다는 상담자는 아동을 위한 일반적 결론을 도출하는 것으로 선택한다. 따라서 상담자는 "어떤 여자/남자 아동은 이런 일이 자신에게 일어난다면 우울/분노/불안해 할 수도 있다."라고 말한다. 아동의 놀이 내에서 어떤 과정이 명확해지면, 아동이 상황적 역동에 대해 이미 어느 정도 수준으로 인지하고 있음을 나타내는 명확한 감정이나 역동의 근원을 아동과 함께 보다 직접적으로 설명을 나눌 수 있다(O'Conner, 2000). 따라서 오빠 인형이 캠프에 갔다고 여자 인형이 화난 척하는 아동은 "이 인형이 오빠에게 화났다고 말해요. 왜냐하면 오빠가 캠프에 갔기 때문이에요. 이 아이의 부모님이 오빠는 캠프에 보내줬지만 이 아이는 너무 어리다고 말했기 때문에 이 아이가 부모님한테 정말 화가 났는지 궁금해요."라고 반응할 수 있다.

⑤ 해석

느낌의 근원을 설명하는 것과 유사한 것은 '과거의 경험–현재의 행동과 생각–후속 느낌과 행동'의 연결이다. 이러한 설명은 정교하고 아동의 인지능력을 필요로 한다. 어느 수준의 추상화와 통찰을 요구하기에 내담자에게 필수적으로 보이지는 않는다. 따라서 이것은 성인보다 아동에게는 덜 활용되는 전략이다. 그럼에도 불구하고, 설명이 적절하면 발생할 수 있다.

> 예를 들어, 심한 악몽을 꾼 12살 소녀는 자신의 악몽과 4살 때 어버지로부터 성폭행을 당한 경험과의 연관성을 알게 된 것이 도움이 되었다. 아동의 아버지는 그녀가 잠든 후 밤 늦게 그녀의 방에 왔었고 그녀는 종종 그 모든 과정 동안 자는 척했고 그리고 그가 다시 오는 것이 두려워 잠을 이루지 못한 채 밤을 보냈다.

이러한 유형의 설명은 전통적으로 해석이라 불리며, 치료의 재경험과 해결 단계에서 남겨진다. 해석이 상징적이고 비언어적일 경우 아동의 욕구와 인지 발달에 맞춰 재단될 수 있다. 해석은 내담자가 어느 정도 통찰력을 얻도록 도울 수 있으나 아동과의 작업에 항상 필요한 결과는 아니고 통찰력이 필요하지 않는 과정인 힘, 방향, 자기-존중감의 내면화가 더 도움이 된다.

(5) 내면화

내면화(internaization)는 아동과 함께 작업할 때 변화를 위한 중요한 매개체이며 아마도 가장 중요한 전략일 것이다. 은밀한 성격에도 불구하고 내면화는 아동 치료의 매우 중요한 측면을 나타낸다. 내면화는 모방, 모델링, 그리고 유사한 전형적인 발달적 사건의 사용을 통해 아동이 특정한 믿음, 느낌, 욕구, 행동, 가치관을 스스로 만들도록 돕는 과정이다. 아동은 아주 어릴 때부터 주변 환경을 매우 호기심을 가지고 집중하여 관찰한다. 아동이 배우는 것의 대부분은 모방과 모델링을 통해 배운다. 실제로 일부 상담자들은 인간이 알고 믿는 것의 80%가 모델링을 통해 획득된다고 주장한다. 아동은 자신에게 중요한 모델에게 특히 관심을 기울인다. 아동의 초기 모델은 의심할 여지없이 유아기, 걸음마기, 아동기의 주 양육자이며 부모이다. 이 모델로부터 많은 구체적인 기술을 배운다. 그러나 모델은 또한 아동의 일반적인 자아-발달과 관련하여 더 미묘한 명분을 제공한다. 아동 자아의 두 가지 중 하나인 자존감과 다른 하나는 삶의 방향, 가치관, 그리고 자기 인식의 힘과 대처능력이 있는데, 모두 내면화 과정을 통해 발달된 것이다.

만약 아동이 관계에서 자아 측면을 내면화하지 않는다면, 치료적 관계를 이용하여 그렇게 할 수 있다. 상담자와의 상호작용은 내면화된 자아-표상을 강화하고, 통찰이나 설명 없이 여러 가지 방법으로 서비스를 제공한다. 건강한 대인관계 환경에서 유아가 부모의 반응, 가치관 등을 모방하고 내면화하는 것과 같은 방식으로, 아동은 상호작용을 통해 상담자로부터 힘을 모을 수 있다. 내면화 과정은 비언어적, 전언어적으로 이루어지며 인지적 통찰력에 의존하지 않으며, 강하고 목표지향적이며 자신감 있는 자아에 대한 기반을 구축하기 때문에 아동과 함께 일하기 위해서 매우 중요하다.

상담자가 모델이 되기 위해서는 아동의 중요 욕구들을 인식해야 한다. 어떤 아동에게는 자존감의 내면화와 현실적인 자아평가가 더 중요할 수 있지만, 다른 아동에게는 규칙, 한계, 그리고 경계가 가장 중요할 수 있다. 아동과의 공감적 조율과 공감적 이해의 소통은 내면화 과정을 크게 향상시킨다.

(6) 투사적 확인

내면화는 행동, 가치, 혹은 정서 변화를 통합하는 비언어적 특성 때문에 중요한 촉매체처럼 논의되었다. 직접적인 혹은 언어적인 감정 표현은 아마도 많은 아동에게 가장 어려운 자기-표현일 것이다. 따라서 상담자는 언어 교환 없이 아동의 감정을 이해하고 이에 영향을 미치는 방법을 인식하는 것이 중요하다. 투사적 확인(projective identification)은 비언어적인 방법이다. 투사적인 확인은 처음 클레인(Melanie Klein)의 방어기제로 설명되었다(Klein, 1955). 이것은 한 개인이 자신의 부정적인 측면을 분리하여 다른 사람에게 투사하여 그 사람을 통제하고 투사자 자신의 욕구에 따라 그 사람이 행동하도록 하는 과정이다. 비온(Bion, 1959)은 투사적 확인을, 어린 아동이 다른 사람 안에서 안전하게 담겨 있는 강한 감정을 탐구하기 위해 사용하는 정상적인 발달과정으로 보았다. 발달하는 자아에게 위협이 되지 않는 방식으로 강력한 감정을 투사(projection)하고 재투사(reintrojection)하는 과정을 포함한다.

치료적 촉매 혹은 기법으로서, 투사적 확인은 세 단계로 구성된다. 첫째, 아동은 받아들일 수 없거나 두려운 감정이나 자기 모습을 상담자에게 투사하여 자신을 진정시키고 결과적으로 생기는 불안한 모습을 자아로부터 감춘다. 둘째, 아동의 투사는 상담자에 의해 수용되어 인식되고 이해되어 충족되고, 그 이후 대사(metabolized)되어진다. 즉, 어떤 방식으로 아동이 감정을 받아들일 수 있게 변화하며 비언어적으로 소통된다. 특정한 유형의 감정 인식은 상담자가 내담자에 대한 공감적 이해와 아동과의 작업에서 감정을 탐구함으로써 촉진된다. 감정의 대사(metabolization)는 상담자가 그 순간 경험하는 감정이 실제로 아동으로부터 비롯되고, 아동이 다시 감정을 확인하고 소유하기 전에 덜 무섭고 더 받아들일 수 있도록 만들어야 한다는 것을 인식하는 것을 말한다. 셋째, 이렇게 변화되거나 대사되면, 그 감정은 아동에 의해 자신의 것으로 확인되고, 자아상이나 자아로 다시 통합된다. 재투입 과정은 투사적 확인의 치료적 과정에 매우 중요하며, 투입이 없이는 아동에게 어떤 변화도 일어나지 않는다.

재투입이 없었다면, 투사적 확인은 발달하는 자아로부터 숨겨진 감정을 투사하여 방어하는 역할만 했을 뿐이다. 상담자에 의해 투사된 감정을 대사하지 않고는 치료적인 방법으로 재투입이 불가능하며, 바뀌지 않은 감정은 아동에게 수용되지 않았기 때문에 아동의 의식적인 자아 개념으로 재통합될 수 없고 아동에 의해 계속 거부된다. 그러나 상담자가 감정을 수용, 인식 및 변경하는 데 성공한다면, 아동이 이를 수용할 수 있게 되고 성공적으로 통합될 수 있다.

(7) 방어, 증상, 저항의 사용

변화를 위한 마지막은 아동의 방어, 증상, 저항을 치료적으로 능숙하게 사용하는 것이다. 방어와 저항은 항상 치료의 일부이며, 치료를 방해하는 과정으로 다루어졌음에도 불구하고, 실제로 치료의 보조가 된다. 방어는 어린 시절에 아동에 의해 발달되어 일반적으로 자기 보호의 목적으로 사용된다. 모든 방어적 작용은 발달 중인 자아에 해를 주는 것을 보호하고 멀리하는 것이다.

아동 상담자는 아동이 자기 보호 수단으로 발달한 방어 욕구나 증상을 인식한다. 방어와 증상이 발달한 특정 맥락 안에서 보호자가 아동이 보호하고자 하는 것을 이해할 수 있도록 해야 한다. 예를 들어, 부모의 싸움을 보지 않으려 복통을 앓게 된 어린 소년은 육체적 불편함의 방어적 성격보다는 기능장애가 있는 그의 가족 체계 내에서 이해해야 한다. 그의 복통은 그가 공격적이고 어려운 상황을 통제하기 위해 의지할 수 있는 유일한 것이다. 다시 말해, 상담자는 방어나 증상에 대한 이해를 발달시켜야 한다. 소년을 위해 치료사는 복통이라는 현실보다 힘든 상황에 대처하는 방식이 '복통'임을 아동이 이해하도록 도와준다. 이렇게 하면 복통이라는 방어 증상은 공격받지 않고 조금씩 없어진다.

처음부터 방어를 벗겨내는 것은 아동을 취약하게 하고 대처 전략을 없게 한다. 상담자는 아동의 방어적인 감정과 증상을 이해하는 법을 배워야 한다. 치료나 가족 변화, 환경변화를 통해 아동이 더 강해지고, 다른 대처능력을 익히고 나면 증상이나 방어도 달라질 수 있다. 대안적인 문제 해결과 대처 전략을 배우는 것은 개입의 중요한 측면이다. 회기에서 직접 문제를 해결하거나 모델링 및 새로운 방향으로의 전환을 통해 촉진할 수 있다(Russ & Freedheim, 2001).

저항도 마찬가지이다. 치료법에 대한 아동의 저항에 도전하기보다는 저항이 왜 처음부터 발달했는지 탐구한다. 대부분의 경우, 저항은 방어나 증상과 동일한 자기 보호의 목적을 가진다. 치료를 받으러 오는 것은 두려운 일이고 그 과정에 저항하는 것은, 아동이 더 이상의 침입이나 고통으로부터 스스로를 보호하는 유일한 방법이다. 치료를 받으러 온 아동은 그들이 다소 직접적인 신체적 혹은 심리적인 방법으로 상처를 받았기 때문에 그곳에 있다. 그들은 종종 성인을 믿지 않고 퇴행, 연기(acting out), 또는 다른 행동이나 감정적인 패턴을 통해 스스로 보호하는 법을 배워왔다. 아동이 선택한 대처 기제를 빠르고 쉽게 버릴 것으로 기대하는 것은 비현실적이다. 아동이 놀이방에 이러한 것을 가져오게 하여 여기서 그것을 표현하게 하고, 그것을 관찰하고, 이해하려고 노력하는 것, 다시 말해 존중으로 소통하는 것은 그것들을 포기하고 새로워진, 더 건강한 자원으로 대체되도록 믿고 도와주는 것이다. 저항에의 도전은 저항을 더욱 증가시킨다.

많은 전략, 즉 치료적 촉매가 논의되었지만 사실 더 많은 것이 존재한다. 각 상담자는 각각 선호하는 개입 방법을 발달시킨다. 궁극적으로 촉매를 통해 상담자는 아동이 확립된 치료 목표를 해결하도록 도와준다. 또한 상담자는 예측하지 못한 아동의 변화를 관찰하는 경우가 많으며 치료 목표에 직접 대상이 되지 않는 새로운 행동이 출현한다. 이러한 결과는 일반적으로 아동에게 긍정적이고 유용하며 치료 부산물이다. 치료 과정을 거치며 아동이 나아지는 것을 보는 것은 만족스러운 과정이다. 상담자가 스스로 선택한 직업에 대한 열정을 강화하고 유지하도록 하는 것은 변화와 개선에 대한 인식이다. 그러나 변화의 과정이 항상 쉽지는 않을 것이다.

4. 종결

상담과 치료과정이 아동이 원했던 방향으로 이루어지면 상담은 언젠가는 종결된다. 종결(termination)은 상담 및 치료를 끝내는 과정이다. 종결은 지금까지 존재했던 내담자와 상담자 사이의 관계의 끝을 말한다. 그러나 한 아동의 성장을 위해 함께 일했던 두 사람의 유대가 결코 완전히 깨질 수는 없다. 두 사람이 함께 했던 일이나 서로에 대해 발전시킨 특별한 감정을 되돌리는 것은 없다. 공동 노력과 기억과 반향 그 일에서 얻은 혜택은 두 사람 모두에게 평생 남는다.

종결 단계에서는 상담 초기에 설정했던 상담의 목표가 어느 정도 달성되었는지 검토하고 필요하다면 목표를 수정하거나 새로운 목표를 설정한다.

언제 상담을 종결할지 결정하는 것은 쉬운 일은 아니지만, 초기 면접 때 설정했던 상담목표가 어느 정도 달성되었다고 평가되면 결정하게 된다.

종결 단계에서 아동이 보이는 행동과 감정은 인간이 일반적으로 상실을 처리하는 방법에 대한 포괄적인 틀 안에서 이해할 수 있다. 상실에 대한 사람들의 반응을 탐색하고 이해하기 위해 오랫동안 사용된 하나의 틀은 엘리자베스 퀴블러로스(Kübler-Ross)가 서술한 죽음과 죽음에 대한 적응 단계일 것이다. 퀴블러로스는 말기 환자들과 그들 가족과의 관계에서 가족뿐만 아니라 환자가 죽음이나 사랑하는 사람을 잃는 것에 적응하는 과정에서 뚜렷한 단계를 거친다고 관찰했다. 사랑하는 사람의 죽음이나 상실에 직면한 사람들은 초기 부정으로 반응하는 경향이 있고, 분노는 손실을 막기 위해 더 높은 힘을 가지고 흥정을 시도하고, 협상이 상황의 변화를 초래하지 않을 때 우울증이 뒤따르며, 마침내 상황의 불가피성을 받아들이게 된다. 단계들이 이러한 순서로 가장 흔하게 발생하는 경향이 있으나, 퀴블러 로스는 일부 개인에게 단계가 겹치거나 생략되거나 다른 순서로 발생한다고 했다(Kübler-Ross, 1971, 1975). 이러한 단계는 죽음뿐 아니라 사람들의 삶에 중대한 손실을 가져오는 많은 상황에 적용할 수 있으며, 종결 중 아동과 상담자 사이에 어떤 일이 일어나고 있는지에 대한 개념적 이해를 위해 적용된다. 어떤 아동은 특정 단계를 건너뛰거나 순서에 관계없이 경험한다.

표 12-4 자연적인 종결 단계

단계	아동 행동	상담자의 개입
부정 (denial)	• 상담자를 무시함 • 끝이라는 주제를 피함 • 정보를 듣지 않음 • 상담자 말을 듣지 않는 척함	• 아동의 관심을 끌기 위한 작업 • 주제를 반복하기 • 아동이 들었다고 확신할 때까지 주제를 논의하기
분노 (anger)	• 공격적으로 행동함 • 공격적이거나 관련이 없는 장면을 보임 • 상담자를 비난함 • 상담자에게 화내거나 적대감을 보임	• 종결의 맥락에서 아동의 감정과 행동 인식하기 • 아동의 행동과 감정 해석하기 • 아동이 분노와 좌절을 표현하도록 돕기
협상 (bargaining)	• 증상의 재발을 보고함 • 새로운 문제를 보고함 • 치료 연장을 공공연하게 협상함 • 치료를 끝내면 안 되는 이유를 찾음	• 종결의 맥락에서 예전 증상과 새로운 문제 인식하기 • 아동의 증상과 문제 해석하기 • 원래의 종결 일자를 단호하게 고수하기
우울 (depression)	• 관계의 손실에 대한 슬픔을 표현 • 가벼운 우울증상 보임 • 상담자 없는 치료적 과정의 손실을 두려워함 • 관계와 치료과정의 손실을 슬퍼함	• 종결의 맥락에서 우울 증상 인식하기 • 아동의 증상과 두려움 인식하기 • 손실에 대한 느낌과 슬픔 표현하기 • 아동을 위한 슬픔의 과정 시범 보이기 • 느낌을 인정하고 보여주기
수용 (acceptance)	• 종결의 불가피함을 수용함 • 치료 과정을 복습함 • 자신의 발전을 되돌아보고 인식함 • 미래의 계획을 함 • 상담자에게 이별인사를 함 • 시원섭섭한 느낌을 가짐	• 수용에 대해 시범 보이기 • 치료 과정 복습 돕기 • 아동 발전 복습 돕기 • 작별 시범 보이기 • 아동의 발전 기뻐하기 • 자신의 느낌 공유하기

출처: Brems & Rasmussen(2019). *Child Psychotherapy and Counseling*, p. 366.

상담을 종결할 시점이라고 생각되면 상담 초기 설정한 상담목표 달성 여부를 검토하고 새로운 상담목표가 있다면 어느 정도 달성했는지 검토한 후 종결을 결정하도록 한다.

종결 단계에서 지금까지 진행된 목표 성취 내용을 정리하고 이를 근거로 평가한다. 이때 반드시 아동이 자신의 문제와 문제를 이해하는 수준을 평가한다.

상담자의 민감한 태도로 아동에게 일어날 수 있는 여러 가지 감정과 생각을 다루어 주어야 한다(표 12-4 참조). 또한 상담의 과정에서 불가피했던 상담자에 대한 의존성은 종결 과정에서 해결되어야 하는데, 점차 아동의 자율적 판단과 결정을 격려하며 도와준다. 아동이 원하면 언제든지 다시 도움을 받을 수 있다는 것을 알려준다. 이런 과정을 이해하고 잘 다루어 주어야 아동에게 상처나 후유증 없이 진정한 심리적 적응과 안정을 취하고 자신의 삶을 만나고 세상을 만나게 된다.

종결의 마지막 고려는 아동이 자신의 생활로 돌아갔을 때 상담자의 도움이나 개입 없이 잘 적응할 수 있도록 준비를 하는 것이다. 그동안의 상담과 치료과정에서 얻은 변화를 실제 생활에서 자연스럽게 잘 적용하도록 연습을 해 보는 것이다.

정리해봅시다.

- 아동상담의 인테이크(접수) 면접의 중요성에 대해 정리해봅시다.
- 아동상담을 위한 개념화와 치료 계획에서 중요한 내용을 정리해봅시다.
- 상담과 치료의 과정 4단계인 회상-재구성-재경험-해결의 중요 개념을 설명해봅시다.
- 상담에서 사용되는 변화를 위한 촉매들에 대해 정리해봅시다.
- 상담 종결 시 중요한 내용을 정리해봅시다.

CHAPTER 13

아동상담의 실제

1. 놀이치료

놀이는 아마도 아동 치료사들이 사용하는 가장 흔한 기술 중 하나일 것이다. 치료 목적을 위한 놀이의 사용은 광범위하게 보고되었으며 아동과 함께하는 치료 작업에서 놀이의 중요성과 관련성을 이해하기 위해서는, 놀이가 아동의 삶과 발달에 미치는 전형적인 임상적 영향을 먼저 살펴보는 것이 필요하다.

1) 놀이의 개념

놀이는 유엔이 전 세계 아동들에게 양도할 수 없는 어린 시절의 권리로서 보장한다는 사실은 성장과 성숙을 촉진하는 과업으로서 놀이의 큰 중요성을 보여준다. 놀이는 한때 아동의 직업(occupation)으로 묘사되었다(Erikson, 1950). 그리고 놀잇감은 아동의 도구로 사용되었다(Woltman, 1964). 그러나 이 정의는 놀이가 일(work)이 아닌 그 자체로 중요하기 때문에 어른의 눈에서 놀이를 정당화하는 하나의 방법일 뿐이라는 의문이 제기되어 왔다. 그것은 '자기표현을 위한 자연스러운 매개체'이며(Axline, 1957), 아동들 사이뿐만 아니라 아동들과 어른들 사이의 뛰어난 의사소통 수단이다.

2) 놀이의 특징

아동의 놀이는 말이 없이 소통한다. 놀이는 사람이 지배하며 놀잇감 또는 단순한 물건은 성장을 강화하거나 삶 속의 중요한 상황을 규정짓도록 도와준다(O'Conner et al., 2015). 하지만 놀이는 도구적이지 않다. 즉, 놀이에서 중요한 것은 최종 산물(product), 혹은 정해진 최종 목표가 아니라, 과정(process)이다(Cheung, 2014). 사실, 아동의 자유 놀이는 목표가 정해진 것처럼 보일지라도 최종 목표가 있는 경우는 드물다. 종종 어떤 결과를 초래할 것으로 보이는 활동이 시작되지만, 끝나기 전에 그것의 명백한 목표는 변경된다. 비록 목적이 의도적이거나, 쉽게 관찰되거나 즉시 이해되는 것이 아니더라도 그럼에도 불구하고 놀이는 목적이 있다(Landreth, 2012; Landreth et al., 2005).

계획되지 않았거나 무의식적으로 행해지는 목적 의식이 놀이와 관련된 상징주의의 핵심이다. 놀이가 항상 겉만 보이는 것은 아니다. 놀이는 아동이 일상적인 도전을 해결하고 문제에 대한 해결책을 찾는 간접적인 의미를 가지고 있다. 각 놀이의 활동, 내용, 스타일의 독특한 의미는 시간이 지나면서, 아동이 활동에서 표현하는 내용, 형태, 연상, 동반되는 감정, 환상의 집중적인 탐색을 통해 이해할 수 있다. 이러한 맥락에서 놀이는, 계획과 실험을 통해 환경과 자아를 숙달하려는 노력이며, 모든 놀이에 내재되어 있다. 놀이의 숙달 기능은 이미 프로이트에 의해 "놀이하는 모든 아이들은 자신만의 세계를 만들고 진심으로 자신의 세계 안에 물건들을 배열하고 더 즐겁고 새로운 방식으로 그것에 질서를 부여한다."라고 언급되었다(Brems & Rasmussen, 2019). 이 정의는 명백히 놀이의 목적성을 암시한다. 아동의 일상에서 놀이는 다면적이지만 자아 발달의 목적, 성숙(성장)의 목적, 그리고 관계(대인 관계)의 목적으로 세 가지 큰 범주로 분류된다.

표 13-1 아동 일상에서 놀이의 목적

전체 기능	특수 목적
자아 발달 기능	• 자아 표현에 참여 • 자신을 정의 • 감정을 표현하고 탐색 • 자신이 좋아하고 싫어하는 것을 발견 • 통제감 획득 • 어려운 상황 대처 • 언어 능력을 이상의 복잡성 표현 • 활동 참여의 욕구 충족 • 자극을 느낌
성숙 기능	• 환경을 탐색 • 사물들 간의 관계성 탐구 • 숙달감 획득 • 언어기술 연습 • 인지적 기술 연습 • 도덕 판단 학습 • 문제해결 기술 학습 • 경험을 의미있게 조직화
관계적 기능	• 타인과의 의사소통 • 역할 학습 • 문화와 환경 학습 • 사회적 기술 학습 • 사람들 간의 관계성 탐색 • 관계 내 갈등을 통해 작업 • 타인과의 연결 느낌 • 타인을 모델로 활용

출처: Brems & Rasmussen(2019). *Child Psychotherapy and Counseling*, p. 239.

(1) 놀이의 자아발달적 기능

정신 내부에서 자아에 대한 감각을 정의하고 발달시키는 아동의 과제를 돕는 것이다. 이것은 초기 아동기의 아주 큰 과제이며 놀이 활동의 주요 과제이다.

놀이를 통해 아동은 자아의 초보적 개념을 형성한다. 놀이는 부정적인 결과에 대한 두려움을 가지지 않고 아동이 그 자신을 자유롭게 표현하는 것을 돕는다.

(2) 놀이의 성숙 기능

자아 혹은 정신 내부의 발달에 부가하여 놀이는 아동의 일반적인 성장을 촉진한다. 놀이는 수많은 발달의 장(場), 즉 언어 기술, 운동 기술, 인지 기술 문제 해결 기술, 도덕 판단 등에서 성숙을 이끈다. 놀이를 통하여 이 모든 영역에서 새로운 기술을 배우며 의미 있고 위협적이지 않은 태도로 기술을 연마하도록 기회를 얻는다. 그리고 함께 놀이하는 부모나 친구의 기술을 모방하도록 제공한다. 이러한 기회는 아동에게 숙달감, 자기 효능감을 얻도록 한다.

(3) 놀이의 관계적 기능

놀이의 자아 발달과 성숙의 기능과 매우 관련되는 것은 관계적 기능이다. 이러한 면을 통해 아동은 타인에게 배운 것, 타인과의 상호작용 속에서 연습하여 숙달한 것을 적용한다. 아동이 일반적인 새로운 문제해결 기술을 배우고 대인적 상황에서 이러한 기술을 어떻게 적용하는지 배운다. 이것은 처음에는 손 인형, 인형, 그리고 그들 삶에서 중요한 인물을 표상하는 다른 사물들을 가지고 혼자서 놀다가, 이후 놀이 친구와 실제로 상호적으로 수행하면서 작업하고 갈등을 해결하며 절충해가는 경험을 하게 된다.

3) 아동 치료 및 상담에의 적용

아동의 놀이는 아동의 생각, 감정, 언어를 반영한다.

놀이치료는 '내담자의 심리사회적 어려움을 예방 혹은 해결하고 최적의 성장과 발달을 돕기 위해 훈련된 치료사가 심리적인 문제를 가진 내담 아동을 돕기 위해 체계적으로 놀이의 치료적 힘을 적용시키는 대안관계 과정이며, 이 가정에서 체계적으로 이론적 모델을 사용하는 것'이다(국제놀이치료학회, 1997).

놀이의 한 가지 기능은 관계의 설정이다. 놀이는 아동과 상담자 사이의 관계를 용이하게 해준다. 놀이를 통해 상호작용이 시작되고, 아동에게 친숙해지고, 안전감을 준다. 임상 작업에서 놀이의 유용성의 두 번째 측면은 의도적이든 의도적이지 않든 아동이 놀이를 자기-노출에 사용하는 것이다. 놀이를 통해, 치료사는 아동의 비언어적 의사소통을 주의깊게 관찰하고 듣는 사람이 됨으로써 거슬리는 질문을 하지 않고도 아동에 대해 배운다. 놀이 고유의 상징성을 이용하여, 치료사는 아동이 말로 표현하기에는 너무 어렵거나 고통스러운 정보를 얻는다. 마지막으로, 놀이는 아동이 문제를 해결하고 치료과정을 촉진하고 이해하는 적절한 수단으로 비언어적 전략을 사용하도록 도와준다. 이 세 가지 놀이의 측면은 일상생활에서 놀이가 자아 발달, 성숙, 그리고 관계적 기능을 수반하는 것과 거의 같은 방식으로 치료와 상담에서 놀이의 관계적 기능, 노출의 기능, 치유적 기능이라고 할 수 있다. 다음은 치료 및 상담에서의 놀이 기능과 그 하위 목적이다.

표 13-2 아동 치료와 상담에서의 놀이의 목적

전체 기능	특수 목적
관계적 기능	• 신뢰하는 관계 확립하기 • 특별한 관계 확립하기
노출의 기능	• 진단을 촉진하기 • 사정을 촉진하기 • 감정 표현의 허용하기 • 무의식적 자료를 실연하기(act out) • 두려움 실연하기 • 숨겨둔 감정을 허용하기 • 숨겨둔 욕구를 허용하기 • 갈등의 표현을 허용하기 • 갈등을 재건하기 • 경험을 재건하기

전체 기능	특수 목적
치유적 기능	• 중재를 위한 무대 제공하기 • 방향감 제공하기 • 방어 대처하기 • 저항을 해결하기 • 긴장감 완화하기 • 정화를 촉진하기 • 교정적 정서 경험 제공하기 • 대처 기술 학습하기 • 새로운 행동으로 실험하기

출처: Brems & Rasmussen(2019). *Child Psychotherapy and Counseling*, p. 241.

(1) 상담과 치료에서 놀이의 관계적 기능

아동과 함께하는 놀이치료에서 가장 뚜렷한 기능은 아동과 치료사 간의 신뢰와 특별한 관계를 발달시키고 촉진하는 것이다. 상호적이고 관찰하는 유형의 이러한 놀이는 확실하게 치료적 관계에서 신뢰 구축을 이끈다.

(2) 상담과 치료에서 놀이의 노출의 기능

아동과 상담자 사이의 라포를 촉진하는 것에 부가하여, 놀이는 아동을 이해하고 배우도록 치료사를 돕는다. 놀이에서 정서, 갈등, 문제, 관계의 어려움은 직접적이거나 상징적으로 다시 재현된다. 이것을 소통하고 상호작용의 과정에서 치료사는 아동의 삶과 현재 문제의 퍼즐 조각을 맞추도록 돕는다. 아동에게 너무 위협적이고 무서울 수 있는 정보들이 다양한 매개체를 통하여 공유되고 치료사에게 제공된다.

(3) 상담과 치료에서 놀이의 치유적 기능

놀이는 정화(catharsis)와 자유로운 자아-표현을 통해 치유의 기회를 제공한다. 자아 및 정서를 표현할 자유를 얻고 이러한 분출의 기회는 안도를 준다. 성인이 자아 표현을 지켜보고 공감적으로 이해하고 반응을 해주면 아동은 교정적 정서의 경험을 하게 되어 자신의 문제와 갈등을 바라보는 태도를 변화시키게 된다. 가장 중요한 것은, 놀이는 상담자와 아동이 협력하여 현재 관련된 문제를 해결하는 기법이라는 것이다.

4) 놀이치료의 과정

(1) 놀이도구

놀이도구의 비치는 치료사의 이론적 배경, 취향, 경험에 따라 달라질 수 있다. 놀이치료를 할 때 아동이 자유롭게 놀잇감을 선택하도록 하는 것이 일반적이다. 지나치게 많지 않은 범위 내에서 비교적 다양한 놀잇감을 준비해 둔다.

다양한 종류의 인형은 아동의 대인관계, 가족관계를 표현한다. 소꿉놀이 도구, 여러 가지 탈것, 무기류, 물놀이 도구, 모래 놀이 도구, 쌓기 놀이, 종이, 연필, 그림물감, 도화지 등의 문구류, 공, 게임 종류, 책, 악기, 기타 장난감 전화, 샌드백, 퍼즐, 찰흙 등을 준비한다. 놀잇감은 가능한 한 창조적이며 상상적인 놀이를 유도할 수 있는 것으로 선택하는 것이 좋다.

(2) 놀이치료 과정

■ 준비단계

놀이치료를 위한 전반적인 계획을 세우는 단계이다. 대상 아동을 접수하고, 문제행동을 파악하여, 치료의 전략을 세운다.

가장 큰 관심사는 아동이 부모에게 떨어져 치료사와 치료의 시간을 가져야 하는데, 이때 부모와 떨어지기 어려운 아동이 있다. 면담을 통해 사전정보를 얻고 이를 위한 계획과 실행을 한다.

■ 도입단계

아동을 놀이방에 데리고 가서 놀이치료를 시작한다. 대상 아동이 놀이방에 익숙해지도록 놀이방의 특성을 설명하고 치료사와의 라포를 형성하며 치료 중 밖에 나가지 않고 화장실이나 부모를 확인하러 나가는 것은 허용한다. 아동의 불안이나 긴장을 확인하고 인내심을 가지고 적응할 때까지 기다린다.

■ 중간단계

아동은 놀이방에 적응하고 치료사와의 관계가 성립되면서 놀이치료 활동이 활발해진다. 아동의 마음속에 내재된 감정 표출을 촉진하고 표현하도록 하며 놀잇감을 통한 공격 행동이나 자신을 위협하는 행동을 제한하되 아동을 존중하며 부드럽지만 단호한 방법으로 한다. 놀이를 진행하는 동안 아동의 자아존중감과 자기신뢰를 지지한다.

■ 종결단계

문제행동이 감소되면서 현실 생활에 대한 전이와 적응이 촉진된다. 현실 장면을 놀이 상황과 연결시켜 일상생활에 필요한 적응 기술이나 문제 해결 방법을 학습하도록 돕는다. 종결을 예고하며 마음의 준비를 하도록 한다.

2. 스토리텔링 치료

아동과 함께하는 공식적인 치료 기법인 스토리텔링은, 1971년 가드너(Richard Gardner)에 의해 처음 기술되었다. 그러나 아동과의 작업에 이야기를 사용한 최초의 치료사는 아니라고 한다(Brems & Rasmussen, 2019). 스토리텔링은 치료적이거나 혹은 다른 목적이 있다 하더라도 아동을 연결하고 소통하는 자연스러운 수단이 된다. 아동은 자신의 환경을 보다 효과적으로 다루고 회복력을 향상시키기 위해 발달 과정에서 이야기를 창작한다(Malchiodi, 2014; Mills & Crowley, 2014; Sunderland, 2017). 스토리텔링을 치료 기법으로 도입하기 위해 먼저 스토리텔링의 역사, 문화적 관련성, 발달적 중요성을 추적해야 한다.

1) 스토리텔링의 개념과 배경

스토리텔링을 통해 많은 국가, 민족의 사람들은 환경을 이해하고 세대에서 세대로 정보, 지식, 지혜를 전수해 왔다. 우화, 신화, 동화, 전설 등의 이야기는 가치와 지식을 전수하기 위한 목적으로 발달해 왔다. 스토리텔링은 또한 가족 안에서 부모와 조부모가 아동에게 그들이 성장하고 세상을 이해하고 조상을 배우도록 가훈과 가치를 전달한다. 스토리텔링은 부모-자녀 관계를 촉진한다. 아동은 스토리텔링을 통해 자신에 대한 정보를 가족 성원, 친구, 교사, 다른 자신의 삶의 중요한 사람들에게 나타낸다. 감정과 욕구를 간접적으로 표현하며 문제해결에 참여하며 환상과 현실을 구별하는 것을 배운다. 이야기의 이러한 사용은 치료와 상담에서 있어 스토리텔링과 연관된다. 즉, 정보와 지혜의 전수, 가치의 학습과 관계의 촉진, 자기-노출, 심리적 성장을 이끄는 정화, 회복력의 발달, 호기심과 탐색을 위한 새로운 경로의 창조 등이 모두 치료적 목표를 위해 결합된다.

2) 아동 치료 및 상담에의 적용

아동 치료 및 상담에 있어 이야기와 스토리텔링은 문화적 또는 발달적 맥락의 이야기와 유사한 목적을 제공한다. 전통적으로 할머니나 할아버지가 들려주는 이야기들이 듣는 사람에게 사람들의 기능과 이들의 삶과 환경에 대한 통찰력을 주는 것처럼 아동이 들려주는 이야기 역시 치료사에게 아동의 기능, 삶에 대한 접근, 그리고 가정환경에 대한 믿음에 대해 알려준다. 부모가 아동에게 가족의 가치에 대해 알리고 아동과의 관계를 증진하고 가치를 발달시키기 위해 이야기를 사용하는 것처럼, 치료사도 이야기를 사용하여 치료적 관계를 촉진하고 한계와 지도를 내면화하도록 촉진한다. 마침내 아동이 가족, 자기 자신 또는 친구들과 소통하고 표현하기 위해 이야기를 사용하는 것처럼 치료를 받는 아동도 그 이야기를 사용하여 치료사에게 자신을 드러낸다. 치료사는 이야기를 토대로 아동에게 반응하고 이야기 속 언어를 기반으로 대화를 해 나간다.

다른 문화와 가정에서 스토리텔링의 중요한 측면이었던 가치, 지식, 지혜의 전달은 치료 환경에서 유지된다. 그러나 그 과정은 다소 바뀐다. 아동은 이야기에 연관시켜 그들의 지식과 믿음을 전달한다. 치료사는 이야기를 듣는 전통적인 청자처럼 단순히 이러한 정보를 받는 것이 아니라 스스로 이야기꾼이 되어 반응하고 정보를 제공한다. 치료에 적용되는 스토리텔링 기법에서 아동과 치료사는 이야기를 할 때 정보와 안내를 주고받는 역할을 서로 바꾼다. 그러나 원래 스토리텔링에 전통적으로 존재하는 의사소통 역동에서는 메시지를 주는 사람은 일반적으로 의도적이거나 사전 계획된 설계에 의해 그 상호작용에서 메시지 받는 사람이 되지 않으며, 수신자도 발신자가 되지 않는다.

3) 스토리텔링의 유용성

스토리텔링 기법을 아동 치료에 유용하게 만드는 두 가지 목적은 정보를 주고받는 것이다. 치료사와 아동이 스토리텔링 과정을 통해 정보를 주고받는다. 가장 일반적으로 아동은 먼저 치료사에게 정보를 주고 그것을 받는다(즉, 아동은 첫 이야기를 말한다). 치료사는 정보를 아동에게 먼저 받고 그것을 준다(즉, 치료사는 아동의 이야기를 들은 후 그에 대한 우회적인 반응으로 그들의 이야기를 한다). 이러한 과정 속에 아동에 대한 이해를 전달함으로써 사정과 공감대 형성을 촉진한다(Tharinger et al., 2007, 2008). 이는 위협적이지 않고 문화적으로 민감한 태도로 중요한 내용을 간접적으로 소통하면서 치료 중재를 이행할 수 있는 환경을 제공한다.

아동은 이야기를 통해 감정을 표현하고 숙달하며 자신과 가족에 대해 소통하고 다른 방식으로 자신을 공유한다. 아동의 이야기를 통해 치료사는 아동의 문제와 좌절에 대해 배우고 아동의 방어, 갈등 및 가족 역동 관계에 대한 통찰을 얻는다. 이야기는 다른 사정 절차에 대한 훌륭한 보완이 되며 아동과 그 가족에 대한 가설을 검증하는 데 사용된다. 이야기는 아동이 문화적으로나 가족적으로 주어진 환경에 대해 더 잘 이해할 수 있게 해준다. 이러한 목적으로 사용되는 이야기는 간섭받지 않고 노골적이지 않다는 장점을 가진다. 대부분의 아동은 이야기를 할 때 그들의 자기-노출을 인식하지 못한다. 어떤 면에서 이야기는 자유 연상이나 꿈 같은 투사의 기법이다. 아동이 설명이나 해설을 제공할 필요가 없고, 자기 또는 가족을 방어하거나 보호할 필요가 없으며, 책임감을 느끼지 않고도 정보를 공유할 수 있기 때문에, 아동 자신에 대한 정보를 악의 없이 공개한다.

치료사는 단지 내면의 메시지를 귀담아 듣고 주의깊게 듣기만 하면 된다. 아동의 상위 의사소통을 드러내거나 의식하지 않아도 된다. 대신 치료사는 아동에 의해 사용된 은유에 근거하여 아동을 이해하고, 문제를 직접적으로 또는 대립적 언어로 제기하지 않고 동일한 은유를 사용하여 아동과 직접 대화한다. 치료사는 아동의 무의식과 직접 소통하며, 무의식이 아동에게 의식을 갖게 하는 것에 대해 걱정할 필요가 없다. 이러한 방식으로 치료사는 명확한 조언 과정 없이 회복력 기술과 새로운 아이디어를 아동에게 전달한다. 실제로, 치료사는 아동의 은유 속 같은 인물과 설정을 사용하되 약간 다른 결과로 이야기를 들려주어 반응하는 과정을 통해, 노골적이지 않게 경험을 교정하고 해결책과 대처 전략을 제안하며, 사건을 재해석(또는 재구성)하고, 조언할 수 있다.

표 13-3 상호적 스토리텔링 기법

단계	목적	절차
지시	• 아동에게 이 과정을 숙지시킨다. • 이 과정에 대한 아동의 두려움이나 불안을 경감시킨다.	• 이야기의 부분을 소개하기: 시작, 중간, 끝, 교훈 • 이 과정에 대한 아동의 불안을 도와주기 • 아동이 시작하는 것을 도와주기
아동 이야기	• 아동이 그 자신을 상징적으로 표현하도록 한다. • 아동과 가족에 대해 더 배우도록 한다. • 아동이 선택지를 탐색하고 새로운 학습을 적용하도록 한다.	• 주의깊게 듣기 • 명확하게 하는 질문하기 • 이야기 흐름과 모든 인물을 명심하여 기억하기 • 인물과 사건을 이해하기 시작하기 • 주제, 패턴, 갈등, 가정을 잘 듣기 • 아동의 노력 칭찬하기

단계	목적	절차
이야기 사이의 지연	• 아동의 이야기를 해석한다. • 반응으로 건강한 이야기를 준비한다.	• 다양한 등장인물 탐색하기 • 감정과 욕구들 탐색하기 • 분위기 탐색하기 • 역동적 의미 평가하기
치료사 이야기	• 아동의 은유로 아동과 소통한다. • 변화의 내면화를 촉진한다. • 존중과 보살핌으로 소통한다. • 대안과 대처 기술, 선택지를 소통한다.	• 유사한 장면과 이야기 흐름에서 동일한 인물로 이야기 재창조하기 • 새로운 선택, 선택지, 대안들 병합하기 • 대안을 강조하기 위해 교훈을 다시 쓰기 • 더 건강한 해결 만들기 • 아동의 표현을 존중하고 치료적으로 반응하기

출처: Brems & Rasmussen(2019). *Child Psychotherapy and Counseling*, p. 273.

4) 상호적 스토리텔링 기법

가드너(Gardner)가 창안한 상호적 스토리텔링 기법(Mutual Storytelling Technique)은 먼저 아동과 치료사가 들려주는 이야기를 구현하고 포착하기 위해 이야기를 녹음한다. 녹음을 하면 아동과 상담자가 처음 이야기했던 대로 이야기를 다시 들을 수 있지만, 이 작업은 불필요한 잡일이나 방해가 될 수도 있다. 전형적으로 이야기의 정확한 전사본을 갖는 것은 그다지 중요하지는 않다. 아동의 모래 놀이나 손 인형 놀이에 대해 전 과정의 시각적 기록을 갖는 것과 비슷한 경우이다.

스토리텔링의 과정은 그 자체로 치료적이어야 하며 결과물에 대한 영구적인 기록보다는 명확한 메시지가 더 중요하다.

(1) 지시

아동에게 시작, 중간, 끝, 그리고 교훈으로 구성된 이야기를 하도록 요구한다. 아동은 그 과정이 상호적이고 이야기를 한 후에 치료사도 똑같이 한다는 것을 확인한다. 아동에게 스토리텔링 기법을 소개하면서 중요한 것은 이야기의 교훈이나 도덕으로 이어지는 응집력 있는 이야기 흐름을 구축하는 데 중점을 두는 것이다,

이 과정의 다른 측면은 아동의 반응과 욕구에 따라 조정된다. 많은 아동은 이야기를 자연스럽게 받아들이며 치료과정에서 자연스럽게 전개된다면 이야기를 지시 없이 자동으로 만드는 것을 받아들인다. 이야기의 흐름과 교훈에 대한 개념은 부수적으로 추가될 수 있으며, 장난스럽고 비공식적인 방법으로 만든다.

아동이 이야기를 시작하는 데 어려움을 겪는다면, 치료사가 도움을 줄 수 있다. 치료사는 아동과 함께 이야기의 시작을 말한다. 이렇게 함으로써 치료사는 아동이 중요한 빈칸을 채우도록 이야기의 일부를 중립적으로 유지한다. 예를 들어, 치료사는 전래 동화로 다음과 같이 시작한다. "옛날 옛적에 ○○이 있었어."라고 시작한 후 빈칸에 아동에게 물건이나 사람으로 채워달라고 부탁한다. 이 과정을 아동이 자발적으로 이야기를 이어받을 때까지 계속한다. 만약 아동의 첫 번째 이야기가 원하는 모든 구성요소(시작, 중간, 끝, 교훈)를 가지고 있지 않다면, 비록 이것이 항상 다 필요한 것은 아니지만 아동이 자극을 받는다. 만약 아동이 분명히 이야기를 다 하고 더 이상의 것에 관심이 없다면 상담자는 이야기가 미완성인 것처럼 보일지라도 그대로 놔둔다. 사라진 부품은 생각할 거리를 주기도 한다.

(2) 아동의 이야기

아동이 이야기를 하는 동안, 가드너는 치료사가 아동의 이야기와 매우 흡사한 두 번째 이야기를 할 필요가 있기 때문에 메모를 할 것을 권고하였다. 하지만 치료사가 어떻게 일하느냐에 따라 필기를 하는 것이 아니라 아동과 함께 이야기에 집중하고 같은 등장인물을 사용하여 이야기를 다시 말하는 데 필요한 정보를 기억하는 것이 더 나을 수 있다. 메모를 하는 것은 치료사에게 주의를 산만하게 할 수 있고 아동에게는 거리감이나 불안감을 줄 수 있다.

치료사에게 중요한 문제는 주요 주제와 사건뿐만 아니라 주인공과 그들의 이름을 기억하는 것이다. 장소의 이름과 사건의 순서도 유의해야 한다. 기억을 하면서 치료사는 아동에게 이야기의 내용, 과정, 의미를 명확히 하는 질문을 만들기 시작한다. 많은 아동은, 특히 어린 아동은 자신의 이야기와 인물들의 양상을 명확히 하기 위해 조언이 필요하다. 아동은 등장 인물의 구분이 항상 명확한 것은 아니며, 흔히 그들을 일반적으로 언급한다. 어떤 인물이 무엇을 말하고 있는지 명확하게 알기 위해 상담자는 아동에게 이름표를 붙일 것을 제안한다. 예를 들어, 아동이 두 소녀를 소개하면서 "한 여자아이, 다른 여자아이"라고 자주 언급하면, 치료사는 그 두 사람 간의 상상의 대화를 따라갈 수 있도록 아동에게 각각 소녀에게 이름을 지어주도록 하거나 소녀 1, 소녀 2로 지칭하도록 제안한다.

아동이 망상이나 환각, 학대 또는 방임과 같은 문제에 대해 질문을 하는 흔하지 않은, 위험한 모호한 사건의 발생을 암시하면 이러한 주제는 명확하게 밝힌다. 치료사는 아동에게 비슷한 경험이 있었는지 물어봄으로써 후속 조치를 취해야 한다. 이때 아동의 태도에 도전하거나 화나게 하거나 아동이 반드시 방어해야 하는 그런 인상을 받지 않도록 조심스럽게 물어봐야 한다. 마지막으로 질문은 아동이 아야기를 말하는 동안 치료사가 판단하려고 하는 이야기의 의미와 등장인물을 명확히 하기 위한 역할을 한다.

(3) 이야기 사이의 지연

만일 치료사가 아동이 이야기를 끝내는 것만큼 빨리 다시 말할 수 없다면, 치료사는 두 번째 이야기를 하기 전에 광고 시간처럼 이야기 사이 휴식 시간을 갖아 지연시킨다. 이렇게 지연하는 것은 치료사가 생각을 모으는 데 도움을 준다. 특히, 유용한 전략 중 하나는 아동 이야기 속의 주인공들의 그림을 만드는 것이다. 이 전략은 또한 아동과 치료사가 이름과 인물을 기억하기 위해 사용할 수 있는 시각적 단서를 만든다는 점에서 매우 좋은 방법이다. 또 다른 전략은 작은 모형들로 이야기 인물과 장소를 모래 쟁반 위에 재현하는 것이다. 아동의 이야기에 나오는 인물들을 구체화하기 위해 추가적인 질문을 하는 것은 지연의 또 다른 수단이다. 오직 치료사 자신의 창의력으로 이야기 사이의 지연에서 사용할 수 있는 전략을 선택한다. 이 시간 동안 치료사는 생각을 수집하고 대안 이야기를 구성하는 데 사용한다. 처음으로 아동과 함께 일하는 초보 치료사는 같은 아동과 반복적으로 작업한 숙련된 치료사보다 이야기 사이의 지연이 더 필요할 가능성이 높다. 지연은 또한 치료사가 여전히 아동의 욕구, 패턴, 주제를 평가하고 있을 때인 아동의 치료 초기에 더 필요하다. 치료 후반기에는 이야기 주제가 반복되며 일반적으로 쉽게 해석되고 사용된다, 마찬가지로, 상담자는 치료가 진행됨에 따라 주어진 아동의 욕구에 맞춘 대안적 접근 방식을 더욱 쉽게 수립한다.

치료사의 이야기 과정을 발달시키기 위한 지침이 이 지연 시간이나 아동의 이야기 말하는 시간과 동시에 사용될 수 있다. 첫째, 치료사는 어떤 이야기 인물이 아동을 나타내는지, 그리고 그 인물의 특징 중 어떤 것이 아동의 자아 문제에 가장 중요한지 파악한다. 둘째, 다른 이야기 인물들은 그들의 표상적 가치로 평가받는다, 즉, 가족 친구, 두려워하는 사람, 사랑하는 사람들을 나타낸다. 치료사는 상징적, 표상적 가치에 따라 이야기 속 생물과 사물 모두를 탐구한다. 때로는 한 사람의 여러 측면이 이야기 속 서로 다른 인물로 표현된다는 것을 인식해야 한다.

아동 삶의 어떤 사람이 어떤 이야기 인물로 표상되는지 결정하는 것 외에도, 치료사는 아동이 나타내는 감정과 욕구의 본질과 힘, 그들의 기원과 표적 대상, 그리고 그것의 표현 용이성을 탐구한다. 유사하게 아동이 경험이나 욕구, 감정 표현에 반하는 어려운 이야기 내용을 다루는 것을 돕는 데 사용된 대처 전략 같은 자기-보호 기제를 적어놓는다. 일단 아동의 감정과 욕구를 탐구하고 나면, 같은 과정이 다른 이야기 등장인물과 그들이 대표하는 실제 사람들의 감정과 욕구에 대해 반복된다. 일단 각 인물들의 의미가 가정되면 이야기의 전반적인 분위기는 주목을 받는다. 전반적 분위기는 치료사에게 아동의 감정 상태와 아동 가정의 정서적 분위기에 대해 많은 것을 말해 준다. 예를 들어, 이야기 속의 추운 날씨는 가정의 정서적으로 차가운 분위기를 반영한다. 아동의 이야기에 활기가 없다는 것은 가정 내 기쁨이나 상호작용의 부족을 반영한다.

마지막으로, 치료사는 이야기를 해석해야 한다. 이 이야기의 교훈은 아동의 문제, 문제의 기원과 의미를 종합하기 때문에 이 맥락에서 특히 유용하다. 예를 들어, 초기 단계의 이야기인 "너무 많이 먹지 마라. 아니면 큰 말이 화난다."에서 나온 교훈은 치료사가 큰 말로 표상되는 아동의 아버지의 억제된 본성을 인식하도록 돕는다. 비슷하게, 이야기 속의 작은 말이 또 다른 말의 영향을 받았다는 사실은 형제 간의 경쟁이라는 주제를 암시한다.

일단 치료사가 아동의 이야기의 의미를 이해한다고 믿으면, 그들은 원래의 이야기에서 표현된 욕구, 감정, 그리고 자기 보호를 다루는 대안적인 이야기를 구성하고 그 이야기를 통해 대안적이고 건강한 해결책을 이끌어낸다.

(4) 치료사의 이야기

치료사 이야기의 가장 중요한 측면은 아동의 이야기에 표현된 갈등이나 감정의 건강한 해결이다. 치료사는 아동과 동일한 인물을 사용하고, 동일한 기준 틀에 이야기를 배치하고, 건강한 해결을 포함하기 위해 결과를 살짝 바꾼다. 이 접근법은 아동이 지각하는 선택지와 대안을 증가키고 문제 해결을 위한 대안적 대처 기술, 방법을 제언하는 역할을 한다. 아동에게 제공되는 해결책과 대처 기제는 아동의 가정 환경 내에서 수용되어야 한다. 치료사가 부모가 부정적인 감정의 자유로운 표현을 감당할 수 있을지 확신이 서지 않을 때 부모에게 화난 감정에 대해 말해야 한다고 은근히 제안하는 것은 부적절할 뿐만 아니라 위험하다. 해결책과 대안은 아동의 욕구와 감정 그리고 아동의 삶에 있어 중요한 성인의 욕구와 감정에 세심하게 맞추어져 있다. 치료사의 이야기는 아동이 다음 발달단계로 나아가도록 격려하는 역할을 한다. 이해를 돕기 위해 다음의 이야기를 제시하였다.

> **이것은 뛰지 못한 토끼에 대한 또 다른 이야기(치료사의 이야기)이다.** 뛰지 못한 토끼는 달리기 수업을 받는 것이 달리기 실력을 향상시키는 데 도움이 될 수 있다는 친구의 충고를 따르기로 결심했어요. 그녀는 대장 토끼에게 가서 토끼가 기분이 나아지고 하고 싶은 모든 것은 할 수 있도록 토끼에게 달리는 법을 가르쳐줄 의향이 있는지 물었어요. 대장 토끼는 그것에 대해 기뻐했고, 그들은 바로 수업을 시작했어요. 머지않아, 토끼는 뛸 수 있었지만 다음 날 토끼는 언덕으로 왔어요. 그녀는 언덕을 처음 보았기에 어떻게 해야 할지 전혀 몰랐어요. 그녀는 오르막 길을 달릴 수 없다고 확신했어요. 그녀는 달리는 법을 막 배웠기 때문에 울기 시작했고 이제 그녀는 또 다른 문제에 직면했어요. 하지만 그때 그녀는 대장 토끼가 그녀에게 말했던 것을 기억했어요. "새로운 장소에 올 때마다 그냥 똑같이 기본적인 단계를 계속하세요. 한 발을 앞으로 내밀고 계속 전진하세요." 그래서 토끼는 그것을 해보기로 결심했고, 효과가 있었어요. 곧 그녀는 언덕 꼭대기에 도착했어요. 그리고 이 이야기의 교훈은 새로운 문제에 직면했을 때, 이미 배운 것을 기억하면, 자신만의 해결책을 찾을 수 있다는 것이에요.

이 이야기는 치료사가 제공하는 대안의 본질에 대해 설명한다. 아동은 자신만의 해결책을 찾을 수 없었고 자신의 인생에서 진전을 이루기 위해 다른 사람들에게 의존할 필요가 없다고 생각했다. 이에 치료사는 다른 사람들에게 수동적으로 의지하거나 기다리지 않고 자신의 자원에 의존하기 시작할 것을 제안했다.

3. 마음챙김 명상치료

랭거(Ellen Langer)는 심리학 분야에 마음챙김(mindfulness) 연구를 도입했다. 그녀는 우리의 마음이 몸을 바꿀 수 있는 능력을 가진다고 하였다. 랭거의 연구 이전에는 심리학의 주도적 관점은 의사결정은 논리적 과정이라고 가정하였다. 그녀의 연구는 사람들이 어떻게 사고하는지에 관한 새로운 모델을 발전시켰다. 마음챙김은 창의성과 혁신으로 확장된다고 주장한다. 우리의 삶에 주의를 두고 집중하지 않으면 무심하고 편협하고, 안주하는 사람이 된다고 한다(Langer, 2009). 마음챙김은 판단하지 않고 인식에 집중하는 것, 완전히 지금 이 순간을 느끼고 인식하는 것이다.

1) 마음챙김의 개념

아기들과 영아들은 자동 비행사 같아 보인다. 몬테소리(Montessori, 1988)는 출생~3세 아동의 발달하는 마음을 "무의식적으로 흡수하는 정신"이라고 묘사하였다. 그러나 아기와 영아들의 행동은 마음챙김의 정의에 더 가깝다. 마음챙김은 그들 환경에 완전히 감각적으로 참여하고 주의를 기울이는 것이다. 3세 이하 아동과 이후 연령의 중요한 차이는 무의식이라고 몬테소리는 기술했다. 3세 이후에는 무의식적인 흡수 정신을 잃고 신경을 써서 인식하려 애쓰게 된다. 마음의 인식(mindful awareness)은 아동과 성인이 자기-통제와 자기-관리를 더 잘할 수 있도록 돕는다.

아기와 영아들은 자연스럽게 무비판적이고 모든 새로운 경험에 개방적이다. 3세 이하 아동들은 경험하는 모든 것을 전적으로 흡수한다. 보고 만지고 뺨에 대고 느끼고 식탁 위에 있는 것을 맛보고 냄새 맡고 흔들어 보고 두드려 본다. 아기와 영아는 모든 것을 처음인 듯 경험한다. 마음챙김에서 우리는 같은 '초보자의 마음'에 다다르도록 한다.

아기와 영아는 순간에 산다. 그들은 강력한 정서를 표현하며 빠르게 다음 경험으로 움직인다. 짜증을 내다가 장난감을 발견하고 울음을 멈추고 놀이하러 얼쩡거리는 영아를 보았을 것이다. 아기와 영아는 과거를 잊는다. 그들은 어떠한 짐도 가져가지 않는다. 마음챙김 훈련을 통해 우리의 실수로부터 배워 앞으로 나가고 편안하고 행복한 영아들과 같이 우리의 다음 경험을 위해 움직인다.

2) 아동치료 및 상담에의 적용

마음챙김 연습은 집중력에 문제를 가지거나 ADHD, 지적장애 아동에게 도움이 된다고 알려져 있다. 행동 문제를 가진 아동이 자기-통제와 자기-관리를 발달시키도록 돕는다고 한다. 더욱이, 마음챙김 연습은 불안, 우울, 불안정과 같은 사회정서 문제를 가진 경우 도움이 된다고 한다. 그러나, 마음훈련의 가장 중요한 목적은 영유아 교사와 부모가 권위주의적이지 않고 더욱 권위 있는 태도를 갖도록 하는 데 있다.

3~12세 아동을 위한 마음챙김 연습은 양질의 호기심과 개방성을 이미 잃어버린 아동에게 그것을 유지하고 되찾도록 해 줄 것이다.

성인의 심신 건강을 개선하고 웰빙을 증진하기 위한 마음챙김 기반 중재(Mindfullness-based intervention: MBIs)의 효과는 부분적으로 209개 경험 연구의 메타분석에 기초해 보고되었다(Kloury, Lecompet, Gaudiano, & Paquin, 2013). 아동에 대한 마음챙김 중재는 임상 장애가 있거나 사춘기 청소년에게 유망한 결과를 가져왔다(Harnett & Dawe, 2012; Tang et al., 2009).

3) 마음챙김 환경

처음 마음챙김의 연습은 아동이 사물에 마음챙김하는 데 초점을 둔다.

- “오늘은 사물에 대해 생각하는 것을 할 거예요”
- “교실을 둘러보고 작은 물건을 골라보세요.”
- “선택한 물건을 가지고 원 안으로 와서 앉아요.”
- “두 손으로 물건을 잡고 주의를 기울여서 모든 곳을 바라보세요.”
- “이제 눈을 감고 당신의 물건을 다른 감각을 사용하여 생각해 보세요–그것의 무게, 냄새, 소리, 질감.”
- “눈을 뜨고 그 물건을 등 뒤에 놓아요.”
- “다시 눈을 감고 그 물건을 보고 있다고 상상해 보아요.”
- “누가 손을 들고 이 연습이 어떻게 느껴졌는지 말해줄까요?”
- “마지막으로 눈을 감고 마음속으로 물건을 볼 수 있었다면 손을 들어줄래요?”
- “열심히 주의를 기울이면 무엇을 기억하는 것이 더 쉬워지나요?”

어린 아동은 그 물건에 대해 색도화지나 그리기 도구들을 사용하여 만들어 풀칠하여 작은 책자를 만들기를 좋아할 것이다. 나이 든 아동은 그 물건을 사용하여 이야기를 만들어 상상의 이야기를 적는 것을 할 것이다.

4) 마음챙김 기법

(1) 신체의 마음챙김

이 마음챙김의 연습은 어떠한 작은 음식, 전형적으로 건포도 세 알이 사용된다. 이것은 인식과 무비판 연습에 초점을 둔다.

- 아동이 손을 씻고 원을 중심으로 앉는다.
- ‘도우미’ 아동이 아동들에게 각각 냅킨을 돌리고 그 위에 건포도 세 알씩

올려준다.

- "오늘은 먹는 과정에 대해 생각해 볼 거예요. 우리가 어떤 음식을 처음으로 맛본다고 하고 그 과정을 탐색해 볼 거예요."
- "건포도 한 알을 들고 손가락으로 질감을 느끼고 그 색을 보세요."
- "건포도를 보면서 좋은 느낌과 좋지 않은 어떠한 느낌이든 생각해 보세요."
- "코 앞에 건포도를 대고 냄새를 맡아보세요."
- "입 가까이에 대고 너의 팔이 손을 움직여 입에 넣는다고 생각하고 건포도를 기다리면서 입안에 군침이 돈다고 생각해 보세요."
- "건포도를 입에 넣고 천천히 씹어보고 맛을 경험하세요. 입에 갖고 있어요."
- "삼키기 직전 삼키는 것을 느껴 보세요."
- "준비되면 두 번째 건포도를 가지고 마치 처음 보는 것처럼 과정을 반복해 보세요."

(2) 운동 인식

아동이 이러한 활동을 하기 위해서는 자유롭게 움직일 수 있는 개방된 공간이 필요하다.

- 원으로 앉기
- "오늘은 어떻게 우리의 몸이 움직이는지 생각해 볼 거예요."
- "천천히 일어서서 원을 따라 걸어 보세요."
- "우리가 아주 부드러운 깃털 위를 걷고 있다고 상상해 보세요."
- "그 느낌을 생각해 보세요"(아동들이 웃고 그들 반응을 말하는 것은 매우 자연스러운 것이며 유머 감각은 아주 좋은 것이다).
- "이제 우리가 끈적거리고 끈끈한 초컬릿 위를 걷고 있다고 생각해 보세요."
- "어떤 느낌일지 생각해 보세요."
- "이제 우리 교실의 일반적인 바닥을 걷고 있다고 생각해 보세요."
- "어떤 느낌이지요?"
- "너의 몸… 얼굴… 손… 발을 만지고 있는 것에 대해 생각해 보세요"

- "이제 모두 앉아요."
- "내가 느꼈던 것을 말해 줄 사람 손을 들어 보세요."

(3) 호흡에 집중하기

호흡에 초점을 두는 것은 마음챙김 훈련에서 기본적인 것이다.

- 아동들을 원으로 편안하게 앉도록 한다.
- "오늘은 우리의 호흡에 대해 생각해볼 거예요"
- "우리의 폐는 우리 가슴속에 있고 두 개의 풍선처럼 생겼어요. 우리의 폐는 신선한 공기를 우리 몸안으로 가져오고 사용한 공기는 몸 바깥으로 내보내요."
- "입을 다물고 손을 가만히 코 앞에 대지만 코를 만지지는 말아요."
- "차가운 공기가 어떻게 코안으로 들어가고 더운 공기가 밖으로 나오는지 알아 차려 보세요."
- (아동들에게 숨을 참고 갑자기 쉬게 하거나 자연스러운 리듬을 변화시켜서는 안 되고 단지 그들의 호흡을 인식하도록 한다.)
- 3~5세 아동에게는 차가운 호흡의 느낌과 더운 호흡의 느낌에 집중하도록 하는 것이 완전한 마음챙김의 연습이 된다.
- 5~9세 아동에게는 "손에 힘을 빼고 무릎에 올리고…"
- "우리 이제 조용히 호흡을 세어 볼 거야. 눈을 감고 세어 보자. 한 번 숨을 들이마시고 한 번 내쉬고. 두 번째 들이마시고, 내쉬고."(더 나이든 아동은 5번 이상 할 수 있다),
- 이 과정을 반복한다.
- "어떤 느낌을 가졌었는지 손을 들고 이야기해줄래? 언제 너의 호흡에 대해 생각했는지, 몸에 어떤 느낌이 느껴졌니?"
- "네가 기분 나쁘고 화날 때, 멈추고 네 호흡에 대해 생각하는 것이 도움이 될까?"

(4) 마음챙김 명상

마음챙김 명상(Mindful Contemplation)은 현재의 순간을 인식하는 것에 주의를 두는 것이다. 아동의 마음이 방황할 때, 우리는 그저 아동이 무비판적으로 사실을 관찰하고 현재 순간에 다시 재집중하도록 돕는다. 걱정을 떨치기 위해 거품에 집중하도록 도와준다.

- 아동이 편안하고 이완되어 앉도록 한다.
- "내가 가게에 가면 난 물건들을 보고 판단해. 난 이거 싫어."
- "이건 별로야. 이건 괜찮아, 이건 좋아. 이게 판단하는 거야."
- "오늘은 판단하지 않고 생각에 집중하는 것을 해 볼 거야."
- "눈을 감고 예쁜 비눗방울을 상상해 보자."
- "화가 나거나 불행하다고 느끼는 것을 생각하자. 그런 생각들을 비눗방울 속에 집어 넣자."
- "그 비눗방울 안의 너의 생각을 들여다 봐."
- "우리가 비눗방울을 불면 날아가서 없어질 수 있다는 걸 기억하니?"
- "그것이 멀리 멀리 날아가서 결국 없어지는 것을 보면서 우리는 편안하고 이완되는 것을 느낄 거야."
- "그렇지만 우리 생각을 판단하지는 않을 거야."
- "우리는 그저 쳐다 볼 거고 생각의 비눗방울이 떠가도록 하는 거야."
- 아동이 집중하고 참여하는 것으로 보인다면 처음부터 반복한다.
- "너의 생각 비눗방울에 대해 이야기하고 싶은 것이 있다면 손을 들어줄래?"
- "이 활동이 어떤 느낌을 가지도록 했는지 이야기하고 싶은 사람은 손을 들어 주세요."
- "이 생각의 비눗방울이 기분이 좋도록 도움을 주는 상황이 뭐가 있을지 생각해 봤다면 손을 들어주세요."

(5) 마음챙김 연습

아동이 먹을 때, 맛과 냄새에 대해 이야기하고 배가 부르면 어떤 느낌인지 이야기한다. 놀이할 때, 그 순간 어떤 것을 경험하는지, 모래를 만지면 손에서 어떤 느낌인지, 햇빛이 얼굴에서 어떻게 느껴지는지?, 그네를 탈 때 바람은 어떻게 느껴지는지? 이야기한다. 아동이 신경을 쓸 때 자발적으로 소리, 시각, 냄새, 그들 모든 움직임에 대해 말한다. 마음챙김은 정규적인 기반에서 연습이 가능하다. 목표는 일상생활 활동 속에서 더 많은 인식을 하는 것이다.

아동은 점차 자신, 그들 환경, 환경과의 신체적 상호작용을 인식해 가면서 그들 움직임, 충동, 활동에 대한 단련된 통제의 달성기회를 가지게 된다. 인식은 통제를 위한 중요한 한 단계이다. 아동은 그들의 부적절한 충동을 모호하게 인지하거나, 혹은 잘못된 행동이 발생하고 난 뒤에만 인지하는 것으로는 통제를 성공적으로 달성할 수 없다. 따라서 마음챙김 훈련은 미래의 민주주의 사회를 이끌어 갈 시민으로서의 아동을 효과적으로 지도하는 또 하나의 강력한 도구로 작용하게 된다.

정리해봅시다.

- 아동을 위한 놀이 치료의 개념과 과정, 상담과 치료에 미치는 임상적 가치를 정리해봅시다.
- 아동을 위한 스토리텔링 치료의 개념과 과정, 상담과 치료에 미치는 임상적 가치를 정리해봅시다.
- 아동을 위한 마음챙김의 개념과 과정, 상담과 치료에 미치는 임상적 가치를 정리해봅시다.

참고문헌

강문희, 손승아, 안경숙, 김승경(2007). 아동상담. 경기: 교문사.

김영숙(2019). 쉽게 배우는 아동상담. 경기: 공동체.

김익균, 윤정란, 장문규, 정혜숙(2007). 아동상담. 경기: 교문사.

박경숙, 윤점룡, 박효정(1989). 기초학습기능검사. 도서출판 특수교육.

박순길, 권순황, 김현진, 선애순, 한재금(2017). 아동상담. 서울: 양서원.

박희숙, 강민희(2021). 인간행동과 사회환경. 서울: 창지사.

안동현(2005). 비행청소년들의 충동성과 뇌기능에 대한 연구, 신경정신의학, vol.44, no.5, pp. 604-611.

이병인(2007). 2004년 미국의 장애인 교육법(IDEA) 개정안 주요 내용 고찰, 유아특수교육연구, 7(2), 21-46.

이소은, 이완정(2019). 아동생활지도와 상담. 서울: 양서원.

이장호, 정남운, 조성호(2005). 상담심리학의 기초, 서울: 학지사.

차영희(2006). 유아동을 위한 상담의 기초. 서울: 창지사.

최경숙(2006). 발달심리학. 경기: 교문사.

최영희, 김영희, 심희옥, 심미경(2016). 아동상담의 이론과 실제. 서울: 창지사.

Adler, A. (1931). *The patterns of life*. London, UK: Kegan Paul.

Ainsworth, M. D. S. (1989). Attachments beyond infancy. *American Psychologist, 44*, 709–716.

Amsterdam, B. (1972), Mirror image reactions before age two. *Developmental Psychobiology, 5*. 297–305.

Aries, P. (1962). *Centuries of childhood: A social history of family life*. Trans. Robert Baldick. New York, NY: Vintage.

Axline, V. (1947). *Play therapy*. New York, NY: Ballantine.

Bar–On, R. A. (1997). *The emotional quotient inventory(EQ-I): Technical manual*. Tronto, Ontario, Canada: Multi–Health System.

Baumrind, D. (1978). Parental disciplinary patterns and social competence in children. *Youth and Society, 9*(3), 239–276.

Bion, W. R. (1959). Attacks on linking. *International Journal of Psychoanaysis, 40*, 308–315.

Borba, M. (2002). *Building moral intelligence: The seven essential virtues that teach kids to do the right thing*. San Francisco, CA: Jossey–Bass.

Bower, T. G. R. (1982). *Development in infancy*. San Francisco, CA: W. H. Freeman.

Bowlby, J. (1958). The nature of the child's tie to his mother. *International Journal of Psychoanalysis, 39*, 350–373.

Bramer, J. S. (2006). *Attention deficit disorder: The unfocused mind in children and adults*. New Haven, CT, & London, UK: Yale University Press.

Brems, C. (1999). *Psychotherapy: Processes and techniques*. Boston, MA: Allyn & Bacon.

Brems, C. & Rasmussen, C, H. (2019). *Child psychotherapy and counseling*(4th ed.). Long Grove, IL: Waveland Press.

Chethik, M. (2000). *Technique of child therapy: Psychodynamic strategies*(2nd ed.). New York, NY: Guilford.

Cheung, M. (2014). *Therapuetic games and guided imagery volume 2: Tools for professional working with children and adolescents with specific needs in multiculteral settings*. Oxford, Egland: Oxford University Press.

Churles, C., Louv, R., Bodner, L., & Guns, B. (2008). *Children and nature: A report on the movement to re connect children to the natural world*. Sante Fe, NM: Children and Nature Network.

Cohen, J., Shapiro, L, & Fisher, M. (2006). Finding the heart of your school: Using school climate data to create a climate for learning. *Principal Leadership, 7*(4), 26–32.

Corsini, R, J, & Wedding, D. (2000). *Current psychotherapies*. F. E. Peacock Publishers.

Deak, J. (2010). *Your fantastic elastic brain: Stretch it, shape it.* Belvedere, CA: Little Pickle Press.

Dewey, J. (1959). *Dewey on education.* S. Dworkin(Ed.). New York, NY: Bureau of Publications, Teachers College, Columbia University.

Dewey, J. (1966). *Experience and education.* New York, NY: Collier.

Dinkmeyer, D. C., & McKay, G. D. (2007). *The parent's handbook: Systematic training for effective parenting.* Bowling Green, KY: Step Publishers.

Dreikus, R., Cassel, P., & Ferguson, E. D. (2004). *Discipline without tears: How to reduce conflict and establish cooperation in the classroom.* Mississauga, Ontario, CanadaL Wiley.

Elias, M. J., & Arnold, H. (2006). *The educator's guid to emotional intelligence and academic achievement: Social-emotional learning in the classroom.* Thousand Oaks, CA: Corwin Press.

Elkind, D. (2007). *The power of play: How spontaneous, imaginative activities lead to happier, healthier children.* Cambridge, MA: Da Capo Press.

Erikson, E. H. (1950). *Childhood and society.* New York, NY: Norton.

Erikson, E. H. (1963). *Childhood and society.*(2nd Ed.). New York, NY: Norton.

Flynn, L. L., & Kieff, J. (2002). Including everyone in out–door play. *Young Children, 57*(3), 20–26.

Fox, L., Dunlap, G., & Cushing., L. (2002). Early intervention, positive behavior support, and transition to school. *Journal of Emotional and Behavioral Disorders, 10,* 149–157. 54–77. attenpark.

Fromberg. D. (2007). *Play's pathways to meaning:* A dynamic theory of play. Paper presented at the annual meeting of the American Educational Research Association. Chicago, IL.

Gallaudet Research Institute (2010). A brief summary of estimates for the size of the deaf population. Washington, DC: Gallaudet University. Accessed on January 8, 2011 at http://research.gallaudet.edu/Demographics/deaf–US.php.

Gazda, G. M., Balzer, F. J., Childers, W. C., Nealy, A. Phelps, R. E., & Walters, R. P. (2006). *Human relations development: A manual for educators.* New York, NY: Allyn & Bacon.

Gershoff, E. T. (2008). *Report on physical punishment in the United States: What research tells us about its effects on children.* Columbus OH: Center for Effective Discipline.

Gilliam, W. S. (2004). *Prekindergarteners left behind: Expulsion rates in state prekindergarten systems.* Yale University Child Study Center. Accessed on March 16, 2011, at http://www.med.yale.edu/chldstdy/faculty/pdf/Gilliam05.pdf.

Gilligan, C. (1982). *In a different voice pychological theory and women's development.* Cambridge, MA: Harvard University Press.

Ginsburg, K. R. (2007). The importance of play in promoting healthy child development and maintaining strong parent–child bonds. *Pediatrics, 119*(1), 182–192.

Goleman, D. (1995). *Emotional intelligence.* New York, NY: Bantam Books.

Grogan–Kaylor, A. (2005). Corporal Punishment and the Growth Trajectory of Children's Antisocial Behavior. *Child Maltreatment 10*(3):283–92.

Harms, T., Clifford, R., & Cryer, D. (2005). *Early childhood environment rating scale,* revised ed. New York, NY: Teachers College Press.

Harnett, P. H., & Dawe, S. (2012). The contribution of mindfulness–based therapies for children and families and proposed conceptual integration. *Child and Adolescent Mental Health, 17*(4), 195–208.

Hutchings, J., & Lane, E. (2005). Parenting and the development and prevention of child mental health problems. *Current Opinion in Psychiatry, 18*(4), 386–391.

Kagan, J. (1984). *The nature of the child.* New York, NY: Basic Books.

Kagan, J. (2004). The uniquely human in human nature. *Daedalus, 133*(4), 77–89.

Kagan, J., Snidman, N., Zentner, M., & Peterson, E. (1999). Infant temperament and anxious symptoms in school age children. *Development and Psychopathology, 11.* Kahn, S., Khoury, 209–224.

Klein, M. (1955). On identification. In M. Klein(Ed.), *Envy and gratitude and other works 1964-1963*(p. p141–175). New York, NY: Delacorte Press/Seymour Laurence.

Kloury, B., Lecomte, T., Gaudiano, B. A., & Paquin, K. (2013). Mindfulness interventions for psychosis: A meta-analysis. *Schizophrenia Research, 150*(1), 176-184.

Kohlberg, L. (1969). Stage and sequence: The cognitive–developmental approach to socialization. In D. Goslin(Ed.), *Handbook of socialization theory and research.* Skokie, IL: Rand–McNally.

Kohlberg, L. (1976). Moral stages and moralization: The cognitive–developmental approach. In T. Lickona(Ed.), *Moral development and behavior.* New York, NY: Holt, Rinehart & Winston.

Kohut, H. (1982). How does analysis cure? Chicago, IL: Internatioanal University Press.

Kohut, H., & Wolf, E. (1978). Disorders of the self and their treatment. *International Journal of Psychoanalysis, 59,* 413–425.

Kübler–Ross, E. (1971). *The five stages of dying. Encyclopedia Science Supplement,* 92–97. New York, NY: Grolier.

Kübler–Ross, E. (1975). *Death: The five stage of growth.* Englewood Cliffs, NJ: Prentice–Hall.

Kurcinka, M. S. (2009). *Raising your spirited child: A guide for parents whose child is more intense, sensitive, perceptive, persistent, energetic.* New York, NY: HarperCollins.

Landreth, G, L.(2012). *Play Therapy: The art of the relationship*(3rd ed.). New York, NY: Routledge.

Landreth, G. L., Sweeney, D. S., Ray, D. C., Homeyer, L., & Glover, G. (2005). *Play therapy interventions with children's problems: Case studies with DSM- IV-TR diagnoses*(2nd ed.). Lanham, MD: Jason Aronson.

Langer, E. J. (2009). *Counterclockwise: Mindful health and the power of possibility.* Ballantine Books; Publisher's Version.

Langlois, J. H., Kalakanis, L., Rubenstein, A. J., Larson, A., HaUam, M., & Smoot, M. (2000). Maxims or myths of beauty? A meta–analytic and theoretical review. *Psychological Bulletin, 126*(3), 390–423.

Lansford, J. E., Chang, L., Dodge, K. A., Malone, P. S., Oburu, P., Palmérus, K., Bacchini, D., Pastorelli, C., Bombi, A. S., Zelli, A., Tapanya, S., Chaudhary, N., Deater–Deckard, K., Manke, B., & Quinn, D. (2005). Physical discipline and children's adjustment: Cultural normativeness as a moderator. *Child Development, 76*, 1234–1246.

Larzelere, R. E., Cox, R. B., & Smith, G. L. (2010). Do nonphysical punishments reduce antisocial behavior more than spanking? A comparison using the strongest previous causal evidence against spanking. *BMC Pediatrics 10*(1):10.

Lorenz, K. (1966). *On aggression.* New York, NY: Harcourt, Brace & World.

Louv, R. (2008). *Last child in the woods: Saving our children from nature-deficit disorder.* Chapel Hill, NC: Algon–quin Books.

Malchiodi, C. A.(Ed.). (2014). *Creative interventions with traumatizied children*(2nd ed.). New York, NY: Routhledge.

Maslow, A. (1943). A Theory of human motivation. *Psychological Review, 50,* 370–396.

Miller, D. F. (2014). Positive Child Guidance. Wadsworth, OH: Cengage Learning.

Mills, J. C., & Crowley, R. J. (2014). *Therapeutic metaphors for children and child whthin*(2nd ed.). New York, NY: Routhledge.

Montessori, M. (1971). *Peace and educationv* Adtar, Chennai, India: Theosophical Publishing House.

Montessori, M. (1986). *The discovery of the child.* New York, NY: Ballantine Books.

Montessori, M. (1988). *The absorbent mind.* Oxford, UKl Clio Press.

Montessori, M., & Hunt, J. M. (1989). *The Montessori method*. New York, NY: Schocken Books.

Mulvaney, M. K., & Mebert, C. J. (2007). Parental cor-poral punishment predicts behavior problems in early childhood. *Journal of Family Psychology, 21*(3). of 389-97.

Nelson, C, A. (1972). *Positive discipline*. New York, NY: Ballantine.

O'Conner, K. J. (2000). *The play therapy primer*(2nd ed.). Hoboken, NJ: Wiley.

O'Conner, K. J., Schaefer, C.E., & Braverman, L. D. (2015). *Handbook of play therapy*. Hoboken, NJ: Wiley.

Piaget. J. (1952). *The origins of intelligence in children*. New York, NY: International University Press.

Rogers, C, R. (1942). *A Way of being*. Boston: Houghton Mifflin Co.

Rogers, C. R. (1951). *Client-centered therapy; its current practice, implications, and theory*. Houghton Mifflin.

Rothbart, M. K., Ahadi, S. A., & Evans, D. E. (2000). Temperament and personality: Origins and outcomes. *Journal of Personality and Social Psychology, 78,* 122-135.

Russ, S. R., & Freedheim, D. K. (2001). Psychotherapy with children. In C. E. Walker & M. C. Robert(Eds.), *Handbook of clinical child psychology*(3rd ed., pp840-859). Hoboken, NJl Wiley.

Saxe, R., Tenenbaum, J. B., & Carey, S. (2005). 10 and 12-month-old infants' capacity for causal attribution. *Psychological Science, 16,* 995-1001.

Schaefer, C. E., & Cangelosi, D. (2016). *Essential play therapy thchniques*. New York, NY: Gulford.

Schwartz, M. (2007). *Effective character education: A guidebook for future educators*. New York, NY: McGraw-Hills.

Sears, W., Sears, M., Sears, R., Sears, J, & Sears, P. (2011). *The portable pediatrician: Everything you need to know about your child's health*. New York, NY: Little, Brown and Co.

Skinner, B. (1974). *About behaviorism*. New York, NY: Knopf.

Stern, D. N. (1985). *The interpersonal world of infant*. New York, NY: Basic.

Straus, M.A. (2005). Children should never, ever, be spanked no matter what the circumstances. In D. R. Loseke, R. J. Gelles & M. M. Cavanaugh(Eds.), *Current controversies about family violence*. Thousand Oaks, CA: Sage.

Sunderland, M. (2017). *Using storytelling therapeutic tool with children(helping children with feeling)*. Milton Keynes, UK: Speechmark Publishing, LTD.

Tang, Y. Y., Ma, Y., Fan, Y., Feng H., Wang, J., S. Fan, M. (2009). Central and autonomic nervous system interaction is altered by short-term mediation. *National Academic Science USA, 106*(22), 8865-8870.

Tharinger, D. J., Finn, S. E., Wilkinson, A. D., & Schaber, P. M. (2007). Therapeutic assessment with a child as a family intervention: A clinical and research case study. *Psychlogy in the schools, 44*(3), 293-309.

Tharinger, D. J., Finn, S. E., Wilkinson, A. D., DeHay, T., Parton, V. T., Bailey, K. E., & Trans, A. (2008). Providing psychological assessment feedback to children through individualized fables. *Professional Pschology: Research and Practice, 39*(6), 610-618.

Wakschlag, L. S., Pickett, K. E., Kasza, K. E., & Loeber, R. (2006), Is prenatal smoking associated with a developmental pattern of conduct problems in young boys? *Journal of the American Academy of Child and Adolescent Psychiatry, April, 45*(4), 461-467.

Watson, J. (1930). *Behaviorism*.(2nd ed.). Chicago, IL: University of Chicago Press.

Willatts, P. (1989). *Development of problem-solving in infancy*. In A. Slater & G. Bremner(Eds.), Infant development(pp. 143-182). Lawrence Erlbaum Associates. Inc.

Woltman, A. G. (1964). Concepts of play therapy thchniques. In M. R. Haworth(Ed.), *Child psychotherapy*. New York, NY: Basic.

Worth, K., & Grollman, S. (2003). *Worms, shadows, and whirlpools: Science in the early childhood classroom*. Washington, DC: NAEYC.

Zarrett, N., & Lerner, R. M. (2008). *Ways to promote the positive development of children and youth*. Washington, DC: Child Trends.

Zeanah, C. H., Fox, N. A., & Nelson, C. A. (2012). Case study in ethical issues in research: The Bucharest Eary Inervention Project. *Journal of Nervous and Mental Disease,* 200, 243-247.

인터넷 사이트

국제놀이치료학회(1997). http://www.drjeon.co.kr/board/view.php?bbs_id=column&doc_num=5

미국 장애인교육법 (Individuals with Disabilities Education, IDEA) https://sites.ed.gov/idea/

한국상담학회(2002). 한국상담학회 상담심리 윤리강령 https://togetherpets.tistory.com/2634

저자 소개

박 희 숙

성균관대학교 아동학과 학사
성균관대학교 아동학과 아동심리 및 교육 전공 석사 및 박사
분당차병원 정신과 사회성훈련클리닉 치료사
현. 백석예술대학교 보건복지학부 아동보육전공 부교수

[주요 저서]
언어지도(공저, 2012, 창지사)
협동적 문제해결을 통한 인지발달의 탐색(공저, 2013, 교문사)
유아발달(공저, 2015, 공동체)
보육학개론(공저, 2016, 창지사)
정신건강론(공저, 2016, 공동체)
인간행동과 사회환경(공저 2017, 창지사)
영유아발달(2020, 어가)

아동생활지도와 상담

초판 1쇄 인쇄 2021년 9월 3일
초판 1쇄 발행 2021년 9월 9일

지 은 이 | 박희숙
펴 낸 이 | 김기섭
편 집 인 | 이광순
펴 낸 곳 | 창지사 www.changjisa.com
08589 서울시 금천구 가산디지털 1로 83 파트너스타워 1차 9층
전화(02) 719-2211~3
팩스(02) 701-9386
등 록 | 1977년 4월 28일·제1-421호

ISBN 978-89-426-1481-3 (93370)

값 21,000원